지려느냐! 이길 수 있다!

지려느냐! 이길 수 있다!

ⓒ 이상귀, 2025

초판 1쇄 발행 2025년 12월 29일

지은이   이상귀
펴낸이   이기봉
편집   좋은땅 편집팀
펴낸곳   도서출판 좋은땅
주소   서울특별시 마포구 양화로12길 26 지월드빌딩 (서교동 395-7)
전화   02)374-8616~7
팩스   02)374-8614
이메일   gworldbook@naver.com
홈페이지   www.g-world.co.kr

ISBN   979-11-388-5187-9 (03230)

지려느냐!
이길 수 있다!

이상귀 지음

좋은땅

거기서 네피림 후손인 아낙 자손의 **메뚜기**들을 보았나니
우리는 스스로 보기에도 **거인** 같으니 그들이 보기에도
그와 같았을 것이라

들어가면서

이 세상의 국가 간의 전쟁을 보자. 한 국가가 먼저 자신을 알고 적을 알면 전쟁에서 승리하거나 최소한 위태로운 상황에는 빠지지 않을 것이다. 하지만 나만 알고 적을 모르거나, 적은 알고 나를 모르고 있다면 겨우 오십 퍼센트 정도의 승리의 확률이 있을 것이다. 반면에 적도 모르고 나도 모르고 있다면, 그 전쟁에서는 승리는커녕 패배를 당할 수밖에 없을 것이다. 우리의 신앙생활도 마찬가지이다. 마귀는 에덴동산에서부터 오늘날까지 인류의 원수 노릇을 하고 있는 영적 실체이다. 이 세상에 지금도 만연하는 죄악의 배후에는 마귀의 세력이 역사하고 있기 때문이다. 이러한 마귀의 시험과 공격은 예수님을 믿는 우리에게는 더 집요하고 강력하게 역사하고 있다는 사실을 항상 의식해야 한다. **"근신하라 깨어라 너희 대적 마귀가 우는 사자같이 두루 다니며 삼킬 자를 찾나니 너희는 믿음을 굳건하게 하여 그를 대적하라."**(벧전5:8~9)

하나님은 사사기를 통해 말씀하고 계신다. **"여호와께서 가나안의 모든 전쟁들을 알지 못한 이스라엘을 시험하려 하시며 이스라엘 자손의 세대 중 아직 전쟁을 알지 못하는 자들에게 그것을 가르쳐 알게 하려 하사 남겨 두신 이방 민족들은."**(삿3:1~2) 가나안 땅은 구원받은 하나님의 백성들이 이 세상에서 구원의 복을 누리며 살아가는 삶의 처소이다. 하나님은 우리를 이 세상에서 마귀의 시험을 통해 하나님의 백성다운 백성으로 연단하셔서 마침내 영원한 하늘 처소로 데려가기를 원하신다. 우리의 삶이 어떤 상황 가운데에서도 천국을 소망하며 하나님을 경외하는 삶이 되기를 소원하신다. 하나님의 말씀에 순종하는 일이야말로 승리하는 삶의 지름길임을 산 경험을 통해 깨닫게 하시고 그 길로 나아가게 하신다. **"그들이 한 길로 너를 치러 들어왔으나 네 앞에서 일곱 길로 도망하리라."**(신28:7)

성경이나 우리의 경험을 볼 때, 이스라엘 백성이나 우리는 모두 하나님의 말씀에 온전히 순종할 수 없는 연약한 죄인들이다. 하지만 예수님은 십자가에 죽기까지 성부 하나님께 순종하셔서 마귀의 모든 시험을 이기고 승리하셨다. **"우리를 거스르고 불리하게 하는 법조문으로 쓴 증서를 지우시고 제하여 버리사 십자가에 못 박으시고 통치자들과 권세들을 무력화하여 드러내어 구경거리로 삼으시고 십자가로 그들을 이기셨느니라."**(골2:14~15) 그러므로 우리는 예수님의 승리를 믿고, 그의 말씀에 즐거움으로 순종하기만 하면 이 세상에서도 가나안의 복된 삶을 살아갈 수 있다. 하나님은 이러한 복된 삶을 위해 성경을 통해 거듭거듭 우리를 교훈하고 계신다. 마침내 예수님이 다시 오시는 날, 사탄과 그의 하수인인 귀신들은 형벌을 받고 영원한 불못에 들어가 멸망하고 말 것이다. 구원받은 우리들은 더 이상 죄와 사탄의 미혹이 없는 영광스러운 하늘 처소에서 하나님의 참 안식과 영생의 복락을 누리며 살게 될 것이다.

'지려느냐! 이길 수 있다!'는 구원받은 하나님의 백성들이 이 세상에서도 누릴 수 있는 영광과 그 능력이 어떠하며, 또한 이 일을 방해하는 마귀의 교묘한 속임수와 전략이 어떠한지를 성경을 통해 개략적으로 살펴보고자 한 책이다. 이를 통해, 하나님의 백성들의 삶이 하나님의 전신 갑주로 무장하여 이 세상에서도 하나님과 동행하는 복된 삶이 되기를 소망한다. 이러한 승리의 삶이야말로, 하나님을 가장 기쁘시게 해 드리는 것이며 하나님이 태초에 에덴동산에서 우리에게 원하셨던 삶이기 때문이다.

8

"우리의 싸움은 혈과 육을 상대하는 것이 아니요 통치자들과 권세들과
이 어둠의 세상 주관자들과 하늘에 있는 악의 영들을 상대함이라
그러므로 하나님의 전신 갑주를 취하라 이는 악한 날에 너희가 능히
대적하고 모든 일을 행한 후에 서기 위함이라."(엡6:12~13)

"여호와가 네 형벌을 제거하였고 네 원수를 쫓아냈으며 이스라엘 왕
여호와가 네 가운데 계시니 네가 다시는 화를 당할까
두려워하지 아니할 것이라."(습3:15)

목차

3부 예수님이 이기셨다

1부   지려느냐!

"너희가 그것을 먹는 날에는 너희 눈이 밝아져 하나님과 같이 되어 선악을 알 줄 하나님이 아심이니라 여자가 그 나무를 본즉 먹음직도 하고 보암직도 하고 지혜롭게 할 만큼 탐스럽기도 한 나무인지라 여자가 그 열매를 따 먹고 자기와 함께 있는 남편에게도 주매 그도 먹은지라 이에 그들이 눈이 밝아져 자기들이 벗은 줄을 알고 무화과나무 잎을 엮어 치마로 삼았더라."(창3:5~7)

인류가 만든 발명품 중에 가장 불행한 발명품을 든다면 그것은 아마도 우리가 매일 입고 살아가는 옷일 것이다. 아담이 범죄하기 전 에덴동산은 옷이 필요 없는 곳이었다. 벌거벗었으나 서로 부끄러워하지 않는 하나님의 완전한 사랑만이 거하는 곳이었다. 하지만 아담 이후의 모든 사람은 태어나는 순간 배내옷을 입고, 자라나 혼인 예복을 입고 결혼하여 살다가, 결국에는 수의 한 벌 입고 무덤으로 돌아간다. 잠시 후면 마지막 입은 수의 한 벌마저 한 줌의 티끌로 돌아가고 만다. 하지만, 하나님이 발명하여 우리에게 입혀 주시는 가죽옷[1]은 우리를 하나님의 사랑의 하늘나라로 데려가는

---

1) 가죽옷은 가죽으로 만든 '튜닉-כֻּתֹּנֶת(케토네트)'임. 이는 요셉이 입고 있다가 형들에 의해 찢겨진 '옷'(창37:3)과 제사장이 입던 '속옷'(출28:39)에 동일하게 사용된 단어임. LXX에서는 이를 모두 'χιτῶνας(키토나스)'로 번역하고 있음. 신약에서는 χιτῶνας(키토나스)가 눅 6:29 '네 겉옷을 빼앗는 자에게 속옷도 거절하지 말라'는 말씀 중 '속옷'과 예수님이 십자가에서 죽으실 때 군병들이 제비 뽑았던 '속옷'(요19:23)에 사용된 단어임. 적용하면, 영원한 대제사장이신 예수님이 친히 십자가 위에서 속옷까지 벗겨지는 벌거벗음의 수치를 당하셔서, 아담에게 가죽옷을 입혀 주셨듯이 우리의 죄의 부끄러움을 덮어 주신 예수님의 속죄의 은혜를 가르치고 있음.

영원한 생명의 옷이다.

　하나님은 천지 만물을 말씀으로 창조하셨다. 여섯째 날, 토기장이이신 하나님은 자신의 형상을 닮은 최고의 걸작품으로 아담과 하와를 창조하셨다. 생육하고 번성하여 땅에 충만하도록 복을 주시며, 지으신 만물을 다스리고 지키도록 그들에게 명령하셨다. 창조하신 만물을 통해 주시는 하나님의 복을 누리며 영생의 삶을 살아가도록 한없는 은혜를 베푸셨다. 단지 에덴동산 중앙에 있는 선악을 알게 하는 나무의 열매를 따 먹지 말라는 하나님의 말씀에 순종하는 조건만이 있을 뿐이었다. **"북풍아 일어나라 남풍아 오라 나의 동산에 불어서 향기를 날리라 나의 사랑하는 자가 그 동산에 들어가서 그 아름다운 열매 먹기를 원하노라."**(아4:16) 아담과 그의 아내 하와가 에덴동산에서 이러한 복을 누리며 살아가던 어느 날이었다. 사탄이 뱀을 도구 삼아 하와에게 찾아와 하나님의 말씀을 불순종하도록 그녀를 시험하였다. **"하나님이 참으로 너희에게 동산 모든 나무의 열매를 먹지 말라 하시더냐."**(창3:1) 시험에 넘어간 하와는 사탄에게 대답하였다. **"동산 중앙에 있는 나무의 열매는 하나님의 말씀에 너희는 먹지도 말고 만지지도 말라 너희가 죽을까 하노라 하셨느니라."**(창3:3) 사탄은 하와가 시험의 덫에 걸린 사실을 알고는 곧장 그녀에게 말하였다. **"너희가 결코 죽지 아니하리라 너희가 그것을 먹는 날에는 너희 눈이 밝아져 하나님과 같이 되어 선악을 알 줄 하나님이 아심이니라."**(창3:4~5) 하와는 사탄의 이 말을 들은 후 그 나무를 본즉, 이전과는 달리 먹음직도 하고 보암직도 하고 지혜롭게 할 만큼 탐스럽기도 한 나무였다. 그리하여 하와는 그 열매를 따 먹고 남편에게도 주어 아담도 그 열매를 먹고 말았다.
　우리는 이 사건을 통해, 사탄은 먼저 하나님의 말씀을 의심하게 하여 우리를 불순종으로 이끌어 간다는 사실을 깨달을 수 있다. **"하나님이 참으로**

······ **먹지 말라 하시더냐.**"(창3:1) 하나님의 모든 말씀이 우리를 사랑하시는 말씀임을 의심하게 만들어 결국 하나님의 사랑을 왜곡하게 하여 우리를 불순종하도록 미혹한다는 사실이다. 물론, 직접적인 불순종의 원인은 우리의 교만과 눈에 보이는 세상을 사랑하는 우리의 정욕 때문이다. "**교만은 패망의 선봉이요 거만한 마음은 넘어짐의 앞잡이니라.**"(잠16:18) "**이 세상이나 세상에 있는 것들을 사랑하지 말라 누구든지 세상을 사랑하면 아버지의 사랑이 그 안에 있지 아니하니 이는 세상에 있는 모든 것이 육신의 정욕과 안목의 정욕과 이생의 자랑이니 다 아버지께로부터 온 것이 아니요 세상으로부터 온 것이라 이 세상도 그 정욕도 지나가되 오직 하나님의 뜻을 행하는 자는 영원히 거하느니라.**"(요일2:15~17) 사탄은 교만과 이 세상 정욕을 통해 끊임없이 우리를 미혹한다.

노아 시대를 보자. 당시 하나님의 아들들이 사람의 딸들의 아름다움을 보고 자기들이 좋아하는 모든 여자들을 자기들의 아내로 삼았다. 그 결과, 온 세상은 죄악이 관영하여 결국 백이십 년 후 홍수 심판으로 멸망하고 말았다. 홍수 심판 이후, 인류는 또다시 성읍과 바벨탑을 세우며 하나님을 도전하였다. 바벨탑 꼭대기를 하늘에 닿게 하여 자신들의 이름을 내고 온 지면에 흩어짐을 면하기를 꾀하였다. (창11:2~3) 시날 산의 아름다운 외투 한 벌과 은금을 탐내다 그와 온 가족이 돌무더기가 된 아간의 사건이 그러하였고,(수7:24~26) 모압 왕 발락이 주는 재물과 세상 영광의 탐욕 때문에 나귀의 꾸지람을 듣고도 이스라엘 백성을 바알브올 사건으로 유혹하다 죽임당한 발람이 그러하였다. (민31:8) 이스라엘 백성 앞에 높임 받기를 원하며, 끊임없이 다윗을 시기하여 죽이려다 블레셋과의 전쟁에서 비참하게 죽음을 맞은 사울 왕 또한 그러하였다. (삼상31:6) 예수님을 은 삼십 세겔에 팔아 버리고 스스로 목숨을 끊은 가룟 유다 역시 그러하였다. "**간음한 여인**

들아 세상과 벗된 것이 하나님과 원수 됨을 알지 못하느냐 그런즉 누구든지 세상과 벗이 되고자 하는 자는 스스로 하나님과 원수 되는 것이니라."(약4:4)

예수님은 이러한 사탄의 모든 시험을 하나님의 말씀의 능력으로 이기셨다. **"죄를 짓는 자마다 마귀에게 속하나니 마귀는 처음부터 범죄함이라 하나님의 아들이 나타나신 것은 마귀의 일을 멸하려 하심이라."**(요일3:8) 예수님이 세례 요한에게 세례를 받으시고 성령에 이끌리어 광야에서 사십일 동안 시험을 받으실 때였다. 사탄은 먼저 주리신 예수님을 돌들이 떡이 되게 하라고 시험하였다. 이어서 천하만국의 영광을 보여 주며 자기에게 절하면 이 모든 영광을 주겠다고 시험하였다. 마지막으로 사탄은 예수님을 성전 꼭대기에 세우고는 아래로 뛰어내리라고 시험하였다. 만일 예수님이 이 미혹에 넘어가 성전 아래로 뛰어내릴 때 천사들이 예수님의 발을 붙들어 무사하다면, 당시 유대인들이 고대하던 초인적인 메시아, 이 세상 유대 왕국의 영광을 실현시킬 메시아가 될 수 있다는 유혹이었다. 사탄은 이처럼 하나님의 아들 예수님마저 이 세상 육신의 정욕과 교만으로 미혹하여 하나님의 구원 사역을 무너뜨리려 하였다.

예수님은 사탄의 시험으로부터의 승리를 통해 우리에게 무엇을 교훈하고 계실까! 사탄은 지금도, 영생의 나라 천국보다 보이는 이 세상의 행복을 위해 살아가도록 온 세상을 미혹하고 있다. 그리하여 결국 이 세상 사람들을 영원한 지옥의 형벌로 이끌어가기를 소원하고 있다. **"우리가 애굽에서 당신에게 이른 말이 이것이 아니냐 이르기를 우리를 내버려두라 우리가 애굽 사람을 섬길 것이라 하지 아니하더냐 애굽 사람을 섬기는 것이 광야에서 죽는 것보다 낫겠노라."**(출14:12) 예수님은 자신의 시험 받으심과 승리를 통해, 우리가 처해 있는 실존적 상황이 바로 이러한 사탄의 치열한 미혹 가운데 있음을 알고, 예수님의 승리를 믿고 복된 삶을 살아가도록 지금도 우리를 교훈하고 계신다. 이 세상의 행복과 영광은 잠시뿐이요 하늘나라의 행복과 영광은 영원하기 때문이다. **"마귀가 또 예수를 이끌고 올라가서 순식간에 천하만국을 보이며."**(눅4:5)

그러므로 우리는 잠시 사는 이 세상 육신의 행복보다 매 순간 영원한 생명과 하나님의 나라를 위해 살고자 결단해야 한다. 이 견고한 천국의 산 소망과 믿음으로 하나님의 말씀에 순종하기만 하면 사탄은 더 이상 우리를 대적할 수 없기 때문이다. 우리를 만지지도 못하고, 한 길로 왔다 일곱 길로 도망가고 말 존재에 불과하기 때문이다. **"하나님께로부터 난 자는 다 범죄하지 아니하는 줄을 우리가 아노라 하나님께로부터 나신 자가 그를 지키시매 악한 자가 그를 만지지도 못하느니라."**(요일5:18) 이 믿음이야말로 성경에 나오는 모든 믿음의 선진들의 믿음이기도 하였다. 사탄은 지금도 자신의 최고의, 최종의 무기인 이 세상 '육신의 죽음'에 대한 두려움으로 사람들을 자신의 포로로 삼아 지배하고 있다. 하지만 사탄은 결코 독생자를 내어 주신 하나님의 사랑을 알고 영생의 산 소망을 가진 하나님의 백성들을 이길 수 없다. **"믿음으로 모세는 장성하여 바로의 공주의 아들이라 칭함 받기를 거절하고 도리어 하나님의 백성과 함께 고난받기를 잠시 죄악의 낙을 누리는 것보다 더 좋아하고 그리스도를 위하여 받는 수모를 애굽의 모든 보화보다 더 큰 재물로 여겼으니 이는 상 주심을 바라봄이라."**(히11:24~26)

선악을 아는 지혜에 대해 알아보자. 창세기 3장 1절에 **"뱀은 들짐승 중에 가장 간교하니라"**는 말씀이 나온다. 이 구절의 '간교하니라'는 단어 ‏עָרוּם‏(아룸)

은 '영악하리만치 지혜롭다'라는 의미이다.[2] 사탄은 지혜롭기는 하지만, 하나님을 사랑함으로 그의 말씀에 순종하고자 하는 순결함은 없는 타락한 영적 존재이다. **"보라 내가 너희를 보냄이 양을 이리 가운데로 보냄과 같도다 그러므로 너희는 뱀같이 지혜롭고 비둘기같이 순결하라."**(마10:16) 하나님을 경외하고 하나님의 말씀을 순종하는 것이 지혜의 근본이기 때문이다. (잠1:7) 하나님의 말씀은 이 세상의 어떤 인간의 지혜보다 더 지혜롭다. **"주의 계명들이 항상 나와 함께하므로 그것들이 나를 원수보다 지혜롭게 하나이다."**(시119:98) 또한 하나님의 말씀은 이 세상의 어떤 보배로운 보석보다도 더 빛나고 순결하다. **"여호와의 교훈은 정직하여 마음을 기쁘게 하고 여호와의 계명은 순결하여 눈을 밝게 하시도다."**(시19:8)

하나님은 마침내 점도 흠도 없는 순결하신 하나님의 아들을 우리를 위해 죄 많고 부정한 이 세상에 보내 주셨다. 예수님은 죄로 인해 부정하게 된 우리에게 구원의 참 지혜와 영원한 생명을 주시기 위해 십자가에 죽기까지 우리를 사랑하셨다. 참 빛이요, 생명이요, 사랑이신 하나님의 말씀이 육신이 되어 이 세상에 오셔서 우리를 살리기 위해 십자가 저주의 죽음을 당하셨다. **"그리스도께서 우리를 위하여 저주를 받은 바 되사 율법의 저주에서 우리를 속량하셨으니 기록된 바 나무에 달린 자마다 저주 아래에 있는 자라 하였음이라."**(갈3:13) 그러므로 예수님을 보내신 하나님의 참사랑을 아는 하나님의 백성들은 하나님의 말씀을 기쁨으로 순종하는 순결의 삶을 살아갈 수밖에 없다. **"하나님을 사랑하는 것은 이것이니 우리가 그의 계명들을 지키는 것이라 그의 계명들은 무거운 것이 아니로다."**(요일5:3)

---

2)   NASB는 이를 'crafty'로 번역하고 있음.

하나님이 아담에게 죄를 허용하신 이유는 무엇일까? 그것은 불순종한 악의 고통을 경험함으로써 순종하는 선의 복됨을 깨닫고 선악을 분별하는 참지혜를 주시기 위함이었다. **"젖을 먹는 자마다 어린아이니 의의 말씀을 경험하지 못한 자요 단단한 음식은 장성한 자의 것이니 그들은 지각을 사용함으로 연단을 받아 선악을 분별하는 자들이니라."**(히5:13~14) 죄의 부끄러움과 고통을 경험함으로써 하나님의 지혜의 말씀에 순종하는 길만이 생명이요 행복이며, 죄와 사탄의 권세를 이길 수 있는 길임을 우리에게 가르치시기 위함이었다. **"지혜는 그 얻은 자에게 생명 나무라 지혜를 가진 자는 복되도다."**(잠3:18) 이는, 천국에는 강 좌우에 생명 나무가 있으나 선악을 알게 하는 나무는 없는 것을 보아서도 알 수 있다. **"또 그가 수정같이 맑은 생명수의 강을 내게 보이니 하나님과 어린 양의 보좌로부터 나와서 길 가운데로 흐르더라 강 좌우에 생명 나무[3)]가 있어 열두 가지 열매를 맺되 달마다 그 열매를 맺고 그 나무 잎사귀는 만국을 치료하기 위하여 있더라."**(계22:1~2)

우리는 범죄했을 때 아담처럼 두려움과 죄책감으로 하나님을 피하여 숨지 않아야 한다. 다른 사람에게 죄의 책임을 전가하거나 변명하지도 않아야 한다. 죄의 결과인 '벗음의 두려움'이 아닌, 두려움의 원인이 된 우리의 '불순종의 죄'를 하나님께 고백해야 한다. **"누가 너의 벗었음을 네게 알렸느냐 내가 네게 먹지 말라 명한 그 나무 열매를 네가 먹었느냐."**(창3:11)

---

3) 창2:9의 생명 나무의 '나무'와 갈3:13의 '나무에 달린 자마다'의 '나무'는 동일하게 ξύλον(커술론)'이란 단어임. 적용하면, 물론 생명 나무의 열매 자체가 영생을 주는 것은 아니지만 비유적인 관점에서 볼 때 생명 나무의 열매인 영생이 곧 예수님이시며, 죄인들에게 영원한 생명의 열매인 영생(구원)을 주시기 위해 예수님이 매달려 죽으신 '십자가'가 곧 에덴동산의 생명 나무의 '나무'임을 가르치고 있음. (cf. LXX)

아간처럼 회개의 불화살이 자기 심장에 날아올 때까지 죄의 자백을 미루지 말고, 즉시 우리의 어두운 죄를 하나님의 사랑의 빛 앞에 드러내고 자백해야 한다. (엡5:13) **"내가 이르기를 내 허물을 여호와께 자복하리라 하고 주께 내 죄를 아뢰고 내 죄악을 숨기지 아니하였더니 곧 주께서 내 죄악을 사하셨나이다."**(시32:5) 그때, 사탄과 어둠의 권세는 더 이상 우리를 정죄하거나 참소할 수 없기 때문이다.

하나님은 자신의 무한한 사랑을 배신하고 사탄의 시험에 빠져 불순종한 아담과 하와에게 먼저 찾아오셨다. 그들 스스로 죄의 부끄러움을 가린 그들의 무화과 잎으로 만든 치마를 벗기시고 친히 가죽옷을 지어 입히신 사랑의 하나님이시다. **"여인이 어찌 그 젖 먹는 자식을 잊겠으며 자기 태에서 난 아들을 긍휼히 여기지 않겠느냐 그들은 혹시 잊을지라도 나는 너를 잊지 아니할 것이라."**(사49:15) 우리 스스로 만든 무화과 치마는 결코 우리의 죄의 부끄러움을 가릴 수 없다.[4] 오직 예수 그리스도의 보혈만이 우리의 모든 죄에서 우리를 깨끗하게 할 수 있기 때문이다. 우리가 범죄했을 때, 우리의 죄를 하나님께 자백하지 않으면 우리의 영혼은 더욱 강퍅해진다. 우리의 영혼이 거라사 군대 귀신 들린 사람처럼 사탄이 채우는 차꼬에 더욱 단단히 묶여지고 만다. **"오직 오늘이라 일컫는 동안에 매일 피차 권면하여 너희 중에 누구든지 죄의 유혹으로 완고하게 되지 않도록 하라."**(히3:13)

우리는 사탄은 항상 우리의 약한 쪽을 공격한다는 사실도 늘 염두에 두어야 한다. 하나님은 먼저 아담을 지으신 후 그에게 말씀하셨다. **"동산 각**

---

4) 본문에 번역된 '치마-חֲגֹרֹת(하고르)'는 '허리 벨트-loin coverings'라는 의미이기 때문임. 또한 '잎(עָלֶה-알레)'은 잠시 후면 시들어 버리기 때문임. (cf. 사64:6) 참고로 '치마'의 히브리어는 'שׁוּל(술)'임. (cf. 렘13:22, 26)

종 나무의 열매는 네가 임의로 먹되 선악을 알게 하는 나무의 열매는 먹지 말라 네가 먹는 날에는 반드시 죽으리라 하시니라.**"(창2:16~17) 하와는 이 하나님의 말씀을 남편 아담으로부터 간접적으로 들었을 것이다. 사탄이 아담이 아닌 하와에게 먼저 다가와 그녀를 미혹한 이유가 여기에 있었다. 하와는 하나님께로부터 직접 하나님의 말씀을 들은 아담보다는 상대적으로 하나님의 말씀에 대한 확신이 부족하였기 때문이다. **"그러나 너는 배우고 확신한 일에 거하라 너는 네가 누구에게서 배운 것을 알며 또 어려서부터 성경을 알았나니 성경은 능히 너로 하여금 그리스도 예수 안에 있는 믿음으로 말미암아 구원에 이르는 지혜가 있게 하느니라."**(딤후3:14~15)

이삭의 경우도 그러하였다. 리브가는 임신한 후 그의 태에서 싸우는 소리를 듣고 하나님께 기도하였다. 하나님이 리브가에게 말씀하셨다. **"두 국민이 네 태중에 있구나 두 민족이 네 복중에서부터 나누이리라 이 족속이 저 족속보다 강하겠고 큰 자가 어린 자를 섬기리라 하셨더라."**(창25:23) 이삭의 노년 때였다. 사탄은 이삭에게 먼저 다가와 그의 마음을 부추겨서 에서에게 장자의 기업을 축복하도록 유혹하였다. 사탄은 이삭이 리브가보다 하나님의 말씀에 대한 확신이 상대적으로 부족한 것을 알고 있었기 때문이다. 우리가 하나님의 말씀을 가까이하고, 그 말씀을 확신 가운데 순종하는 삶을 살아야 하는 이유가 여기에 있다. **"하나님의 도는 완전하고 여호와의 말씀은 진실하니 그는 자기에게 피하는 모든 자에게 방패시로다."**(삼하22:31) 우리의 신앙생활을 곰곰이 돌이켜 보자. 자주 사탄의 유혹에 넘어지는 부분이 있는가? 그렇다면, 우리는 그것을 통해 우리의 연약한 부분을 영적으로 무장하라는 하나님의 뜻을 깨닫고 잘 대비하여 승리하여야 한다.

'지려느냐! 이길 수 있다!'의 영적 전쟁은 빛과 어두움, (창1:2~3; 출 10:22~23) 죄와 의, 육신의 소욕과 성령의 소욕과의 싸움이다. **"육체의 소욕은 성령을 거스르고 성령은 육체를 거스르나니 이 둘이 서로 대적함으로 너희가 원하는 것을 하지 못하게 하려 함이니라."**(갈5:17~18) 영적 전쟁의 승패는 결국 우리의 삶이 하나님의 말씀에 순종하는 여부에 달려 있다. 사탄은 만물의 창조주이신 하나님의 피조물에 불과한 존재이기 때문이다. 사탄은 아담을 시험하여 이 세상에 죄와 사망의 고통을 초래하기는 했지만, 둘째 아담이신 예수님의 십자가의 죽으심과 부활의 승리로 말미암아 이미 패배한 허수아비에 불과한 존재이기 때문이다. **"보라 네게 노하던 자들이 수치와 욕을 당할 것이요 너와 다투는 자들이 아무것도 아닌 것같이 될 것이며 멸망할 것이라 네가 찾아도 너와 싸우던 자들을 만나지 못할 것이요 너를 치는 자들은 아무것도 아닌 것 같고 허무한 것같이 되리니."**(사41:11~12) 사탄은 예수님의 발꿈치를 상하게 하듯, 우리 육신의 생명을 해칠 수는 있어도 결코 거듭난 우리 영혼의 영원한 생명은 빼앗을 수 없기 때문이다. **"몸은 죽여도 영혼은 능히 죽이지 못하는 자들을 두려워하지 말고 오직 몸과 영혼을 지옥에 멸하실 수 있는 이를 두려워하라."**(마10:28)

죄와 사탄의 권세를 미워하며,[5] 세상 정욕을 버리고, 우리를 위해 자기 아들을 대속의 제물로 내어 주신 하나님의 사랑 안에서 살아가자. 사탄을 두려워하거나 놀라지 말고, 하나님을 경외하며, 하나님의 말씀을 사랑하

---

5) 창3:15의 '원수가 되게 하고'의 원문의 의미는 '적대감-אֵיבָה(에바)를 두겠다-אָשִׁית(아쉬트)' 라는 의미임. 마귀의 시험에 빠져 마귀에게 빼앗긴 하와(=교회)의 마음을, 하나님이 하와와 마귀 사이에 적대감을 두셔서 다시 하와를 하나님의 사랑 앞으로 돌이시키는 하나님의 크신 은혜를 알 수 있음. NASB는 이를 'put enmity'로 번역하고 있음.

고 그 말씀을 즐거움으로 순종하는 삶을 살아가자. **"네가 그의 목소리를 잘 청종하고 내 모든 말대로 행하면 내가 네 원수에게 원수가 되고 네 대적에게 대적이 될지라."**(출23:22) 구약의 레위 제사장들이 그의 귓부리와 손가락과 발가락에 피를 바른 것처럼 우리의 귓부리와 손가락과 발가락에도 예수님의 순종의 피를 바르자. (레8:23) 하나님의 말씀을 우리의 귀로 듣고, 우리의 손과 발로 순종하여 하나님과 늘 함께하는 삶을 살아가자. 사탄은 결코 하나님과 동행하는 자를 대적할 권세나 능력이 없음을 잊지 말자. **"너를 치려고 제조된 모든 연장이 쓸모가 없을 것이라 일어나 너를 대적하여 송사하는 모든 혀는 네게 정죄를 당하리니 이는 여호와의 종들의 기업이요 이는 그들이 내게서 얻은 공의니라 여호와의 말씀이니라."**(사54:17)

범죄했을 때에는, 즉시 하나님께로 돌이켜 진실한 마음으로 우리의 죄를 하나님께 자백하자. 사탄의 고소를 잠잠하게 하시고, 우리에게 다시금 구원의 흰옷으로 덮어 주시는 하나님의 사랑 안에서 승리하는 삶을 살아가자. **"또 여호수아에게 이르시되 내가 네 죄악을 제거하여 버렸으니 네게 아름다운 옷을 입히리라 하시기로."**(슥3:4) 우리 스스로 만든 우리의 무화과 허리 벨트를 벗어던지고 하나님이 지으신 가죽옷, 예수님의 빛의 갑옷을 입고 날마다 의의 삶을 살아가자.[6] **"밤이 깊고 낮이 가까웠으니 그러므로 우리가 어둠의 일을 벗고 빛의 갑옷을 입자 낮에와 같이 단정히 행하고 방탕하거나 술 취하지 말며 음란하거나 호색하지 말며 다투거나 시기하지 말고 오직 주 예수 그리스도로 옷 입고 정욕을 위하여 육신의 일을 도모하지 말라."**(롬13:12~14)

---

6) cf. 사66:16~17

02. 아벨의 피

"세월이 지난 후에 가인은 땅의 소산으로 제물을 삼아 여호와께 드렸고
아벨은 자기도 양의 첫 새끼와 그 기름으로 드렸더니 여호와께서 아벨
과 그 제물은 받으셨으나 가인과 그의 제물은 받지 아니하신지라 가인
이 몹시 분하여 안색이 변하니."(창4:3~5)

에덴동산에서 쫓겨난 이후 아담이 하와와 동침하자 하와가 임신하였다.
하와는 첫아들 가인을 낳고 또 그의 아우 아벨을 낳았다. 아벨은 양을 치는
자였고 가인은 농사하는 자였다. 세월이 지난 어느 날, 가인은 땅의 소산물
로 하나님께 제사를 드렸고 아벨은 자신이 기르던 양의 첫 새끼와 그 기름
으로 하나님께 제사를 드렸다. 하나님은 아벨과 그의 제물을 열납하셨으나
가인의 제물은 받지 않으셨다. 가인은 몹시 분을 내었다. 결국 가인은 그의
동생 아벨을 들로 유인하여 죽이는 인류 최초의 살인자가 되고 만다. **"그
형제를 미워하는 자마다 살인하는 자니 살인하는 자마다 영생이 그 속에
거하지 아니하는 것을 너희가 아는 바라."**(요일3:15)

하나님이 동생 아벨을 죽인 가인에게 찾아오셨다. **"네 아우 아벨이 어
디 있느냐."**(창4:9) 가인은 하나님께 **"내가 내 아우를 지키는 자니이까"**(창
4:9)라고 대답하였다. 가인은 하나님께 호소하였다. **"주께서 오늘 이 지면
에서 나를 쫓아내시온즉 내가 주의 낯을 뵈옵지 못하리니 내가 땅에서
피하며 유리하는 자가 될지라 무릇 나를 만나는 자마다 나를 죽이겠나이
다."**(창4:14) 하나님은 가인에게 표를 주시며 **"그렇지 아니하다 가인을 죽
이는 자는 벌을 칠 배나 받으리라"**(창4:15) 하시고 그에게 피할 길을 예비

해 주셨다.[7] 이 말씀에서 '뵈옵지 못하리니'라는 말은 '숨겨지리니'라는 의미이다.[8] 비록 가인이 범죄하여 스스로 자신을 하나님으로부터 숨겨진 존재로 여겼지만, 하나님은 여전히 그에게 은혜의 얼굴을 비추고 계셨음을 알 수 있다. (민6:25~26) 하지만, 그 후 가인은 하나님 앞을 떠나 놋 땅에 성을 쌓았다. 그의 아들의 이름으로 그 성을 에녹이라 하고 그곳에 거주하였다. **"여호와여 이 세상에 살아 있는 동안 그들의 분깃을 받은 사람들에게서 주의 손으로 나를 구하소서 그들은 주의 재물로 배를 채우고 자녀로 만족하고 그들의 남은 산업을 그들의 어린아이들에게 물려주는 자니이다 나는 의로운 중에 주의 얼굴을 뵈오리니 깰 때에 주의 형상으로 만족하리이다."**(시17:14~15) 가인의 모든 불행은 하나님의 얼굴을 외면한 바로처럼 그가 하나님의 얼굴 앞을 떠난 데에서 비롯되었다. **"너는 나를 떠나가고 스스로 삼가 다시 내 얼굴을 보지 말라 네가 내 얼굴을 보는 날에는 죽으리라."**(출10:28)

하나님이 아벨의 제물을 받으신 이유는 무엇일까! 그것은 아마도 아벨이 그의 부모인 아담과 하와의 죄를 덮어 주신 하나님의 속죄의 피의 은혜를 믿었기 때문일 것이다. 히브리서에는 이를 이렇게 기록하고 있기 때문

---

7) 가인에게 주신 '표-חוא(오트)'는 주로 '표적'으로 번역된 단어임. 노아의 '무지개', 아브라함에게 행하신 '할례', 출애굽 전날 밤의 '유월절의 피', 그 후 '안식일' 규례, 요단을 건넌 후 길갈에 세운 '열두 돌'에 모두 '표적'이라는 단어가 사용됨. (cf. 창17:11; 출13:9; 출31:13; 수4:6; 겔20:12) LXX에서는 이를 'σημειον(세메이온)'으로 번역하고 있는데, 눅2:12 '너희가 강보에 싸여 구유에 뉘어 있는 아기를 보리니 이것이 너희에게 표적이니라'의 '표적'에 사용된 단어임. 적용하면, 가인에게 '표'를 주시고, 구약의 여러 구원의 표적을 주신 하나님이 마침내 자신의 아들을 이 땅에 '구원의 표적'으로 보내셔서 믿는 자들에게 구원의 은혜를 베푸셨음을 알 수 있음.
8) '뵙지 못하리니-חרתסא(에사테르)'는 '내가 숨겨지리니'라는 의미임. 이처럼 죄는 우리 스스로 하나님께로부터 숨겨진 존재로 인식하게 만듦을 알 수 있음.

이다. **"믿음으로 아벨은 가인보다 더 나은 제사를 하나님께 드림으로 의로운 자라 하시는 증거를 얻었으니 하나님이 그 예물에 대하여 증언하심이라 그가 죽었으나 그 믿음으로써 지금도 말하느니라."**(히11:4) 성경은 아담의 범죄 이후 지금까지 대속 제물의 피의 소리로 진동하고 있다.(창8:20~21) 점도 흠도 없는 예수 그리스도의 보배로운 피의 대속의 소리로 진동하고 있다.[9] **"율법을 따라 거의 모든 물건이 피로써 정결하게 되나니 피흘림이 없은즉 사함이 없느니라."**(히9:22) 반면, 하나님이 가인의 제물을 받지 않으신 이유는 무엇일까! 당시에는 아직 제사에 대한 구체적인 계시가 주어진 때는 아니었지만, 하나님은 출애굽 이후 모세를 통해 소제 제물의 규례에 대해 이렇게 말씀하고 계신다. **"네 모든 소제물에 소금을 치라 네 하나님의 언약의 소금을 네 소제에 빼지 못할지니 네 모든 예물에 소금을 드릴지니라."**(레2:13) 우리는 이 말씀을 통해 하나님이 가인의 제사를 열납하지 않으신 이유는 제물의 종류 때문이 아니었음을 알 수 있다. 하나님은 예나 지금이나 회전하는 그림자도, 변함도 없으신 말씀이신 하나님이시기 때문이다.(약1:17) 가인이 자신의 제물을 열납하지 않으시는 하나님께 격분하여 동생 아벨을 죽인 것을 볼 때, 그는 하나님의 대속의 은혜를 알지 못한 자요, 하나님의 변함없는 소금 언약의 말씀을 사랑으로 순종하는 믿음이 없었음을 알 수 있다. **"너희가 나를 사랑하면 나의 계명을 지키리라."**(요14:15) 하나님의 측량할 수 없는 속죄의 은혜를 받은 사람은, 아벨이 첫 새끼를 하나님께 제물로 드리듯 하나님을 최고로 사랑하는 삶을 살아가게 된다. 기름을 드리듯, 자신의 온 영혼으로 하나님을 사랑하고 하나님의 말씀을 순종하는 삶을 살아가게 된다.

---

9) 하나님이 애굽에 파리 재앙을 내리실 때, 출8:23에 '내가 내 백성과 네 백성(애굽) 사이를 구별하리니'로 번역된 말씀은 '내가 내 백성과 네 백성(애굽) 사이에 대속물-תֻדְפ(페두트)를 놓으리니'라는 의미임. (cf. 사50:2; 시111:9)

하나님은 제물보다 제물을 드리는 사람의 마음을 보신다. **"내가 보는 것은 사람과 같지 아니하니 사람은 외모를 보거니와 나 여호와는 중심을 보느니라 하시더라."**(삼상16:7) 아담의 피가 흐르는 우리는 하나님의 말씀을 전심(全心)으로 순종할 수 없는 타락한 죄인들이다. 우리는 **"죄가 너를 원하나 너는 죄를 다스릴지니라"**(창4:7) 하신 말씀대로 온전히 죄를 다스리며 살아갈 수 없는 무능한 죄인들이기 때문이다. 하지만 우리의 마음이 예수 그리스도의 대속의 피의 은혜에 젖어 있으면 죄의 권세는 혼비백산 우리를 떠나고 만다. 하나님의 크신 대속의 은혜가 우리로 하여금 죄의 정욕을 능히 다스리고, 잃어버린 이웃을 하나님의 대속의 사랑으로 사랑하는 삶을 살아갈 수 있는 능력을 주기 때문이다. 우리는 더 이상 가인처럼 땅에서 피하며 유리하는 놋 땅의 삶이 아닌, 하나님 나라와 하나님의 사랑 안에서 참 안식과 평강의 삶을 살아갈 수 있기 때문이다. **"평안을 너희에게 끼치노니 곧 나의 평안을 너희에게 주노라 내가 너희에게 주는 것은 세상이 주는 것과 같지 아니하니라 너희는 마음에 근심하지도 말고 두려워하지도 말라."**(요14:27)

삭개오의 삶이 그러하였다. 삭개오는 예수님을 만난 후 비로소 참 안식과 평안을 얻게 되었다. 또한 그동안 자신의 탐욕으로 인해 잃어버린 이웃을 되찾을 수 있었다. **"주여 보시옵소서 내 소유의 절반을 가난한 자들에게 주겠사오며 만일 누구의 것을 속여 빼앗은 일이 있으면 네 갑절이나 갚겠나이다."**(눅19:8) 하나님은 지금도 온 인류에게 두 물음으로 질문하고 계신다. **"아담아, 네가 어디 있느냐."**(창3:9) **"가인아, 네 아우 아벨이 어디 있느냐."**(창4:9) 범죄한 아담에게 가죽옷을 지어 입히시고, 동생 아벨을 죽인 가인에게 구원의 표를 건네주신 하나님의 사랑의 부르심이다. **"사랑은 여기 있으니 우리가 하나님을 사랑한 것이 아니요 하나님이 우리를 사랑**

하사 우리 죄를 속하기 위하여 화목 제물로 그 아들을 보내셨음이라 사랑하는 자들아 하나님이 이같이 우리를 사랑하셨은즉 우리도 서로 사랑하는 것이 마땅하도다."(요일4:10~11)

놋 땅 같은 이 세상에서 유리하는 삶을 살고 있다면 그 이유는 무엇일까! 그것은 우리의 영혼이 하나님의 대속의 피의 사랑 밖에 있기 때문일 것이다. **"내가 애굽 땅을 칠 때에 그 피가 너희가 사는 집에 있어서 너희를 위하여 표적이 될지라 내가 피를 볼 때에 너희를 넘어가리니 재앙이 너희에게 내려 멸하지 아니하리라."**(출12:13) 놋 땅은 하나님의 은혜의 얼굴 앞을 떠난 어두움과 유리함의 땅이기 때문이다. 또 이유가 있다면, 대속의 사랑을 믿기는 하지만 그 피의 은혜에 흠뻑 젖어 살지 않기 때문일 것이다. 대속의 피의 은혜에 젖은 옷을 입은 사람은 이웃을 사랑하는 삶을 살아갈 수밖에 없기 때문이다. **"누구든지 하나님을 사랑하노라 하고 그 형제를 미워하면 이는 거짓말하는 자니 보는 바 그 형제를 사랑하지 아니하는 자는 보지 못하는 바 하나님을 사랑할 수 없느니라."**(요일4:20)

대속의 피가 발린 문설주와 인방 밖은 죄와 사탄과 사망이 지배하는 애굽 땅임을 깨닫고 대속의 피의 은혜를 구하자. **"그 가운데 후메내오와 알렉산더가 있으니 내가 사탄에게 내준 것은 그들로 훈계를 받아 신성을 모독하지 못하게 하려 함이라."**(딤전1:20) 대속의 피의 은혜에 젖어 살도록 하나님의 은혜를 구하자. 그리하여, 이 세상에서도 하나님의 크신 속죄의 사랑 안에서 날마다 참 안식과 평강의 삶을 살아가자. (호11:8) 삯개오처럼 잃어버린 이웃을 찾아, 유리함의 '놋 성'이 아닌 평강의 '하나님의 도성'에서 하나님의 기쁨과 사랑 안에서 그들과 함께 살아가자. 예수님의 대속의 피의 사랑으로 사탄의 모든 시험을 능히 이기고 하늘의 복된 삶을 살아가자. **"내가 확신하노니 사망이나 생명이나 천사들이나 권세자들이나 현**

재 일이나 장래 일이나 능력이나 높음이나 깊음이나 다른 어떤 피조물이라도 우리를 우리 주 그리스도 예수 안에 있는 하나님의 사랑에서 끊을 수 없으리라."(롬8:38~39)

03. 환난의 때에 말씀에 매달려라

"그 땅에 기근이 들었으므로 아브람이 애굽에 거류하려고 그리로 내려갔
으니 이는 그 땅에 기근이 심하였음이라."(창12:10)

아브람은 하나님의 말씀을 좇아 하란을 떠나 가나안으로 들어왔다. 아브
람이 모레 상수리나무에 이르렀을 때였다. 하나님이 아브람에게 나타나 가
나안 땅을 그와 그의 후손에게 주실 것을 약속하셨다. 하지만, 아브람은 그
땅에 기근이 들자 애굽에 거류하려고 그리로 내려갔다. 애굽에 가까이 이
르렀을 때였다. 아브람은 두려움에 빠져 아내 사래에게 말하였다. **"원하건
대 그대는 나의 누이라 하라 그러면 내가 그대로 말미암아 안전하고 내
목숨이 그대로 말미암아 보존되리라."**(창12:13) 애굽 사람들이 사래의 아
름다움을 보고 자기를 해하지는 않을까 염려하였기 때문이었다. 아브람의
염려대로, 사래는 바로 왕에게 이끌려 들어가 큰 어려움을 겪을 위기에 빠
졌다. 하지만 하나님은 바로와 그 집에 큰 재앙을 내리셔서 사래를 위기에
서 구해 주셨다. 그리하여 아브람은 바로 왕이 주는 많은 선물을 가지고 다
시 가나안으로 돌아오게 된다. 아브람은 이를 통해 언약에 신실하신 하나
님을 아는 지식에서 자라가긴 했지만, 기근을 피해 하나님의 언약의 장소
를 떠난 그의 불순종으로 인한 큰 어려움을 피할 수는 없었다. **"어떤 길은
사람이 보기에 바르나 필경은 사망의 길이니라."**(잠14:12)

그 후, 아브라함이 네게브 땅 그랄 지방에 거류할 때였다. 이때에도 아브
라함은 사라를 누이라 속여 아비멜렉에게 그녀를 빼앗기게 된다. 하나님은
이번에도 아비멜렉 집안에 재앙을 내리셔서 그의 아내 사라를 아비멜렉의
손에서 구해 주셨다. 이때는 사라가 약속의 자녀 이삭을 출산할 날이 그리

머지않은 때였다. 이처럼 아브라함은 자신의 불순종으로 거듭 하나님의 구원 사역을 위기에 빠뜨렸다. 하지만, 하나님은 자신의 언약을 신실하게 이루어 가셨다. 하나님이 사라를 구원하실 때 아비멜렉에게 말씀하셨다. **"이제 그 사람의 아내를 돌려보내라 그는 선지자라 그가 너를 위하여 기도하리니 네가 살려니와 네가 돌려보내지 아니하면 너와 네게 속한 자가 다 반드시 죽을 줄 알지니라."**(창20:7) 우리는 이 말씀을 통해 언약 백성을 향하신 하나님의 과분하고 황송한 은혜를 깊이 깨달을 수 있다.

이삭도 그러하였다. 아브라함이 조상에게로 돌아간 후 가나안 땅에 다시 기근이 들었을 때였다. 당시 이삭은 그랄에 가서 거류하고 있었다. 이삭은 그곳 사람들이 리브가에 대해 물었을 때 그들을 두려워하여 그녀를 자신의 누이라고 거짓말하였다. **"사람을 두려워하면 올무에 걸리게 되거니와 여호와를 의뢰하는 자는 안전하니라."**(잠29:25) 이삭 역시, 이때 하나님의 도우심이 없었다면 그의 거짓말로 인해 아내 리브가를 아비멜렉에게 빼앗길 뻔하였다. **"그러나 그는 사람이 그들을 억압하는 것을 용납하지 아니하시고 그들로 말미암아 왕들을 꾸짖어 이르시기를 나의 기름 부은 자를 손대지 말며 나의 선지자들을 해하지 말라 하셨도다."**(시105:14~15)

또 야곱의 경우를 보자. 아버지 이삭이 나이 들어 눈이 어두워 잘 보지 못할 때였다. 이삭은 죽기 전에 에서를 축복하기 위해 그에게 사냥하여 음식을 만들어 오라고 하였다. 리브가가 이를 엿듣고는 급히 야곱을 불러 좋은 염소 새끼 두 마리를 가져오라 하였다. 그것으로 별미를 만들어 야곱이 아버지 이삭으로부터 축복을 받게 하기 위함이었다. 리브가는 또 에서의 좋은 의복을 가져다가 야곱에게 입혔다. 염소 새끼 가죽으로 야곱의 매끈매끈한 손과 목에 입히고는, 장만한 음식을 들고 가서 이삭으로부터 축

지려느냐! 이길 수 있다!

복을 받게 하였다. 이삭은 음성은 야곱이나 손은 에서 같음을 보고, 야곱이 입고 있던 옷의 향취를 맡고는 그에게 장자의 축복 기도를 드렸다. 에서가 막 사냥터에서 돌아오기 직전이었다.

만일 리브가와 야곱이 이러한 위기 속에서도 하나님의 말씀에 굳게 매달렸다면 어떻게 되었을까! 언약에 신실하신 하나님을 신뢰하며 잠잠히 하나님을 기다리고 있었다면 하나님은 어떻게 일하셨을까! 아마도 하나님은 에서를 축복하려는 이삭에게 나타나 그를 책망하셨을 것이다. 아니면, 사냥 나간 에서가 다치거나 갑자기 신상에 일이 생겨 이삭으로 하여금 축복기도를 할 수 없는 상황으로 인도하셨을지도 모른다. 하지만, 우리는 대부분 이런 위기의 때가 오면 하나님의 말씀을 신뢰하기보다 우리의 수단과 지혜에 매달리고 만다. **"내가 주의 증거들에 매달렸사오니[10] 여호와여 내가 수치를 당하지 말게 하소서."**(시119:31) 이 일로 인해, 에서는 야곱을 죽일 기회를 호시탐탐 노리게 된다. 리브가는 이를 알고 야곱을 외삼촌 라반이 사는 밧단아람으로 황급히 보낼 수밖에 없었다. 비록 야곱은 그곳에서 이십 년간 라반의 양들을 치면서 두 아내와 두 첩, 많은 자식과 가축을 소유하는 복을 받기는 했지만 겪지 않아도 될 많은 환난을 겪게 되었다. 자신의 품삯을 열 번이나 속이고, 가혹하게 이득을 챙기려는 라반을 통해 추위와 배고픔과 폭염을 견디는 환난의 긴 세월을 보내야만 했기 때문이다. 성경의 전후 사정으로 보아, 야곱은 생전에 그의 어머니 리브가의 얼굴을 한 번도 볼 수 없는 슬픔도 겪어야만 했을 것이다.

---

10) 본문의 '매달리다'는 '찰싹 달라붙다דָּבַק(다밖)'이라는 의미임. (cf. 신4:4; 룻1:14; 시63:8; 수23:8) 왕상11:2에 솔로몬이 '이방 여인들을 사랑하였다'는 말도 직역하면 '사랑을 위해 이방 여인들에게 찰싹 달라붙었다(דָּבַק)'라는 의미임. 솔로몬의 타락의 원인과 그 깊이를 깨달을 수 있음.

이십 년 후 야곱이 가나안 땅으로 돌아오는 길이었다. 야곱은 앞서 보낸 그의 사자(使者)를 통해, 형 에서가 사백 명의 군사를 거느리고 보복하기 위해 그에게로 달려오고 있다는 소식을 듣게 된다. 하나님은 야곱을 형에서의 보복의 손에서 구해 주셨다. 하지만 야곱은 밧단아람으로 도망가는 길에 돌 베개하고 잠들었을 때 은혜 베푸신 하나님께 서원한 벧엘로 올라가지 않았다. 혹시나 있을지도 모르는 형 에서의 보복을 피해 세겜 땅에 장막을 치고 살았다. 그 무렵, 야곱은 그곳에서 딸 디나가 그 땅 추장 세겜에 의해 강간을 당하는 어려움을 겪게 된다. 이에 야곱의 두 아들 시므온과 레위는 술수로 세겜 백성에게 할례를 받게 한 후 잔인하게 그들을 학살하는 죄를 범하게 된다. **"그 노여움이 혹독하니 저주를 받을 것이요 분기가 맹렬하니 저주를 받을 것이라 내가 그들을 야곱 중에서 나누며 이스라엘 중에서 흩으리로다."**(창49:7) 야곱은 이 환난을 당한 뒤에야 그의 가족을 데리고 하나님의 언약의 장소 벧엘을 향해 올라갔다. 하나님은 야곱과 그의 가족이 벧엘로 올라갈 때 사면 고을들에 큰 두려움을 주셔서 그들을 지켜 주셨다. (창35:5) **"여호와께서 너희 앞에서 행하시며 이스라엘의 하나님이 너희 뒤에서 호위하시리니 너희가 황급히 나오지 아니하며 도망하듯 다니지 아니하리라."**(사52:12) 야곱은 벧엘에 도착하여 그곳에 제단을 쌓고 하나님의 이름을 불렀다. 하나님은 야곱에게 다시 나타나셔서 아브라함과 이삭의 언약으로 그를 축복하셨다. **"야곱이 밧단아람에서 돌아오매 하나님이 다시 야곱에게 나타나사 그에게 복을 주시고 하나님이 그에게 이르시되 네 이름이 야곱이지마는 네 이름을 다시는 야곱이라 부르지 않겠고 이스라엘이 네 이름이 되리라 하시고."**(창35:9~10) 하나님은 야곱이 '세겜'이 아닌, 하나님의 집 '벧엘'에 왔을 때에야 그가 비로소 밧단아람에서 돌아온 것으로 인정하셨다.

야곱이 노년에 애굽에서 거류할 때였다. 야곱은 죽기 전에, 애굽의 총리가 된 아들 요셉이 애굽에서 낳은 에브라임과 므낫세를 축복하였다. 이때 야곱은 요셉의 장자인 므낫세에게 그의 왼손을, 차자인 에브라임에게는 그의 오른손을 어긋맞겨 에브라임을 므낫세보다 앞세워 축복하였다. 요셉이 이를 만류하자 야곱이 요셉에게 말하였다. **"나도 안다 내 아들아 나도 안다 그도 한 족속이 되며 그도 크게 되려니와 그의 아우가 그보다 큰 자가 되고 그의 자손이 여러 민족을 이루리라."**(창48:19) 야곱은 이때 무슨 생각을 하였을까! 아무리 인간적인 생각이나 환경으로 볼 때 하나님의 언약이 어리석어 보일지라도, 하나님은 주권적인 섭리와 능력으로 자신의 언약을 신실하게 이루어 가시는 분임을 비로소 깨닫게 되지 않았을까! '손을 어긋맞겨서라도 축복하셔서, 자신의 언약을 친히 이루시는 하나님을 믿었더라면 이십 년 밧단아람의 환난은 겪지 않아도 되었겠구나!' 그렇게 깨닫게 되지 않았을까! 우리는 야곱의 인생을 통해, 환난 중에도 하나님의 언약의 말씀에 매달려 순종하는 삶의 유익과 영광스러움을 다시 한번 깨달을 수 있다.

사울 왕의 경우도 그러하였다. 사울이 이스라엘을 다스린 지 이 년 무렵이었다. 당시 블레셋 사람들이 이스라엘과 싸우려고 모였는데 그들의 병거가 삼만이요, 마병이 육천 명이요, 백성은 해변의 모래같이 많았다. 이스라엘 사람들은 위급함을 보고 절박하여 굴과 수풀과 바위틈과 웅덩이에 숨었다. 어떤 사람들은 요단을 건너 갓과 길르앗 땅으로 도망을 갔다. 사울은 기다리던 사무엘 선지자도 오지 않고, 백성은 그에게서 흩어지는 것을 보고는 다급한 마음에 하나님께 번제와 화목제의 제물을 드렸다. 마침 사무엘 선지자가 사울 왕이 번제 드리기를 마쳤을 때 그에게로 왔다. 사울 왕은 이 불순종으로 인해 사무엘로부터 하나님의 징계의 말씀을 듣게 된다. **"여**

호와께서 이스라엘 위에 왕의 나라를 영원히 세우셨을 것이거늘 지금은 왕의 나라가 길지 못할 것이라 여호와께서 왕에게 명령하신 바를 왕이 지키지 아니하였으므로 여호와께서 그의 마음에 맞는 사람을 구하여 여호와께서 그를 그의 백성의 지도자로 삼으셨느니라."(삼상13:13~14)

그 무렵, 사울 왕의 아들 요나단은 그의 병기 든 소년과 함께 오직 하나님만 의지하며 블레셋 진영으로 올라갔다. 요나단이 블레셋 사람들에게로 건너가려 하는 곳은 어귀 사이 양쪽에 험한 바위가 있는 험준한 곳이었다. 당시 이스라엘은 사울과 요나단 외에는 창이나 칼이 없는 무력한 상태였다. 요나단은 그의 병기 든 소년에게 말하였다. **"우리가 이 할례 받지 않은 자들에게로 건너가자 여호와께서 우리를 위하여 일하실까 하노라 여호와의 구원은 사람의 많고 적음에 달리지 아니하였느니라."**(삼상14:6) 요나단은 무기 든 소년 앞서 적진을 향해 그의 손발로 절벽을 기어 올라갔다. 이때 하나님이 요나단과 그를 뒤따르는 소년의 믿음을 보시고 블레셋 진영에 큰 지진을 일으키셨다. 블레셋 사람들은 큰 혼란에 빠져 각각 칼로 자기의 동무들을 쳤다. 이에 블레셋 진영에 합세하여 전쟁에 나온 이스라엘 백성이 돌이켜 요나단과 함께 블레셋과 싸우고, 숨어 있던 이스라엘 사람들도 블레셋 사람들의 도망함을 듣고 싸우러 나와서 그들을 추격하였다. 그리하여 블레셋은 그날 전쟁에서 이스라엘에 의해 크게 패하고 말았다. **"환난 날에 나를 부르라 내가 너를 건지리니 네가 나를 영화롭게 하리로다."**(시50:15)

우리가 환난의 때에 하나님의 말씀에 매달려 있지 않으면 사람을 의지하거나 인간적 수단을 통해 위기를 모면하려고 애쓰게 된다. 아브람이 그러하였다. 아브람이 가나안 땅에 거류할 때였다. 하나님이 아브람에게 자식을 주시겠다는 약속을 하신 지 십 년이 지난 때였다. 하나님은 아직 그에게 약속의 아들을 주시지 않았다. 그때 사래가 아브람에게 자신의 여종 하갈을 취하도록 권유하였다. 아브람은 사래의 말을 듣고는 하갈과 동침하여 아들 이스마엘을 낳았다. 아브람은 이로 인해 많은 고통을 겪게 되었다. 사래와 하갈 사이의 갈등을 날마다 보아야 했고, 나중에는 결국 하갈과 그의 아들 이스마엘을 집에서 내쫓아야만 했기 때문이다. 하나님의 말씀을 전적으로 신뢰하지 않고 아내 사래의 말을 들은 그의 불순종의 열매였다. **"지식 없는 소원은 선하지 못하고 발이 급한 사람은 잘못 가느니라."**(잠19:2) 우리는 아브람에게서, 하나님의 말씀을 버리고 아내 하와의 말을 듣고는 선악과를 따 먹다 고통당한 아담의 불순종의 그림자를 엿볼 수 있다.

　　다윗의 경우도 그러하였다. 다윗이 사울을 피해 아둘람 굴로 도망하였을 때였다. 그의 형제와 아버지의 온 집이 소식을 듣고는 그곳으로 내려왔다. 다윗은 모압 미스베로 가서 모압 왕에게 그의 부모를 부탁한 후 그는 여전히 요새에 머물고 있었다. 이때 하나님이 갓 선지자를 보내서서 다윗에게 말씀하셨다. **"너는 이 요새에 있지 말고 떠나 유다 땅으로 들어가라."**(삼상22:5) 다윗이 있어야 할 곳은 인간적으로 안전한 요새가 아니라, 비록 위험천만한 곳이라 할지라도 유다 땅이었다. 하나님은 비록 다윗이 유다 땅에서 사울의 핍박을 받을지라도, 다윗이 그러한 연단을 통해 유다 백성이 그의 그늘 아래에서 안식을 누릴 수 있는 하나님의 초막으로 준비되기를 원하셨기 때문이다.[11] **"여호와께서 환난 날에 나를 그의 초막 속에 비밀**

---

11)　대상22:9에서 하나님이 다윗에게 솔로몬을 통해 성전을 건축하실 것을 언약하실 때, '그는 온순한 사람이라'는 말씀이 나옴. 이때 '온순한'으로 번역된 מְנוּחָה(메누하)'는 '쉼의 장소'를 의미함. 이는, 궁극적으로는 다윗의 자손으로 오실 평강의 왕 예수님을 통해 구원받은 하나님의 자녀들이 영원한 '참 쉼'을 얻게 될 것을 가르치고 있음. 다윗도, 그의 아들 솔로몬의 시대에도 이스라엘 백성이 그들의 그늘 아래에서 누린 안식은 잠시뿐이었기 때문임. (cf. 히 4:7~10)

히 지키시고 그의 장막 은밀한 곳에 나를 숨기시며 높은 바위 위에 두시리로다."(시27:5)

　　유다 아마샤 왕 때의 일이다. 아마샤는 유다와 베냐민 가운데 창과 방패를 잡고 능히 전쟁에 나갈만한 자 삼십만 명을 얻었다. 또 이스라엘에게서 용병 십만 명을 고용한 후 세일과 전쟁을 시작할 즈음이었다. 어떤 하나님의 사람이 그에게 이르기를, 하나님이 악한 이스라엘 군대와 함께하지 않을 것이니 용병을 돌려보내고 전쟁하라고 하였다. 하나님은 능히 돕기도 하고 능히 패하게도 하는 분이시기 때문이었다. 아마샤는 처음에는 주저하였다. 이미 이스라엘 군대에게 백 달란트를 주었기 때문이다. 하지만 아마샤는 하나님의 사람의 말대로 이스라엘 용병을 돌려보내고 전쟁을 시작하였다. 세일 자손 만 명을 죽이고 또 만 명을 사로잡는 큰 승리를 거두었다. 그러나 이스라엘 용병들이 화가 나서 돌아가는 길에 사마리아에서부터 벧호론 각지 유다 성읍들을 약탈하였다. 유다 백성 삼천 명을 죽이고 많은 물건을 노략하여 갔다. 아마샤가 처음부터 전적으로 하나님을 신뢰하지 않고 이스라엘 용병을 의지한 그의 불신앙의 결과였다. **"애굽은 사람이요 신이 아니며 그들의 말들은 육체요 영이 아니라 여호와께서 그의 손을 펴시면 돕는 자도 넘어지며 도움을 받는 자도 엎드러져서 다 함께 멸망하리라."**(사31:3)

　　반면, 히스기야 왕을 보자. 히스기야가 왕이 된 지 제 십사 년 무렵이었다. 앗수르 왕 산헤립이 그의 장군들을 대군과 함께 보내어 하나님을 이방의 우상처럼 조롱하며 유대 백성에게 항복을 요구하였다. 히스기야는 앗수르 왕이 보낸 편지를 받아보고 하나님의 성전으로 올라갔다. 하나님 앞에 그 편지를 펴놓고 간절히 하나님의 도우심을 구하였다. **"이제 우리를 그의**

손에서 구원하옵소서 그리하시면 천하만국이 여호와가 홀로 하나님이신 줄 알리이다."(왕하19:19) 하나님은 히스기야의 간구를 즉시 응답하셨다. 그날 밤 여호와의 사자를 통해 앗수르 진영에서 십팔만 오천 명을 모두 송장이 되게 하셨다. 앗수르 왕은 낯이 뜨거워 그의 고국으로 즉시 퇴각하였다. 그리고 신전에서 그의 신 니스록을 경배하다가 자신의 아들에 의해 죽임을 당하고 말았다. (사37:38) 만왕의 왕이신 영광의 하나님을 조롱한 결과 그의 아들에 의해 죽임을 당하는 비참한 불행을 당하고 말았다. **"나를 존중히 여기는 자를 내가 존중히 여기고 나를 멸시하는 자를 내가 경멸하리라."**(삼상2:30)

하나님은 때때로 이스라엘 백성을 환난과 시험을 통해 전적으로 하나님만 신뢰하도록 훈련하셨다. 이를 통해 사탄의 어떤 유혹도 이길 수 있는 하나님의 지혜와 능력으로 구비시켜 주셨다. **"모든 은혜의 하나님 곧 그리스도 안에서 너희를 부르사 자기의 영원한 영광에 들어가게 하신 이가 잠깐 고난을 당한 너희를 친히 온전하게 하시며 굳건하게 하시며 강하게 하시며 터를 견고하게 하시리라."**(벧전5:10) 하나님은 이스라엘 백성을 통해 세상 가운데 하나님의 영광이 나타나기를 원하시며, 하나님을 대적하는 원수의 세력들을 부끄럽게 하기를 원하셨기 때문이다. (고후10:6) 사도 바울 역시 자신의 선교 사역을 감당하면서 숱한 환난을 겪었다. 살 소망까지 끊어지고, 사형 선고를 받은 줄 알 만큼 심한 고난을 겪을 때도 있었다. (고후1:9) 바울은 이러한 환난을 통해 자신을 의지하지 않고 오직 죽은 자를 다시 살리시는 하나님만 의지할 수 있었다. 하나님의 위로하심을 받고, 하나님께 받는 그 위로로 환난 중에 있는 성도들을 위로할 수 있었다. (고후1:4) 전적으로 하나님만을 신뢰하며, 자신의 믿음을 지키고 그의 달려갈 길을 마칠 수 있었다. **"사랑하는 자들아 너희를 연단하려고 오는 불 시험을**

이상한 일 당하는 것같이 이상히 여기지 말고 오히려 너희가 그리스도의 고난에 참여하는 것으로 즐거워하라 이는 그의 영광을 나타내실 때에 너희로 즐거워하고 기뻐하게 하려 함이라."(벧전4:12~13) 또한 하나님은 이스라엘 백성이 범죄할 때, 그들을 죄악에서 돌이키시기 위해 때때로 이방을 징계의 막대기로 사용하셨다. 이스라엘 백성은 그때에도 하나님께로 돌아오기는커녕 오히려 다른 이방 나라의 도움을 구하였다. 이로 인해 그들은 하나님의 더 큰 심판을 받고, 결국에는 도움을 구하던 이방 나라에 의해 멸망하고 말았다. "도움을 구하러 애굽으로 내려가는 자들은 화 있을진저 그들은 말을 의지하며 병거의 많음과 마병의 심히 강함을 의지하고 이스라엘의 거룩하신 이를 앙모하지 아니하며 여호와를 구하지 아니하나니 여호와께서도 지혜로우신즉 재앙을 내리실 것이라 그의 말씀들을 변하게 하지 아니하시고 일어나사 악행하는 자들의 집을 치시며 행악을 돕는 자들을 치시리니."(사31:1~2)

하나님은 우리의 죄악으로 인한 환난 중에도 우리에게 피할 길을 예비해 주시는 은혜의 하나님이시다. 다윗이 압살롬의 반란을 피해 황급히 도망갈 때였다. 다윗이 하나님을 경배하는 마루턱에 이르렀을 때, 아렉 사람 후새가 그의 옷을 찢고 흙을 머리에 덮어쓰고 다윗을 맞이하러 왔다. 이때 다윗이 후새에게 부탁하였다. "네가 만일 성읍으로 돌아가서 압살롬에게 말하기를 왕이여 내가 왕의 종이니이다 전에는 내가 왕의 아버지의 종이었더니 이제는 내가 왕의 종이니이다 하면 네가 나를 위하여 아히도벨의 모략을 패하게 하리라."(삼하15:34) 이어, 다윗은 후새에게 압살롬에게서 듣는 말을 아비아달과 사독의 두 아들들에게 알리고, 그들을 통해 자기에게 소식을 전해 줄 것을 부탁하였다. 그리하여 후새는 압살롬에게로 돌아가 아히도벨의 모략을 패하고, 다윗과 백성들은 무사히 요단을 건너 도피할 수 있었다.

한 여종이 성에서 나와 후새의 소식을 요나단과 아히마아스에게 전할 즈음이었다. 마침 한 청년이 이를 보고는 압살롬에게 그 사실을 일러바쳤다. 제사장의 두 아들은 빨리 달려서 바후림 어떤 사람의 집에 들어갔다. 그의 집 뜰에 있는 우물 속으로 급히 내려가 그들의 몸을 숨겼다. 그 집 여인은 덮을 것을 가져다가 우물 아귀를 덮고 찧은 곡식을 그 위에 널어놓았다. 압살롬의 종들이 여인의 집을 수색하다 찾지 못하고 돌아가자, 그들은 우물에서 올라와 다윗에게 후새의 소식을 전할 수 있었다. 하나님은 후새와, 두 제사장의 아들들과, 이름 모를 한 여종과 제사장의 두 아들을 숨겨준 한 여인을 통해 풍전등화의 위기에 처한 다윗에게 피할 길을 예비해 주셨다. 그후 다윗과 그의 군사들의 가족이 아말렉에 의해 포로로 잡혀갔을 때에도 아말렉 진영에서 나온 한 애굽 청년을 통해 그들을 모두 도로 찾아올 수 있도록 피할 길을 예비해 주셨다. (삼상30:11) 또한 사울에 의해 끊임없이 핍박받을 때에도 요나단을 예비해 주셨다. 미디안으로 도망간 모세에게 이드로 가정을 예비해 주시고, 엘리야 선지자에게 사르밧 과부의 가정을 예비해 주신 일도 그러하였다. 패가망신한 나오미 가정에 보아스를 예비해 주신 일 역시 그러하였다.

하나님은 환난을 통해 우리의 마음을 낮추신다. 바람을 타고 들려오는 작은 소리에도 하나님의 음성을 들을 수 있는 귀를 열어 주신다. 나오미는 기근을 피해 남편 엘리멜렉을 따라 두 아들과 함께 잠시 모압에 거류하기 위해 베들레헴을 떠났다. 하지만 그곳에 거주한 지 얼마 지나지 않아 남편 엘리멜렉이 죽고 말았다. 모압에 거주한 지 십 년쯤에, 모압 여자와 결혼한 두 아들마저 죽고 가지고 간 재산도 다 잃어버리고 말았다. 그 무렵 나오미는 하나님이 베들레헴에 양식을 주셨다는 소식을 듣게 된다. 나오미는 그 소식을 통해, 부르시는 하나님의 음성을 듣고 자부 룻과 함께 영생의 떡집 베들레헴으로 돌아오게 된다. 그들이 베들레헴으로 돌아온 후였다. 룻은 시부의 친족인 보아스의 밭에서 이삭을 주워 정성껏 시어머니를 공궤하였다. 나오미는 집으로 돌아온 룻을 통해 세심하게 그녀를 보살피는 친족 보아스의 소식을 듣게 된다. 나오미가 자부 룻에게 말하였다. **"내 딸아 너는 그의 소녀들과 함께 나가고 다른 밭에서 사람을 만나지 아니하는 것이 좋으니라."**(룻2:22) 그리고 밤중에 타작마당에서 쉬고 있는 보아스에게 자부 룻을 보내게 된다. 보아스를 통해 기업 무르는 일을 행하고 계시는 하나님을 소망하고 있었기 때문이었다. 나오미는 새벽에 집으로 돌아온 룻을 통해 하나님이 행하고 계시는 일을 확신하고는 자부 룻에게 말하였다. **"내 딸아 이 사건이 어떻게 될지 알기까지 앉아 있으라 그 사람이 오늘 이 일을 성취하기 전에는 쉬지 아니하리라."**(룻3:18)

하나님은 우리를 '영생의 떡집'으로 돌이키시기 위해 고난을 통해 우리의 마음을 낮추시고 우리의 귀를 열어 주신다. 예수님의 소문을 듣고 예수님을 찾아온 혈루증 여인이 그러하였고,(막5:27) 더러운 귀신 들린 딸을 고치기 위해 예수님께 나아온 수로보니게 여인이 그러하였다. (막7:25) **"혹시 그들이 족쇄에 매이거나 환난의 줄에 얽혔으면 그들의 소행과 악행과 자신들의 교만한 행위를 알게 하시고 그들의 귀를 열어 교훈을 듣게 하시며 명하여 죄악에서 돌이키게 하시나니."**(욥36:8~10) 하나님은 때때로 일상에서 일어나는 불행한 사건들을 통해서도 자기 백성을 죄악에서 돌이키기를 소원하신다. 아합 왕 때, 히엘이 하나님의 말씀을 어기고 여리고의 터를 쌓을 때 그의 장자가, 그 성문을 세울 때 막내 아들을 잃은 사건이 그러하였다. (수6:26) 예수님 당시에 빌라도가 어떤 갈릴리 사람들의 피를 그들의 제물에 섞은 일과, 실로암 망대가 무너진 일 또한 그러하였다. **"또 실로암에**

서 망대가 무너져 치어 죽은 열여덟 사람이 예루살렘에 거한 다른 모든 사람보다 죄가 더 있는 줄 아느냐 너희에게 이르노니 아니라 너희도 만일 회개하지 아니하면 다 이와 같이 망하리라."(눅13:4~5)

환난의 때일수록 사람을 의지하거나 인간적 수단을 내려놓고 도우시는 하나님만을 의지하자. (히2:18) 거센 파도를 바라보고 바다에 빠져 아우성치는 베드로가 아닌, 풍랑을 밟고 손짓하며 우리를 부르시는 예수님을 향해 나아가자. **"주께서 말을 타시고 바다 곧 큰 물의 파도를 밟으셨나이다."**(합3:15) 이세벨의 화난 얼굴을 바라보고 광야로 도피한 엘리야가 아닌, 갈멜 산 제단에 불로 응답하신 살아 계신 하나님의 얼굴을 바라보자. 모든 두려움의 배후에는 우리를 넘어뜨리려는 사탄의 은밀한 유혹이 역사하고 있음을 알고 하나님의 말씀에 매달려 우리의 마음을 믿음으로 굳게 지키자. **"천만인이 나를 에워싸 진 친다 하여도 나는 두려워하지 아니하리이다 여호와여 일어나소서 나의 하나님이여 나를 구원하소서 주께서 나의 모든 원수의 뺨을 치시며 악인의 이를 꺾으셨나이다."**(시3:6~7) 모든 염려를 하나님께 맡기고,[12](벧전5:7) 환난 당할 즈음에 또한 피할 길을 내사 능히 감당하게 하시며,(고전10:13) 항상 하늘 보좌에서 우리를 위해 기도하시는 예수님의 도우심을 앙망하자. (히7:25) **"하나님은 우리의 피난처시요 힘이시니 환난 중에 만날 큰 도움이시라."**(시46:1) 환난을 통해 환난 중에 있는 사람들을 위로하게 하시며, 살아 계신 하나님의 영광을 나타내는 믿음의 도구가 되게 하시는 하나님을 신뢰하자. 때때로 믿음의 경주

---

12) 시37:5의 '네 길을 여호와께 맡기라'의 '맡기다ללֵג(가랄)'은 '던져 버리다'라는 의미임. 벧전5:7의 '너희 염려를 다 주께 맡기라'의 '맡기다ἐπιρίπτω(에피립토)' 역시 '던져 버리다'라는 의미임. 우리의 염려를 하나님께 기도로 던져 버렸으면 그 염려를 잊고 사는 것이 하나님이 기뻐하시는 믿음이라 여겨짐.

에서 당하는 환난을 오히려 영광으로 여기며, 앞서가신 예수님만을 뒤따르는 영광의 삶을 살아가자. **"믿음의 주요 또 온전하게 하시는 이인 예수를 바라보자 그는 그 앞에 있는 기쁨을 위하여 십자가를 참으사 부끄러움을 개의치 아니하시더니 하나님 보좌 우편에 앉으셨느니라."**(히12:2)

"주의 종이 주께 은혜를 입었고 주께서 큰 인자를 베푸사 내 생명을 구원
하시오나 내가 도망하여 산에까지 갈 수 없나이다 두렵건대 재앙을 만
나 죽을까 하나이다 보소서 저 성읍은 도망하기에 가깝고 작기도 하오
니 나를 그곳으로 도망하게 하소서 이는 작은 성읍이 아니니이까 내 생
명이 보존되리이다."(창19:19~20)

'생각'의 사전적 정의는 "헤아리고 판단하고 인식하는 것 따위의 정신 작
용"을 의미한다. 생각이란 우리의 경험이나 기억, 이해나 예측 등을 글이나
언어로 표현하기 전에 마음속에 추상적으로 남아 있는 것을 의미한다. 우
리의 삶의 대부분은 우리의 생각에 의존하며, 생각이 말이나 행동으로 나
타나 의사소통을 가능하게 하고 일을 성취하게 만든다. 살아가면서 배우는
지식은 모두 생각의 작용을 통해 쌓이며, 그것을 기억해 내거나 다시 삶에
적용하는 것도 생각으로 이루어진다. 또한 미래를 예상하고 대비하는 것도
모두 우리의 생각에 의해 이루어진다. 신앙생활은 이 모든 일에, 사람의 생
각을 버리고 하나님의 생각을 따르는 여정이라 할 수 있다.

롯이 소돔에 거류할 때의 일이다. 어느 날 저녁, 천사들이 하나님의 보내
심을 받고 그에게로 찾아왔다. 죄악으로 관영한 소돔 땅을 유황불로 심판
하기 위해서였다. 소돔 백성이 천사들이 롯을 찾아온 것을 알고는 노소를
막론하고 원근에서 롯의 집으로 몰려왔다. 롯의 집에 들어온 사람들과 상
관하려고 롯의 집 문을 부수려고 하였다. 이때 천사들이 소돔 사람들의 눈
을 어둡게 하여 롯을 그들의 손에서 구해 주었다. 그리고 롯에게 하나님이

이곳을 멸하실 것이니 속히 그에게 속한 가족을 성 밖으로 이끌어 내라고 말하였다. 롯이 이 일을 그의 딸들과 정혼한 사위들에게 말하자 사위들은 장인의 말을 농담으로 여겼다. 천사들은 지체하는 롯을 재촉하며 롯과 그의 가족의 손을 잡아 인도하여 성 밖에 두었다. 천사들이 그들을 이끌어 낸 후 롯에게 말하였다. **"도망하여 생명을 보존하라 돌아보거나 들에 머물지 말고 산으로 도망하여 멸망함을 면하라."**(창19:17)

이때 롯은 도망하기에 가까운 소알 성읍으로 가도록 천사들에게 간청하였다. 롯의 생각에는, 천사들이 지시한 산까지는 거리가 너무 멀어 도중에 멸망할까 두려웠기 때문이었다. 롯의 아내는 가는 길에 뒤를 돌아보다가 소금 기둥이 되고 말았다. 롯이 소알에 들어갔을 때였다. 하나님은 소돔과 고모라 땅에 하늘로부터 유황과 불을 비같이 내리셨다. 그 성들과 거주하는 모든 백성과 땅에서 난 모든 것을 엎어 멸하셨다. 롯은 소돔과 고모라와 인근 도성이 멸망하는 것을 보고는 큰 두려움에 빠져들었다. 그리하여 롯은 천사들이 처음에 그에게 도망가라고 지시한 산[13]으로 딸들과 함께 도망가서 그곳에 굴을 파고 거주하게 된다. 그리고 롯은 그곳에서 술에 취하여 자신의 딸들과 동침하여 모압과 암몬의 조상인 두 아들을 낳게 된다.

롯이 '그 산'으로 도망가 굴에 거할 때 무슨 생각을 하였을까! '천사들이 처음 지시한 산으로 곧장 갔다면 더 좋았겠구나! 그리했더라면 소알 성보다는 훨씬 두려움이 적었겠구나!'라고 생각하지 않았을까! 천사들이 피하라 한 '그 산'은 소알보다는 소돔에서 더 먼 거리에 있었기 때문이다. 처음부터 '그 산'으로 피하였다면, 롯은 소돔 성이 멸망한 후 '그 산'에서 내려와 소알 성에 거주할 수도 있었을 것이다. 딸들과 동침하는 불행한 일도 일

---

13) 원문에는 '그 산 הָהָרָה(하하르)'임. 정관사가 있다는 말은, 천사들이 롯에게 도망가라고 한 '그 산'은 롯이 이미 알고 있는 산이었음을 의미하고 있음.

어나지 않았을 것이다. 이처럼, 사람의 생각은 처음에는 유익한 것 같으나 결과적으로는 불행의 씨앗을 뿌리는 일임을 알 수 있다. 하나님은 자비하셔서 우리의 생각을 따른 간청에도 응답하기는 하시지만, 우리의 생각을 따르는 길은 결국에는 불행의 열매를 거두고 마는 길임을 깨달을 수 있다. **"너는 마음을 다하여 여호와를 신뢰하고 네 명철을 의지하지 말라 너는 범사에 그를 인정하라 그리하면 네 길을 지도하시리라."**(잠3:5~6)

사사 시대 베들레헴에 거주하던 엘리멜렉의 경우도 그러하였다. 엘리멜렉은 베들레헴 땅에 기근이 들자, 그 기근을 피해 모압 땅에 거류하기 위해 그의 가족을 데리고 베들레헴을 떠났다. 하지만 모압에서의 행복은 잠시뿐이었다. 엘리멜렉은 이주한 지 얼마 되지 않아 모압 땅에서 죽고 말았다. 그의 두 아들도 모압 여인과 결혼하여 그곳에 거주하다 십 년 즈음에 모두 죽고 말았다. 베들레헴을 떠날 때 가지고 갔던 풍족한 재산마저 모두 탕진하고 말았다. (룻1:21) 엘리멜렉이 남긴 것이라고는 자신의 무덤과 두 아들의 무덤, 그리고 눈물 흘리는 그의 아내와 과부가 된 그의 두 자부뿐이었다. 영생의 떡집을 떠난 삶은 잠시 육신적인 행복은 누릴 수 있겠지만 결국에는 눈물 흘리는 고통과 죽음의 열매를 거두는 삶이기 때문이다. **"내가 그들을 그들의 원수들의 땅으로 끌어 갔음을 깨닫고 그 할례 받지 아니한 그들의 마음이 낮아져서 그들의 죄악의 형벌을 기쁘게 받으면 내가 야곱과 맺은 내 언약과 이삭과 맺은 내 언약을 기억하며 아브라함과 맺은 내 언약을 기억하고 그 땅을 기억하리라."**(레26:41~42)

다윗이 사울 왕의 핍박을 받을 때였다. 다윗은 사울 왕을 죽일 수 있는 기회가 여러 번 있었지만 번번이 그를 살려 주었다. 사울 왕은 그럼에도 불구하고 거듭거듭 다윗을 죽이려고 안달하였다. 이 무렵 다윗은 그의 마음에 생각하였다. **"다윗이 그 마음에 생각하기를[14] 내가 후일에는 사울의 손에 붙잡히리니 블레셋 사람들의 땅으로 피하여 들어가는 것이 좋으리로다 사울이 이스라엘 온 영토 내에서 다시 나를 찾다가 단념하리니 내가 그의 손에서 벗어나리라."**(삼상27:1) 다윗은 그의 군사 육백 명을 데리고 가드 왕 아기스에게로 망명하였다. 어떤 사람이 사울에게 다윗이 가드에 도망한 사실을 알리자 사울은 다시는 그를 수색하지 않았다. 다윗의 인생에는 모처럼 일 년 사 개월이라는 평안의 세월이 주어졌다. 하지만 그 평안은 잠시뿐이었다. 일 년 사 개월이 지난 어느 날이었다. 다윗의 인생에는 원수의 나라 블레셋과 합세하여 동족 이스라엘과 전쟁을 치러야 할 진퇴양난의 위기가 찾아왔다. 다윗은 비록 하나님의 은혜로 동족 이스라엘과 싸우는 불행은 가까스로 피할 수 있었지만, 이 불순종으로 인해 울 기력이 없도록 울 수밖에 없는 큰 고통을 겪게 되었다. 다윗이 그가 거주하던 시글락으로 돌아왔을 때, 그의 눈앞에는 그와, 그와 함께하는 사람들의 가족들이 포로 되어 떠난 불타고 있는 처참한 성읍만이 기다리고 있었기 때문이다. **"자기의 마음을 믿는 자는 미련한 자요 지혜롭게 행하는 자는 구원을 얻을 자니라."**(잠28:26)

여로보암은 유다 왕 르호보암을 반역하여 북 이스라엘의 초대 왕이 되었다. 그는 왕이 되자 두 금송아지 우상을 만들었다. 하나는 벧엘에 두고 또하나는 단에 두었다. 또 여로보암은 산당들을 짓고 레위 자손 아닌 보통 사

---

14) '다윗이 그 마음에 생각하기를'의 '생각하기를'로 번역된 말은 '말하기를-אָמַר(아마르)'라는 의미임. 하나님께 기도로 말씀드리지 않고 자기 마음에 말한 다윗의 불신앙을 엿볼 수 있음. 반면, 삼상8:21에서 사무엘이 왕을 세워 달라는 이스라엘 백성의 말을 듣고는 그 일을 하나님께 아뢸 때 '여호와께 아뢰매'로 번역된 말은 '여호와의 귀 안에-בְּאָזֵן(베오젠) 말하매-דָּבַר(다바르)'라는 의미임. 기도로 하나님과의 깊은 영적 교제를 나눈 사무엘 선지자의 영성이 잘 나타나 있음.

람들을 제사장으로 삼았다. 여덟째 달 열다섯째 날로 절기를 새로 정하고, 이스라엘 백성으로 하여금 하나님을 섬기도록 하여 온 나라를 큰 죄악에 빠지게 하였다. 이스라엘 백성이 하나님을 제사하기 위해 유다로 내려가게 되면 자신이 통치하는 북 이스라엘이 어려움에 빠질 것을 염려한 그의 인간적인 생각 때문이었다. 여로보암의 불순종은 결국 그와 그의 집의 멸망을 초래하였다. 만일 여로보암이 하나님을 경외하는 사람이었다면 어떻게 하였을까! 금송아지 우상을 만드는 대신 하나님께 기도하지 않았을까! 그리했다면, 하나님은 기도하는 여로보암에게 한 장소를 예비해 주셔서 그곳에서 제사를 드리도록 허락하셨을 것이다. 하나님은 제사나, 날짜나, 장소보다, 마음의 순종을 더 기뻐하시기 때문이다. (삼상15:22) **"땅이여 들으라 내가 이 백성에게 재앙을 내리리니 이것이 그들의 생각의 결과라 그들이 내 말을 듣지 아니하며 내 율법을 거절하였음이니라 시바에서 유향과 먼 곳에서 향품을 내게로 가져옴은 어찌함이냐 나는 그들의 번제를 받지 아니하며 그들의 희생제물을 달게 여기지 않노라."** (렘6:19~20)

이스라엘 백성이 애굽에서 나온 후 광야에서 첫 유월절을 지킬 때였다. 당시 시체로 인해 부정하여 제때에 유월절을 지킬 수 없는 사람들이 있었다. 이때 하나님은 모세에게 명령하셔서, 그들이 둘째 달 열넷째 날 해 질 때에 유월절을 지킬 수 있도록 허락하셨다. (민9:11) 히스기야 때에도 성결하게 한 제사장이 부족하여 백성들이 제때에 유월절을 지킬 수 없는 때가 있었는데, 하나님은 이때에도 그들에게 둘째 달에 유월절을 지키도록 허락하셨다. (대하30:2) 이어, 온 백성이 즐거워하며 다시 칠 일을 절기로 정하여 지킬 때에도 하나님은 이를 기뻐하시고 그들의 기도를 응답하셨다. 당시 에브라임과 므낫세와 잇사갈과 스불론의 많은 무리들이 부정한 몸으로 유월절 양을 먹어 규례를 어기는 일이 일어났다. 하지만 하나님은 이때에도 히스기야의 기도를 들으시고 그들의 불순종을 용서하셨다. 새롭게 결단하고 하나님을 찾는 그들의 마음을 기쁨으로 받으셨기 때문이다. (마12:12)

　　제단의 경우도 마찬가지이다. 하나님이 이스라엘 백성에게 약속하신 가나안 땅을 제비 뽑아 나누어 주시고 그들에게 안식을 주셨을 때였다. 여호수아는 르우벤과 갓과 므낫세 반 지파를 축복하며 요단 동쪽 그들의 기업으로 돌려보냈다. 그들이 가나안 땅 요단 언덕 가에 이르렀을 때 그곳에 한 제단을 쌓았다. 이스라엘 자손이 이 소식을 듣고는 비느하스와 각 지파의 지도자 열두 명을 그들에게로 보냈다. **"너희가 어찌하여 이스라엘 하나님께 범죄하여 오늘 여호와를 따르는 데서 돌아서서 너희를 위하여 제단을 쌓아 너희가 오늘 여호와께 거역하고자 하느냐."**(수22:16) 이때 르우벤과 갓과 므낫세 반 지파 사람들이 비느하스와 이스라엘 지파의 지도자들에게 대답하였다. **"여호와께서 우리와 너희 사이에 요단으로 경계를 삼으셨나니 너희는 여호와께 받을 분깃이 없느니라 하여 너희의 자손이 우리 자손에게 여호와 경외하기를 그치게 할까 하여 우리가 말하기를 우리가 이제 한 제단 쌓기를 준비하자 하였노니 이는 번제를 위함도 아니요 다른 제사를 위함도 아니라."**(수22:25~26) 이스라엘 자손은 그들의 말로 인해 크게 즐거워하며 하나님을 찬송하였다. 하나님은 하나의 새 제단을 만든 외형적 불순종이 아닌, 온 마음으로 하나님을 경외하는 요단 동쪽 세 지파 백성의 마음을 더 기뻐하셨기 때문이다.

　　아람의 군대 장관 나아만을 보자. 나아만은 하나님이 전에 그를 통해 아람을 구원하게 하신 큰 용사였으나 문둥병자였다. 어느 날 그의 집에 포로로 잡혀 온 이스라엘 어린 소녀가 여주인에게 말하였다. **"우리 주인이 사마리아에 계신 선지자 앞에 계셨으면 좋겠나이다 그가 그 나병을 고치리**

이다."(왕하5:3) 나아만은 소녀의 말을 듣고는, 왕의 재가를 받아 은 십 달란트와 금 육천 개와 의복 열 벌을 가지고 엘리사의 하나님을 찾아왔다. 나아만이 말들과 병거들을 거느리고 엘리사의 집 문에 이르렀을 때였다. 엘리사는 사자를 그에게 보내어 말하였다. **"너는 가서 요단 강에 몸을 일곱 번 씻으라 네 살이 회복되어 깨끗하리라.**"(왕하5:10) 나아만은 이 말을 듣고는 화를 내며 아람으로 돌아가려 하였다. 그의 생각에는, 엘리사가 자기에게로 나와 서서 하나님 여호와의 이름을 부르고, 손을 그 부위 위에 흔들어 그의 나병을 고쳐줄 줄 생각하였기 때문이다. **"다메섹 강 아바나와 바르발은 이스라엘 모든 강물보다 낫지 아니하냐 내가 거기서 몸을 씻으면 깨끗하게 되지 아니하랴.**"(왕하5:12) 나아만은 늦게나마 그의 지혜로운 종들의 말을 듣고는 자신의 생각을 버리고 하나님의 생각을 받아들였다. **"실로암 못에 가서 씻으라 하시니 이에 가서 씻고 밝은 눈으로 왔더라.**"(요9:7) 그리고 그는 요단 강가로 가서 자신이 타고 가던 병거에서 내린 다음 동행한 종들이 보는 앞에서 옷을 벗었다. 강기슭을 걸어 내려가 강물 아래로 문둥병 든 그의 몸을 담갔다. 일곱 번 요단 물에 몸을 잠그자, 그의 몸은 즉시 어린아이의 살과 같이 회복되어 깨끗하게 되었다. 나아만은 병거에서 내리고, 벌거벗은 몸으로 자신의 수치를 드러내어 강기슭으로 내려가고, 강물 아래까지 내려갔을 때에야 그의 문둥병을 고침 받을 수 있었다. 하지만 만일 나아만이 엘리사의 하나님의 말씀을 불순종하였다면 그는 평생을 문둥병으로 고통당하다 죽고 말았을 것이다. 여기에서도 겸손한 자에게 구원의 은혜를 베푸시는 하나님의 섭리를 엿볼 수 있다. **"주여 나를 떠나소서 나는 죄인이로소이다.**"(눅5:8) 하나님은 요나가 니느웨에 가서 말씀 전하기를 싫어하며 불순종할 때에도 동일하게 섭리하셨다. 요나 역시, 다시스로 가려고 욥바로 내려가고, 배로 내려가고,[15] 배 밑층으로 내려가고, 깊음 속 산의 뿌리까지 내려간 다음에야 회개하고 뭍으로 다시 살아 나올 수 있었기 때문이다. **"내가 산의 뿌리까지 내려갔사오며 땅이 그 빗장으로 나를 오래도록 막았사오나 나의 하나님 여호와여 주께서 내 생명을 구덩이에서 건지셨나이다."**(욘2:6)

북 이스라엘 여호람 왕 때의 일이다. 아람 왕 벤하닷이 온 군대를 모아 올라와서 사마리아를 에워싸고 있을 때였다. 당시 사마리아에는 기근이 극심하여 나귀 머리 하나에 은 칠십 세겔이요, 비둘기 똥 사분의 일 갑[16]이 은 다섯 세겔에 거래가 될 정도였다. 두 여인이 자기 아들들을 번갈아 삶아 먹는 일로 서로 다투는 참극이 일어나기도 하였다. 그들이 서로 약속하고 첫날 한 여인의 아들을 삶아 나누어 먹었는데, 다음 날 다른 여인이 자기 아들을 숨기고 내놓지 않았기 때문이었다. 그 무렵 엘리사 선지자가 하나님의 말씀을 전하였다. **"여호와께서 이르시되 내일 이맘때에 사마리아 성문에서 고운 밀가루 한 스아를 한 세겔로 매매하고 보리 두 스아를 한 세겔로 매매하리라 하셨느니라."**(왕하7:1) 그때, 왕의 한 장관이 하나님이 하늘에 창을 내신들 그런 일은 없을 것이라며 엘리사를 조롱하였다. 엘리사 선지자가 그 장관에게 말하였다. **"네가 네 눈으로 보리라 그러나 그것을 먹지는 못하리라."**(왕하7:2) 당시 성문 어귀에는 나병환자 네 명이 머물고 있었다. 그들이 굶주림 때문에 항복하기 위해 아람 백성에게 갔을 때 아람 진영에는 한 사람도 없었다. 하나님이 아람 군대로 병거 소리와 말 소리와 큰

---

15) 욘1:3에 '배삯을 주고 배에 올랐더라'의 '올랐더라'로 번역된 단어는 '내려가다ירד(야라드)'임. 원문에는 욘1:3, 5과 욘2:6 모두 ירד로 되어 있음. 적용하면, 하나님의 말씀을 불순종하는 삶은 우리의 영혼을 점점 침체와 환난의 자리로 내려가게 하는 것임을 알 수 있음.
16) 대략 1/2리터 정도의 양임.

군대의 소리를 듣게 하셔서 그들이 급히 도망하였기 때문이다. 아람 군대는 그들의 장막과 말과 나귀를 버려둔 채 자신들의 목숨을 위해 황급히 도망가고 없었다. 이에 나병환자들이 이를 성읍 문지기에 알리고 또 문지기는 왕에게 이 사실을 전하였다. 왕은 아직 성중에 남아 있는 말 다섯 마리를 취하고 사람을 보내어 아람 군대를 정탐하도록 하였다. 정탐꾼들이 아람 군대의 뒤를 따라 요단에 이르렀을 때였다. 본즉, 아람 사람이 급히 도망하느라고 버린 의복과 병거가 길에 가득하였다. 정탐꾼들이 돌아와서 이를 왕에게 알리자, 백성들이 그 소식을 듣고는 급히 성 밖으로 나가서 아람 진영을 노략하였다. 그날 사마리아에는 하나님의 말씀대로 고운 밀가루 한 스아에 한 세겔에 거래되고 보리 두 스아가 한 세겔로 거래되었다. 왕이 그 장관을 세워 성문을 지키게 하였는데, 그는 하나님의 말씀대로 성문에서 백성의 발에 짓밟혀 죽고 말았다. 인간의 생각으로 하나님의 말씀을 조롱한 그의 불신앙 때문이었다.

예레미야 선지자가 구덩이에 던져졌다가 건짐 받은 후 시위대 뜰에 머물고 있을 때였다. 시드기야 왕이 사람을 보내어 성전 셋째 문으로 예레미야 선지자를 불렀다. 예레미야는 시드기야 왕에게 하나님의 말씀을 전하였다. **"네가 만일 바벨론 왕의 고관들에게 항복하면 네 생명이 살겠고 이 성이 불사름을 당하지 아니하겠고 너와 네 가족이 살려니와 네가 만일 나가서 바벨론의 왕의 고관들에게 항복하지 아니하면 이 성이 갈대아인의 손에 넘어가리니 그들이 이 성을 불사를 것이며 너는 그들의 손을 벗어나지 못하리라."**(렘 38:17~18) 시드기야 왕은 이 말을 듣고 큰 근심에 빠져들었다. 갈대아인이 그를 항복한 유대인들의 손에 넘겨 조롱당하도록 하지는 않을까 염려하였기 때문이었다. 예레미야는 다시 시드기야 왕에게 권면하였다. **"무리가 왕을 그들에게 넘기지 아니하리이다 원하옵나니 내가**

왕에게 아뢴 바 여호와의 목소리에 순종하소서 그리하면 왕이 복을 받아 생명을 보전하시리이다."(렘38:20) 하지만 시드기야 왕은 예레미야의 입을 통해 거듭 말씀하시는 하나님의 목소리를 순종하지 않았다. 그는 결국 바벨론 왕에게 붙잡혀 자신의 눈앞에서 죽임을 당하는 아들들을 보아야만 하였다. 그의 두 눈이 뽑히고, 놋 사슬에 결박된 채 바벨론으로 포로로 끌려가는 수치와 고통을 감내하여야만 하였다. 하나님의 생각보다 자신의 생각을 앞세운 그의 불순종의 비참한 열매였다.

신약에도 그러한 예가 나온다. 사도 바울이 가이사에게 상소한 일로 백부장 율리오에 의해 배를 타고 로마로 가는 길이었다. 배가 그레데 해안을 간신히 지나 미항이라는 곳에 이르렀을 때였다. 바울은 이번 항해가 하물과 배만 아니라 생명에도 많은 손해를 끼칠 것을 알고 그들에게 미항에 더 머물 것을 권하였다. 하지만 백부장은 바울의 말보다 오랜 항해의 경험을 가진 선장과 선주의 말을 더 믿었다. 많은 사람들 또한 그 항구가 겨울을 지내기가 불편하므로 아무쪼록 뵈닉스에 가서 겨울을 지내기를 원하였다. 남풍이 순하게 불자, 그들은 뜻을 이룬 줄 알고 닻을 감아 그레데 해변을 끼고 항해하였다. 하지만 얼마 지나지 않아 섬 가운데로부터 유라굴로라는 광풍이 크게 일어났다. 사공들은 짐을 바다에 풀어 버리고 사흘째 되는 날에는 배의 기구를 모두 내버렸다. 여러 날 동안 해도 별도 보이지 않고 큰 풍랑이 그대로 있으므로 구원의 소망마저 없어졌다. 그때 바울이 두려움과 허기에 지친 그들을 하나님의 말씀으로 위로하였다. **"여러분이여 내 말을 듣고 그레데에서 떠나지 아니하여 이 타격과 손상을 면하였더라면 좋을 뻔하였느니라 …… 그러므로 여러분이여 안심하라 나는 내게 말씀하신 그대로 되리라고 하나님을 믿노라 그런즉 우리가 반드시 한 섬에 걸리리라.**"(행27:21~26) 열나흘째 되는 날, 그들은 파선된 널조각과 배 물건에 의지하여 가까스로 멜리데라는 섬에 상륙하여 마침내 구원을 받게 된다. **"광풍을 고요하게 하사 물결도 잔잔하게 하시는도다 그들이 평온함으로 말미암아 기뻐하는 중에 여호와께서 그들이 바라는 항구로 인도하시는도다."**(시107:29~30) 하나님은 이 사건을 통해 바울로 하여금 승선한 사람들과 멜리데 섬 사람들에게 복음을 전하도록 섭리하셨다. 하지만 그들은 배와 화물도 잃어버리고, 먹지도 자지도 못하고, 광풍과 흑암 가운데에서 거의 보름을 죽음의 사자(使者)의 옷자락을 움켜쥐고 스올의 고통 가운데 지내야만 하였다. 바울을 통해 권면하시는 하나님의 말씀보다 그들 자신의 생각을 따른 결과였다. **"하나님은 곤고한 자를 그 곤고에서 구원하시며 학대 당할 즈음에 그의 귀를 여시나니 그러므로 하나님이 그대를 환난에서 이끌어 내사 좁지 않고 넉넉한 곳으로 옮기려 하셨은즉 무릇 그대의 상에는 기름진 것이 놓이리라."**(욥36:15~16)

죄와 어둠의 권세 마귀와의 싸움은 우리의 생각과의 싸움이다. **"우리의 싸우는 무기는 육신에 속한 것이 아니요 오직 어떤 견고한 진도 무너뜨리는 하나님의 능력이라 모든 이론을 무너뜨리며 하나님을 아는 것을 대적하여 높아진 것을 다 무너뜨리고 모든 생각을 사로잡아 그리스도에게 복종하게 하니."**(고후10:4~5) 신앙생활의 승리를 위해서는 무엇보다 우리의 인간적인 지혜나 생각의 여리고 성이 무너져야 한다. 하나님의 어리석음이 사람보다 지혜롭고 하나님의 약하심이 사람보다 강함을 믿어야 한다. (고전1:25) 하나님의 말씀으로 우리의 불신앙의 생각과 마음을 다스리고, 하나님의 말씀으로 우리의 생각과 마음을 견고히 지켜야 한다. [17] **"모든**

---

17) 시1:2에 의인은 하나님의 율법을 주야로 '묵상하는' 자요, 시2:1에 이방 나라와 민족들은 분노하며 헛된 일을 '꾸미는' 자라는 말씀이 나옴. 이때 '묵상하다'와 '꾸미다'로 번역된 단어는 동일하게 '묵상하다הגה(하가)'라는 의미임. 결국, 의인과 악인의 차이는 하나님의 말씀으로

지킬 만한 것 중에 더욱 네 마음을 지키라 생명의 근원이 이에서 남이니라."(잠4:23) 마귀는 지금도 사람들의 마음을 혼미하게 하여 구원을 방해하고, 하나님의 백성들을 믿음에서 떨어뜨리기 위해 몸부림하고 있기 때문이다. "그때에 너희는 그 가운데서 행하여 이 세상 풍조를 따르고 공중의 권세 잡은 자를 따랐으니 곧 지금 불순종의 아들들 가운데서 역사하는 영이라."(엡2:2) 우리의 생각을 포로 삼아, 우리를 죄와 사망으로 이끌어 가기 위해 우는 사자같이 두루 다니며 삼킬 자를 찾고 있기 때문이다. (벧전 5:8~9)

항상 우리의 생각보다 높으시고, 우리의 길보다 높으신 하나님의 생각과 하나님의 길을 온 영혼으로 받아들이자. "악인은 그의 길을 불의한 자는 그의 생각을 버리고 여호와께로 돌아오라 그리하면 그가 긍휼히 여기시리라 …… 이는 내 생각이 너희의 생각과 다르며 내 길은 너희의 길과 다름이니라 여호와의 말씀이니라."(사55:7~8) 하나님의 생각이 담긴 보고(寶庫)인 하나님의 말씀을 우리의 마음에 가득히 담아 두자. "그 안에는 지혜와 지식의 모든 보화가 감추어져 있느니라."(골2:3) 어둠 가득한 이 세상에서 하나님의 말씀을 우리 발의 등으로, 우리 길의 빛으로 삼고 그 말씀을 좇아 순종하는 삶을 살아가자. 반석을 부스러뜨리는 하나님의 말씀의 불 방망이로 사탄의 모든 간교한 생각을 무너뜨리자. (렘23:29) 우리의 혼과 영과 관절과 골수를 찔러 쪼개기까지 하는 하나님의 말씀의 수술대 위에 우리의 생각을 올려놓자. 우리의 마음의 뜻[18]과 생각을 판단하시는 양날 가진 하나님의 서슬 퍼런 말씀의 검으로 우리의 불신앙의 생각을 도려내자. (히4:12) 마귀가 우리 마음에 발을 들여놓을 수는 있어도, 종횡무진

마음을 지키는 여부에 달려 있음을 잘 가르치고 있음.

18) 고전4:5의 '뜻'으로 번역된 단어 βουλὰς(불라스)는 '동기'라는 의미임.

우리 마음 안에서 걸어 다니거나 집을 짓도록 허용하지는 말자. 그리할 때, 우리는 우리를 혼미케 하는 마귀의 술수를 능히 이기고, 더 이상 어둠에 붙잡히지 아니하고, 빛의 대로로 이끄시는 하나님의 인도를 받으며 승리하는 삶을 살아갈 수 있을 것이다. **"주의 빛과 주의 진리를 보내시어 나를 인도하시고 주의 거룩한 산과 주께서 계시는 곳에 이르게 하소서 그런즉 내가 하나님의 제단에 나아가 나의 큰 기쁨의 하나님께 이르리이다 하나님이여 나의 하나님이여 내가 수금으로 주를 찬양하리이다."**(시43:3~4)

05. 하나님이 세우신 권위

"모세가 구스 여자를 취하였더니 그 구스 여자를 취하였으므로 미리암과
아론이 모세를 비방하니라."(민12:1)

오늘날 우리 사회는 많은 부문에서 권위가 무너진 혼란의 시대라 여겨진
다. 위로는 하나님의 권위를 인정하지 않는 교만함과 불신이 팽배한 시대
요, 가정에서는 부모의 권위가 자녀로부터, 남편의 권위가 아내로부터 무
시당하고 있다. 학교에서는 교사의 권위가 학생들로부터, 군대에서는 지휘
관의 권위가 병사들로부터 무너져 가고 있고, 크고 작은 공동체의 지도자
들의 권위도 무너져 가고 있다. 이웃 간에도 어른의 권위가 젊은이에 의해
경히 여김을 받고 있는 것이 오늘날 우리의 흔한 일상의 모습이 되어 가고
있다. **"너는 센 머리 앞에서 일어서고 노인의 얼굴을 공경하며 네 하나님
을 경외하라 나는 여호와이니라."**(레19:32)

모세가 구스 여인을 취하자 미리암과 아론이 이를 비방하였다. 하나님은
구름 기둥 가운데로부터 강림하셨다. 장막 문에 서서서 아론과 미리암을
부르시고 그들에게 말씀하셨다. **"내 말을 들으라 너희 중에 선지자가 있
으면 나 여호와가 환상으로 나를 그에게 알리기도 하고 꿈으로 그와 말
하기도 하거니와 내 종 모세와는 그렇지 아니하니 그는 내 온 집에 충성
함이라 그와는 내가 대면하여 명백히 말하고 은밀한 말로 하지 아니하며
그는 또 여호와의 형상을 보거늘 너희가 어찌하여 내 종 모세 비방하기
를 두려워하지 아니하느냐."**(민12:6~8) 하나님이 이 말씀을 하신 후 진노
하시고 그들을 떠나셨다. 미리암은 곧 문둥병에 걸려 그녀의 몸이 눈과 같

지려느냐! 이길 수 있다!

이 되고 말았다. 이때 아론이 문둥병에 걸리지 않은 이유는 아마도 미리암이 모세를 대적하는 일을 주도하였기 때문일 것이다. 미리암이 모세의 기도로 문둥병에서 고침 받기는 했지만, 그녀는 진영 밖에서 일주일간 병든 몸으로 홀로 고통의 시간을 보내야만 했다. 이스라엘 진영도 그 기간 동안 가나안을 향한 여정을 멈출 수밖에 없었다. **"이러한 지혜는 위로부터 내려온 것이 아니요 땅 위의 것이요 정욕의 것이요 귀신의 것이니 시기와 다툼이 있는 곳에는 환란과 모든 악한 일이 있음이라."**(약3:15~16)

이 사건 이후, 또다시 레위 자손 고라와 르우벤 자손 다단과 아비람과 벨렛의 아들 온이 함께 당을 지었다. 이스라엘 자손 총회의 지휘관 이백오십 명과 함께 일어나서 모세를 대적하였다. 광야 생활을 불평하며 자기들도 하나님께 분향을 하고자 하였다. **"이는 아론 자손이 아닌 다른 사람은 여호와 앞에 분향하러 가까이 오지 못하게 함이며."**(민16:40) 이때, 하나님은 땅이 입을 벌려 고라와 다단과 아비람을 삼키게 하셨다. 또한 하나님께로부터 불이 나와서 분향하는 이백오십 명을 불살랐다. 이튿날, 온 이스라엘 회중이 이 일로 인해 모세와 아론을 원망하였다. **"너희가 여호와의 백성을 죽였도다."**(민16:41) 이스라엘 회중이 모세와 아론을 칠 때였다. 하나님은 염병으로 그들을 치셔서 그날 그들 중 만 사천칠백 명이 죽임을 당하였다. 이 불행한 일련의 사건들의 시작은 하나님이 세우신 지도자의 권위에 도전한 이스라엘 백성의 교만함과 불순종 때문이었다. **"각 사람은 위에 있는 권세들에게 복종하라 권세는 하나님으로부터 나지 않음이 없나니 모든 권세는 다 하나님께서 정하신 것이라 그러므로 권세를 거스르는 자는 하나님의 명을 거스름이니 거스르는 자들은 심판을 자취하리라."**(롬13:1~2)

엘리야 선지자 때의 일이다. 아합의 아들 아하시야가 이스라엘을 통치할 때였다. 아하시야가 다락 난간에서 떨어져 병이 들자, 그는 사신을 에그론의 신 바알세붑에게 보내어 그의 병이 났겠나 물어보라 하였다. 하나님이 엘리야 선지자를 보내셔서 왕의 사신을 만나 아하시야에게 재앙의 말씀을 전하도록 하셨다. 이에, 아하시야는 엘리야를 사로잡기 위해 오십부장과 그의 군사 오십 명을 엘리야에게로 보냈다. 오십부장이 산꼭대기에 앉은 엘리야를 보고 말하였다. **"하나님의 사람이여 왕의 말씀이 내려오라 하셨나이다."**(왕하1:9) 엘리야가 그에게 대답하였다. **"내가 만일 하나님의 사람이면 불이 하늘에서 내려와 너와 너의 오십 명을 사를지로다."**(왕하1:10) 이때 곧 불이 하늘에서 내려와 그와 그의 군사 오십 명을 살랐다. 왕이 다시 다른 오십부장과 그의 군사 오십 명을 엘리야에게로 보냈다. 두 번째 오십부장도 처음 오십부장의 말처럼 엘리야에게 말하자, 또 불이 하늘에서 내려와 그와 그의 군사들을 살랐다. 왕이 세 번째 오십부장과 그의 군사들을 엘리야에게로 다시 보낼 때였다. 셋째 오십부장은 산으로 올라가서 엘리야 앞에 무릎을 꿇고 엎드려 간구하였다. **"하나님의 사람이여 원하건대 나의 생명과 당신의 종인 이 오십 명의 생명을 당신은 귀히 보소서."**(왕하1:13) 하나님은 엘리야의 하나님의 권위를 인정하고 그 앞에 무릎 꿇어 간구한 오십부장과 그의 군사 오십 명을 살려 주셨다. 하나님의 말씀의 권능보다 바알세붑의 권능을 더 신뢰하고 의지한 아하시야가 죽임 당한 것은 두말할 나위도 없었다. 하나님의 권위를 인정하는 삶은 다름 아닌, 하나님의 말씀의 권위를 인정하고 그 말씀에 겸손히 순복하는 삶이기 때문이다. (마8:8~9)

엘리사 선지자 때에도 그러한 일이 있었다. 엘리사는 스승 엘리야가 승천한 후 여리고 성에 잠시 머물고 있었다. 이때 성읍 사람들이 그에게 와서 성읍의 위치는 좋으나 물이 나빠 토산이 익지 못하고 떨어진다고 하소연하였다. 엘리사는 그들에게 새 그릇에 소금을 담아 가져오라고 말하였다. 그리고 물 근원으로 나아가서 소금을 그 가운데 던지며 그 물을 고쳐 주었다. **"여호와의 말씀이 내가 이 물을 고쳤으니 이로부터 다시는 죽음이나 열매 맺지 못함이 없을지니라 하셨느니라."**(왕하2:21) 이 일 후에 엘리사가 벧엘로 올라갈 때 작은 아이들이 성읍에서 나와 엘리사 선지자를 조롱하였다. **"대머리여 올라가라 대머리여 올라가라."**(왕하2:23) 엘리사가 뒤를 돌이켜 하나님의 이름으로 그들을 저주하자, 곧 수풀에서 암곰 둘이 나와서 아이들 중 사십이 명을 찢어 버렸다. 하나님의 말씀의 새 시대를 열어 가는 엘리사 선지자를 조롱하며 하나님의 권위를 무시한 그들의 큰 죄악 때문이었다. **"내가 새끼 잃은 곰같이 그들을 만나 그의 염통을 찢고 거기서 암사자같이 그들을 삼키리라 들짐승이 그들을 찢으리라 이스라엘아 네가 패망하였나니 이는 너를 도와주는 나를 대적함이니라."**(호13:8~9)

바벨론 느부갓네살 왕도 하나님의 권위를 무시하다 큰 수치와 어려움을 겪었다. 하루는 느부갓네살이 왕궁 지붕을 거닐면서 스스로에게 말하였다. **"이 큰 바벨론은 내가 능력과 권세로 건설하여 나의 도성으로 삼고 이것으로 내 위엄의 영광을 나타낸 것이 아니냐."**(단4:30) 이 말이 아직 왕의 입에 있을 때에 하늘에서 소리가 내려왔다. **"느부갓네살 왕아 네게 말하노니 나라의 왕위가 네게서 떠났느니라."**(단4:31) 바벨론 왕은 사람에게서 쫓겨나서 들짐승과 함께 살면서 소처럼 풀을 먹고 그의 몸은 하늘 이슬에 젖었다. 그의 머리털은 독수리 털과 같이 자랐고, 그의 손톱은 새 발톱과 같이 되어 일곱 때를 지내야만 하였다. 그가 지극히 높으신 하나님이 사람의 나라를 다스리시며 하나님의 뜻대로 그것을 누구에게든지 주시는 줄을 알기까지 그러하였다. **"가난한 자를 진토에서 일으키시며 빈궁**

한 자를 거름더미에서 올리사 귀족들과 함께 앉게 하시며 영광의 자리를 차지하게 하시는도다 땅의 기둥들은 여호와의 것이라 여호와께서 세계를 그것들 위에 세우셨도다."(삼상2:8)

신약의 헤롯 아그립바 I세도 그러하였다. 헤롯 왕은 교회 중에 몇 사람을 해하려 하여 사도 야고보를 칼로 죽였다. 유대인들이 이를 기뻐하는 것을 보고는 베드로 사도도 잡아 옥에 가두었다. 하나님은 천사를 보내서서 밤중에 베드로를 옥에서 건져 주셨다. 군인들은 날이 밝자 베드로가 어떻게 되었는지 알지 못하여 적지 않게 소동하였다. 헤롯은 베드로를 찾지 못하자 파수꾼들을 심문하고 죽이라고 명령하였다. 이 일 후에, 헤롯은 날을 택하여 왕복을 입고 단상에 앉아 백성들에게 연설을 하였다. 당시 두로와 시돈 사람들이 왕국에서 나는 양식을 먹는 까닭에 한마음으로 왕에게 나아와 화목하기를 청하였기 때문이었다. 백성들이 헤롯의 연설을 들을 때, 이는 사람의 소리가 아니라 신의 소리라며 그를 크게 높여 주었다. 이때 헤롯이 영광을 하나님께 돌리지 않으므로, 주의 사자가 그를 치자 헤롯은 벌레에 먹혀 곧 죽고 말았다. 하나님의 권위 앞에 엎드려 마땅히 하나님께 돌려드려야 할 영광을 자신의 영광으로 가로채다 하루살이 벌레의 양식이 되고 말았다. **"보라 그의 눈에는 달이라도 빛을 발하지 못하고 별도 빛나지 못하거든 하물며 구더기 같은 사람, 벌레 같은 인생이랴."**(욥25:5~6)

하나님이 세우신 부모의 권위에 대해 알아보자. 요나단은 사울 왕의 권위를 인정하며 아버지 사울에게 충성하며 효도하였다. 블레셋과의 전쟁에서 죽음을 맞는 순간까지 아버지 사울 왕과 함께하였다. 하지만 요나단은 언제나 하나님을 경외하는 믿음을 우선하였다. 요나단은 다윗이 골리앗을 이기고 돌아왔을 때 그의 마음이 다윗의 마음과 하나가 되었다. 다윗을 여인의 사랑보다 더한 사랑으로 사랑할 뿐만 아니라 자기 생명같이 사랑하였다. 자기의 겉옷을 벗어 다윗에게 주고 자기의 군복과 칼과 활과 띠도 그리하였다. 사울이 다윗을 죽이려 할 때에는 다윗과 언약을 맺고 그를 사울의 손에서 여러 번 지켜 주었다. **"너는 내가 사는 날 동안에 여호와의 인자하심을 내게 베풀어서 나를 죽지 않게 할 뿐 아니라 여호와께서 너 다윗의 대적들을 지면에서 다 끊어 버리신 때에도 너는 네 인자함을 내 집에서 영원히 끊어 버리지 말라."**(삼상20:14~15) 또한, 요나단은 다윗이 사울을 피해 십 광야 수풀에 머물고 있을 때에도 다윗에게로 가서 하나님을 힘있게 의지하도록 그를 위로하였다. **"두려워하지 말라 내 아버지의 사울의 손이 네게 미치지 못할 것이요 너는 이스라엘 왕이 되고 나는 네 다음이 될 것을 내 아버지 사울도 안다 하니라."**(삼상23:17)

아사 왕이 그의 어머니 마아가가 아세라 상을 만들었을 때 그녀를 태후의 위(位)에서 폐한 일도 그러하였다. (왕상15:13) **"자녀들아 주 안에서 너희 부모에게 순종하라 이것이 옳으니라."**(엡6:1) 예수님도 육신의 부모의 권위를 인정하며 그들에게 효도하셨다. (눅2:51) 예수님이 공생애 사역을 시작하실 즈음 가나의 한 혼인 잔치에 청함을 받고 그곳에 계실 때였다. 그의 어머니 마리아가 포도주가 떨어진 사정을 이야기할 때 예수님이 어머니에게 말씀하셨다. **"여자여 나와 무슨 상관이 있나이까 내 때가 아직 이르지 아니하였나이다."**(요2:4) 또 예수님이 십자가에서 죽음의 고통 가운데 신음하실 때 그의 어머니 마리아와 제자 요한이 곁에 서 있는 것을 보시고 그녀에게 말씀하셨다. **"여자여 보소서 아들이니이다."**(요19:26) 그리고 사랑하는 제자 요한에게 **"보라 네 어머니라"**(요19:27) 하시며 그의 어머니 마리아를 그에게 부탁하셨다. 예수님은 '여자의 후손'[19]으로 이 세상에 오셔서 그의 어머니 마리아를 구원하신 하나님의 아들이셨다. 하지만 죽음의 순간에도 자신을 낳은 육신의 어머니 마리아를 효도하고 섬기는 삶을 사셨다. 예수님은 율법이나 선지자를 폐하러 이 세상에 오신 것이 아니라 완전하게 하기 위해 오신 입법자요 심판주이셨기 때문이다. (마5:17; 약4:12)

하나님이 세우신 부모의 권위에 불순종하다 불행한 죽음을 맞은 사람들을 보자. 엘리 제사장의 두 아들 홉니와 비느하스가 그러하였다. 그들은 행실이 나빠 하나님을 알지 못하였다. 어떤 사람이 하나님께 제사를 드리고 그 고기를 삶을 때였다. 홉니와 비느하스는 그들의 사환을 보내어 하나님의 제사를 멸시하였다. 사환의 손에 든 갈고리를 솥에나 가마에 찔러 넣어 갈고리에 걸려 나오는 것을 자기들의 것으로 차지하였다. 또 회막 문에서 수종 드는 여인들과 동침하는 죄까지 저질렀다. 엘리 제사장이 아들들에게 말하였다. **"사람이 사람에게 범죄하면 하나님이 심판하시려니와 만일 사람이 여호와께 범죄하면 누가 그를 위하여 간구하겠느냐."**(삼상2:25) 하지만 홉니와 비느하스는 아버지의 말을 듣지 않았다. 그들은 얼마 후 블레셋과의 전쟁에서 결국 죽임을 당하고 말았다. 그리고 비느하스의 아내는 언약궤가 빼앗긴 것과 시아버지와 남편이 죽은 소식을 듣고는 아들 이가봇[20]을 낳다가 고통하며 죽고 말았다.

다윗의 아들 압살롬도 그의 여동생 다말이 강간을 당하자 자신의 형 암논을 죽였다. 압살롬은 이 일로 아버지 다윗과 불화하여 아버지에게 반역을 일으키다 결국에는 전쟁에서 죽음을 맞고 말았다. **"사람의 피를 흘린 자는 함정으로 달려갈 것이니 그를 막지 말지니라 성실하게 행하는 자는**

---

19) '후손'으로 번역된 단어 'זרע-제라'는 '씨'라는 의미임. (cf. 창3:15; 창15:3; 삼하7:12)

20) '이가봇(אי-כבוד)'은 '영광이 없음'이라는 의미임.

구원을 받을 것이나 굽은 길로 행하는 자는 곧 넘어지리라."(잠28:17~18) 야곱의 장자 르우벤도 아버지의 첩 빌하와 동침한 죄악으로 인해 그의 장자권을 요셉에게 빼앗기고 말았다. **"르우벤아 너는 내 장자요 내 능력이요 내 기력의 시작이라 위풍이 월등하고 권능이 탁월하다마는 물의 끓음 같았은즉 너는 탁월하지 못하리니 네가 아버지의 침상에 올라 더럽혔음이로다 그가 내 침상에 올랐도다**"(창49:3~4) 한편, 우리는 엘리 제사장과 다윗을 통해, 부모 또한 하나님이 선물로 맡기신 자녀들을 하나님의 말씀으로 보호하고 훈계하고 양육해야 할 거룩한 책무를 감당해야 한다는 사실을 배울 수 있다. **"또 아비들아 너희 자녀를 노엽게 하지 말고 오직 주의 교훈과 훈계로 양육하라.**"(엡6:4)

하나님이 세우신 남편의 권위에 대한 성경의 가르침을 알아보자. 다윗이 사울의 아들 이스보셋이 죽은 후 온 이스라엘을 다스릴 때였다. 다윗은 하나님이 그와 함께하심으로 점점 강성하여 갔다. 두로 왕 히람이 그의 사절들과 백향목과 목수와 석수를 보내어 다윗을 위하여 집을 짓도록 하였다. 그 무렵 다윗은 궁궐 뜰에 임시로 마련한 장막에 하나님의 언약궤를 모셔오기를 원하였다. 다윗이 언약궤를 아비나답 집에서 왕궁으로 모셔 올 때였다. 이스라엘에서 뽑힌 무리 삼만 명이 즐거워하며 언약궤 앞에서 여러 악기들로 하나님을 찬양하였다. 하지만 웃사가 언약궤를 만지다 죽임 당한 일로 인해 언약궤는 오벧에돔의 집에 석 달을 머물러 있었다. 어느 날 다윗은 하나님이 궤로 말미암아 오벧에돔 집에 복을 주셨다 함을 듣고는 하나님의 궤를 규례대로 레위인들의 어깨에 메고 기쁨으로 다윗 성으로 모셔왔다. 다윗은 소와 살진 송아지로 하나님께 제사를 드리고 하나님 앞에서 힘을 다하여 춤을 추며 크게 기뻐하였다. 하나님의 궤가 다윗 성으로 들어올 때였다. 사울의 딸 미갈이 창으로 내다보다가 다윗이 춤추는 것을 보고는 심중에 업신여겼다. **"육에 속한 사람은 하나님의 성령의 일들을 받지 아니하나니 이는 그것들이 그에게는 어리석게 보임이요 또 그는 그것들을 알 수도 없나니 그러한 일은 영적으로 분별되기 때문이라."**(고전2:14)

다윗이 장막 가운데 언약궤를 모신 후 번제와 화목제를 드리고 백성에게 여호와의 이름으로 축복하였다. 백성에게 떡 한 개와 고기 한 조각과 건포도 떡 한 덩이씩을 나누어 주며 그들을 각기 집으로 돌려보냈다. 다윗이 집으로 돌아왔을 때였다. 미갈이 다윗을 맞으며 말하였다. **"이스라엘 왕이 오늘 어떻게 영화로우신지 방탕한 자가 염치없이 자기의 몸을 드러내는 것처럼 오늘 그의 신복의 계집종의 눈앞에서 몸을 드러내셨도다."**(삼하6:20) 다윗이 미갈에게 말하였다. **"이는 여호와 앞에서 한 것이니라 그가 네 아버지와 그의 온 집을 버리시고 나를 택하사 나를 여호와의 백성 이스라엘의 주권자로 삼으셨으니 내가 여호와 앞에서 뛰놀리라."**(삼하6:21) 사울의 딸 미갈은 이 일로 인해 죽는 날까지 자식이 없이 죽고 말았다. 하나님 앞에서 기쁨으로 춤춘 다윗의 하나님을 무시할 뿐만 아니라, 하나님이 세우신 남편의 권위를 업신여긴 그녀의 영적 무지와 불순종 때문이었다. **"전에 하나님께 소망을 두었던 거룩한 부녀들도 이와 같이 자기 남편에게 순종함으로 단장하였나니 …… 남편들아 이와 같이 지식을 따라 너희 아내와 동거하고 그를 더 연약한 그릇이요 또 생명의 유업을 함께 이어받을 자로 알아 귀히 여기라 이는 너희 기도가 막히지 아니하게 하려 함이라."**(벧전3:5~7)

하나님이 세우신 지도자의 권위에 대해서도 성경에는 많은 교훈들이 들어 있다. 먼저 다윗의 모사 아히도벨을 보자. 아히도벨은 압살롬이 다윗을 반역할 때 압살롬의 반역에 가담하였다. 다윗이 자신의 손서(孫壻) 우리아를 죽이고 손녀 밧세바를 욕보인 인간적인 원한 때문이었다. 하지만 아히도벨은 그의 계략이 압살롬에 의해 받아들여지지 않자 자기 집으로 돌아가 스스로 목매어 죽고 말았다. 우리는 이를 통해, 비록 범죄하여 하나님의 징계를 받는 지도자일지라도 그 지도자를 거역하는 일은 하나님을 대적하는 일임을 깨달을 수 있다. **"우리가 누구냐 너희의 원망은 우리를 향하여 함이 아니요 여호와를 향하여 함이로다."**(출16:8) 범죄한 다윗 왕의 징계와 회복은 인간의 손이 아닌 전적인 하나님의 주권에 있었기 때문이다. 사울의 두 군장이 사울의 아들 이스보셋의 머리를 가지고 다윗에게로 왔을 때 그들이 다윗에 의해 죽임 당한 사건 역시 이런 연유 때문이었다. 다윗은 그들의 인간적인 충성심보다 자신들의 왕 이스보셋을 반역한 그들의 죄를 결코 용납할 수 없었기 때문이다. (삼하4:12)

다윗이 압살롬의 난을 피해 도망갈 때였다. 베냐민 사람 시므이가 티끌을 날리며 다윗을 향해 맹렬히 저주하였다. 다윗은 당시 자신의 죄로 인한 상한 마음 때문에 시므이를 당장 죽이라는 부하들을 만류하며 그를 용서해 주었다. 하지만 그 후, 시므이는 결국 다윗의 유언대로 솔로몬 왕에 의해 죽고 말았다. 기드론 시내를 건너는 날에는 반드시 죽임을 당하리라는 맹세를 어기고 가드로 도망한 두 종을 데려오려고 시내를 건넜기 때문이었다. 하지만 시므이의 죽음의 근본적인 원인은 다윗을 왕으로 세우신 하나님의 권위를 무시한 그의 죄악 때문이었다. (잠4:19) 우리가 만일 이 영적 지식으로 무장하고 하나님의 권위 아래 겸손히 엎드려 있기만 한다면, 하나님의 공동체에서 일어나는 많은 사탄의 역사들은 잠잠히 입 다물고 혼비백산 우리를 떠나고 말 것이다. **"욕을 당하시되 맞대어 욕하지 아니하시고 고난을 당하시되 위협하지 아니하시고 오직 공의로 심판하시는 이에게 부탁하시며 친히 나무에 달려 그 몸으로 우리 죄를 담당하셨으니 이는 우리로 죄에 대하여 죽고 의에 대하여 살게 하려 하심이라."**(벧전 2:23~24)

요압의 경우도 그러하였다. 요압은 다윗의 충성스럽고 으뜸가는 부하 장군이었다. 요압이 암몬과의 전쟁 중 랍바 성을 점령할 무렵이었다. 그는 전령을 보내 다윗으로 하여금 랍바 성읍을 점령하도록 요청하였다. 자기가 점령하면 그 성읍이 자신의 이름으로 일컬음을 받을까 염려하였기 때문이었다. (삼하12:28) 요압은 이처럼 다윗 왕국을 위해 많은 전쟁을 치르면서 충성스런 일도 많았다. 하지만, 그는 번번이 하나님이 세우신 다윗의 권위를 업신여기는 죄악을 범하였다. 사울 왕이 죽은 후, 아직은 이스라엘 지파들이 다윗을 따르지 않고 사울의 아들 이스보셋의 통치 아래 있을 때였다. 하루는 이스라엘 군장 아브넬이 헤브론으로 와서 이스라엘 지파를 다윗에게로 돌릴 것을 언약하였다. 아브넬이 다윗이 베푼 잔치에서 즐겁게 먹고 마신 후 이스라엘로 돌아가는 길이었다. 요압이 전장에서 돌아오는 길에 이 소식을 듣고는 다윗의 허락도 없이 아브넬을 뒤쫓아 가 그를 죽이고 말았다. 아브넬이 자신의 동생 아사헬을 전쟁에서 죽인 일이 그 원인이긴 했지만 평화의 시대에 피를 흘리는 큰 죄악을 범하고 말았다.

압살롬의 반란이 평정되고 베냐민 지파 중 세바라는 사람이 다시 반란을 일으켰을 때였다. 요압은 이때에도 다윗이 그 대신 군장으로 세운 그의 사촌 형 아마사를 이유 없이 죽이고 말았다. 그 후 아도니야가 다윗 왕의 노년에 스스로 왕이 되기 위해 아버지 다윗을 거스를 때였다. 요압은 그 일에 제사장 아비아달과 함께 가담하게 되었다. 요압은 이 일로 인해 결국 솔로몬이 왕이 된 후 브나야에 의해 죽임을 당하고 말았다. 하나님이 세우신 권위에 거듭 도전하며 아브넬과 아마사의 피를 흘린 그의 불순종 때문이었다. 아도니야도 자신의 반역한 일을 솔로몬 왕으로부터 용서받은 후에도, 왕의 권위를 업신여기며 수넴 여자 아비삭을 자기 아내로 구하다 결국 솔로몬에 의해 죽임 당하고 말았다. 아비아달도 아도니야의 반역에 가담한 죄로 제사장 직분에서 파면되고 말았다. 다윗을 반역한 베냐민 사람 세바가 죽임 당한 것 역시 하나님의 공의로운 심판의 결과였다. **"악인의 집은 망하겠고 정직한 자의 장막은 흥하리라."**(잠14:11)

반면, 다윗을 보자. 다윗이 사울 왕으로부터 끊임없는 핍박을 받고 있을 때였다. 다윗은 자신의 손으로 여러 번 사울을 죽일 수 있는 기회가 있었지만 그렇게 하지 않았다. 다윗의 부하들은 그때마다 사울을 당장 죽여 원수 갚기를 원했지만, 다윗은 하나님의 기름 부음 받은 왕 사울을 자신의 손으로 죽이는 죄를 결코 범하지 않았다. 어느 날 다윗이 엔게디 광야에 머물고 있을 때였다. 사울이 다윗을 수색하던 중 용변을 보기 위해 우연히 다윗과 그의 사람들이 숨어 있는 굴로 들어갔다. 그때 다윗이 부하들의 말에 충동되어 사울의 겉옷 자락을 가만히 베었다. 그 순간, 다윗은 사울의 옷자락 벰으로 인해 마음이 찔려 그의 부하들에게 말하였다. **"내가 손을 들어 여호와의 기름 부음을 받은 내 주를 치는 것은 여호와께서 금하시는 것이니 그는 여호와의 기름 부음을 받은 자가 됨이니라."**(삼상24:6) 다윗은 이로 인해 사울로부터 계속적인 핍박을 받았지만, 마침내 사울은 하나님의 때가 되어 블레셋에 의해 죽임을 당하였다. 그리하여 다윗은 하나님 앞에 아무 거리낌 없이 평강 가운데 왕위에 오를 수 있었다. 만일 다윗이 하나님이 세우신 권위를 도전하여 자기 손으로 사울을 죽였다면 어떻게 되었을까? 조금은 일찍 왕이 되고, 사울의 핍박도 더 이상 받지 않는 평안의 삶을 누렸겠지만, 다윗 역시 언젠가는 하나님께 버림받는 왕이 되고 말았을 것이다. (잠14:12)

아합 왕의 왕궁 맡은 자 오바댜도 그러하였다. 오바댜는 그가 섬기는 아합 왕이 비록 악한 왕이었지만 아합 왕의 권위를 인정하고 그에게 충성하였다. 그럼에도, 오바댜는 하나님을 지극히 경외하는 믿음의 사람이었다. 이세벨이 하나님의 선지자들을 멸할 때에는 선지자 백 명을 오십 명씩 몰래 굴에 숨기고 떡과 물로 그들을 공궤하였다. (왕상18:4) 반면, 유다 아하스 왕 때의 제사장 우리야는 그렇지 않았다. 아하스 왕이 앗수르 왕을 만나기 위해 다메섹에 갔을 때였다. 아하스 왕은 그곳에 있는 한 제단을 보고 그 제단의 모든 구조와 양식을 그려 제사장 우리야에게로 보냈다. 우리야는 아하스 왕이 돌아오기 전에 아하스 왕이 보낸 구조와 양식대로 새 제단을 만들었다. 그리고 우리야는 왕의 명령대로 새 제단 위에 왕의 번제물과 소제물과 백성의 번제물과 소제물을 불사르고 제물의 피를 그 위에 뿌리며 제사를 드렸다. **"너는 삼가서 네게 보이는 아무 곳에서나 번제를 드리지 말고 오직 너희의 한 지파 중에 여호와께서 택하실 그곳에서 번제를 드리고 또 내가 네게 명령하는 모든 것을 거기서 행할지니라."**(신12:13~14) 하나님의 권위 아래에서 아합 왕을 섬긴 오바댜와는 달리 하나님의 권위보다 아하스 왕의 권위를 앞세운 그의 불순종 때문이었다. **"하나님 앞에서 너희의 말을 듣는 것이 하나님의 말씀을 듣는 것보다 옳은가 판단하라."**(행4:19)

이스르엘 사람 나봇은 아합 왕의 궁궐 가까운 곳에 그의 포도원이 있었다. 하루는 아합이 나봇에게 말하였다. **"네 포도원이 내 왕궁 곁에 가까이 있으니 내게 주어 채소밭을 삼게 하라 내가 그 대신에 그보다 더 아름다운 포도원을 네게 줄 것이요 만일 네가 좋게 여기면 그 값을 돈으로 네게 주리라."**(왕상21:2) 나봇은 조상으로부터 물려받은 자신의 유산을 왕에게 주는 것은 하나님이 금하신 일이라며 이를 거절하였다. **"네 하나님 여호와께서 네게 주어 차지하게 하시는 땅 곧 네 소유가 된 기업의 땅에서 조상이 정한 네 이웃의 경계표를 옮기지 말지니라."**(신19:14) 아합은 근심하고 답답하여 집으로 돌아가 침상에 누워 얼굴을 돌리고는 식사도 하지 않았다. 악한 이세벨이 남편 아합 왕이 나봇의 일로 근심하는 것을 알고는 편지를 써서 나봇의 성읍 장로들과 귀족들에게 보내었다. **"금식을 선포하고 나봇을 백성 가운데에 높이 앉힌 후에 불량자 두 사람을 그의 앞에 마주 앉히고 그에게 대하여 증거하기를 네가 하나님과 왕을 저주하였다 하게 하고 곧 그를 끌고 나가서 돌로 쳐 죽이라."**(왕상21:9~10) 아합은 나봇이 죽었다 함을 듣고는 곧 일어나 나봇의 포도원을 취하려고 그리로 내려갔다. 이때 하나님이 엘리야 선지자를 보내서서 아합에게 말씀하셨다. **"여호와의 말씀이 네가 죽이고 또 빼앗았느냐 하셨다 하고 또 그에게 이르기를 여호와의 말씀이 개들이 나봇의 피를 핥은 곳에서 개들이 네 피 곧 네 몸의 피도 핥으리라 하였다 하라."**(왕상21:19) 나봇은 조상으로부터 물려받은 포도원보다 더 좋은 것을 주겠다는 아합의 제안을 단번에 거절하였다. 잠시 있다 티끌로 사라질 이 세상 왕의 말보다 영원히 살아 계신 만왕의 왕 되신 하나님의 말씀의 권위를 더 크게 믿고 순종하였기 때문이다. 그리하여, 비록 나봇과 아합의 육신의 피가 이 땅에서는 동일하게 개들의 음료가 되었지만, 나봇의 피는 하나님이 하늘나라에서 영원히 기억하시고 인정하시는 보배로운 피가 될 수 있었다. **"그러므로 의인 아벨의 피로부터 성전과 제단 사이에서 너희가 죽인 바라갸의 아들 사가랴의 피까지 땅 위에서 흘린 의로운 피가 다 너희에게 돌아가리라 내가 진실로 너희에게 이르노니 이것이 다 이 세대에 돌아가리라."**(마23:35~36)

신약에도 그러한 예가 나온다. 어느 날 예수님이 가버나움으로 들어가실 때였다. 백부장의 한 하인이 중풍병으로 몹시 괴로워하며 죽어가고 있었다. 백부장은 예수님의 소문을 듣고 예수님에게 자기 하인을 구해 주시기를 간청하였다. 예수님이 그의 집으로 가실 때였다. 백부장이 예수님에게 아뢰었다. **"주여 내 집에 들어오심을 나는 감당하지 못하겠사오니 다만 말씀으로만 하옵소서 그러면 내 하인이 낫겠사옵나이다 나도 남의 수**

하에 있는 사람이요 내 아래에도 군사가 있으니 이더러 가라 하면 가고 저더러 오라 하면 오고 내 종더러 이것을 하라 하면 하나이다."(마8:8~9) 예수님이 백부장의 말을 들으시고 그를 놀랍게 여기시며 따르는 무리에게 말씀하셨다. **"내가 진실로 너희에게 이르노니 이스라엘 중 아무에게서도 이만한 믿음을 보지 못하였노라 또 너희에게 이르노니 동서로부터 많은 사람이 이르러 아브라함과 이삭과 야곱과 함께 천국에 앉으려니와 그 나라의 본 자손들은 바깥 어두운 데 쫓겨나 거기서 울며 이를 갈게 되리라."**(마8:10~12) 그리고 예수님은 말씀으로 백부장의 하인의 중풍병을 즉시 고쳐 주셨다. **"가라 네 믿은 대로 될지어다."**(마8:13) 예수님은 오늘날 우리에게서도, 백부장처럼 하나님의 말씀의 권위를 인정하고 그 말씀을 온전히 순종하는 믿음을 보기를 원하신다. **"나더러 주여 주여 하는 자마다 다 천국에 들어갈 것이 아니요 다만 하늘에 계신 내 아버지의 뜻대로 행하는 자마다 들어가리라."**(마7:21)

예수님의 사역을 보자. 하루는 바리새인들이 예수님을 말의 올무에 걸리게 하려고 헤롯 당원들과 함께 자기 제자들을 예수님께 보내었다. 가이사에게 세금을 바치는 것이 옳은지의 여부를 묻는 시험을 하기 위함이었다. 예수님은 그들의 악함을 아시고는 데나리온 하나를 가져오라 하시고 그들에게 말씀하셨다. **"그런즉 가이사의 것은 가이사에게 하나님의 것은 하나님께 바치라."**(마22:21) 예수님은 만왕의 왕이셨지만 당시 유대 나라의 지배국인 로마 황제의 권위를 인정하셨다. 또 예수님은 한 나병환자가 나아와 병 낫기를 간절히 구할 때 그의 몸에 손을 대시며 그를 고쳐 주셨다. 그리고 깨끗함을 받은 나병환자에게 말씀하셨다. **"삼가 아무에게도 이르지 말고 다만 가서 제사장에게 네 몸을 보이고 모세가 명한 예물을 드려 그들에게 입증하라."**(마8:4) 예수님은 이처럼 당시 율법의 규례에 따라 세워진 제사장의 권위를 그대로 인정하셨다. 마침내 예수님은 구약의 모든 율법의 뜻을 성취하시기 위해 십자가의 죽음을 마다하지 않으셨다. 예수님은 율법을 폐하러 오신 것이 아니라 완전하게 하기 위해 이 세상에 오신 하나님의 아들이셨기 때문이다. (마5:17~18)

어느 날 예수님이 제자들과 함께 가나의 한 혼인 잔치에 가셨을 때였다. 그때 마침 잔치에 포도주가 떨어졌다. 예수님의 어머니 마리아가 거기에 함께 있다가 이 사정을 예수님께 아뢰었다. 거기에는 유대인의 정결 예식을 따라 두세 통 드는 돌항아리 여섯이 놓여 있었다. 예수님은 하인들에게 항아리에 물을 채우라고 말씀하셨다. 그들이 물을 항아리 아귀까지 채웠을 때였다. 예수님은 그들에게 다시 말씀하셨다. **"이제는 떠서 연회장에게 갖다주라."**(요2:8) 연회장이 물로 된 포도주를 맛보고는 신랑을 불러 말하였다. **"사람마다 먼저 좋은 포도주를 내고 취한 후에 낮은 것을 내거늘 그대는 지금까지 좋은 포도주를 두었도다."**(요2:10) 예수님은 자신의 권위에 순복한 하인들과 돌항아리의 물을 통해 맛 잃은 부정한 율법 시대를 끝내시고 좋은 포도주 맛을 내는 거룩한 복음의 새 시대를 열어 가셨다. **"예수께서 이르시되 그러므로 천국의 제자 된 서기관마다 마치 새것과 옛것을 그 곳간에서 내오는 집주인과 같으니라."**(마13:52)

하나님은 우리의 삶이 하나님이 세우신 모든 권위에 순복하기를 원하신다. 하나님은 공의와 질서를 기뻐하시는 분이기 때문이다. 하나님은 태초에 천지 만물을 창조하실 때에도 질서 가운데 만물을 창조하셨다. 첫째 날에서 셋째 날까지는 틀을 만드시고, 넷째 날부터 여섯째 날까지는 그 틀 안에서 살게 될 내용물을 만드셨다. 또 모세의 장인 이드로가 출애굽하여 광야 길에 있는 이스라엘을 찾아왔을 무렵이었다. 그때 모세는 재판하기 위해 하루 종일 앉아 있고 백성은 모세 곁에 서 있는 것을 보고는 이드로가 모세를 권면하였다. **"너는 또 온 백성 가운데서 능력 있는 사람들 곧 하나님을 두려워하며 진실하며 불의한 이익을 미워하는 자를 살펴서 백성 위에 세워 천부장과 백부장과 오십부장과 십부장을 삼아 그들이 때를 따라 재판하게 하라 큰 일은 모두 네게 가져갈 것이요 작은 일은 모두 그들이 스스로 재판할 것이니."**(출18:21~22) 하나님은 모세가 하나님의 권위로 세운 지도자들과 함께 질서와 평강 가운데 이스라엘 백성을 가나안으로 인도하기를 원하셨다. 하나님은 이 일을 위해 그의 장인 이드로를 보내 주셨다.

하나님은 이스라엘 백성이 성막을 지은 후 광야를 행진할 때에도 질서와 권위로 그들을 인도하셨다. 이스라엘 진영 한가운데는 성막이 있게 하시고, 그 성막 동서남북으로는 레위 지파 각 종족이 위치하도록 하셨다. 이스라엘 열두 지파는 세 지파씩 성막 주위를 동서남북으로 위치하여 행진하게 하셨다. 레위 지파 각 종족에게는 아론의 아들들을 지도자로 두서서 레위 지파 각 종족의 일을 감독하게 하시고, 동서남북에 위치한 이스라엘 열두 지파들에게도 각각 지도자를 따로 세우셨다. (민1:11~28) **"모든 것을 품위 있게 하고 질서 있게 하라."**(고전14:40) 이스라엘 진영이 행진할 때에도 레위 지파 각 종족과 이스라엘 열두 지파 모두 각자의 순서에 따라 질서 있게 행진하도록 하셨다. **"이스라엘 자손이 행진할 때에 이와 같이 그들의 군대를 따라 나아갔더라."**(민10:28)

한편, 하나님은 유다 왕과 유다 백성이 하나님의 권위를 인정하지 않고 끊임없이 범죄할 때에는 하나님이 세우신 권위와 질서를 무너뜨리셔서 그들을 징계하기도 하셨다. **"그가 또 소년들을 그들의 고관으로 삼으시며 아이들이 그들을 다스리게 하시리니 백성이 서로 학대하며 각기 이웃을 잔해하며 아이가 노인에게 비천한 자가 존귀한 자에게 교만할 것이며."**(사3:4~5) 유다 르호보암 왕 때의 일이다. 느밧의 아들 여로보암이 솔로몬의 얼굴을 피해 도망갔던 애굽에서 돌아왔을 때였다. 여로보암과 이스라엘 온 회중이 르호보암 왕에게 와서 말하였다. **"왕의 아버지가 우리의 멍에를 무겁게 하였으나 왕은 이제 왕의 아버지가 우리에게 시킨 고역과 메운 무거운 멍에를 가볍게 하소서 그리하시면 우리가 왕을 섬기겠나이다."**(왕상12:4) 르호보암은 그들에게 삼 일의 말미를 구하고 이 일을 그의 아버지 솔로몬의 생전에 왕을 섬겼던 노인들과 의논하였다. **"왕이 만일 오늘 이 백성을 섬기는 자가 되어 그들을 섬기고 좋은 말로 대답하여 이르시면 그들이 영원히 왕의 종이 되리이다."**(왕상12:7) 하지만 르호보암은 노인들의 자문하는 것을 버리고 자기와 함께 자라난 어린 신하들의 권고를 듣고는 여로보암과 이스라엘 회중에게 말하였다. **"내 아버지는 너희의 멍에를 무겁게 하였으나 나는 너희의 멍에를 더욱 무겁게 할지라 내 아버지는 채찍으로 너희를 징계하였으나 나는 전갈 채찍으로 너희를 징치하리라."**(왕상12:14)

이 일로 인해, 결국 여로보암은 르호보암을 반역하여 북 이스라엘의 왕이 되고 통일 이스라엘은 남북으로 분열되고 말았다. 물론 이 사건은 하나님이 전에 솔로몬을 징계하시기 위해 아히야 선지자를 통해 예언하신 말씀의 성취이다. 하지만, 어린 사람들이 노인들의 권위를 인정하지 않은 죄가 이 불행한 사건의 원인 중에 하나였음은 분명한 사실이다. 반면에, 만일 우리가 우리의 모든 삶의 영역에서 하나님이 세우신 권위에 겸손히 순종하기만 한다면 이 세상에서 일어나는 많은 불행한 일들은 소리치며 우리 곁을 떠나고 말 것이다. 사탄의 역사로 인한 환난과 죄악들은 그치고 모든 사람들이 화평함과 경건함 가운데 평강이 넘치는 삶을 살아갈 수 있을 것이다. **"종들아 두려워하고 떨며 성실한 마음으로 육체의 상전에게 순종하기를 그리스도께 하듯 하라 …… 상전들아 너희도 그들에게 이와 같이 하고 위협을 그치라 이는 그들과 너희의 상전이 하늘에 계시고 그에게는 사람**

을 외모로 취하는 일이 없는 줄 너희가 앎이라."(엡6:5~9)

참고가 될까 하여 부득이 필자의 한 경험을 이야기하고자 한다. 필자의 철없던 교역자 삼 년 차 때의 일이다. 당시 필자가 섬기는 교회의 담임 목사님은 은퇴를 몇 년 앞둔 목사님이셨다. 피 끓는 젊은 교역자의 눈에는 목사님이 하루하루 안주하며 목회하고 있는 것처럼 보였다. 어느 날 수요예배 설교 시간이었다. 필자는 강한 어조로 게으름을 경고하며 은근히 목사님을 책망하는 설교를 하였다. 그때는 그러한 행동이 진심으로 교회를 사랑하고 성령 충만한 행동인 줄로 오해하고 있었다. 지금 생각해도 얼굴이 화끈거릴 정도로 부끄럽기 그지없는 어리석고 무례한 처신이었다. 필자는 그 일로 인해, 애매한 누명에 의해 교회를 사임할 수밖에 없었다. 당시 필자는 그런 어려운 상황 가운데서도 잠잠히 인내하며 송구영신 예배 때까지 묵묵히 교회를 섬길 수 있었다. 지금도 하나님께 감사하고 있는 대목이다. 필자의 그러한 순종은 인간의 능력이 아닌, 오직 하나님의 은혜임을 너무나 잘 알고 있기 때문이다. 하지만 하나님이 세우신 권위에 도전한 불순종의 댓가는 피할 수 없었다. 그 후, 필자는 일 년 동안 무임 목회자로서의 '영적 실직'의 고통을 뼈저리게 겪을 수밖에 없었기 때문이다.

하나님이 세우신 모든 권위를 인정하고 하나님의 말씀의 권위에 순복하자. **"그의 명령을 땅에 보내시니 그의 말씀이 속히 달리는도다."**(시 147:15) 자녀는 부모의 권위에, 아내는 남편의 권위에 순복하자. 젊은 자들은 겸손으로 허리를 동이고 늙은 자들에게 순종의 허리를 굽히자. (벧전5:5) 공동체의 지체들은 책임 맡은 권위자에게 순종하고, 백성은 권세자의 권위에 복종하자. 무엇보다 사람의 권위나 인간이 세운 제도의 권위보다 먼저 하나님의 권위에 순복하자. 비록 악한 권위자라 할지라도, 공의의 뜻과 겸손함으로 시정을 요청할 수는 있겠지만 지도자를 비방하거나 거역하는 일은 하나님을 거역하는 죄임을 깊이 인식하자. (잠11:12~13) **"뭇사람을 공경하며 형제를 사랑하며 하나님을 두려워하며 왕을 존대하라."**(벧전2:17) 그리하여 이 땅에 하나님의 공의를 이루고 하나님의 평강이 넘치는 삶을 살아가자. 그리할 때, 우리는 하나님이 세우신 권위를 무너뜨려 세상을 혼돈에 빠뜨리는 사탄의 모든 훼방과 시험을 잠잠케 할 수 있을 것이다. **"천사장 미가엘이 모세의 시체에 관하여 마귀와 다투어 변론할 때에 감히 비방하는 판결을 내리지 못하고 다만 말하되 주께서 너를 꾸짖으시기를 원하노라 하였거늘 이 사람들은 무엇이든지 그 알지 못하는 것을 비방하는도다."**(유1:9~10)

06. 이 만나 외에는

"우리가 애굽에 있을 때에는 값없이 생선과 오이와 참외와 부추와 파와 마늘들을 먹은 것이 생각나거늘 이제는 우리의 기력이 다하여 이 만나 외에는 보이는 것이 아무것도 없도다."(민11:5~6)

오늘날 현대인은 대체로 뷔페 음식에 적응되어 사는 것 같다. 다양한 색깔과 맛을 지닌 음식을 한 접시에 가득 담아 먹는 즐거움은 우리의 일상에서 누리는 작은 행복일 것이다. 더군다나, 사랑하는 가족이나 가까운 친구와 함께하는 자리라면 그 행복이 배가됨은 부인할 수 없는 사실일 것이다. 하지만 많은 사람이 경험하는 일이지만 때때로 과식하여 탈이 날 때가 있는 것도 사실이다.

이스라엘 백성이 광야 여정 중 다베라에 이르렀을 때였다. 그들 중에 섞여 사는 다른 인종들이 탐욕을 품자 이스라엘 자손도 덩달아 탐욕을 부리며 고기 먹기를 구하였다. 애굽의 양식을 사모하며 하나님이 내려 주시는 하늘 양식인 만나를 불평하며 무시하였다. **"이제는 우리의 기력이 다하여 이 만나 외에는 보이는 것이 아무것도 없도다."**(민11:6) 애굽의 양식은 세상이 우리에게 공급해 주는 육신의 양식이다. 바다의 생선과 땅에서 나는 먹음직하고 색상도 보기에 좋은 다양한 음식들이다. 만나는 그것들에 비해 어떠한가? 성경은 만나가 깟씨와 같고 모양은 진주와 같다고 하였다. (민11:7) 육신의 눈으로 보기에는 그렇게 먹음직스럽지도, 화려한 색상을 지니지도 않은 하늘에서 내리는 광야의 양식이었다. 매 끼니 때마다 다양한 맛을 내며 시각을 훔치는 그런 매혹적인 애굽의 양식이 아니었다. **"그는 주**

앞에서 자라나기를 연한 순 같고 마른 땅에서 나온 뿌리 같아서 고운 모양도 없고 풍채도 없은즉 우리가 보기에 흠모할 만한 아름다운 것이 없도다."(사53:2)

하나님은 이스라엘 백성의 배고픔과 목마름을 아셔서 때를 따라 그들에게 물을 주시고 만나와 메추라기를 공급해 주셨다. **"그러므로 염려하여 이르기를 무엇을 먹을까 무엇을 마실까 무엇을 입을까 하지 말라 이는 다 이방인들이 구하는 것이라 너희 하늘 아버지께서 이 모든 것이 너희에게 있어야 할 줄을 아시느니라."**(마6:31~32) 하지만 하나님은 때때로 이스라엘 백성에게 광야 사십 년 동안 목마름과 허기를 허락하기도 하셨다. 사람이 떡으로만 사는 것이 아니라 영생의 양식인 하나님의 말씀으로 사는 것임을 가르치시기 위함이었다. (신8:3) 육신의 양식은 아무리 맛있고 화려하다 할지라도 썩어질 양식이요, 하늘의 양식은 썩지 않는 영생의 양식이기 때문이다. 하나님이 기브롯 핫다아와에서 만나를 불평하는 이스라엘 백성에게 메추라기를 보내 주실 때였다. 하나님은 메추라기들을 바람을 통해 바다에서부터 몰아오셨다. 이스라엘 진영 곁 사방 각기 하룻길 되는 지면 위 두 규빗쯤에 내리게 하셨다. 지면 위 두 규빗은 약 90cm의 높이다. 이스라엘 백성이 허리도 굽히지 않고 손가락만 펴면 메추라기를 집어먹을 수 있는 높이였다. 하지만 하나님은 그 고기가 이스라엘 백성의 이 사이에 있어 씹히기도 전에 큰 재앙으로 그들을 치셨다. 탐욕을 부리며 만나를 불평한 모든 백성을 그곳에 매장하셨다.[21] **"그러나 그들은 그가 행하신**

---

21) 민10:33 '여호와의 언약궤가 그 삼 일 길에 앞서가며 그들이 쉴 곳을 찾았고'의 '찾았고- תור(투르)'는 '정탐하다'라는 의미임. (cf. 민13:2) 이 단어는 이스라엘 백성의 기브롯 핫다아와에서의 불평과 가데스바네아의 불순종 이후, 하나님이 이스라엘 백성의 옷단 귀에 술을 만들고 청색 끈을 그 귀의 술에 더하라고 경계하시면서 '이 술은 너희가 보고 여호와의 모든 계명을

일을 곧 잊어버리며 그의 가르침을 기다리지 아니하고 광야에서 욕심을 크게 내며 사막에서 하나님을 시험하였도다 그러므로 여호와께서는 그들이 요구한 것을 주셨을지라도 그들의 영혼은 쇠약하게 하셨도다."(시 106:13~15)

우리는 항상 불평 대신 감사로 깨어 있어야 한다. 이스라엘 백성이 홍해를 건넌 뒤 수르 광야를 지날 때였다. 그들은 사흘 길을 걸었으나 물을 얻지 못하였다. 마라에 이르렀을 때는 그곳 물이 써서 마실 수조차 없었다. 이때 이스라엘 백성이 모세를 원망하였다. **"우리가 무엇을 마실까."**(출 15:24) 모세는 원망하는 이스라엘 백성을 위해 하나님께 부르짖어 기도하였다. 하나님은 모세에게 한 나무[22]를 가리키셨다. 모세가 그 나무를 쓴 물에 던지자, 물이 곧 달게 되어 백성이 그 물을 마실 수가 있었다. 그 후 이스라엘 백성은 마라를 떠나 행진하다가 엘림[23]이라는 곳에 도착하였다. 그곳은 물 샘 열둘과 종려나무 일흔 그루가 있는 광야의 오아시스였다. 이스라엘 백성은 엘림의 물 곁에 장막을 치고 종려나무 그늘 아래에서 안식을 누릴 수 있었다.

하나님은 불평할 수밖에 없는 상황에서도 모세처럼 감사로 깨어 하나님을 찾는 자에게 이적을 베푸신다. 쓸모없어 보이는 한 나무를 통해서도 살

기억하여 준행하고 너희를 방종하게 하는 자신의 마음과 눈의 욕심을 따라 음행하지 않게 하기 위함이라'는 말씀 중 '방종케 하는'에 동일하게 사용됨. 적용하면, 우리의 복된 삶은 우리의 눈과 마음이 보이는 이 세상의 것들을 탐하며 정탐하듯 살아가지 않고, 하나님의 말씀을 정탐하듯 그 말씀을 깊이 사랑하며 순종하는 삶에 있음을 깨달을 수 있음. (cf. 민15:39)

22) '나무עֵץ(에츠)'는 왕하6:6에 '엘리사가 나뭇가지를 베어 물에 던져 쇠도끼를 떠오르게 하고'의 '나뭇가지'와 신21:23에 '나무에 달린 자는 하나님께 저주를 받았음이니라'의 '나무'에 동일하게 사용된 단어임.

23) '엘림אֵילִם'은 '나무들'이라는 의미임.

아 계신 하나님의 은혜를 경험하게 하신다. 마라와 같은 쓰디쓴 이 세상에서도 단물 같은 천국의 삶을 살아가게 하신다. 언제 어디서나, 온전한 엘림의 복을 누리며 하나님의 평강 가운데 하늘의 안식을 누리는 삶을 살아가게 하신다. **"여호와께서 그들을 사막으로 통과하시던 때에 그들이 목마르지 아니하게 하시되 그들을 위하여 바위에서 물이 흘러나게 하시며 바위를 쪼개사 물이 솟아나게 하셨느니라 여호와께서 말씀하시되 악인에게는 평강이 없다 하셨느니라."**(사48:21~22) 이스라엘 백성이 엘림에 도착했을 때 무슨 생각을 하였을까! 단언컨대, 감사로 하나님을 찾은 모세보다는 그들이 누린 안식의 즐거움은 덜하였을 것이다. 이스라엘 백성은 늦게나마 그들의 불평을 부끄러워하며 하나님 앞에 깊이 회개하였을 것이다. 광야의 오아시스 엘림은 마라에서 불과 12km 남짓 떨어진 거리에 있었기 때문이다. 장정의 걸음으로 반나절 정도면 능히 도달할 수 있는 짧은 거리에 불과하였기 때문이다.

우리가 살아가고 있는 이 세상은 목마름과 배고픔이 있는 광야와 같은 곳이다. 하나님은 우리의 삶이 마라와 같은 이 세상에 살고 있는 동안에도 엘림의 복을 누리는 삶이 되기를 소원하신다. 우리의 마음이 불평의 마라가 아닌, 고난 중에도 감사로 하나님을 찾는 엘림이 되기를 소원하신다. 무엇보다 우리 마음이 생수의 강물이 발원하는 에덴동산이 되기를 소원하신다. **"이 물을 마시는 자마다 다시 목마르려니와 내가 주는 물을 마시는 자는 영원히 목마르지 아니하리니 내가 주는 물은 그 속에서 영생하도록 솟아나는 샘물이 되리라."**(요4:13~14) 하나님은 우리를 위해 잠시 사는 광야 같은 이 세상 너머 영원한 하늘의 엘림, 천국을 예비해 놓으셨기 때문이다. 그리하여, 잠시 후면 들어가 살게 될 하늘의 엘림에서 한 점 부끄러움 없는 담대함과 평강으로 영원히 하나님을 즐거워하며 영생의 복락을 누리기를 소원하고 계시기 때문이다. **"그러므로 사랑하는 자들아 너희가 이것을 바라보나니 주 앞에서 점도 없고 흠도 없이 평강 가운데서 나타나기를 힘쓰라."**(벧후3:14) 하나님은 이 일을 위해 마라와 같은 이 세상에서 우리에게 광야를 선물로 허락하셨다. 애굽을 사랑하며, 고난의 때에 불평하는 우리를, 어떤 상황 속에서도 구원의 은혜에 감사하며 하나님을 찾는 사람으로 변화시키시기 위함이다. 이스라엘 백성의 거듭된 원망의 뿌리는 애굽에서 종노릇하던 그들을 구원하신 하나님의 은혜를 잊어버린 데 있었기 때문이다. 천국의 영원한 행복보다 광야의 고난을 더 크게 여긴 그들의 불신앙에 기인하였기 때문이다. **"우리가 애굽 땅에서 고기 가마 곁에 앉아 있던 때와 떡을 배불리 먹던 때에 여호와의 손에 죽었더라면 좋았을 것을 너희가 이 광야로 우리를 인도해 내어 이 온 회중이 주려 죽게 하는도다."**(출16:3) 하나님은 고난의 때에 불평하는 자는 형통할 때면 어김없이 속히 교만하여져서 하나님을 배역할 것을 잘 알고 계신다. 고난을 통해 우리를 낮추시고 깨뜨리시는 하나님의 징계가 하나님의 측량할 수 없는 은혜인 이유가 여기에 있다. 하나님은 우리가 받는 징계를 통해, 형통할 때 누리는 세상의 형통보다 그 형통의 주인이신 하나님을 더 사랑하는 보배로운 믿음으로 우리를 구비시켜 주시기 때문이다. **"네 조상들도 알지 못하던 만나를 광야에서 네게 먹이셨나니 이는 다 너를 낮추시며 너를 시험하사 마침내 네게 복을 주려 하심이었느니라."**(신8:16) 그러므로, 우리가 고난 중에도 하나님께 감사드려야 할 이유는 언제나 변함없는 하나님의 구원의 사랑 때문이다.

어느 날 예수님이 사마리아와 갈릴리 사이로 지나가시다가 한 마을에 들어가셨다. 이때 나병환자 열 명이 예수님을 만나 멀리 서서 소리 높여 부르짖었다. **"예수 선생님이여 우리를 불쌍히 여기소서."**(눅17:13) 예수님이 그들에게 제사장들에게 가서 그들의 몸을 보이라고 말씀하셨다. 나병환자들은 예수님의 말씀을 듣고 가는 길에 그들의 몸이 깨끗하게 고침 받았다. 이때 그들 중의 한 사람이 자기 몸이 나은 것을 보고는 큰 소리로 하나님께 영광을 돌리며 돌아와 예수님의 발 아래에 엎드리어 감사하였다. 그는 사마리아 사람이었다. 예수님이 그에게 말씀하셨다. **"열 사람이 다 깨끗함을 받지 아니하였느냐 그 아홉은 어디 있느냐 이 이방인 외에는 하나님께 영광을 돌리러 돌아온 자가 없느냐 …… 일어나 가라 네 믿음이 너를 구원하였느니라."**(눅17:17~18)

레위기 14장에는 문둥병에서 고침 받은 사람에 대한 규례가 나온다. 만일 어떤 문둥병자가 병이 나으면, 그는 먼저 제사장에게로 가서 그의 몸을 보여야 했다. 제사장은 진영 밖으로 나가서 문둥병의 환부가 나았으면 문둥병자를 위해 규례대로 정결 의식을 행하여야 했다. (레14:4~8) 정결함을 받을 자는 그의 옷을 빨고, 모든 털을 밀고, 물로 그의 몸을 씻은 후 진영으로 들어와서 자기 장막 밖에 이레를 머물러야 했다. 일곱째 날, 그는 다시 그의 머리털과 수염과 눈썹을 다 밀고, 그의 옷을 빨고 그의 몸을 물로 씻어야 했다. 그리고는 여덟째 날에 어린 숫양 한 마리를 가져다가 기름 한 록과 함께 속건제를 드려야 했다. 제사장은 그 속건제물의 피를 취하여 정결함을 받을 자의 오른쪽 귓부리와 오른쪽 엄지손가락과 엄지발가락에 바르고, 한 록의 기름을 여호와 앞에 일곱 번 뿌려야 했다. 손에 남은 기름은 제사장이 정결함을 받을 자의 오른쪽 귓부리와 엄지손가락과 엄지발가락 곧 속건제물의 피 위에 발라야 했다. 아직도 그 손에 남은 기름은 그의 머리에 바르고, 그를 위해 속죄제와 번제와 소제를 제단에 드려 그를 속죄하여야 했다. 그리하면 그는 문둥병에서 온전히 정결함을 받을 수 있었다.

아마도, 아홉 명의 문둥병자들은 그들의 나은 몸을 보고 기뻐하며 속죄

제사를 위해 제사장에게로 갔을 것이다. 하지만 사마리아인은 제사 드리기 전에 먼저 그의 문둥병에서 자유를 주신 예수님께로 나아와 감사로 영광을 돌리는 일을 우선하였다. 그리하여 그는 예수님으로부터 그의 육신의 질병뿐만 아니라, 그의 죄로 인해 문둥병 든 자신의 영혼까지 구원받는 큰 은혜를 받을 수 있었다. 하나님은 오늘도 고난 없는 이 세상의 형통보다, 고난을 통해 천국의 영광을 사모하는 자로 살아가도록 우리를 인도하고 계신다. 감사 없는 의식적인 예배보다, 감사의 순종으로 예수님의 이름을 부르며 영생의 하나님을 온 마음으로 예배하는 자를 찾고 계신다. **"감사로 제사를 드리는 자가 나를 영화롭게 하나니 그의 행위를 옳게 하는 자에게 내가 하나님의 구원을 보이리라."**(시50:23)

우리가 하나님께 감사드려야 할 이유는 우리의 매일 매 순간의 삶이 하나님의 이적의 은혜 가운데 살아가고 있기 때문이다. 필자가 이 년 차 햇병아리 전도사 때 춘계 대심방을 다닐 때였다. 그때 지름길로 가기 위해 2m 남짓한 언덕 아래로 뛰어내리다 왼발 인대를 다쳐 두 달 가까이 깁스를 한 적이 있었다. 필자는 그 일을 겪으면서 그동안 얼마나 하나님께 감사를 잊고 살았는지를 비로소 깨닫게 되었다. 두 발에 신발을 신고 다니는 것이 하나님께 감사드려야 할 이유라고는 상상도 하지 않고 살아왔기 때문이었다. 다친 후에야, 사소한 그 일이 하나님의 크신 은혜라는 사실을 비로소 깨닫게 되었기 때문이다. 그때 필자는 두 달 가까이 학생들 앞에서 목발을 짚고 강대상에 기댄 채 설교를 하였다. 육신은 쑤시는 고통 가운데 있었지만, 감사로 새롭게 깨어난 영혼은 천국의 즐거움으로 아이들의 영혼을 섬길 수 있었다. 우리가 하나님께 감사드려야 할 이유는 이처럼 우리의 사소한 일상의 일들이 모두 하나님의 이적의 은혜로 가득 차 있기 때문이다. 아침에 눈을 뜨는 것도, 저녁이면 그 눈으로 하늘의 뭇별을 바라보는 것도 하나님의 이적의 은혜이기 때문이다. **"주의 손가락으로 만드신 주의 하늘과 주께서 베풀어 두신 달과 별들을 내가 보오니 사람이 무엇이기에 주께서 그를 생각하시며 인자가 무엇이기에 주께서 그를 돌보시나이까."**(시 8:3~4) 코로 숨을 쉬는 것도, 식도로 넘어간 육신의 양식이 소리 없이 몸을 움직이는 에너지를 공급해 주는 것도, 말로 다할 수 없는 하나님의 지극한 은혜의 이적이기 때문이다.

우리는 또한 우리를 향하신 하나님의 선한 섭리를 믿기 때문에 범사에 하나님께 감사드려야 한다. 요셉은 보디발의 아내의 모함으로 주인의 집에 있는 옥에 갇히게 된다. 하나님은 의로운 요셉을 옥에서도 높여 주셨다. 간수장이 옥중 죄수를 다 요셉에게 맡기고 옥중의 모든 일을 요셉에게 위임하였다. 그 후 바로의 술 맡은 관원장과 떡 굽는 관원장이 옥에 갇혔을 때였다. 하루는 요셉이 그들의 꿈을 해석해 주었는데, 요셉의 해몽대로 술 맡은 관원장은 그의 전직이 회복되고 떡 굽는 관원장은 바로에 의해 죽임을 당하였다. 요셉은 술 맡은 관원장에게 자기의 억울한 일을 바로에게 알려서 자기를 옥에서 나가게 해 달라고 부탁하였다. 하지만 술 맡은 관원장은 요셉의 은혜를 기억하지 않았다. 그 일로 인해, 요셉은 이 년 동안 더 옥살이를 할 수밖에 없는 고난을 겪었다. 하나님이 요셉에게 이 이 년의 고난을 더 허락하신 것은 이를 통해 요셉을 애굽의 총리로 세우시려는 섭리 때문이었다. 우리가 범사에 감사해야 할 이유가 여기에 있다. **"항상 기뻐하라 쉬지 말고 기도하라 범사에 감사하라 이것이 그리스도 예수 안에서 너희를 향하신 하나님의 뜻이니라."**(살전5:16~18) 하나님은 고난의 때에 불평 대신 감사로 인내하는 자에게는 이 세상에서도 크신 은혜를 베푸신다. 그리고 요셉처럼, 하나님의 은혜로 연단된 자는 자기를 배신하거나 고통을 준 다른 사람을 보복하거나 원수 갚지 않는다. 모든 것이 하나님의 지극한 은혜의 섭리 안에서 이루어진 일임을 그의 온 영혼으로 깊이 깨닫고 있기 때문이다.

모르드개는 여호야긴 왕 때의 사람이었다. 그는 유다 백성과 함께 바벨론으로 잡혀 와 바사의 도성 수산에서 살고 있었다. 모르드개가 대궐 문에 앉아 있을 때였다. 하루는 문을 지키던 왕의 내시 두 사람이 아하수에로 왕을 암살하려는 음모를 꾸미는 것을 듣게 되었다. 모르드개는 이를 그의 외삼촌의 딸로 바사의 왕비가 된 에스더에게 일러 주었다. 에스더는 모르드개의 이름으로 그 일을 왕에게 아뢰었다. 왕은 그 일을 조사하여 그 두 사람을 나무에 달고, 그 일을 왕 앞에서 궁중 일기에 기록해 두었다. 당시에는 모르드개에게 이렇다 할 상급이나 관작을 주지 않았다. 그 후 왕의 총애를 받는 아각 사람 하만이 모르드개와 온 유다인을 죽이려는 음모를 꾸몄다. 자기에게 절하지 않는 유다인 모르드개를 미워하였기 때문이다. 아각은 왕에게 허락을 받아 온 바사 제국에 거하는 유다인을 죽이라는 왕의 조서를 보내었다. 에스더와 모르드개는 온 수산에 있는 유다인과 함께 사흘 동안 금식하며 하나님의 구원을 간구하였다. 하만이 자기 집에 오십 규빗 높이의 나무를 세우고, 모르드개 죽이기를 왕에게 구하기 위해 왕궁 뜰로 들어올 즈음이었다. 왕은 그날 밤 잠이 오지 않아 왕궁 일기를 가져오라 명령하였다. 그때, 왕은 전에 자신을 암살하려 한 음모를 알려준 모르드개에게 아무 관작이나 존귀를 베풀지 않은 것을 알고는 신하를 급히 불렀다. 마침 왕궁 뜰로 하만이 들어올 때였다. 그 후, 결국 하만은 왕복을 입고 왕관을 쓰고, 왕의 말을 타고 수산 성을 시찰하는 모르드개의 마부로 전락하고 말았다. 모르드개를 매달아 죽이려 한 그 나무에 자신의 몸이 매달려 죽고 말았다. 그리하여 하나님은 멸망 직전에 있던 유다인을 그들의 대적 하만의 손에서 구원해 주셨다. 하나님이 아하수에로 왕의 마음을 주장하셔서,

모르드개가 암살의 음모를 왕에게 알렸을 때 그에게 아무 관작이나 상급을 내리지 않도록 섭리하신 이유가 여기에 있었다. 우리가 범사에 감사해야 할 이유가 또한 여기에 있다.

어느 날 아침, 교회 마당에 벌레 한 마리가 배를 하늘로 향하고 기진맥진 누워 있었다. 죽었거니 하고 지나치다가, 혹시나 해서 손가락으로 살짝 만졌더니 온 발로 바둥거렸다. 살아 있구나 생각하고 조심해서 몸을 바로 해서 기어다니도록 해 주었다. 오후 시간이었다. 녀석이 아침에 있던 자리 가까운 곳에서 또 몸이 뒤집어진 채 바둥거리고 있었다. 안 되겠다 싶어, 녀석을 조심조심 손바닥에 얹고는 교회 화단에 데려다주었다. 화단으로 가는 거리는 불과 10m 정도인데 녀석이 필자의 손바닥을 세 번이나 물었다. 화단에서 기어다니는 모습을 보고 안도하며 돌아오는 길에 문득 생각이 떠올랐다. '우리의 모습이 저 벌레의 모습이구나!' 하나님이 때때로 우리에게 고난을 주시는 것은 우리의 유익을 위함이 아닌가! 하지만 우리는 벌레가 자기를 살리려는 사람의 손을 깨물듯 자그마한 육신의 불편에도 하나님을 원망하며 살고 있구나!' **"버러지 같은 너 야곱아, 너희 이스라엘 사람들아 두려워하지 말라 나 여호와가 말하노니 내가 너를 도울 것이라 네 구속자는 이스라엘의 거룩한 이이니라."**(사41:14) 우리는 주로 원치 않는 고난이 오거나, 우리 마음에 욕심이나 염려가 일어날 때 하나님을 원망하게 된다. 하지만 믿음의 사람은 고난의 때에도 전천후 감사로 하나님의 살아 계신 영광을 나타내는 믿음의 도구로 쓰임 받게 된다.

다니엘이 그러하였다. 메대 왕 다리오 때였다. 다리오는 고관 백이십 명을 세워 전국을 통치하였다. 그들 위에 총리 셋을 두었는데 다니엘이 그중의 한 사람이었다. 다리오는 다니엘의 지혜가 총리들과 고관들 위에 뛰어나므로 그를 세워 전국을 다스리고자 하였다. 이에 총리들과 다른 고관들이 다니엘을 시기하여 그를 고발할 근거를 찾되 아무 근거나 허물도 찾을 수가 없었다. 그들은 하나님의 율법에서 근거를 찾지 않으면 다니엘을 고발할 수 없음을 알고는 한 계략을 꾸몄다. 왕에게 한 금령을 정할 것을 구하여, 이제부터 삼십 일 동안 어떤 신에게나 사람에게나 무엇을 구하면 사자 굴에 던져 넣기로 한 것이 그것이었다. 다니엘은 왕의 조서에 도장이 찍힌 것을 알고도 자기 집에 돌아가서는, 윗방으로 올라가 예루살렘으로 향한 창문을 열고 전에 하던 대로 하루 세 번씩 무릎을 꿇고 기도하며 하나님께 감사하였다. 무리들이 다니엘이 자기 하나님께 기도하는 것을 보고 왕에게 다니엘을 고소하였다. 왕은 이 말을 듣고는 심히 근심하며 다니엘을 구원하려고 힘을 다하였다. 해가 질 무렵이었다. 왕은 어쩔 수 없이 조서대로 다니엘을 끌어다가 사자 굴에 던져 넣었다. 돌을 굴려다가 그 굴 어귀를 막고 왕과 귀족들의 도장으로 봉하였다. 하지만 하나님은 전천후 감사로 하나님을 신뢰한 다니엘을 구원해 주셨다. 천사를 보내서 사자들의 입을 봉하시고 사망의 아귀에서 다니엘을 지켜 주셨다. 다니엘을 참소한 사람들도 왕의 명령에 따라 그들의 처자와 함께 사자 굴에 던져졌는데, 그들의 몸이 굴 바닥에 닿기도 전에 사자들이 그들을 움켜서 그 뼈까지도 부서뜨렸다. 하나님은 이처럼 환난 중에도 하나님을 찾는 자를 지켜 주시고 그를 통해 살아 계신 하나님의 영광을 나타내시기를 기뻐하신다. **"환난 날에 나를 부르라 내가 너를 건지리니 네가 나를 영화롭게 하리라."**(시50:15)

다니엘의 세 친구 사드락과 메삭, 아벳느고도 그러하였다. 그들은 느부갓네살 왕이 만든 금 신상에 절하지 않아 풀무 불에 던져졌다. 하지만 하나님이 그들과 함께하셔서 풀무 불 가운데서도 그들을 건져 주셨다. 왕이 그들에게 금 신상에 절할 것을 명령할 때였다. 그들은 왕에게 대답하였다.

"왕이여 우리가 섬기는 하나님이 계시다면 우리를 맹렬히 타는 풀무 불 가운데에서 능히 건져 내시겠고 왕의 손에서도 건져 내시리이다 그렇게 하지 아니하실지라도 왕이여 우리가 왕의 신들을 섬기지도 아니하고 왕이 세우신 금 신상에게 절하지도 아니할 줄을 아옵소서."(단3:18) 다니엘의 세 친구는 '그렇게 하지 아니하실지라도'의 전천후 감사로 하나님의 전능하신 능력과 영광을 온 바벨론 제국에 선포할 수 있었다. **"각 백성과 각 나라와 각 언어를 말하는 자가 모두 사드락과 메삭과 아벳느고의 하나님께 경솔히 말하거든 그 몸을 쪼개고 그 집을 거름터로 삼을지니 이는 이같이 사람을 구원할 다른 신이 없음이니라."**(단3:29)

우리는 고난의 때에 다니엘의 세 친구처럼 불평 대신 감사의 무릎으로 하나님께 기도하여야 한다. 그렇게 하지 않으면 우리의 입술로 불평의 말을 하게 되고, 그 말이 우리의 영혼을 사로잡아 결국 불뱀의 먹잇감이 되게 하기 때문이다. (민21:6) 하나님은 우리의 입에서 나오는 불평의 말을 결코 기뻐하지 않으시기 때문이다. **"여호와의 말씀에 내 삶을 두고 맹세하노라 너희 말이 내 귀에 들린 대로 내가 너희에게 행하리니."**(민14:28) 반면, 불평할 수밖에 없는 상황에서도 우리의 상한 마음을 기도로 하나님 앞에 토하면, 하나님은 우리의 영혼을 회개와 감사의 눈물로 이끄셔서 우리의 영혼을 새롭게 하신다. **"백성들아 시시로 그를 의지하고 그의 앞에 마음을 토하라 하나님은 우리의 피난처시로다."**(시62:8) 또한 우리는 고난의 때일수록 불평 대신 하나님을 신뢰하며 잠잠히 하나님 앞에서 인내해야 한다. 하나님은 불평할 수밖에 없는 불완전한 우리를 환난을 통해 온전하신 예수님의 성품으로 빚어 가고 계시기 때문이다. **"인내[24]를 온전히 이루라 이는 너희로 온전하고 구비하여 조금도 부족함이 없게 하려 함이라."**(약1:4)

---

24) '인내-ὑπομονή(휘포모네)'는 '아래(ὑπο)에서 머물고 있음(μονή)'을 의미함. 즉 '하나님의 섭리의 뜻 아래'에서 하나님을 신뢰하며 잠잠히 기다림을 의미함.

하나님이 우리의 삶에 때때로 고난을 허락하시는 것은 우리를 영생의 만나인 하나님의 말씀으로 돌이키시기 위함이다. 하나님은 이스라엘 백성이 가나안에 들어갔을 때 곧 만나를 거두시고 그 땅의 풍성한 양식을 그들에게 허락해 주셨다. **"유월절 이튿날에 그 땅의 소산물을 먹되 그날에 무교병과 볶은 곡식을 먹었더라 또 그 땅의 소산을 먹은 다음 날에 만나가 그쳤으니 이스라엘 사람들이 다시는 만나를 얻지 못하였고 그해에 가나안 땅의 소출을 먹었더라."**(수5:11~12) 하지만 하나님은 이스라엘 백성이 하나님의 말씀을 버리고 세상 양식을 좇아갈 때에는 어김없이 사랑으로 그들을 징계하셨다. 아합 왕 때의 삼 년 육 개월 동안의 기근이 그러하였고, 여호람 왕 때 나귀 머리 하나에 은 팔십 세겔, 비둘기 똥 사분의 일 갑에 은 다섯 세겔이나 거래될 정도의 극심한 기근의 때가 그러하였다. **"주 여호와의 말씀이니라 보라 날이 이를지라 내가 기근을 땅에 보내리니 양식이 없어 주림이 아니며 물이 없어 갈함이 아니요 여호와의 말씀을 듣지 못한 기갈이라."**(암8:11)

반면, 하나님은 이스라엘 백성이 하나님의 말씀을 찾고 그 말씀을 순종하기를 즐거워할 때에는 그들에게 큰 은혜와 능력을 베풀어 주셨다. 여호사밧 왕의 때가 그러하였다. 여호사밧이 왕위에 오른 지 삼 년쯤이었다. 여호사밧은 방백들과 레위 사람들을 유다 여러 성읍에 두루 보내어 하나님의 말씀을 백성에게 가르치게 하였다.(대하17:9) 하나님은 이를 보시고 유다 사방의 모든 나라에 큰 두려움을 주셨다. 여호사밧과 전쟁하지 못하도록 막으셔서 이방 나라들로부터 여호사밧과 유다를 견고히 지켜 주셨다. 블레셋 사람들은 여호사밧에게 예물을 드리며 은으로 조공을 바쳤고, 아라비아 사람들도 그에게 짐승 떼들을 조공으로 바쳤다. **"지혜를 버리지 말라 그가 너를 보호하리라 그를 사랑하라 그가 너를 지키리라 …… 그를 높이라 그리하면 그가 너를 높이 들리라 만일 그를 품으면 그가 너를 영화롭게**

하리라."(잠4:6~8)

하나님의 말씀은 우리로 하여금 구원에 이르도록 자라게 하는 신령한 젖이요,(벧전2:2) 생명의 떡이다. **"나는 하늘에서 내려온 살아 있는 떡이니 사람이 이 떡을 먹으면 영생하리라 내가 줄 떡은 곧 세상의 생명을 위한 내 살이니라 하시니라."**(요6:51) 또한 하나님의 말씀은 우리 영혼의 빛이요, 우리를 영생의 복된 길로 인도하는 우리의 스승이다. **"지혜자들의 말씀들은 찌르는 채찍들 같고 회중의 스승들의 말씀들은 잘 박힌 못 같으니 다 한 목자가 주신 바이니라."**(전12:11) 예수님은 사망과 어둠에 종노릇하는 우리에게 영생의 빛을 비추시기 위해 이 세상을 찾아오셨다. (요8:12) 십자가의 저주의 죽음으로 피 뿌린 옷을 입으시기까지 우리를 위해 고난을 당하셨다. (계19:13) 그리하여 우리로 하여금 순종의 고난을 통해 순결한 하나님의 말씀의 보배로움과 참 능력을 알게 하셨다. **"천사가 이르되 갖다 먹어 버리라 네 배에는 쓰나 네 입에는 꿀같이 달리라."**(계10:9) 우리에게 빛나는 구원의 흰 세마포 옷을 입혀 주시고, 고난 중에도 하나님의 말씀을 사랑함으로 순종의 삶을 살아가는 하늘의 능력을 부어 주셨다. **"또 우리 형제들이 어린 양의 피와 자기들이 증언하는 말씀으로써 그를 이겼으니 그들은 죽기까지 자기들의 생명을 아끼지 아니하였도다."**(계12:11)

하나님의 말씀은 하나님의 전신 갑주 중에서도 공격과 수비 모두를 가능하게 하는 전천후 의의 무기이다. (엡6:17) 공격이 최고의 수비라는 말이 있지만, 우리가 매일 싸우고 있는 영적 전쟁에서는 공격보다는 수비가 더 중요하다. 우리의 원수 사탄은 우리보다 더 강하고, 간교하며, 쉬지 않고 우리를 공격하고 있기 때문이다. 또한 하나님의 말씀은 우리 마음의 안팎으로부터의 사탄의 공격으로부터 우리를 지켜 주는 하나님의 방호막이다. 우리로 하여금 우리를 넘어뜨리려는 사탄의 공격 통로인 죄를 미워하게 만들어 애당초 사탄이 우리 마음에 발 붙일 틈조차 주지 않게 하기 때문이다. **"주의 율법을 버린 악인들로 말미암아 내가 맹렬한 분노에 사로잡혔나이다."**(시119:53) 우리 마음에 뿌리내리려는 사탄의 발판, 어두운 죄의 뿌리를 대낮처럼 밝히 드러내어 그것들이 더 이상 우리 마음에 머무는 것을 허용하지 않게 하기 때문이다. 하나님의 말씀의 환한 빛이 어두운 죄의 권세를 낱낱이 물리치기 때문이다. **"왕의 손이 왕의 모든 원수들을 찾아냄이여 왕의 오른손이 왕을 미워하는 자들을 찾아내리로다 왕이 노하실 때에 그들을 풀무 불같게 할 것이라 여호와께서 진노하사 그들을 삼키시리니 불이 그들을 소멸하리로다."**(시21:8~9) 하나님의 말씀은 또한 우리를 우리의 원수보다 더 지혜롭게 만든다. (시119:98) 온갖 시험으로 우리를 넘어뜨리려는 사탄의 궤계를 분별하고, 미리 대비하여 우리를 승리의 길로 인도한다. 이유를 알 수 없는 고난 중에도, 침묵을 통해 일하시는 하나님을 신뢰하며 하나님의 섭리 안에서 불평 대신 감사로 하나님을 찾게 만든다. **"내가 주의 의로운 규례들로 말미암아 밤중에 일어나 주께 감사하리이다."**(시119:62)

하나님의 구원의 은혜에 깨어 있는 감사로 하나님을 기쁘시게 해 드리자. **"내가 노래로 하나님의 이름을 찬송하며 감사함으로 하나님을 위대하시다 하리니 이것이 소 곧 뿔과 굽이 있는 황소를 드림보다 여호와를 더욱 기쁘시게 함이 될 것이라."**(시69:30~31) 만나를 불평한 이스라엘 백성이 아닌, 불평하는 이스라엘 백성을 위해 기도하는 모세의 무릎이 되자. 다니엘처럼 고난의 때일수록 원망 대신 감사의 무릎으로 하나님께 기도하자. (빌4:6~7) 환난 중에도 감사로 깨어 있는 믿음으로 사자의 입을 봉하고 하나님의 영광을 선포한 다니엘의 기도의 무릎이 되자. 하나님의 말씀을 사랑하고, 하나님의 말씀을 통해 하나님의 사랑과 예수 그리스도의 대속의 은혜를 아는 지식에서 자라가자. 그리하여 범사를 하나님의 섭리의 눈으로 바라보며 전천후 감사로 하나님께 영광 돌려 드리는 삶을 살아가자. 영원한 하늘의 엘림에 다다랐을 때, 한 점 부끄러움 없는 감사와 즐거움으로 하나님과 어린 양 예수님과 함께 영원한 천국의 복락을 누리는 우리들이 되자. (계7:11~12) 사탄의 권세가 이러한 믿음의 사람의 마음에는 결코 침범할 수도 없고 속수무책일 수밖에 없을 것이다. 영적 전쟁의 승패의 갈림길은 불평의 때에 감사로 하나님을 찾는 데에 있기 때문이다. 보이는 이 세상보다 보이지 않는 하늘나라를 더 실재(實在)로 여기며,(히12:27~28) 육신의 만나보다 영생의 말씀을 보배처럼 더욱 사랑함으로 고난 중에도 하나님의 말씀을 즐거움으로 복종하는 삶에 있기 때문이다. **"바울이 이르되 말이 적으나 많으나 당신뿐만 아니라 오늘 내 말을 듣는 모든 사람도 다 이렇게 결박된 것 외에는 나와 같이 되기를 하나님께 원하나이다."**(행26:29) **"나는 이제 너희를 위하여 받는 괴로움을 기뻐하고 그리스도의 남은 고난을 그의 몸된 교회를 위하여 내 육체에 채우노라."**(골1:24)

07. 우리가 물을 내랴

> "모세가 그들에게 이르되 반역한 너희여 들으라 우리가 너희를 위하여
> 이 반석에서 물을 내랴 하고 모세가 그의 손을 들어 그의 지팡이로 반석
> 을 두 번 치니 물이 많이 솟아 나오므로 회중과 그들의 짐승이 마시니
> 라."(민20:10~11)

'혈기'(血氣)의 사전적 정의는 "어떤 행동을 하고자 하는 욕망을 일으키는 마음속의 뜨거운 기운"을 의미한다. 동양 의학 용어집에는 혈기를 "생명을 부지하는 혈액과 기운"으로 정의하고 있다. 혈기에 대한 이러한 정의는 혈기는 우리의 생명 유지와 일상적인 삶의 활동을 위해 꼭 필요한 것으로 이해하고 있다. 하지만 혈기에 대한 성경의 가르침은 긍정적이라기보다는 매우 부정적이다. 하나님은 많은 말씀들을 통해 노함이나 분내는 일의 해악에 대해 우리를 거듭 경계하고 계시기 때문이다. **"미련한 자는 당장 분노를 나타내거니와 슬기로운 자는 수욕을 참느니라."**(잠12:16) **"나는 너희에게 이르노니 형제에게 노하는 자마다 심판을 받게 되고 형제를 대하여 라가라 하는 자는 공회에 잡혀가게 되고 미련한 놈이라 하는 자는 지옥 불에 들어가게 되리라."**(마5:22)

이스라엘 백성이 신 광야 가데스에 이를 무렵이었다. 그때 회중이 물이 없어 목이 마르자 모세와 아론에게 모여들며 그들과 다투었다. **"우리 형제들이 여호와 앞에서 죽을 때에 우리도 죽었더라면 좋을 뻔하였도다 너희가 어찌하여 여호와의 회중을 이 광야로 인도하여 우리와 우리 짐승이 다 여기서 죽게 하느냐."**(민20:3~4) 모세와 아론이 회중 앞을 떠나 회막

문에 엎드리자 하나님의 영광이 그들에게 나타났다. **"지팡이를 가지고 네 형 아론과 함께 회중을 모으고 그들의 목전에서 너희는 반석에게 명령하여 물을 내라 하라 네가 그 반석이 물을 내게 하여 회중과 그들의 짐승에게 마시게 할지니라."**(민20:8) 모세가 그 명령대로 하나님 앞에서 지팡이를 잡고 회중을 그 반석 앞으로 모은 후 그들에게 말하였다. **"반역한 너희여 들으라 우리가 너희를 위하여 이 반석에서 물을 내랴."**(민20:10) 그리고 모세는 손을 들어 그의 지팡이로 반석을 두 번이나 내리쳤다. 그때 반석에서 많은 물이 솟아 나와 회중과 그들의 짐승이 흡족히 마실 수 있었다.

하나님은 모세와 아론을 기뻐하지 아니하시고 그들에게 말씀하셨다. **"너희가 나를 믿지 아니하고 이스라엘 자손의 목전에서 내 거룩함을 나타내지 아니한 고로 너희는 이 회중을 내가 그들에게 준 땅으로 인도하여 들이지 못하리라."**(민22:12) 모세는 거듭 반역하는 이스라엘 백성의 불순종을 참다못해 결국에는 혈기를 부리고 말았다. '반석을 명하여 물을 내라 하라'는 하나님의 말씀을 어기고, 마치 자신이 영생의 물을 낼 수 있는 양 그의 지팡이로 반석을 두 번이나 내리치는 불순종을 범하고 말았다. 하나님은 모세의 불순종에도 물을 내어 백성과 짐승들이 흡족하게 물을 마시게 하셨다. 하지만 모세는 이 불순종으로 인해 하나님이 약속하신 가나안 땅으로 들어갈 수 없는 징계를 받고 말았다. **"노하는 자는 다툼을 일으키고 성내는 자는 범죄함이 많으니라."**(잠29:22) 혈기는 이처럼 피조물이 창조주 하나님의 자리를 찬탈하는 무서운 죄악임을 알 수 있다. 우리 스스로 하나님의 자리에 오르는 엄청난 불경(不敬)이요, 하나님이 참으로 싫어하시는 죄악임을 알 수 있다. 모세는 미디안 광야 사십 년의 연단을 통해, 그간의 광야의 많은 고난 중에서도 이스라엘 백성의 끊임없는 불평과 반역을 묵묵히 참아왔다. 하지만 결국 모세도 그의 마음에 깊이 자리 잡은 자신의 혈기의 노예가 되고 말았다. **"내 사랑하는 형제들아 너희가 알지니 사람**

마다 듣기는 속히 하고 말하기는 더디 하며 성내기도 더디 하라 사람이 성내는 것이 하나님의 의를 이루지 못함이라."(약1:19~20)

야곱도 혈기의 사람이었다. 야곱은 그의 외삼촌 라반의 집으로 도망하여 라반의 두 딸 레아와 라헬을 그의 아내로 맞이하였다. 하나님은 레아가 야곱의 사랑을 받지 못함을 보시고 그녀의 태의 문을 여서서 아들들을 주셨다. 하지만 남편 야곱의 사랑을 받는 라헬은 자식을 낳지 못하였다. 어느 날 라헬이 야곱에게 불평하며 말했다. **"내게 자식을 낳게 하라 그렇지 아니하면 내가 죽겠노라."**(창30:1) 야곱은 이 말을 듣고는 라헬에게 화를 내며 말하였다. **"그대를 임신하지 못하게 하시는 이는 하나님이시니 내가 하나님을 대신하겠느냐."**(창30:2) 야곱의 노년의 때였다. 야곱은 애굽에 거류하기 위해 그곳으로 내려갔다. 애굽의 총리가 된 아들 요셉이 야곱과 그의 온 가족이 고센에 거주하도록 그들을 초청하였기 때문이었다. 야곱이 바로 왕 앞에 나아갔을 때 그는 바로에게 이렇게 고백하였다. **"내 나그네 길의 세월이 백삼십 년이니이다 내 나이가 얼마 못 되니 우리 조상의 나그네 길의 연조에 미치지 못하나 험악한 세월을 보내었나이다."**(창47:9)

우리는 야곱의 고백을 통해, 야곱이 험악한 삶을 살았던 이유들 중 하나가 그의 혈기에 의한 것임을 깨달을 수 있다. 야곱이 죽기 전 하나님의 감동을 따라 그의 아들들을 축복할 때였다. 디나를 강간한 일로 세겜 족속을 잔인하게 보복한 시므온과 레위를 축복할 때였다. 야곱은 그들을 위해 하나님께 이렇게 기도하였다. 야곱 자신의 인생의 '짧은 참회록의 고백'이기도 하였다. **"그들이 그들의 분노대로 사람을 죽이고 그들의 혈기대로 소의 발목 힘줄을 끊었음이로다 그 노여움이 혹독하니 저주를 받을 것이요 분기가 맹렬하니 저주를 받을 것이라."**(창49:6~7) 반면, 이삭의 삶은 어떠했는가? 이삭은 그의 나이 사십 세에 친족 브두엘의 딸 리브가와 결혼하였다. 하나님은 이삭이 결혼한 지 이십 년이 되었지만 그에게 자식을 주지 않으셨다. 이 무렵, 이삭은 조용히 하나님께 나아가 리브가의 태의 문을 열어 주실 것을 간구하였다. 하나님은 이삭의 기도를 들으시고 리브가에게 에서와 야곱 두 아들을 선물로 주셨다. 이삭이 야곱에 비해 비교적 평탄한 삶을 살 수 있었던 이유는 이처럼 그의 온유한 성품에 기인하였을 것이다. **"온유한 자는 복이 있나니 그들이 땅을 기업으로 받을 것임이요."**(마5:5)

유다의 아사 왕을 보자. 아사는 왕이 되었을 때 하나님 보시기에 선과 정의를 행하였다. 이방 제단과 산당을 없애고, 주상을 깨뜨리며 아세라 상을 찍어 버렸다. 유다 사람들에게 명하여 오직 그들의 조상들의 하나님을 찾게 하였다. 특히 그의 어머니 마아가가 아세라 상을 만들었을 때에는 그녀를 태후의 자리에서 쫓아내기도 하였다. 어느 날 구스의 세라가 군사 백만 명과 병거 삼백 대를 거느리고 유다를 침공하여 마레사에 이르렀을 때였다. 아사 왕은 그들을 마주 나가서 마레사의 스바다 골짜기에 전열을 갖추고 간절히 하나님께 기도하였다. **"여호와여 힘이 강한 자와 약한 자 사이에는 주밖에 도와줄 이가 없사오니 우리 하나님 여호와여 우리를 도우소서 우리가 주를 의지하오며 주의 이름을 의탁하옵고 이 온 무리를 치러 왔나이다 여호와여 주는 우리 하나님이시니 원하건대 사람이 주를 이기지 못하게 하옵소서."**(대하14:11) 하나님은 아사의 기도를 들으시고 구스 사람들을 크게 치셨다. 아사와 유대 백성은 구스 군대를 그랄까지 추격하여 그들 중 살아남은 자가 아무도 없었고 유대 백성의 노략한 물건도 매우 많았다. **"주께서 내 원수의 목전에서 내게 상을 차려 주시고 기름을 내 머리에 부으셨으니 내 잔이 넘치나이다."**(시23:5) 이때 에브라임과 므낫세와 시므온 지파 중 많은 사람들이 유다 땅으로 돌아왔다. 하나님께서 아사 왕과 함께 계심을 보았기 때문이었다. **"그는 태에서부터 나를 그의 종으**

로 지으신 이시요 야곱을 그에게로 돌아오게 하시는 이시니 이스라엘이 그에게로 모이는도다."(사49:5)

그 후 아사의 통치 제삼십육 년에 이스라엘 바아사 왕이 유다를 치러 왔다. 아사는 하나님의 전과 왕궁 곳간의 은금을 내어다가 아람 왕 벤하닷에게 주면서 바아사와 맺은 언약을 폐하고 유다를 도울 것을 부탁하였다. 이에 벤하닷이 이스라엘 여러 성읍을 공격하자 바아사는 라마 건축하는 일을 포기하고 물러갔다. 아사 왕은 온 유다 무리를 거느리고 바아사가 건축하던 돌과 재목을 운반하여다가 게바와 미스바를 건축하였다. 이때 선지자 하나니가 아사 왕을 책망하였다. **"왕이 아람 왕을 의지하고 왕의 하나님 여호와를 의지하지 아니하였으므로 아람 왕의 군대가 왕의 손에서 벗어났나이다 …… 이 일은 왕이 망령되이 행하였은즉 이후부터는 왕에게 전쟁이 있으리이다."**(대하16:7~9) 아사 왕은 이 말을 듣고 노하여 하나니를 옥에 가두었다. 또 백성 중에 몇 사람을 학대하였다. 아마 이들은 하나니와 함께 아사의 불순종을 직언한 충성스러운 신하였을 것이다. 삼 년 후, 아사는 왕이 된 지 삼십구 년에 그의 발이 병들어 매우 위독하였다. 하지만 아사는 하나님께 구하지 않고 의원들을 찾아다녔다. **"많은 의사에게 많은 괴로움을 받았고 가진 것도 다 허비하였으되 아무 효험이 없고 도리어 더 중하여졌던 차에."**(막5:26) 이 년 후, 아사 왕은 결국 그의 발의 병으로 시작된 건강 악화로 인해 죽고 말았다. 혈기 부린 작은 불순종이 하나님과의 관계를 소원하게 만들어 결국 그를 죽음의 덫으로 몰아가고 말았다. 죽을 병이 들었지만 눈물의 간구로 십오 년의 생명을 선물로 받고, 앗수르로부터 구원을 받은 히스기야와는 정반대의 삶의 종지부를 찍고 말았다.

아마샤 왕도 혈기의 사람이었다. 유다가 세일 자손과 전쟁할 무렵이었다. 아마샤는 처음에는 이스라엘 용병들과 함께 전쟁하려 하였지만 하나님의 사람의 말을 듣고 그들을 돌려보내었다. **"왕이 만일 가시거든 힘써 싸우소서 하나님이 왕을 적군 앞에 엎드러지게 하시리이다 하나님은 능히 돕기도 하시고 능히 패하게도 하시나이다."**(대하25:8) 아마샤는 담력을 내어 세일 자손과 전쟁하여 소돔 골짜기에서 세일 자손 만 명을 죽였다. 또 세일 자손 만 명을 사로잡아 바위 꼭대기에 올라가서 거기서 밀쳐 내려뜨려서 그들의 온몸이 부서지게 하였다. 하지만 아마샤는 전쟁에서 돌아오는 길에 세일 자손의 신들을 가지고 와서 그것들 앞에 경배하며 분향하였다. 이때 하나님이 한 선지자를 보내셔서 그를 책망하셨다. **"저 백성의 신들이 그들의 백성을 왕의 손에서 능히 구원하지 못하였거늘 왕은 어찌하여 그 신들에게 구하나이까."**(대하25:15) 왕은 이 말을 듣자 선지자에게 화를 내며 말하였다. **"우리가 너를 왕의 모사로 삼았느냐 그치라 어찌하여 맞으려 하느냐."**(대하25:16) 선지자가 아마샤에게 말하였다. **"왕이 이 일을 행하고 나의 경고를 듣지 아니하니 하나님이 왕을 멸하시기로 작정하신 줄 아노라."**(대하25:16) 그 후, 아마샤는 반역자들을 피해 도망간 라기스에서 반역한 무리가 보낸 사람에 의해 죽임을 당하고 말았다. 선지자를 통해 말씀하시는 하나님의 책망을 겸손히 받지 않은 그의 교만함과 혈기 때문이었다.

유다 왕 웃시야의 경우도 그러하였다. 웃시야는 오십이 년 동안 유다를 통치하였다. 그는 하나님의 묵시를 밝히 아는 스가랴가 사는 날에는 하나님을 찾았으므로 하나님이 그를 크게 형통하게 하셨다. 하나님의 기이한 도우심을 받아 그의 이름이 멀리 이방에 펴져 나갈 정도로 유다는 강성한 나라를 이루었다. 하지만 웃시야는 강성하여지자 그의 마음이 교만하여졌다. 제사장들만이 할 수 있는 일임에도 불구하고 하나님의 성전에 들어가 향단에 분향을 하려 하였다. 제사장 아사랴가 이를 보고 그를 만류할 때 왕은 제사장에게 화를 내었다. 이때 그의 이마에 즉시 문둥병이 들고 말았다.

그때부터 웃시야는 그의 왕위를 그의 아들 요담에게 물려주고 죽기까지 별궁에 거하며 쓸쓸한 노년을 보내다 죽고 말았다. **"너는 하나님 앞에서 함부로 입을 열지 말며 급한 마음으로 말을 내지 말라 하나님은 하늘에 계시고 너는 땅에 있음이니라 그런즉 마땅히 말을 적게 할 것이라."**(전5:2) 이처럼, 혈기 부리는 삶은 하나님과 사람에게서 분리된 '외로운 별궁의 삶'이라는 사실을 깨달을 수 있다.

구약 시대의 선지자 중에도 혈기의 사람이 있었다. 요나가 그러하였다. 요나는 여로보암 II세 때 북 이스라엘의 선지자로 활동하였다. 하나님은 요나에게 당시 원수의 나라 수도 니느웨로 가서 말씀을 선포하라고 명령하셨다. 요나는 하나님의 말씀을 못마땅히 여겨 다시스로 도망가려고 배에 올랐다. 하나님은 이를 보시고 바다에 큰 풍랑을 일으키셨다. 이에 요나는 승선한 사람들에 의해 바다에 던져졌다. **"나를 들어 바다에 던지라 그리하면 바다가 너희를 위하여 잔잔하리라 너희가 이 큰 풍랑을 만난 것이 나 때문인 줄을 내가 아노라."**(욘1:12) 요나는 하나님이 예비해 놓으신 큰 물고기 뱃속에서 삼 일 동안 죽음의 고통 가운데 회개하며 하나님께 간구하였다.(암9:3) **"내가 산의 뿌리까지 내려갔사오며 땅이 그 빗장으로 나를 오래도록 막았사오나 나의 하나님 여호와여 주께서 내 생명을 구덩이에서 건지셨나이다 내 영혼이 내 속에서 피곤할 때에 내가 여호와를 생각하였더니 내 기도가 주께 이르렀사오며 주의 성전에 미쳤나이다."**(욘2:6~7) 하나님은 물고기를 명하여 요나를 육지에 토하게 하셨다. 이에 요나는 니느웨로 가서 하루 동안 다니며 하나님의 말씀을 선포하였다. **"사십 일이 지나면 니느웨가 무너지리라."**(욘3:4) 니느웨 사람들은 이 말을 듣고는 하나님께로 온전히 돌이켰다. 금식을 선포하고, 높고 낮은 자를 막론하고 굵은 베옷을 입었다. 니느웨 왕도 보좌에서 일어나 왕복을 벗고 굵은 베옷을 입고 재 위에 앉았다. 왕과 대신들은 조서를 내려 사람이든지 짐승이든지 다 굵은 베 옷을 입고 하나님께 부르짖으며, 각기 악한 길과 손으로 행한 강포에서 떠날 것을 명령하였다. 하나님은 니느웨 사람들이 악한 길에서 떠난 것을 보시고 뜻을 돌이키사 그들에게 내리기로 말씀하신 재앙을 내리지 아니하셨다. **"주 여호와의 말씀이니라 내가 어찌 악인이 죽는 것을 조금인들 기뻐하랴 그가 돌이켜 그 길에서 떠나 사는 것을 어찌 기뻐하지 아니하겠느냐."**(겔18:23)

요나는 이를 보고 매우 싫어하여 하나님께 화를 내며 기도하였다. **"여호와여 내가 고국에 있을 때에 이러하겠다고 말씀하지 아니하였나이까 그러므로 내가 빨리 다시스로 도망하였사오니 주께서는 은혜로우시며 자비로우시며 노하기를 더디 하시며 인애가 크시사 뜻을 돌이켜 재앙을 내리지 아니하시는 하나님이신 줄을 내가 알았음이니이다 여호와여 원하건대 이제 내 생명을 거두어 가소서 사는 것보다 죽는 것이 내게 나음이니이다."**(욘4:2~3) 요나는 성읍 동쪽에 앉아 자기를 위해 한 초막을 짓고 그 그늘 아래 앉아 있었다. 혹시나 하나님이 그의 기도를 듣고 뜻을 돌이켜 니느웨를 심판하시지는 않을까 고대하는 마음에서였다. 이때 하나님이 박넝쿨을 예비하셔서 요나를 가리게 하셨다. 또 이튿날 새벽에는 벌레를 보내어 그 박넝쿨을 갉아먹게 하셨다. 해가 뜰 무렵에는 또 뜨거운 동풍을 보내어 요나의 머리에 쪼이게 하셨다. 요나는 혼미하여 스스로 죽기를 구하였다. 하나님이 이때 요나에게 말씀하셨다. **"네가 이 박넝쿨로 말미암아 성내는 것이 어찌 옳으냐."**(욘4:9) 요나는 여전히 하나님께 거칠게 항변하였다. **"내가 성내어 죽기까지 할지라도 옳으니이다."**(욘4:9) 하나님이 다시 요나에게 말씀하셨다. **"네가 수고도 아니하였고 재배도 아니하였고 하룻밤에 났다가 하룻밤에 말라 버린 이 박넝쿨을 아꼈거든 하물며 이 큰 성읍 니느웨에는 좌우를 분변하지 못하는 자가 십이만여 명이요 가축도**

많이 있나니 내가 어찌 아끼지 아니하겠느냐."(욘4:10~11)

요나는 장차 오실 예수님의 모형이었다. 하지만 예수님은 물고기 뱃속의 요나가 아닌, 땅속에 삼 일 동안 계시다가 부활하신 '참 요나, 구원의 표적'으로 이 땅에 찾아오셨다.[25] 앗수르의 구원을 싫어하여 혈기를 부리며 하나님의 뜻을 거역한 요나가 아닌, 원수 노릇하는 인류의 구원을 위해 잠잠히 골고다의 도살장으로 끌려가는 하나님의 순한 어린 양으로 이 세상에 찾아오셨다. **"너희 마음에 그리스도를 주로 삼아 거룩하게 하고 너희 속에 있는 소망에 관한 이유를 묻는 자에게는 대답할 것을 항상 준비하되 온유와 두려움으로 하고."**(벧전3:15)

예수님의 사도들 중 베드로와 요한을 보자. 어느 날 예수님은 장차 자신이 예루살렘에 올라가 종교 지도자들에 의해 많은 고난을 받으실 것을 제자들에게 말씀하셨다. 십자가에 죽으시고 제삼 일에 다시 살아나실 것을 비로소 그들에게 말씀하셨다. 이때 베드로는 예수님의 죽으심을 만류하며 예수님을 붙들고 항변하였다.[26] 또 베드로는 제자들 중에 누가 크냐 하는 문제로 서로 불화할 때에도 화를 내며 다른 제자들과 다투었다. **"주의 종은 마땅히 다투지 아니하고 모든 사람에 대하여 온유하며 가르치기를 잘하며 참으며 …… 그들로 깨어 마귀의 올무에서 벗어나 하나님께 사로잡힌**

---

25) 마12:40의 '땅속에'는 '땅의 마음 안에-ἐν τῇ καρδίᾳ τῆς γῆς(엔 테 카르디아 테스 게스)'라는 의미임. 적용하면, 예수님의 십자가 죽으심과 부활 이후 성령님이 땅에 속한 구원받은 성도들의 마음 안에 내주하실 것을 가르치고 있음.

26) 마16:21에 '베드로가 예수를 붙들고 항변하여 이르되 주여 그리하지 마옵소서 이 일이 결코 주께 미치지 아니하리이다'의 '항변하다'로 번역된 ἐπιτιμάω(에피티마오)'는 '꾸짖다'라는 의미임. 예수님에 대한 베드로의 혈기 가득한 무례함을 잘 나타내고 있는 단어임. 이 'ἐπιτιμάω(에피티마오)'는 마17:18에서 예수님이 간질을 앓는 아이에게 들어간 귀신을 '꾸짖으며' 쫓아내실 때에도 동일하게 사용된 단어임.

바 되어 그 뜻을 따르게 하실까 함이라."(딤후2:24~26) 예수님이 종교 지도자들이 보낸 군인들에 의해 붙잡히실 때에도 들고 있던 그의 칼로 대제사장의 종 말고의 오른편 귀를 베어 버리기도 하였다.(요18:10) 사도 요한도 혈기의 사람이었다. 어느 날 예수님이 승천하실 기약이 다가와 예루살렘으로 올라가실 것을 굳게 결심하신 때였다. 예수님은 가시는 길을 준비하려고 제자들을 먼저 사마리아 한 마을로 보내셨다. 요한은 이때 사마리아인들이 길을 내어주지 않자 분을 내며 야고보와 더불어 예수님께 이렇게 말하였다. **"주여 우리가 불을 명하여 하늘로부터 내려 저들을 멸하라 하기를 원하시나이까."**(눅9:54) 베드로와 요한에게는 이런 일도 있었다. 예수님이 베다니 문둥병자 시몬의 집에 계실 때였다. 그 동네에 사는 한 여자가 향유 옥합을 가지고 와서 예수님의 장례를 위해 향유를 예수님의 머리에 부어 드렸다. 베드로와 요한은 그 여자가 귀한 향유를 허비하는 것을 보고 분개하며 그녀를 꾸짖었다.(마26:8)

하지만 베드로는 순교하기 얼마 전 성도들에게 편지로 이렇게 권면하고 있다. **"악을 악으로 욕을 욕으로 갚지 말고 도리어 복을 빌라 이를 위하여 너희가 부르심을 받았으니 이는 복을 이어받게 하려 하심이라 그러므로 생명을 사랑하고 좋은 날 보기를 원하는 자는 혀를 금하여 악한 말을 그치며."**(벧전3:9~10) 사도 요한 역시 그의 달려갈 길을 마칠 때쯤 서신서를 통해 성도들을 이렇게 권면하고 있다. **"사랑은 여기 있으니 우리가 하나님을 사랑한 것이 아니요 하나님이 우리를 사랑하사 우리 죄를 속하기 위하여 화목 제물로 그 아들을 보내셨음이라 사랑하는 자들아 하나님이 이같이 우리를 사랑하셨은즉 우리도 서로 사랑하는 것이 마땅하도다."**(요일4:10~11) 하나님은 이처럼 혈기 방장한 베드로와 요한을 마침내 예수님의 온유를 닮은 하나님의 사람으로 빚어 가셨다. **"그가 곤욕을 당하여 괴로울 때에도 그의 입을 열지 아니하였음이여 마치 도수장으로 끌려**

가는 어린 양과 털 깎는 자 앞에서 잠잠한 양같이 그의 입을 열지 아니하였도다."(사53:7)

성경에는 의로운 분노로 하나님을 기쁘시게 한 믿음의 사람들이 나온다. 이스라엘 백성이 애굽에서 나와 시내 산에 이르렀을 때였다. 모세가 사십 일을 금식하며 시내 산에 올라가 하나님의 율법을 받고 있을 때였다. 이때 산 아래에 있던 이스라엘 백성이 아론을 부추겨 금송아지 우상을 만들고 그 앞에 번제와 화목제를 드렸다. 우상 앞에서 앉아 먹고 마시며 일어나서 뛰놀고 있었다. 하나님이 모세에게 산 아래로 내려가라고 말씀하셨다. 하나님이 이스라엘에게 진노하셔서 그들을 진멸하려 하실 때였다. 모세는 하나님의 용서를 간절히 구하였다. **"그러나 이제 그들의 죄를 사하시옵소서 그렇지 아니하시오면 원하건대 주께서 기록하신 책에서 내 이름을 지워 버려 주옵소서."**(출32:32) 그리고 모세는 산에서 내려와 이스라엘 백성이 만든 송아지 우상을 불살라 가루로 만들고 물에 뿌려 그들에게 마시게 하였다. 그 후 모세는 진 문에 서서 누구든지 여호와의 편에 있는 자는 자기에게 나아오라고 말하였다. 이때 레위 자손이 다 모여 모세에게로 왔다. 모세가 그들에게 말하였다. **"이스라엘의 하나님 여호와께서 이렇게 말씀하시기를 너희는 각각 허리에 칼을 차고 진 이 문에서 저 문까지 왕래하며 각 사람이 그 형제를, 각 사람이 자기의 친구를, 각 사람이 자기의 이웃을 죽이라 하셨느니라."**(출32:27) 레위 자손은 모세의 말대로 행하여 그날 백성 중에 삼천 명가량을 칼로 쳐 죽였다. 이때 모세가 레위 자손에게 말하였다. **"각 사람이 자기의 아들과 자기의 형제를 쳤으니 오늘 여호와께 헌신하게 되었느니라 그가 오늘 너희에게 복을 내리시리라."**(출32:29) 하나님은 레위 자손의 의로운 분노를 열납하셔서 이스라엘에게 내릴 진노를 거두셨다.

레위 족속을 잠시 살펴보자. 야곱이 밧단아람에서 돌아와 세겜 땅에 거류하고 있을 때였다. 그 무렵 야곱의 딸 디나가 히위 족속 추장 세겜에 의해 강간을 당한 일이 있었다. 이때 디나의 동복(同腹) 오빠들인 레위와 시므온이 혈기 충천하여 세겜 족속을 잔인하게 복수하였다. 하나님은 지나친 분노로 세겜 족속을 학살한 그들의 죄악을 기뻐하지 않으셨다. 하나님은 야곱의 유언을 통해 그들을 저주하시고 이스라엘 중에서 그들을 흩으실 것을 예언하셨다. **"그들의 분노대로 사람을 죽이고 그들의 혈기대로 소의 발목 힘줄을 끊었음이로다 그 노여움이 혹독하니 저주를 받을 것이요 분기가 맹렬하니 저주를 받을 것이라 내가 그들을 야곱 중에서 나누며 이스라엘 중에서 흩으리로다."**(창49:6~7) 하지만 하나님의 저주는 영원한 저주의 선언이 아니었다. 하나님은 시내 산 아래에서 레위의 혈기를 하나님의 의분으로 바꾸어 하나님의 공의의 도구로 사용하셨기 때문이다. 레위 족속이 이스라엘 온 족속 중에 흩어져 살긴 하였지만 그것 또한 저주가 아니었다. 그들은 이스라엘 지파들 가운데 흩어져 살면서 율법을 가르치는 하나님의 은혜의 도구로 쓰임 받았기 때문이다. **"그가 비록 근심하게 하시나 그의 풍성한 인자하심에 따라 긍휼히 여기실 것임이라 주께서 인생으로 고생하게 하시며 근심하게 하심은 본심이 아니시로다."**(애3:32~33)

레위 지파 제사장 비느하스도 의분의 사람이었다. 이스라엘 백성이 싯딤에 머물고 있을 때였다. 발람이 모압 왕 발락의 뇌물에 눈이 멀어 이스라엘을 저주하려 하다 실패하자 이스라엘을 모압 여인들과 음행하도록 유혹하였다. 그리하여 이스라엘 백성이 바알브올에게 절하며 우상을 섬기는 죄악에 빠지게 되었다. 모압 여자들이 자기 신들에게 제사할 때에 이스라엘을 청하였기 때문이었다. 이때 하나님이 진노하셔서 백성의 수령들을 태양을 향하여 목매어 달 것을 모세에게 명령하셨다. 그리고 바알브올에게 가담한 사람들을 모두 죽이라고 명령하셨다. 온 회중이 이 일로 인해 회막 문에서 울고 있을 때였다. 이스라엘 백성 중 한 사람이 모세와 회중의 눈앞에서 미디안 한 여인을 데리고 왔다. 제사장 비느하스가 이를 보고는, 일어나 손에 창을 들고 그 이스라엘 남자의 막사로 따라 들어가 그와 그 여인의 배를 꿰뚫어 그들을 함께 죽였다. **"내 대적들이 주의 말씀을 잊어버렸으므로 내 열정이 나를 삼켰나이다."**(시119:139) 그때, 이스라엘 자손 중 이만 사천 명이나 죽음으로 몰아간 독한 염병이 한순간 이스라엘 자손에게서 사라졌다. **"사랑은 죽음같이 강하고 질투는 스올같이 잔인하며 불길같이 일어나니 그 기세가 여호와의 불과 같으니라."**(아8:6) 하나님은 하나님의 질투심으로 질투한 비느하스를 축복하시고, 모세를 통해 영원한 제사장의 언약을 비느하스와 그의 자손에게 약속하셨다. **"내가 그에게 내 평화의 언약을 주리니 그와 그의 후손에게 영원한 제사장 직분의 언약이라 그가 그의 하나님을 위하여 질투하여 이스라엘 자손을 속죄하였음이니라."**(민25:12~13) 비느하스의 의로운 분노가 이스라엘 백성 중에서 하나님의 노를 돌이켜 그들을 소멸하지 않게 하였기 때문이었다.

온유한 사람은 하나님의 책망의 말씀을 들을 때 혈기 대신 겸손히 하나님께로 돌이킨다. **"온유한 자를 정의로 지도하심이여 온유한 자에게 그의 도를 가르치시리로다."**(시25:9) 여호사밧 왕이 이스라엘 왕 아합과 함께 아람과 전쟁하다 예루살렘으로 돌아올 때였다. 이때 하나니의 아들 선견자 예후가 여호사밧을 맞으며 그에게 말하였다. **"왕이 악한 자를 돕고 여호와를 미워하는 자들을 사랑하는 것이 옳으니이까 그러므로 여호와께로부터 진노하심이 왕에게 임하리이다."**(대하19:2) 여호사밧은 하나님의 책망의 말씀을 듣고 즉시 하나님께로 돌이켰다. 브엘세바에서부터 에브라임 산지까지 두루 다니며 이스라엘을 하나님께로 돌아오게 하고, 재판관들에게는 하나님을 두려워함으로 공의롭게 그 일을 행하도록 권면하였다. **"한 마디 말로 총명한 자에게 충고하는 것이 매 백 대로 미련한 자를 때리는 것보다 더욱 깊이 박히느니라."**(잠17:10) 히스기야 왕도 하나님이 책망하실 때 온유함으로 돌이킨 사람이었다. 당시 모레셋 사람 미가 선지자가 유다 백성에게 예언하였다. **"만군의 여호와께서 이와 같이 말씀하셨느니라 시온은 밭같이 경작지가 될 것이며 예루살렘은 돌무더기가 되며 이 성전의 산은 산당의 숲과 같이 되리라."**(렘26:18) 히스기야는 이 말을 듣고는 하나님을 두려워하며 겸손히 하나님께 간구하였다. 하나님은 히스기야의 돌이킴을 보시고 그의 기도를 들으셔서 유다에게 선언한 재앙에 대하여 뜻을 돌이키셨다. **"훈계 받기를 싫어하는 자는 자기의 영혼을 경히 여김이라 견책을 달게 받는 자는 지식을 얻느니라."**(잠15:32)

우리는 하나님의 거룩한 제사장으로 부름 받은 하나님의 백성들이다. 하나님은 우리의 온유함으로 온유하신 하나님의 영광을 세상 가운데 나타내 보이기를 원하신다. **"그들의 지도자들은 그 혀의 거친 말로 말미암아 칼에 엎드러지리니 이것이 애굽 땅에서 조롱거리가 되리라."**(호7:16) 설혹 우리를 애매히 거역하는 사람일지라도 끝까지 하나님의 온유로 그들을 대하기를 원하신다. 온유한 말은 강한 뼈도 꺾을 수 있는, 약하나 가장 강력한 의의 무기이기 때문이다. (잠15:1) 우리의 입술을 온유의 파수꾼으로 지키도록 하자. **"우리가 다 실수가 많으니 만일 말에 실수가 없는 자라면 곧 온전한 사람이라 능히 온몸도 굴레 씌우리라."**(약3:2) 성전 제단의 핀 숯불로 정결하게 된 이사야의 입술이 되자. 하나님의 영과 하나님의 말씀이 영원히 우리의 입과 함께하심을 믿자. (사59:21) 혈기는 우리 스스로 우리 입술에 지옥 불을 얹어 놓는 어리석은 일임을 깊이 명심하자. 지옥 불을 우리 입에 품고서야 어찌 지옥의 왕 사탄을 이길 수 있으랴! **"혀는 곧 불이요**

불의의 세계라 혀는 우리 지체 중에서 온몸을 더럽히고 삶의 수레바퀴를 불사르나니 그 사르는 것이 지옥 불에서 나느니라."(약3:6)

우리가 때때로 범죄하여 하나님의 책망을 들을 때에는 온유함으로 하나님의 책망의 말씀을 온 마음으로 받아들이자. 모든 일에 육신의 혈기는 버리고 비느하스의 의분으로 충만한 삶을 살아가자. 음행한 이스라엘 남자와 음녀 고스비의 심장이 아닌, 죄와 사탄의 심장을 양날 가진 하나님의 말씀의 검으로 꿰뚫어 버리자. 우상 가득한 아덴을 바라보며 하나님의 의분으로 불타오른 바울의 뜨거운 심장을 가지자.(행17:16) 성전에서 매매하는 사람들을 쫓아내시고, 돈 바꾸는 사람들의 상과 비둘기 파는 사람들의 의자를 둘러엎으신 예수님의 의분으로 충만한 삶을 살아가자. **"공의를 갑옷으로 삼으시며 구원을 자기의 머리에 써서 투구로 삼으시며 보복을 속옷으로 삼으시며 열심을 입어 겉옷으로 삼으시고 그들의 행위대로 갚으시되 그 원수에게 분노하시며 그 원수에게 보응하시며 섬들에게 보복하실 것이라."**(사59:17~18)

"하나님이 아비멜렉과 세겜 사람들 사이에 악한 영을 보내시매 세겜 사
람들이 아비멜렉을 배반하였으니."(삿9:23)

언젠가 동물의 세계에서 일어난 신비한 일을 영상(映像)으로 본 적이 있
다. 한 어린 영양이 어미와 함께 늪 가에서 한가히 물을 마시고 있었다. 이
때 갑자기 악어가 물속에서 솟구쳐 올라 어린 영양을 삼켜 버렸다. 새끼 영
양은 악어의 입에서 빠져나오려고 발버둥 치고 있었다. 어미 영양은 안타
까워하며 물끄러미 어린 자식의 죽음을 그저 바라볼 수밖에 없는 상황이
었다. 이때 저만치서 이 광경을 보고 있던 하마가 급히 달려오더니 악어를
맹렬히 공격하였다. 악어는 당황해하며, 어쩔 수 없이 입으로 삼키려던 영
양 새끼를 토해 내어 어린 영양이 구사일생 살아난 생생한 사건의 영상이
었다. 이처럼, 약육강식의 먹이 사슬로 얽혀 있는 잔인한 동물의 세계에서
도 가끔은 다른 동물을 위해 자신의 위험을 무릅쓰는 선행이 일어나기도
한다. 하지만 자신을 해치려는 악한 대상에게 오히려 선을 행할 수 있는 피
조물은 아마도 하나님의 형상으로 지음 받은 인간이 유일하리라 여겨진
다. 이런 연유로, 온 피조물은 지금도 죄와 썩어짐의 종노릇하는 데서 해
방되어 하나님의 자녀들의 영광의 자유에 이르기를 탄식하며 기다리고 있
다.[27](롬8:21) **"이리와 어린 양이 함께 먹을 것이며 사자가 소처럼 짚을 먹**

---

27) 마24장에서 예수님이 자신의 재림이 가까이 올 때면 세계 곳곳에서 전쟁과 지진과 기
근 등의 재앙이 일어날 것이라고 말씀하심. 특히 8절에 '이 모든 것은 재난의 시작이니라'는
말씀이 나오는데, 이때 '재난'으로 번역된 단어 'ὠδίνων-오디논'은 '산통들(birth pangs)'이라
는 의미임. 이는, 초림하신 예수님이 십자가 죽음의 산통을 통해 택한 백성을 구원하셨듯이,

을 것이며 뱀은 흙을 양식으로 삼을 것이니 나의 성산에서는 해함도 없겠고 상함도 없으리라 여호와께서 말씀하시니라."(사65:25)

사사 기드온이 죽은 후였다. 어느 날 기드온의 첩에서 난 아들 아비멜렉이 그의 어머니의 형제들에게로 갔다. 자신이 이스라엘의 왕이 되도록 도와줄 것을 그들에게 요청하기 위해서였다. 세겜 사람들은 아베멜렉의 말을 듣고는 바알브릿[28] 신전에서 은 칠십 개를 내어 그에게 주었다. 아비멜렉은 그것으로 방탕하고 경박한 사람들을 사서 자기를 따르게 하였다. 그리고 오브라에 있는 그의 집으로 가서 자기 형제 칠십 명을 한 바위 위에서 모두 살해하였다. 이때 기드온의 막내 아들 요담은 스스로 숨었으므로 가까스로 죽음을 피할 수 있었다. 요담이 가까스로 목숨을 구한 뒤 그리심 산 꼭대기로 가서 그들을 향해 외치며 말하였다. **"만일 너희가 오늘 여룹바알과 그의 집을 대접한 것이 진실하고 의로운 일이면 너희가 아비멜렉으로 말미암아 기뻐할 것이요 아비멜렉도 너희로 말미암아 기뻐하려니와 그렇지 아니하면 아비멜렉에게서 불이 나와서 세겜 사람들과 밀로의 집을 사를 것이요 세겜 사람들과 밀로의 집에서 불이 나와 아비멜렉을 사를 것이니라."**(삿9:19~20)

아비멜렉이 이스라엘을 다스린 지 삼 년쯤이었다. 하나님이 요담의 입으로 예언하신 말씀대로, 아비멜렉과 세겜 사람들 사이에 악한 영을 보내셔서 세겜 사람들이 아비멜렉을 배반하게 하셨다. 아벳의 아들 가알이 아비멜렉을 반역하여 서로 전쟁할 때였다. 하나님은 가알과 그를 따르는 무리

재림 때에는 예수님이 다시금 만물을 통해 해산의 고통을 치르고 마침내 택한 백성의 구원과 만물을 새롭게 하실 것, 즉 새 하늘과 새 땅을 이루실 것을 가르치고 있기 때문임.
28) '바알브릿-בַּעַל בְּרִית'은 '언약의 주인'이라는 의미임. 언약의 참 하나님을 버리고 우상 바알을 그들의 주인으로 섬긴 이스라엘 백성의 불신앙을 잘 깨달을 수 있음.

들이 아비멜렉에 의해 죽임을 당하게 하셨다. 아비멜렉 역시 가알의 백성이 숨어 있는 데베스 망대를 공격하다가 한 여인의 맷돌 위짝에 맞아 치명상을 입게 하시고, 결국 자신의 무기를 든 청년의 칼에 의해 죽임을 당하게 하셨다. 악으로 선을 갚은 그의 악행에 대한 하나님의 엄위로운 심판이었다. **"그들이 악으로 나의 선을 갚으며 미워함으로 나의 사랑을 갚았사오니 악인이 그를 다스리게 하시며 사탄이 그의 오른쪽에 서게 하소서."**(시 109:5~6)

갈멜 사람 나발도 그러하였다. 나발은 심히 부하여 많은 가축 떼를 소유한 사람이었다. 나발이 자기의 양털을 깎을 무렵이었다. 다윗은 그의 소년 열 명을 나발에게 보내어 자기와 그의 군사들이 먹을 음식을 줄 것을 정중히 부탁하였다. 나발은 다윗이 보낸 소년들의 말을 듣고 나서 그들에게 말하였다. **"다윗은 누구며 이새의 아들은 누구냐 요즈음에 각기 주인에게서 억지로 떠나는 종이 많도다 내가 어찌 내 떡과 물과 내 양 털 깎는 자를 위하여 잡은 고기를 가져다가 어디서 왔는지도 알지 못하는 자들에게 주겠느냐."**(삼상25:10~11) 다윗은 이 말을 들은 후, 그의 군사 사백 명과 함께 각기 칼을 차고 나발을 치기 위해 그의 집으로 향하였다. 나발이 그의 하인들이 들에서 양들을 칠 때 다윗의 군사들이 밤낮 그들의 담이 되어 주고 그들을 선대한 일에 대해 모욕하였기 때문이었다. 나발의 하인 중 하나가 주인의 아내 아비가일에게 주인이 다윗의 소년들을 모욕한 일을 고하였다. 아비가일은 이 말을 듣고는 급히 떡과 포도주와 많은 다른 음식을 나귀에 싣고 다윗에게로 나아갔다. 아비가일은 가는 도중에 다윗을 만나 음식으로 공궤하며 다윗에게 용서를 간구하였다. 다윗은 아비가일의 간청을 듣고 그녀에게 말하였다. **"나를 막아 너를 해하지 않게 하신 이스라엘의 하나님 여호와의 살아 계심을 두고 맹세하노니 네가 급히 와서 나를 영접**

하지 아니하였더면 밝는 아침에는 과연 나발에게 한 남자도 남겨 두지 아니하였으리라."(삼상25:34) 하나님은 아비가일을 통해 다윗이 친히 자신의 손으로 나발을 복수하는 악을 막아 주셨다. 아비가일이 집으로 돌아왔을 때였다. 나발은 왕의 잔치와 같은 잔치를 배설하고 크게 취하여 기뻐하였다. 아비가일은 밝는 아침까지는 아무 말도 하지 아니하다가 나발이 포도주에서 깬 아침에 다윗의 일을 그에게 이야기하였다. 나발은 낙담하여 그의 몸이 돌과 같이 되었다. 한 열흘 후에 하나님이 치셔서 나발은 결국 죽고 말았다. 다윗과 그의 소년들을 통해 베푸신 하나님의 은혜를 악으로 갚은 그의 악행 때문이었다. 십 일 동안의 마지막 회개의 기회마저 거역한 그의 어리석음과 완고한 마음 때문이었다. **"이는 거역하는 것은 점치는 죄와 같고 완고한 것은 사신 우상에게 절하는 죄와 같음이라."**(삼상15:23)

다윗의 때였다. 암몬 왕 나하스가 죽고 그의 아들 하눈이 대신하여 왕이 되었다. 다윗은 자기에게 은총을 베푼 나하스를 생각하며, 하눈에게 은총을 베풀고자 나하스를 조상(弔喪)하러 그의 신하들을 암몬으로 보내었다. 다윗의 신하들이 암몬 자손의 땅에 이르렀을 때였다. 암몬 자손의 관리들이 하눈에게 말하였다. **"왕은 다윗이 조객을 당신에게 보낸 것이 왕의 아버지를 공경함인 줄로 여기시나이까 다윗이 그의 신하들을 당신에게 보내 이 성을 엿보고 탐지하여 함락시키고자 함이 아니니이까."**(삼하10:3) 이에 하눈이 다윗의 신하들을 잡아 그들의 수염 절반을 깎고 의복의 중둔 볼기까지 자르고 그들을 심히 모욕하며 돌려보냈다. 그리고 암몬 자손들은 자기들이 다윗에게 미움이 된 줄 알고, 벧르홉 아람과 소바 아람 사람의 보병 이만 명과 마아가 왕과 그의 사람 천 명과 돕 사람 만 이천 명을 고용하여 이스라엘과 전쟁을 시작하였다. 하지만 암몬 자손은 전쟁에 패하여 아비새 앞에서 도망하고, 그들을 도우러 온 아람 군대도 요압에 의해 크게 패하고 말았다. 또 다윗은 아람 병거 칠백 대와 마병 사만 병을 죽이고 아람의 군사령관 소박을 쳐 죽였다. 다윗의 선을 악으로 갚은 암몬 자손의 악한 죄에 대한 하나님의 공의로운 심판이었다. **"어찌하여 이방 나라들이 분노하며 민족들이 헛된 일을 꾸미는가 …… 하늘에 계신 이가 웃으심이여 주께서 그들을 비웃으시리로다."**(시2:1~4)

유다 왕 요아스도 그러하였다. 악한 아달랴의 아들 아하시야 왕이 예후에 의해 죽임을 당한 후였다. 아달랴는 여호람의 모든 아들을 죽이고 스스로 왕이 되어 육 년 동안 유다를 다스렸다. 이때 여호람의 아들 요아스는 그의 누이 여호세바에 의해 유모와 함께 간신히 죽음을 피할 수 있었다. 요아스는 아달랴의 통치 동안 누이의 보호를 받으며 그의 유모와 함께 성전에서 숨어 지낼 수 있었다. 그 후 일곱째 해였다. 여호세바의 남편 제사장 여호야다가 백부장들과 함께 일어나 악한 여왕 아달랴를 죽였다. 요아스에게 왕관을 씌우고, 율법책을 주며, 기름을 부어 그를 유다의 왕으로 세웠다. 여호야다는 왕과 백성에게 하나님과 언약을 맺어 하나님의 백성이 되게 하고 왕과 백성 사이에도 언약을 세우게 하였다. 이에 유다 백성은 즐거워하고 유다는 다시금 하나님의 평안을 되찾게 되었다. **"이 성전의 나중 영광이 이전 영광보다 크리라 만군의 여호와의 말이니라 내가 이곳에 평강을 주리라 만군의 여호와의 말이니라."**(학2:9)

여호야다가 나이가 많아 늙어 죽은 뒤였다. 요아스 왕은 방백들이 그에게 와서 절하자, 그들의 말을 따라 하나님을 버리고 아세라 목상과 우상을 섬기는 죄에 빠졌다. 하나님은 선지자들을 보내어 그들을 죄악에서 돌이키려 하셨지만 그들은 선지자들의 말을 듣지 않았다. 하나님은 여호야다의 아들 스가랴를 감동시키셔서 그들에게 다시 한번 죄에서 돌이킬 것을 말씀하셨다. 하지만 방백들은 요아스 왕의 명령을 따라 성전 뜰 안에서 스가랴와 그의 형제들을 돌로 쳐 죽이고 말았다.(대하24:25) 일 주년 후에 아람 군대가 유다를 치러 왔을 때였다. 아람 군대는 유다의 모든 방백들을 죽이고 많은 물건을 노략하여 갔다. 요아스 왕도 전쟁에서 크게 부상당하였다. 그리고 요아스는 적군이 그를 버리고 간 후 그의 신하들의 반역의 칼에 의해 결국 자신의 침상에서 죽임을 당하고 말았다. 요아스 왕은 여호세바 제사장과는 달리 죽은 후 열왕의 묘실에도 장사되지 못하였다. 여호야다가 베푼 은혜를 기억하지 아니하고 여호야다의 아들 스가랴와 다른 형제들을 죽인 그의 악한 죄에 대한 하나님의 보응이었다. **"누구든지 악으로 선을 갚으면 악이 그 집을 떠나지 아니하리라."**(잠17:13)

하나님은 우리가 선으로 악을 갚으면 참으로 기뻐하신다. **"나는 너희에게 이르노니 악한 자를 대적하지 말라 누구든지 네 오른편 뺨을 치거든 왼편도 돌려 대며."**(마5:39) 이삭이 그러하였다. 이삭은 블레셋 사람들이 시기하여 흙으로 메운 아브라함의 우물들을 다시 파서 물을 얻었다. 블레셋 사람들이 이를 보고는 이삭이 파는 우물마다 따라와서 이삭의 목자와 서로 다투었다. 그때마다 이삭은 그들과 싸우지 않고 장소를 옮겨 다니며 우물을 팠는데, 이삭이 르호봇에 이르렀을 때에야 그들이 다투지 않았다. **"이제는 여호와께서 우리를 위하여 넓게 하셨으니 이 땅에서 우리가 번성하리로다."**(창26:22) 그 무렵 그랄 사람들이 먼저 이삭에게로 찾아왔다. 하나님이 이삭과 함께하시는 것을 보고 서로 계약 맺기를 구하기 위함이었다. 이에 이삭은 그들을 위하여 성대한 잔치를 베풀었다. 그랄 사람들은 먹고 마신 후 아침 일찍 평안히 자기 땅으로 돌아갔다. 하나님은 그날에도 종들이 판 우물을 통해 이삭에게 다시 우물물을 얻게 하셨다. 선으로 악을 갚은 이삭에게 베푸신 하나님의 크신 은혜의 우물이었다. **"이 물을 마시는 자마다 다시 목마르려니와 내가 주는 물을 마시는 자는 영원히 목마르지**

아니하리니 내가 주는 물은 그 속에서 영생하도록 솟아나는 샘물이 되리라."(요4:13~14)

우리가 익히 아는 대로 요셉도 그런 사람이었다. 요셉은 형들이 그를 미워하여 애굽에 노예로 팔아 버렸지만 그들을 하나님의 사랑으로 용서하였다. 자신이 당한 모든 환난이 하나님의 크신 구원의 섭리 안에서 일어난 사건임을 깨달았기 때문이다. **"그런즉 나를 이리로 보낸 이는 당신들이 아니요 하나님이시라 하나님이 나를 바로에게 아버지로 삼으시고 그 온 집의 주로 삼으시며 애굽 온 땅의 통치자로 삼으셨나이다."**(창45:8) 그리하여 온 세상이 기근 중에 있을 때 양식을 구하러 온 형제들과 아버지의 온 가족을 하나님의 양식으로 섬기는 하나님의 도구로 쓰임 받을 수 있었다. **"당신들은 두려워하지 마소서 내가 당신들과 당신들의 자녀를 기르리이다 하고 그들을 간곡한 말로 위로하였더라."**(창50:21)

엘리사 선지자 때의 일이다. 아람 왕이 그의 신복들과 의논하여 아무데 아무데 진을 치리라 하면, 엘리사가 이를 알고 이스라엘 왕에게 고하여 미리 대비하기가 한두 번이 아니었다. 아람 왕은 자신의 신하들 중에 이스라엘 왕의 첩자가 있다고 의심하였다. 이때 그의 신하들이 아람 왕에게 말하였다. **"우리 주 왕이여 아니로소이다 오직 이스라엘 선지자 엘리사가 왕이 침실에서 하신 말씀을 이스라엘의 왕에게 고하나이다."**(왕하6:12) 이에 아람 왕은 엘리사가 도단에 머물고 있는 것을 알고는 그를 잡으려고 말과 병거와 많은 군사를 보내었다. (시34:7) 하지만 하나님은 불말과 불병거로 엘리사를 둘러 지키고 계셨다. 엘리사 선지자는 아람 군대를 보고 하나님께 간구하였다. 아람 군사들의 눈을 멀게 하여 그들을 사마리아로 데리고 왔다. 아람 군대가 사마리아에 들어왔을 때였다. 엘리사는 다시 하나님께 기도하였다. **"여호와여 이 무리의 눈을 열어서 보게 하옵소서."**(왕하 6:20) 하나님이 그들의 눈을 여시자, 아람 군대는 그제서야 자기들이 적군의 도성 사마리아 한가운데에 있음을 알게 되었다. 하지만 엘리사는 그들 앞에 음식을 많이 베풀고, 그들이 먹고 마신 후 그들의 주인에게로 평안히 돌려보내었다. 이로부터 아람 군사의 부대가 다시는 이스라엘 땅에 들어오지 못하였다. **"네 원수가 배고파하거든 음식을 먹이고 목말라하거든 물을 마시게 하라 그리하는 것은 핀 숯을 그의 머리에 놓는 것과 일반이요 여호와께서 네게 갚아 주시리라."**(잠25:21~22)

하나님은 자신의 아들을 죽인 원수들인 우리에게 아낌없이 영생을 선물로 주셨다.(롬5:8) 또한 하나님은 우리가 거듭 배은망덕한 죄악을 행할지라도, 진심으로 상하고 통회하는 마음으로 돌이키면 더 큰 긍휼로 우리를 품어주시는 사랑의 아버지이시다. 점도 흠도 없는 하나님의 아들의 보배로운 피로 우리의 모든 죄를 깨끗게 하시고 영원히 기억하지도 않으신다. **"다시 우리를 불쌍히 여기셔서 우리의 죄악을 발로 밟으시고 우리의 모든 죄를 깊은 바다에 던지시리이다."**(미7:19) 하나님의 이 은혜를 진심으로 아는 사람은 죄와 피흘리기까지 싸우며 그의 온 영혼으로 하나님을 기쁘시게 해 드리기를 소원한다. **"죄가 너희를 주장하지 못하리니 이는 너희가 법 아래에 있지 아니하고 은혜 아래에 있음이라 그런즉 어찌하리요 우리가 법 아래에 있지 아니하고 은혜 아래에 있으니 죄를 지으리요 그럴 수 없느니라."**(롬6:14~15) 이러한 조건 없는 하나님의 용서를 아는 사람은 다른 사람의 죄악도 용서할 수밖에 없는 은혜 안에 살게 된다. 기꺼이 선으로 악을 갚으며, 악은 미워하되 악인은 불쌍히 여기며 그를 위해 기도의 무릎을 꿇는 삶을 살게 된다. **"나는 사랑하나 그들은 도리어 나를 대적하니 나는 기도할 뿐이라."**(시109:4) 자신의 일만 달란트 죄에 대한 하나님의 용서의 감격이 그의 온 영혼을 지배하고 있기 때문이다. 자신의 영혼이 다른 사람의 죄를 용서할 자격조차 없는 '죄인 중에 괴수'임을 깊이 깨닫고 있기 때문이다.

자신을 십자가에 못 박는 죄인들을 위해 기도하시며 선으로 악을 갚으신 예수님의 사랑 안에서 살아가자. **"아버지 저들을 사하여 주옵소서 자기들이 하는 것을 알지 못함이니이다."**(눅23:34) 성 밖으로 내치며 돌로 치는 무리들을 향해 무릎 꿇어 기도한 스데반의 삶을 살아가자. **"주여 이 죄를 그들에게 돌리지 마옵소서."**(행7:60) 그리하여 날마다 하나님의 영광과 하나님 우편에 서 계신 예수님을 바라보는 삶을 살아가자. 이러한 삶이야말로 사탄의 권세를 일시에 무장해제 시키는 하나님의 크신 능력임을 잊지 말자. 예수님이 십자가 위에서 자신의 육신이 못 박히는 순간이, 사탄에게는 그의 머리가 상하여 영원히 패배한 항복 선언의 순간임을 잊지 말자. **"우리를 거스르고 불리하게 하는 법조문으로 쓴 증서를 지우시고 제하여 버리사 십자가에 못 박으시고 통치자들과 권세들을 무력화하여 드러내어 구경거리로 삼으시고 십자가로 그들을 이기셨느니라."**(골2:14~15)

"이스라엘 자손이 일어나 벧엘에 올라가서 하나님께 여쭈어 이르되 우리
중에 누가 먼저 올라가서 베냐민 자손과 싸우리이까 하니 여호와께서
말씀하시되 유다가 먼저 갈지니라 하시니라 …… 베냐민 자손이 기브아
에서 나와서 당일에 이스라엘 사람 이만 이천 명을 땅에 엎드러뜨렸으
나."(삿20:18~21)

사람은 거울이 없으면 자신의 얼굴에 무엇이 묻었는지 알 수가 없다. 거
울을 늘 가지고 다닐 수도 없어 자신의 눈에 들어 있는 들보를 볼 수도 없
다. 그리하여 다른 사람의 눈에 있는 티를 보고 쉽사리 정죄하는 죄에 빠지
게 된다.(마7:3~5) 하지만 하나님의 말씀은 우리의 속사람까지도 환히 비
추는 우리 영혼의 거울이다. **"스올과 아바돈도 여호와의 앞에 드러나거
든 하물며 사람의 마음이리요."**(잠15:11) 하나님의 말씀으로 자신의 눈에
든 들보를 본 사람은 다른 사람의 눈의 티를 빼려는 가증한 행위를 스스로
부끄러워하며 즉시 멈출 수밖에 없다. 우리는 우리의 영혼이 하나님의 말
씀의 빛 앞에 가까이 있을수록 우리의 들보가 더 크게 보이고, 하나님의 말
씀의 빛으로부터 멀리 있을수록 다른 사람의 티끌이 더 크게 보이기 때문
이다. **"보라 네 눈 속에 들보가 있는데 어찌하여 형제에게 말하기를 나로
네 눈에 있는 티를 빼게 하라 하겠느냐 외식하는 자여 먼저 네 눈 속에서
들보를 빼어라 그 후에야 밝히 보고 형제의 눈 속에서 티를 빼리라."**(마
7:4~5)

이스라엘에 왕이 없던 사사 시대의 일이다. 에브라임 산지 구석에 거류

하는 어떤 레위 사람이 유다 베들레헴에서 첩을 맞이하였다. 그 첩이 행음하고 남편을 떠나 그녀의 아버지의 집으로 돌아가서 넉 달 동안을 지낼 무렵이었다. 레위 사람이 그 여자에게 다정히 말하고 데려오려 하여 장인의 집으로 가서 며칠을 그들과 함께 머물렀다. 다섯째 날 해가 기울어갈 때였다. 레위인은 장인의 만류에도 불구하고 돌아오려고 그의 첩과 하인과 함께 장인의 집을 나섰다. 그들이 여부스에 가까이 이르렀을 때였다. 레위인은 이방 성읍 여부스가 아닌 기브아나 라마 중 한 곳에 머물기 위하여 그곳을 향해 걸음을 재촉하였다. 그들이 기브아 성읍 넓은 거리에 앉아 있을 때였다. 에브라임 산지 사람으로서 그곳에 거류하는 한 노인이 보고 그들을 자기 집으로 초청하였다. 그리하여 레위인은 그의 첩과 하인과 함께 기브아 노인의 집에서 하룻밤을 유숙하게 된다. 그들이 발을 씻고 먹고 마시며 즐거워할 때였다. 그 성읍의 불량배들이 노인의 집을 에워싸고 문을 두들기며 집 주인 노인에게 말하였다. **"네 집에 들어온 사람을 끌어내라 우리가 그와 관계하리라."**(삿19:22) 노인은 그들에게 악행을 멈출 것을 간청하였다. 하지만 기브아 불량배들은 노인의 간청을 듣지 않았다. (레20:13) 레위인은 하는 수 없어 자기의 첩을 밖으로 끌어내어 그들에게 넘겨주었다. 그들은 밤새도록 그 여자와 관계하며 능욕하다가 새벽 미명에 그녀를 놓아 주었다. 여인은 동틀 무렵, 남편이 머무는 노인의 집 문에 이르러 밝기까지 그곳에 엎드러져 있다가 죽고 말았다. 레위인은 일찍이 일어나 그의 첩이 죽은 것을 보고는 그녀의 시체를 나귀에 싣고 집으로 돌아왔다. 그리고는 칼을 가지고 그 시체를 열두 덩이로 나누어 이스라엘 지파들에게 보내며 기브아 베냐민 사람들의 악행을 고소하였다. **"그러므로 남을 판단하는 사람아 누구를 막론하고 네가 평계하지 못할 것은 남을 판단하는 것으로 네가 너를 정죄함이니 판단하는 네가 같은 일을 행함이니라 이런 일을 행하는 자에게 하나님의 심판이 진리대로 되는 줄 우리가 아노**

라."(롬2:1~2)

　이스라엘 자손 온 회중이 이 일을 알고 일제히 미스바의 하나님 앞에 모였다. 그들은 먼저 레위인으로부터 사건의 자초지종을 들은 뒤 이 악행을 저지른 베냐민 자손을 징벌하기로 결정하였다. 이스라엘 자손은 먼저 베냐민 지파에게 사람들을 보내어 기브아의 불량배들을 자기들에게 넘겨줄 것을 요청하였다. 베냐민 자손은 그들의 말을 듣지 않고 도리어 기브아에 모여 이스라엘 자손과 싸우고자 하였다. 이에 이스라엘 자손이 일어나 벧엘로 올라가서 하나님께 여쭈었다. **"우리 중에 누가 먼저 올라가서 베냐민 자손과 싸우리이까."**(삿20:18) 하나님은 유다가 먼저 싸울 것을 말씀하셨다. 하지만 이스라엘 자손은 그날 전쟁에서 패하여 베냐민에 의해 이만 이천 명이 죽고 말았다. **"사람이 귀를 돌려 율법을 듣지 아니하면 그의 기도도 가증하니라."**(잠28:9) 이스라엘 자손은 다시 용기를 내어 첫날 싸움을 시작한 곳에서 전열을 갖추었다. 그리고 벧엘로 올라가 저물도록 울며 하나님께 여쭈었다. **"내가 다시 나아가서 내 형제 베냐민 자손과 싸우리이까."**(삿20:23) 하나님이 그들에게 말씀하셨다. **"올라가서 치라."**(삿20:23) 하지만 그날에도 이스라엘 자손이 패하여 베냐민 지파에 의해 만 팔천 명이 땅에 엎드러졌다. **"주 여호와가 말하노라 이스라엘 족속 중에 그 우상을 마음에 들이며 죄악의 걸림돌을 자기 앞에 두고 선지자에게로 가는 모든 자에게 나 여호와가 그 우상의 수효대로 보응하리니 이는 이스라엘 족속이 다 그 우상으로 말미암아 나를 배반하였으므로 내가 그들이 마음 먹은 대로 그들을 잡으려 함이라."**(겔14:4~5) 이스라엘 자손은 다시 벧엘에 올라가 하나님 앞에 앉아 날이 저물도록 울며 금식하며 하나님께 번제와 화목제를 드렸다. 그리고 다시 하나님께 기도하였다. **"우리가 다시 나아가 내 형제 베냐민과 싸우리이까 말리이까."**(삿20:28) 하나님이 그들에게 말씀하셨다. **"올라가라 내일은 내가 그를 네 손에 넘겨주리라."**(삿 20:28) 마침내 셋째 날, 베냐민 지파는 전쟁에서 이스라엘 자손에게 패하여 그들 중 이만 오천 명이 엎드러졌다. 겨우 육백 명의 사람들만이 광야로 도망하여 림몬 바위에 숨어 거기에서 넉 달 동안을 지내게 되었다.

우리는 이 사건에서 눈물의 기도나 금식보다 하나님의 말씀을 통해 하나님의 뜻을 바르게 아는 일이 더 중요하다는 사실을 깨달을 수 있다. 또한 하나님의 뜻에 순종하는 일이 모든 불행을 미연에 막고 사탄의 역사를 멈추게 하는 지름길이라는 사실을 깨달을 수 있다. **"여호와의 손이 짧아 구원하지 못하심도 아니요 귀가 둔하여 듣지 못하심도 아니라 오직 너희 죄악이 너희와 너희 하나님 사이를 갈라 놓았고 너희 죄가 그의 얼굴을 가리어서 너희에게서 듣지 않으시게 함이니라."**(사59:1~2) 이스라엘 자손이 세 번째 전쟁에서야 베냐민을 이길 수 있었던 이유는 무엇이었을까? 그 해답은 다음의 말씀에서 찾을 수 있을 것이다. **"이에 온 이스라엘 자손 모든 백성이 올라가 벧엘에 이르러 울며 거기서 여호와 앞에 앉아서 그날이 저물도록 금식하고 번제와 화목제를 여호와 앞에 드리고 이스라엘 자손이 하나님께 물으니라 그때에는 하나님의 언약궤가 거기 있고 …… 이스라엘 자손들이 여쭈기를 우리가 다시 나아가 내 형제 베냐민 자손과 싸우리이까 말리이까 하니."**(삿20:26~28) 처음에는, 이스라엘 자손은 베냐민 자파를 징벌하려는 급한 마음에 하나님께 묻기는 하였지만 정작 자신들의 눈에 있는 들보는 볼 수가 없었다. 전쟁에 거듭 패한 후, 날이 저물도록 금식하며 번제와 화목제를 드릴 때에야 그들은 비로소 자신들의 죄악을 바라볼 수 있는 마음의 눈을 가질 수 있게 되었다. 이는 그들의 기도의 내용을 보면 잘 알 수 있다. 이스라엘 자손은 첫 번째와 두 번째의 기도에서는 **"베냐민 자손과 싸우리이까"**(삿20:18, 23)라고 기도하였다. 하지만 두 번의 패배 후 세 번째 기도 때에는 **"우리가 다시 나아가 내 형제 베냐민 자손과 싸우리이까 말리이까"**(삿20:28)라고 기도하며 전쟁의 주권을 하나님께 맡기고 있었다. 두 번의 패배로 인한 낮아진 그들의 눈앞에 비로소 '하나님의 언약궤'가 아닌 '언약궤의 하나님'이 계심을 알았기 때문일 것이다. **"하나님께서 구하시는 제사는 상한 심령이라 하나님이여 상하고 통회하는 마음을 주께서 멸시하지 아니하시리이다."**(시51:17) 그리하여, 하나님은 이러한 이스라엘 자손의 깨어진 심령을 통해 베냐민 지파의 죄악 또한 징벌하실 수 있었다. (고후10:6)

이 일 후에도, 이스라엘 자손은 자기들의 성급한 맹세로 베냐민 지파가 이스라엘에서 사라지게 하는 어리석음을 저질렀다. 이 사실을 깨닫고 베냐민 지파 사람들에게 아내를 구해 줄 때에도 거듭 하나님의 뜻보다는 자신들의 인간적인 지혜로 그 문제를 해결하려고 노력하였다. 미스바 총회에 올라오지 않은 길르앗 야베스 사람들을 학살하고, 그들 중 처녀 사백 명을 구하여 베냐민 사람들의 아내로 주고, 또 나머지 베냐민 사람들이 실로에서 춤추는 여자 이백 명을 붙들고 가서 자기들의 아내로 삼도록 서로 공모하였기 때문이다. **"사람을 납치한 자가 그 사람을 팔았든지 자기 수하에 두었든지 그를 반드시 죽일지니라."**(출21:16) 레위인의 경우도 마찬가지였다. 그가 만일 하나님의 말씀을 통해 시체를 만진 자는 셋째 날과 일곱째 날 정결하게 하는 물을 뿌리고, 옷을 빨고, 몸을 씻어 부정한 몸을 깨끗하게 하라는 말씀에 순종하였다면 먼저 자신의 음행을 들여다보는 회개의 은혜가 주어졌을 것이다. (민19:11~19) 하지만 그는 자신이 먼저 거룩하신 하나님의 말씀의 거울 앞에 서 있지 않았다. 이로 인해, 자신의 첩의 시체를 쪼개어 이스라엘 지파들에게 보내며 음행한 베냐민 사람들을 징벌하는 일에만 혈안이 될 수밖에 없었기 때문이다. **"그때에 이스라엘에 왕이 없으므로**

사람이 각기 자기의 소견에 옳은 대로 행하였더라."(삿21:25)

    야곱 가족이 가나안에 거류할 때였다. 당시 유다는 아둘람 사람 히라에게 내려가서 그와 가까이 지내었다. 그곳에서 가나안 사람 수아라 하는 자의 딸과 동침하여 세 아들을 낳았다. 유다는 장자 엘을 위하여 다말이라는 여자를 며느리로 삼았다. 하나님은 유다의 장자 엘이 악하여 그를 죽이셨다. 이에 유다가 둘째 아들 오난에게 형수에게로 들어가서 형을 위하여 씨가 있게 하라고 말하였다. 오난은 이를 싫어하여 형수에게로 들어갔을 때 그의 형에게 씨를 주지 않으려고 땅에 설정하였다. 하나님이 오난의 악함을 보시고 그도 죽이셨다. 이때 유다는 셀라가 장성하기를 기다리라고 말하며 며느리 다말을 그녀의 아버지 집으로 돌려보내었다. 막내 셀라마저 죽을까 염려하였기 때문이었다. 어느 날 유다가 히라와 함께 딤나의 자기 양털 깎는 자들에게로 갔을 때였다. 당시 유다는 막내 셀라가 장성하였어도 그를 잃을까 하여 다말에게 주지 않고 있었다. 다말은 과부의 의복을 벗고, 너울로 그의 얼굴을 가리고, 몸을 휘감고는 딤나 길 곁 에나임 문에 앉아 있었다. 유다는 그녀를 보고 창녀인 줄 알고 그녀에게 염소 새끼를 주기로 약속하였다. 담보물로 그의 도장과 그 끈과 지팡이를 건네주고 그녀와 동침하였다. 그 후 유다는 아둘람의 손에 부탁하여 염소 새끼를 보내며 동침한 여인의 손에서 자기 담보물을 찾으려 하였으나 그 여인을 찾을 수가 없었다. **"내가 그를 찾지 못하였고 그곳 사람도 이르기를 거기에는 창녀가 없다 하더이다."**(창38:22) 석 달쯤 후에 어떤 사람이 유다에게 그의 며느리 다말이 행음하여 임신하였다고 말하였다. 이때 유다가 말하였다. **"그를 끌어내어 불사르라."**(창38:24) 다말이 끌려나갈 때였다. 그녀는 담보물로 보관하고 있던 시아버지 유다의 도장과 그 끈과 지팡이를 보여주며 이 물건의 임자로 말미암아 임신하였다고 말하였다. 만일 이때 다말이 유다의 담보물을 증거물로 내놓지 않았다면, 다말은 영락없이 딤나 사람들 앞에서 화형을 당하고 유다는 완전 범죄로 끝나고 말았을 것이다. 하지만 하나님의 눈과 귀를 속일 수는 없었다. '그를 끌어내어 불사르라'는 유다의 가증스러운 몸짓과 말이, 하나님의 눈과 귀에는 '유다를 끌어내어 불사르라'는 몸짓과 말로 소리치고 있었기 때문이다. (요8:7)

또 다윗 왕을 보자. 다윗의 부하 장수들이 암몬 족속과 전쟁 중에 있을 때였다. 다윗은 전장에 나가지도 않고 왕궁에서 잠을 자고 있었다. 그리고 다윗은 침상에서 일어나 왕궁 지붕 위를 어슬렁거리다가 목욕하는 밧세바에 눈이 멀어 버렸다. 밧세바가 충성스러운 부하 우리아의 아내임을 알고도 그녀를 왕궁으로 데려와 동침하는 죄악을 저질렀다. 어느 날 밧세바가 자신의 임신 소식을 다윗에게 알렸다. 다윗은 우리아 장군을 왕궁으로 불러들여 군사들의 안부를 묻고는 음식물과 함께 그를 집으로 가게 하였다. 하지만 그날 우리아는 집으로 가지 않고 왕궁 문에서 다른 부하들과 함께 잠을 청하였다. **"언약궤와 이스라엘과 유다가 야영 중에 있고 내 주 요압과 내 왕의 부하들이 바깥 들에 진 치고 있거늘 내가 어찌 내 집으로 가서 먹고 마시고 내 처와 같이 자리이까 내가 이 일을 행하지 아니하기로 왕의 살아 계심과 왕의 혼의 살아 계심을 두고 맹세하나이다."**(삼하 11:11~12) 이튿날 다윗은 또 우리아를 먹고 마시고 취하게 한 뒤 그의 집으로 보내려 하였다. 그날도 우리아는 집으로 가지 않고 여전히 왕궁 문에서 잠을 청하였다. 다윗은 편지를 써서 우리아의 손에 들려 그를 전장으로 다시 보내었다. 우리아의 손에는 자신의 죽음을 재촉하는 비문서(秘文書)가 쥐어져 있었다. 우리아는 결국 다윗의 음모로 몇 명의 다른 군사들과 함께 암몬 족속의 칼에 의해 죽임을 당하고 말았다. (마23:35~36)

이때 하나님이 나단 선지자를 다윗에게 보내어 말씀하셨다. 많은 가축이

지려느냐! 이길 수 있다!

있는 부자와 작은 암양 새끼 하나 뿐인 가난한 사람에 관한 비유의 말씀이었다. **"어떤 행인이 그 부자에게 오매 부자가 자기에게 온 행인을 위하여 자기의 양과 소를 아껴 잡지 아니하고 가난한 사람의 양 새끼를 빼앗아다가 자기에게 온 사람을 위하여 잡았나이다."**(삼하12:4) 다윗은 이 말을 듣자 노를 발하며 나단 선지자에게 말하였다. **"여호와의 살아 계심을 두고 맹세하노니 이 일을 행한 그 사람은 마땅히 죽을 자라 그가 불쌍히 여기지 아니하고 이런 일을 행하였으니 그 양 새끼를 네 배나 갚아 주어야 하리라."**(삼하12:5~6) 나단 선지자가 다윗을 책망하며 말하였다. **"당신이 그 사람이라 …… 그러한데 어찌하여 네가 여호와의 말씀을 업신여기고 나 보기에 악을 행하였느냐 네가 칼로 헷 사람 우리아를 치되 암몬 자손의 칼로 죽이고 그의 아내를 빼앗아 네 아내로 삼았도다."**(삼하12:7~9) 이때 다윗은 며느리와 간음한 그의 조상 유다처럼 자신의 은밀한 죄악을 결코 숨길 수 없었다. 밧세바의 뱃속에는 또 다른 '다말의 살아 있는 담모불'이 소리치며 울고 있었기 때문이다.

유다 아하스 왕 때였다. 아하스는 바알의 우상을 부어 만들고, 또 힌놈의 아들 골짜기에서 분향하고, 자녀들을 불살라 우상에게 제물로 바치기까지 하였다. 하나님은 악한 아하스 왕과 유다 백성을 아람 왕과 북 이스라엘의 막대기를 통해 징벌하셨다. 아람 군대는 심히 많은 유다의 포로를 사로잡아 다메섹으로 돌아갔다. 또 북 이스라엘 자손은 유다의 많은 재물을 노략하고 유다 백성 중 이십만 명을 사로잡아 사마리아로 데려갔다. 그 무렵, 선지자 오뎃이 사마리아로 들어오는 이스라엘 군대에게 말하였다. **"너희 조상의 하나님 여호와께서 유다에게 진노하셨으므로 너희 손에 넘기셨거늘 너희가 노기가 충천하여 살육하고 이제 너희가 또 유다와 예루살렘 백성들을 압제하여 노예로 삼고자 생각하는도다 그러나 너희는 너희의**

하나님 여호와께 범죄함이 없느냐."(대하28:9~10) 그들은 이 말을 듣고는 즉시 사로잡아 온 유다 포로들에게 옷을 입히고 신을 신겨 주었다. 유다 포로들에게 음식을 주고 물을 마시게 하고, 약한 자들은 나귀에 태워 그들을 모두 유다 땅으로 돌려보내었다. **"긍휼을 행하지 아니하는 자에게는 긍휼 없는 심판이 있으리라 긍휼은 심판을 이기고 자랑하느니라."**(약2:13)

예수님이 대제사장들과 백성의 장로들에게 잡히시기 전 제자들과 함께 유월절 만찬 자리에 계실 때였다. 마리아라 하는 한 여자가 매우 귀한 향유 한 옥합을 가지고 와서 식사하시는 예수님의 머리에 부어 드렸다. 제자들이 이를 보고 분개하며 귀한 향유 옥합을 허비하는 그녀를 꾸짖었다. 이때 예수님이 제자들에게 말씀하셨다. **"이 여자가 내 몸에 이 향유를 부은 것은 내 장례를 위하여 함이니라 내가 진실로 너희에게 이르노니 온 천하에 어디서든지 이 복음이 전파되는 곳에서는 이 여자가 행한 일도 말하여 그를 기억하리라."**(마26:12~13) 특히 요한복음에는 은 삼십 세겔에 예수님을 판 가룟 유다가 그 향유를 삼백 데나리온에 팔아 가난한 자들에게 나누어 줄 수 있었겠다며 마리아를 크게 비난하였다고 기록되어 있다. 그리고 그때의 유다의 속마음을 이렇게 기록하고 있다. **"이렇게 말함은 가난한 자들을 생각함이 아니요 그는 도둑이라 돈궤를 맡고 거기 넣는 것을 훔쳐 감이러라."**(요12:6) 마리아가 향유 옥합을 예수님께 부어 드린 것은 예수님을 사랑하는 그녀의 믿음 때문이었다. 마리아는 잠시 후면 예수님이 택한 자기 백성을 위해 죽으시고, 그들에게 영생을 주시기 위해 다시 살아나실 메시아이심을 믿는 믿음의 여인이었기 때문이다. 그 후, 예수님이 마침내 십자가에서 죽으셨을 때, 아리마대 요셉과 공회원 니고데모가 향품과 함께 예수님의 시체를 세마포로 싸서 요셉이 파놓은 바위 무덤에 넣어 두었다. 이 일도, 하나님의 섭리 안에서 예수님의 죽으심과 부자의 무덤에 매장되심,[29] 그 후의 빈 무덤과 부활을 증거하는 일을 위해 꼭 필요하고 귀중한 섬김이었다. 하지만 그 일은 유대인의 일반 장례 절차에 따른 섬김이었다. 반면, 예수님이 살아 계실 때 향유를 부어 드려 예수님의 장례를 준비한 마리아의 일은 예수님이 온 세상의 구주 되심을 증거하는 믿음의 섬김이었다. 예수님이 온 천하에 어디서든지 복음이 전파되는 곳에서 마리아의 행한 일을 기념하라고 하신 이유가 여기에 있었다.

우리는 이를 통해 다른 사람을 정죄하는 일은 결국 우리 자신의 믿음의 문제와 관련됨을 알 수 있다. 믿음이 없는 세상 사람은 말할 것도 없겠지만, 교회 공동체 안에서도 믿음이 적은 사람이나 제자들처럼 어떤 일에 대해 하나님의 은혜를 깨닫지 못한 사람들이 은혜를 받은 마리아 같은 믿음의 사람을 정죄한다는 사실이다. **"남의 하인을 비판하는 너는 누구냐 그가 서 있는 것이나 넘어지는 것이 자기 주인에게 있으매 그가 세움을 받으리니 이는 그를 세우시는 권능이 주께 있음이라."**(롬14:4) 그리고 가룟 유다처럼, 자신 안에 아직 내려놓지 못한 탐심의 죄가 있을 때 그와 반대되는 행동을 하는 다른 사람을 비난하고 정죄한다는 사실이다. 하지만 하나님의 은혜로 그러한 죄악에서 돌이킨 사람은 동일한 죄악 가운데 있는 사람을 정죄하는 일을 부끄러워하며, 오히려 그 사람을 예수님의 사랑과 긍휼로 불쌍히 여기며 위하여 기도하는 사람이 된다는 사실이다. **"내가 너를 불쌍히 여김과 같이 너도 네 동료를 불쌍히 여김이 마땅하지 아니하냐 …… 너희가 각각 마음으로부터 형제를 용서하지 아니하면 나의 하늘 아버지께서도 너희에게 이와 같이 하시리라."**(마18:33~35)

---

29) cf. 사53:9.

어느 날 예수님이 감람산에서 밤을 지내신 후 아침에 성전에서 무리들을 가르치실 때였다. 서기관과 바리새인들이 음행 중에 잡힌 한 여자를 끌고 와서 무리 가운데 세우고는 예수님께 질문하였다. **"모세는 율법에 이러한 여자를 돌로 치라 명하였거니와 선생은 어떻게 말하겠나이까."**(요8:5) 그들이 이렇게 질문한 것은 예수님을 고발할 조건을 얻고자 하여 예수님을 시험하기 위함이었다. 예수님은 몸을 굽히시고는 손가락으로 땅에 글을 쓰셨다. 그들이 묻기를 마지 아니하는지라, 예수님이 허리를 펴시고 일어나 그들에게 말씀하셨다. **"너희 중에 죄 없는 자가 먼저 돌로 치라."**(요8:7) 그들은 이 말씀을 듣고는 양심에 가책을 느껴 들고 있던 돌을 내던졌다. 어른으로 시작하여 젊은이까지 하나씩 하나씩 물러가고 오직 예수님과 여자만 남게 되었다. **"늙은 자와 젊은 자와 처녀와 어린아이와 여자를 다 죽이되 이마에 표 있는 자에게는 가까이 하지 말라 내 성소에서 시작할지니라 하시매 그들이 성전 앞에 있는 늙은 자들로부터 시작하더라."**(겔9:6) 이때 예수님이 여자에게 **"너를 정죄한 자가 없느냐"**(요8:10) 물으신 후 그녀에게 말씀하셨다. **"나도 너를 정죄하지 아니하노니 가서 다시는 죄를 범하지 말라."**(요8:11)

우리는 모두 간음 현장에서 붙잡혀온, 돌에 맞아 죽어 마땅한 가증스러운 현행범들이다. 우리는 덮어 주시는 어린 양 예수님의 피의 대속의 은혜가 아니면 한 순간도 하나님 앞에 설 수조차 없는 가련한 죄인들이다. 만일 우리가 간음한 여자를 돌로 치려는 사람들처럼 다른 사람을 치기 위해 돌을 들고 있다면, 그 돌은 먼저 내 자신을 죽음으로 내리치는 하나님의 무서운 심판의 돌임을 기억해야 한다. 우리 생각에 다른 사람의 죄가 아무리 크게 보일지라도, 하나님이 용서하신 우리의 죄에 비하면 그것은 고작 백 데나리온에 지나지 않는 작은 죄에 불과하기 때문이다. **"수많은 재앙이 나**

를 둘러싸고 나의 죄악이 나를 덮치므로 우러러볼 수도 없으며 죄가 나의 머리털보다 많으므로 내가 낙심하였음이니이다."(시40:12) 우리가 있어야 할 자리는 심판의 돌을 들고 둘러선 무리들의 자리가 아닌, 오직 예수님의 긍휼의 손길만을 기다리며 예수님 앞에 두려움으로 떨며 서 있는 간음 현장에서 붙잡혀온 여인의 자리이기 때문이다. 그리고 우리 모두는 마지막 날 하나님의 심판대 앞에서 각각 자기의 일을 직고하며 하나님의 공의로운 심판을 받게 될 것이다. **"그러므로 때가 이르기 전 주께서 오시기까지 아무것도 판단하지 말라 그가 어둠에 감추인 것들을 드러내고 마음의 뜻을 나타내시리니 그때에 각 사람에게 하나님으로부터 칭찬이 있으리라."**(고전4:5)

다른 사람의 죄에 대한 비난의 입술을 닫고 정죄의 손가락을 내려놓자.(마7:4~5) 가룟 유다처럼 다른 사람의 죄악을 정죄할 때 동일한 그 죄악이 우리 안에 있음을 먼저 기억하자. 순금보다 정결한 하나님의 말씀의 거울 앞에 다른 사람이 아닌 우리의 속사람, 벌거벗은 우리의 영혼을 세워 놓자. 우리는 입법자와 재판관이 아닌 오직 율법의 준행자임을 항상 기억하자.(약4:11~12) 바로 우리 자신이 며느리 다말과 간음한 유다요, 밧세바와 간음한 다윗 같은 가증스러운 영적 음녀임을 항상 기억하자. **"간음한 여인들아 세상과 벗된 것이 하나님과 원수 됨을 알지 못하느냐 그런즉 누구든지 세상과 벗이 되고자 하는 자는 스스로 하나님과 원수 되는 것이니라."**(약4:4) 욥이 정죄하는 친구들을 위해 기도할 때, 그를 곤경에서 돌이키시고 이전보다 갑절의 은혜를 베푸신 욥의 하나님을 잊지 말자.(욥42:10) 자신을 십자가에 못 박는 죄인들을 위해 고통 가운데 부르짖으며 간구하신 예수님의 대속의 은혜를 결코 잊지 말자.(눅23:34) 그리할 때, 우리는 비로소 태초부터의 고소자 마귀의 참소로부터 참 자유를 누리는 삶을 살아갈 수 있을 것이다. 참 보아스 되신 예수님의 한량없는 용서의 옷자락 아래에서 이 세상에서도 참 안식을 누리는 룻의 삶을 살아갈 수 있을 것이다. (룻 2:12) '그를 끌어내어 불사르라'며 다른 사람을 정죄할 때마다, '당신이 그 사람이라' 소리치는 하늘의 음성을 결코 잊지 말자. 삭개오의 고백이 우리의 고백이 되기를 소원하는 하늘의 부르짖음을 결코 외면하지 말자. **"주여 보시옵소서 내 소유의 절반을 가난한 자들에게 주겠사오며 만일 누구의 것을 속여 빼앗은 일이 있으면 네 갑절이나 갚겠나이다."**(눅19:8) 하나님은 지금 이 순간에도 '여기에는 창녀는 없고 남창(男娼)만 있습니다'라고 고백하는 깨어진 유다의 부르짖음을 듣기를 소원하고 계시기 때문이다.

"어떤 사람이 사무엘에게 말하여 이르되 사울이 갈멜에 이르러 자기를
위하여 기념비를 세우고 발길을 돌려 길갈로 내려갔다 하는지라."(삼상
15:12)

피에타상은 마리아가 죽은 아들 예수님의 시체를 끌어안고 슬퍼하는 모
습을 조각한 미켈란젤로의 대표 조각품이다. 미켈란젤로는 이 피에타상
을 제외하고는 어느 작품에도 자신의 사인을 남기지 않았다고 한다. 그 이
유는 이러하다. 미켈란젤로는 교황 율리우스 2세의 명령에 따라 4년 동안
이나 시스티나 성당에 틀어박혀 성당 천장에 천지 창조를 그렸다. 그가 그
림 그리기를 마친 후 작품에 사인을 한 뒤 흡족한 표정으로 성당 문을 나설
때였다. 미켈란젤로는 그의 눈앞에 펼쳐진 광경에 감탄하고 말았다. 눈부
신 햇살과 푸른 하늘, 높이 날고 있는 새 등, 아무리 뛰어난 화가라도 도무
지 표현할 수 없는 대자연의 아름다움에 그만 도취되고 말았기 때문이다.
그때 그의 마음에 작은 울림이 울려왔다. '하나님은 이렇게 아름다운 자연
을 창조하고도 어디에도 이것이 자신의 솜씨임을 알리는 흔적을 남기지 않
으셨는데, 나는 기껏 작은 벽화 하나 그려 놓고 나를 자랑하려고 서명을 하
다니!' 그는 즉시 성당으로 돌아가 작업대 위에 서서 그림 위에 있는 자신의
사인을 지워 버렸다고 한다.

이스라엘 백성이 사무엘에게 왕을 구할 때였다. 하나님은 베냐민 사람
기스의 아들 사울을 그들의 왕으로 세워 주셨다. 사울이 처음 왕으로 부름
받았을 때 그는 짐보따리들 사이에 자신을 숨길 만큼 겸손한 사람이었다.

처음으로 암몬 족속과의 싸움에서 승리했을 때만 해도 겸손하였다. 사울이 전쟁에서 승리하고 돌아올 때였다. 어떤 사람들이 사울에게 말했다. **"사울이 어찌 우리를 다스리겠느냐 한 자가 누구니이까 그들을 끌어내소서 우리가 죽이겠나이다."**(삼상11:12) 그때 사울은 그들에게 대답하였다. **"이날에는 사람을 죽이지 못하리니 여호와께서 오늘 이스라엘 중에 구원을 베푸셨음이니라."**(삼상11:13) 하지만 그 후 사울의 마음은 이방 나라들과의 전쟁에서 거듭 승리하자 하나님 앞에 온전히 겸손하지를 않았다. **"교만은 패망의 선봉이요 거만한 마음은 넘어짐의 앞잡이니라."**(잠16:18)

어느 날 사무엘이 아말렉을 진멸하라는 하나님의 말씀을 사울 왕에게 전하였다. 사울은 하나님의 말씀을 따라 전쟁에 나가 승리하였다. 하지만 아말렉 사람과 그들의 소유를 진멸하라는 하나님의 말씀을 어기고 아각 왕을 살려 주었다. 노획한 양과 소 중에 좋은 것은 남기고 가치 없고 하찮은 것만 진멸하였다. 사울은 전장에서 돌아오는 길에 갈멜에 이르렀을 때 그곳에 자기를 위하여 기념비를 세웠다. 사무엘이 블레셋과의 전쟁에서 승리하고 세운 '하나님의 에벤에셀'이 아니라 '사울의 에벤에셀'을 세우고 말았다. **"사무엘이 돌을 취하여 미스바와 센 사이에 세워 이르되 여호와께서 여기까지 우리를 도우셨다 하고 그 이름을 에벤에셀**[30]**이라 하니라."**(삼상7:12) 사무엘이 이 소식을 듣고는 사울에게로 가서 그를 책망하였다. **"왕이 스스로 작게 여길 그때에 이스라엘 지파의 머리가 되지 아니하였나이까."**(삼상15:17) 사무엘은 사울 왕이 하나님의 말씀을 버렸으므로 하나님께서도 그를 버려 왕이 되지 못하게 하셨다고 말하였다. **"말씀을 멸시하는 자는 자기에게 패망을 이루고 계명을 두려워하는 자는 상을 받느니라."**(잠13:13) 이때 사울은 백성을 두려워하여 그들의 말을 청종하였다고 사무엘에게 변

---

30) '도움의 돌 אבן העזר(에벤 하에제르)'라는 의미임.

명하였다. **"사람을 두려워하면 올무에 걸리게 되거니와 여호와를 의지하는 자는 안전하리라."**(잠29:25) 이어서, 사울 왕은 비록 자기가 범죄하였지만 이스라엘 백성과 장로들 앞에서 자기를 높여 달라고 간구하였다. 자기와 함께 돌아가서 하나님께 경배하기를 사무엘에게 간청하였다. 하나님의 징계의 말씀을 듣고서도, 겸손히 자신을 하나님 앞에 낮추기는커녕 끝까지 백성들 앞에서 자신을 높이려는 교만함이 그를 사로잡고 있었다. 사울이 경배하려던 하나님은 보잘것없는 자신을 왕으로 세우신 '자신이 만난 영광의 하나님'이 아니라 '사무엘 선지자의 하나님'에 불과하였기 때문이다. **"내가 범죄하였을지라도 이제 청하옵나니 내 백성의 장로들 앞과 이스라엘 앞에서 나를 높이사 나와 함께 돌아가서 내가 당신의 하나님 여호와께 경배하게 하소서 하더라."**(삼상15:30)

북 이스라엘의 아합 왕도 그러하였다. 당시 아람의 벤하닷 왕이 삼십이 명의 왕들의 군대와 연합하여 이스라엘을 공격하였다. 하나님은 한 선지자를 보내셔서 바알에게 무릎을 꿇지 않은 칠천 명의 백성을 통해 승리를 주실 것을 말씀하셨다. 이스라엘은 하나님의 말씀대로 전쟁에서 큰 승리를 거두었다. 아람 왕의 신하들이 전쟁에서 패하자 벤하닷 왕에게 말하였다. **"그들의 신은 산의 신이므로 그들이 우리보다 강하였거니와 우리가 만일 평지에서 그들과 싸우면 반드시 그들보다 강할지라."**(왕상20:23) 해가 바뀌자, 벤하닷은 다시 아람 사람들을 소집하여 아벡으로 올라와 이스라엘과 싸우려 하였다. 당시 이스라엘 군대는 두 무리의 적은 염소 떼와 같고 아람 사람들은 그 땅에 가득할 정도였다. 어떤 하나님의 사람이 아합 왕에게 말하였다. **"여호와는 산의 신이요 골짜기의 신은 아니라 하는도다 그러므로 내가 이 큰 군대를 다 네 손에 넘기리니 너희는 내가 여호와인 줄을 알리라."**(왕하20:28) 이스라엘은 진영이 서로 대치한 지 칠 일에 이번에도 아람 보병 십만 명을 죽였다. 아람의 남은 자는 아벡으로 도망하여 성읍으로 들어갔는데, 그 성벽이 남은 자 이만 칠천 명 위에 무너지고 벤하닷은 도망하여 한 성읍 골방에 숨어 있었다. 하지만 아합 왕은 마치 자기 능력으로 승리한 양, 굵은 베로 허리를 동이고 테두리를 머리에 쓰고 생명을 구하는 벤하닷을 그의 병거에 태워 살려 주었다. 벤하닷이 아합에게 말한 이 조약 때문이었다. **"내 아버지께서 당신의 아버지에게서 빼앗은 모든 성읍을 내가 돌려보내리이다 또 내 아버지께서 사마리아에서 만든 것같이 당신도 다메섹에서 당신을 위하여 거리를 만드소서."**(왕상20:34)

아합 왕은 이처럼 자기를 높여 주는 벤하닷의 말을 듣고 그를 살려 주었다. 승리하신 하나님의 영광을 자신의 영광을 위해 가로채는 패역무도한 죄를 짓고 말았다. 아합 왕은 이 일로 인해 하나님의 심판을 받아 결국 다음번 아람과의 전쟁에서 죽고 말았다. 우연히 아람 병사가 쏜 화살에 맞아, 자신의 병거 위에서 자기 몸에서 흘러나온 피 속에서 몸부림하다 해 질 녘에 죽고 말았다. 다메섹에 세워진 자신의 기념비 거리 위를 한 발짝 걸어 보지도 못하고 고통의 죽음을 맞을 수밖에 없었다. (민23:10) 우리는 사울과 아합 왕을 통해, 다윗처럼 하나님이 사랑하시고 사용하시는 사람을 오랜 연단을 통해 세우시는 하나님의 깊은 섭리의 은혜를 깨달을 수 있다. **"내 아들아 주의 징계하심을 경히 여기지 말며 그에게 꾸지람을 받을 때에 낙심하지 말라 주께서 그 사랑하시는 자를 징계하시고 그 받아들이시는 아들마다 채찍질하심이라 하였으니 …… 그들은 잠시 자기의 뜻대로 우리를 징계하였거니와 오직 하나님은 우리의 유익을 위하여 그의 거룩하심에 참여하게 하시느니라."**(히12:5~10)

모세는 사십 세 때에 자신의 지혜와 능력으로 히브리 동족을 구원하려다가 애굽인을 쳐 죽였다. 다음 날은 서로 싸우는 히브리 사람들을 화해시키려 하였지만 그것마저 여지없이 실패하고 말았다. 오히려 자신의 살인죄가 드러날까 두려워하여 미디안 광야로 도망가고 말았다. 모세는 미디안에서 장인 이드로의 양들을 치면서 사십 년 세월을 소망 없이 하루하루 목자로서의 삶을 살아갔다. 모세는 하나님의 섭리 안에서 의미 없어 보이는 그 시간들을 통해 하나님의 사람으로 빚어지고 있었다. 깨뜨려지고 낮추어져서, 장차 숱한 원수들의 반역과 이스라엘 백성의 불평을 능히 감당할 수 있는 하나님의 사람으로 빚어져 갔다. (민12:3) **"그러나 이제 그들의 죄를 사하시옵소서 그렇지 아니하시오면 원하건대 주께서 기록하신 책에서 내 이름을 지워 버려 주옵소서."**(출32:32) 모세는 이스라엘 백성이 그를 대적할 때마다 사람과 싸우는 대신 하나님 앞에 엎드린 사람이었다. 바로의 공주의 아들이라 칭함 받기를 거절하고, 그리스도를 위하여 받는 수모를 애굽의 모든 보화보다 더 큰 재물로 여기는 사람이었다. 눈에 보이는 바로의 노함을 무서워하지 아니하고, 보이지 아니하는 자를 보는 것같이 참으며 하나님을 섬긴 믿음의 사람이었다. 모세의 기념비는 오직 그의 지팡이와 함께하시는 살아 계신 하나님이었기 때문이다. 광야의 장대에 매달린 놋뱀 되시는 속죄주 예수님이었기 때문이다. **"모세가 광야에서 놋뱀을 든 것같이 인자도 들려야 하리니 이는 그를 믿는 자마다 영생을 얻게 하려 하심이니라."**(요3:14~15)

요셉도 형들에 의해 애굽에 종으로 팔려 가 많은 고난을 겪었다. 비록 주인 보디발의 신임을 얻고 억울한 옥살이 중에도 간수장의 신임을 받기는 했지만, 그의 현실은 여전히 애굽 주인 보디발의 노예의 신분이었기 때문이다. 요셉이 겪은 십삼 년 고난의 세월 역시 결코 무익한 시간이 아니었다. 요셉을 하나님의 마음의 소유자로 빚어 가시는 하나님의 시간들이었기 때문이다. 어느 날 요셉은 옥에서 술 맡은 관원장의 꿈을 해석해 줄

때 그에게 이렇게 부탁하였다. **"당신이 잘 되시거든 나를 생각하고 내게 은혜를 베풀어서 내 사정을 바로에게 아뢰어 이 집에서 나를 건져 내소서."**(창40:14) 술 맡은 관원장은 요셉의 해몽대로 전직을 회복하였지만 요셉을 까마득이 잊어버렸다. 그리하여 요셉은 한 줄기 소망의 빛도 없는 감옥에서 이 년 동안의 고통의 세월을 더 견뎌야만 하였다. 요셉에게는 참으로 고통의 시간들이었겠지만, 이 망각의 이 년이야말로 요셉에게는 꼭 있어야 할 하나님의 카이로스들이었다. 요셉을 총리로 세우시기 위해 그를 철저히 깨뜨리시는 하나님의 측량할 수 없는 은혜의 시간들이었기 때문이다. **"그의 발은 차꼬를 차고 그의 몸은 쇠사슬에 매였으니 곧 여호와의 말씀이 응할 때까지라 그의 말씀이 그를 단련하였도다."**(시105:18~19) 요셉을, 전적으로 하나님을 신뢰하는 정금 같은 믿음의 사람으로, 하나님의 마음을 소유한 온유의 사람으로 빚으시는 하나님의 시간들이었기 때문이다. **"그런데 내가 앞으로 가도 그가 아니 계시고 뒤로 가도 보이지 아니하며 그가 왼쪽에서 일하시나 내가 만날 수 없고 그가 오른쪽으로 돌이키시나 뵐 수 없구나 그러나 내가 가는 길을 그가 아시나니 그가 나를 단련하신 후에는 내가 순금같이 되어 나오리라."**(욥23:8~10)

가정을 해 보자. 만일 이때 술 맡은 관원장이 요셉을 기억했다면 요셉의 삶은 어떻게 되었을까? 아마 술 관원장이 바로에게 간청하여 요셉은 옥에서 곧장 풀려나 보디발의 집으로 되돌아갈 수 있었을 것이다. 그간의 억울한 옥살이를 위로 받으며 이전보다 보디발로부터 더 신임을 받는 노예 생활을 계속하였을 것이다. 아니면 술 맡은 관원장의 특별 천거로 애굽 궁궐의 하급 관리로 발탁되어 그럭저럭 평범한 애굽 백성의 한 사람으로 살아갔을지도 모른다. 또 하나의 가정을 해 보자. 만일 요셉이 이 년의 연단 없이 곧장 애굽의 총리가 되었다면 그의 삶은 어떻게 되었을까? 요셉은 비록 양식 사러 온 형제들에게 원수 갚지는 않았을지라도 그들을 홀대하는 초라한 범인(凡人)의 삶을 살았을 것이다. 하지만 하나님의 마음 안에는 바로의 꿈을 통해 자기 백성의 구원은 물론, 온 세상의 영혼들을 하나님의 양식으로 섬기는 총리 요셉이 자리하고 있었다. 요셉은 이 년의 고통스러운 옥살이 중에서 무슨 생각에 사로잡혔을까? '아, 그렇구나! 나를 생각하고, 나에게 은혜를 베풀고, 내 사정을 알고, 나를 옥에서 건져 내실 분은 이 세상 어느 누구도 아닌 살아 계신 나의 하나님이시구나!' 그리고 요셉은 하나님의 꿈을 생각하며, 고난 중에도 묵묵히 하나님의 때를 인내하며 기다리고 있었을 것이다. 마침내 요셉은 하나님의 카이로스에 바로의 꿈을 해석하고 애굽의 총리가 될 수 있었다. 자신을 노예로 팔아 버린 원수 형들을 하나님의 마음으로 품고 사랑하는 하나님의 마음을 가진 온유의 사람이 될 수 있었다. 죄는 미워하되 죄인은 불쌍히 여기는 하나님의 마음의 소유자로 거듭날 수 있었다. 요셉의 기념비는 오직, 그의 마음 안에서 그의 꿈을 이루기 위해 일하고 계시는 신실하신 하나님 한 분이었기 때문이다. **"당신들이 나를 이곳에 팔았다고 근심하지 마소서 한탄하지 마소서 하나님이 생명을 구원하시려고 나를 당신들보다 먼저 보내셨나이다."**(창45:5)

아브람도 그러하였다. 아브람은 하나님의 말씀을 따라 하란을 떠나 가나안 땅에 도착하였다. 하지만 그를 기다리고 있는 현실은 기근이었다. 아브람은 기근을 피해 애굽으로 내려갔다. 아브람은 애굽인을 두려워하여 거짓말하다가 아내 사래가 바로 왕에게 빼앗길 뻔한 큰 위기를 맞았다. 이때, 언약에 신실하신 하나님이 개입하셔서 아브람과 아내 사래를 바로의 손에서 구해 주셨다. 하나님은 또한 아브람에게 바로를 통해 많은 은금과 가축과 노비를 선물로 허락하셨다. **"그러나 죄가 더한 곳에 은혜가 더욱 넘쳤나니."**(롬5:20) 그 후 아브람이 가나안에 거한 지 십 년 즈음이었다. 아브람은 하나님의 약속을 믿지 못하여 아내 사래의 말을 듣고는 하갈을 취하여 아들 이스마엘을 낳았다. 아브람은 그 일로 인해 많은 고통을 겪었다. 아브람의 나이 구십구 세 때였다. 하나님이 그에게 찾아 오셔서 명년 이맘 때에 아들을 주실 것을 약속하셨다. **"이제 후로는 네 이름을 아브람이라 하지 아니하고 아브라함이라 하리니 이는 내가 너를 여러 민족의 아버지가 되게 함이니라."**(창17:5) 이때 아브라함은 속으로 웃었다. 그는 이미 나이 많아 늙었고 아내 사래에게는 여성의 생리가 끊어졌기 때문이었다. 이 약속을 받고서도, 아브라함은 그랄에 거류할 때 또다시 하나님의 언약을 무너뜨릴 불순종을 저질렀다. 아비멜렉이 사라를 자기 누이라고 말하는 아브라함의 말을 듣고 그녀를 취하려 하였기 때문이다. 하나님은 이때에도 사라를 아비멜렉의 손에서 건져 주셨다. 그리고 마침내 아브라함은 하나님의 약속의 때가 되어 아들 이삭을 그의 품에 안을 수 있었다. 아브라함은 그제서야 신실하신 하나님의 언약에 대해 한 점 의심 없는 확신 가운데 설 수 있었다. **"그가 백 세나 되어 자기 몸이 죽은 것 같고 사라의 태가 죽은 것 같음을 알고도 믿음이 약하여지지 아니하고 믿음이 없어 하나님의 약속을 의심하지 않고 믿음으로 견고하여져서 하나님께 영광을 돌리며 약속하신 그것을 또한 능히 이루실 줄을 확신하였으니."**(롬4:19~21)

아브라함은 이러한 이십오 년 연단의 세월을 통해 마침내 전천후 믿음의 사람으로 빚어졌다. 독자 이삭을 제물로 바치라는 이해할 수 없는 하나님의 말씀에도 그 말씀을 순종하는 사람으로 빚어졌다. 하나님이 주신 아들 이삭보다 아들을 주신 하나님을 더 사랑하는 믿음의 사람으로 빚어졌기 때문이다. 그리하여, 아브라함은 원수 노릇하는 죄인들을 아들 삼기 위해 자신의 아들을 아낌없이 내어 주신 하나님의 구원의 사랑을 계시하는 섭리의 도구로 쓰임 받을 수 있었다. 죽어도 다시 사는 부활의 예수님을 계시하는 하나님의 사람으로 빚어질 수 있었다. **"그가 하나님이 능히 이삭을 죽**

은 자 가운데서 다시 살리실 줄로 생각한지라 비유컨대 그를 죽은 자 가운데서 도로 받은 것이니라."(히11:19) 또한 약속의 땅 가나안을 이방으로 여기며 더 나은 본향 하늘 도성을 사모하는 믿음의 조상이 될 수 있었다. 아브라함의 기념비 역시, 오직 죽음의 권세에서 아들 이삭을 살리신 모리아 산에서 만난 부활의 하나님이었기 때문이다. 수풀에 뿔이 걸려 이삭 대신 제물 되어 죽은 숫양 되시는 대속의 주, 온유의 예수님이었기 때문이다. **"너희 조상 아브라함은 나의 때 볼 것을 즐거워하다가 보고 기뻐하였느니라."**(요8:56)

다윗은 십칠 세에 선지자 사무엘에 의해 왕으로 기름 부음을 받았다. 골리앗과의 싸움에서 승리를 거두자, 이스라엘 백성은 다윗을 사울보다 더 크게 높이며 그를 칭찬하였다. 다윗은 그때부터 시기의 영에 사로잡힌 사울의 핍박을 받으며 많은 고난을 겪게 되었다. 특히 다윗은 블레셋의 침공 소식이 없었다면 마온 황무지의 셀라하마느곳에서는 분명 사울에 의해 죽음을 맞았을 것이다. 다윗은 이러한 사울의 끈질긴 핍박을 통해 깨어질 대로 깨어진 하나님의 사람으로 빚어져 갔다. 이는 다윗이 사울 왕에게 한 자신의 고백을 통해서도 잘 알 수 있다. **"이스라엘 왕이 누구를 따라 나왔으며 누구의 뒤를 쫓나이까 죽은 개나 벼룩을 쫓음이니이다."**(삼상24:14) 어느 날, 다윗은 계속되는 사울의 핍박을 견디다 못해 결국 블레셋으로 망명하였다. 이 일로 인해, 다윗은 블레셋과 합세하여 동족 이스라엘과 전쟁할 수밖에 없는 난처한 상황에 처하였다. 하지만 블레셋 방백들의 반대로 동족 이스라엘과의 전쟁은 가까스로 모면할 수 있었다. 다윗이 블레셋 진영을 떠나 그가 거주하던 시글락으로 돌아왔을 때였다. 와서 보니, 시글락 성읍은 불타고 있고 모든 가족들은 아말렉에 의해 잡혀 가고 없었다. 이때 다윗은 그의 군사들에 의해 돌로 침을 당할 어려움마저 겪었다. 이러한 다윗의 끊임없는 고난과 연단의 삶은 결코 무익한 시간이 아니었다. 다윗은 이러한 연단을 통해, 장차 다윗의 자손으로 오실 예수 그리스도를 예표하는 신정 왕국 이스라엘의 왕으로서 하나님과 이스라엘 백성을 섬길 수 있었기 때문이다. 그리하여 사울 왕이 죽고 마침내 그가 왕위에 올랐을 때, 다윗은 자신의 원수 사울 왕의 죽음과 친구 요나단의 죽음을 슬픈 노래로 이렇게 애도할 수 있었다. **"오호라 두 용사가 엎드러졌으며 싸우는 무기가 망하였도다."**(삼하1:27) 그리고 요나단과 맺은 언약대로, 요나단의 아들 므비보셋을 왕궁으로 초청하여 평생 왕의 상에서 음식을 먹도록 그를 공궤할 수 있었다.

다윗과 달리 그의 아들 솔로몬은 사울 왕처럼 속히 타락의 길을 걸어갔다. 솔로몬은 처음 왕이 되었을 때는 부귀나 영광이나 장수(長壽)보다 하나님의 지혜를 구할 만큼 하나님을 경외하는 마음으로 가득하였다. 하지만 나라의 부와 영광이 더하여가자 점점 하나님을 찾는 마음이 식어져 갔다. 하나님이 의지하지 말라 하신 많은 병거들을 병거성에 두고, 은금을 축적하고, 이방 여인들과의 사랑에 빠져 우상을 섬기는 죄에 빠져 들고 말았다. 두 번이나 그를 책망하시는 하나님의 경계의 말씀마저 듣지 않았다. (왕상 11:9) 환난을 통해 구비되는 하나님의 마음의 부족 때문이었다. **"그런데 여수룬이 기름지매 발로 찼도다 네가 살찌고 비대하고 윤택하매 자기를 지으신 하나님을 버리고 자기를 구원하신 반석을 업신여겼도다."**(신32:15) 하지만 다윗의 마음 안에는 솔로몬과 달리, 찾기 전에는 그의 영혼이 잠들지 못하는 언약궤의 하나님이 그의 기념비로 자리 잡고 있었다. **"내 눈으로 잠들게 하지 아니하며 내 눈꺼풀로 졸게 하지 아니하기를 여호와의 처소 곧 야곱의 전능자의 성막을 발견하기까지 하리라 하였나이다."**(시 132:4~5)

히스기야는 그의 조상 다윗과 같이 신실한 믿음으로 하나님을 경외한 왕이었다. 그는 여러 산당들을 제거하고, 주상을 깨뜨리고 아세라 목상을 찍어 버렸다. 또 히스기야는 이스라엘 백성이 그때까지 모세가 만든 놋뱀을 향하여 분향하는 것을 보고는 그것을 훼파하고 느후스단이라 일컬었다.[31] 히스기야가 놋뱀을 부순 것은 이스라엘 백성이 놋조각에 불과한 놋뱀을 우상처럼 섬기는 죄에 빠져 있었기 때문이었다. 하나님은 이스라엘 백성이 광야에서 하나님을 원망할 때 불뱀들을 보내서서 그들을 징계하셨다. 그때 모세가 하나님께 기도하자, 하나님은 모세에게 장대에 놋뱀을 만들어 매달라고 말씀하셨다. 불뱀에 물린 자마다 그 놋뱀을 쳐다본즉 모두 살게 될 것이라고 말씀하셨다. 하나님은 우리의 신앙생활에도 광야의 이스라엘 백성에게 그러하셨듯 때때로 놋뱀 같은 이적의 도구를 허락하신다. 모세의 지팡이나 다윗의 물매도 그러한 도구 중의 하나일 것이다. 하지만 우리가 영원히 기념하고 찬양 드려야 할 유일한 기념비는 십자가에 매달려 죽으시고 부활하신 구원의 놋뱀 되신 예수님이시다. (요3:14~15) 자기 백성을 위해 모세의 지팡이와 다윗의 물매를 통해 구원의 이적을 행하신 분은 오직 은혜와 능력의 살아 계신 하나님이시기 때문이다.

노아 홍수 심판 이후, 인류는 이 땅에 자신들의 기념비인 바벨탑을 쌓으며 하나님을 도전하였다. 하나님은 인류가 쌓는 멸망의 바벨탑을 무너뜨리시고 흩어진 그 백성들 가운데 아브람을 부르셨다. 그리고 아브람으로 하여금 가는 곳곳마다 하나님의 이름을 부르는 제단을 쌓게 하셨다. **"자기에게 나타나신 여호와께 그가 그곳에서 제단을 쌓고 거기서 벧엘 동쪽 산으로 옮겨 장막을 치니 서쪽은 벧엘이요 동쪽은 아이라 그가 그곳에**

---

31) '느후스단נְחֻשְׁתָּן(느후스탄)'은 '놋조각'이라는 의미임.

서 여호와께 제단을 쌓고 여호와의 이름을 부르더니 점점 남방으로 옮겨 갔더라."(창12:7~9) 아브람의 제단은 바벨탑에 비하면 그지없이 초라한 한갓 돌 제단에 불과하였다. 하지만 세상 사람들의 눈에 초라해 보이는 다듬지 않은 그 돌 제단은 영광의 하나님의 이름을 부르는 영생의 기념비였다. 야곱이 베개로 삼았던 돌로 세운 기둥이 그러하였고,(창28:18~19) 하나님의 성소 곁 상수리나무 아래 세워진 여호수아의 돌 제단이 그러하였으며,(수24:26) 미스바와 센 사이에 세워진 사무엘의 에벤에셀이 그러하였기 때문이다. (삼상7:12) 사도 베드로의 기념비도 그가 매어 달린 형장의 X자형 십자가였고,(벧후1:14) 사도 바울의 기념비 또한 그가 순교하기 전 참수될 그의 목이 잠시 얹혀진 예수 그리스도의 산 돌(living stone)이었기 때문이다. **"전제와 같이 내가 벌써 부어지고 나의 떠날 시각이 가까웠도다."**(딤후4:6)

하나님의 연단 아래 깨어지고 빚어진 사람은 자기 기념비를 세우려는 생각조차 하지 않는다. 그리하여 이 세상의 많은 사람들이 패배하고 마는 사탄의 끊임없는 시험을 능히 이기고, 환난 가운데서도 하나님의 참 평강과 자유를 누릴 수 있다. **"바울이 이르되 말이 적으나 많으나 당신뿐만 아니라 오늘 내 말을 듣는 모든 사람도 다 이렇게 결박된 것 외에는 나와 같이 되기를 하나님께 원하나이다."**(행26:29) 하늘 보좌를 버리고 이 세상에 오신, 죄인을 위해 십자가에 죽기까지 낮아지신 골고다 사랑의 예수님만이 그의 마음의 기념비로 자리하고 있기 때문이다. **"그러나 내게는 우리 주 예수 그리스도의 십자가 외에 결코 자랑할 것이 없으니 그리스도로 말미암아 세상이 나를 대하여 십자가에 못 박히고 내가 또한 세상을 대하여 그러하니라."**(갈6:14) 비록 가인이 화려한 한 성을 쌓고, 그의 아들을 기념하기 위해 성을 이름하여 '에녹'이라 지었지만, 그 성은 하나님이 지으실 하늘의 새 예루살렘 성에 비하면 잠시 있다 없어질 초라한 이 세상의 장망성(將亡城)에 불과하기 때문이다. 비록 이 세상의 기념비가 하늘 꼭대기에 닿은 영광의 바벨탑일지라도, 그것은 고작 압살롬이 자기 이름 남길 아들 하나 없어 만든, 쓸쓸히 수풀 더미에 묻혀 있는 이끼 낀 초라한 묘비석에 불과함을 알고 있기 때문이다. **"그때에 여호와를 경외하는 자들이 피차에 말하매 여호와께서 그것을 분명히 들으시고 여호와를 경외하는 자와 그 이름을 존중히 여기는 자를 위하여 여호와 앞에 있는 기념책에 기록하셨느니라."**(말3:16)

11. 여호와께서 부리시는 악령

> "하나님께서 부리시는 악령이 사울에게 이를 때에 다윗이 수금을 들고
> 와서 손으로 탄즉 사울이 상쾌하여 낫고 악령이 그에게서 떠나니라."(삼
> 상16:23)

사울 왕이 아말렉을 진멸하라는 하나님의 명령을 불순종하였다. 그 후 하나님의 영이 사울에게서 떠나고 하나님이 부리시는 악령이 그를 번뇌하게 하였다. 사울의 신하들이 하나님이 다윗과 함께하심을 보고 그를 왕궁으로 불러들였다. 하나님이 부리시는 악령이 사울에게 이를 때였다. 다윗이 수금을 들고 와서 손으로 타자, 사울이 상쾌하여 낫고 악령이 그에게서 떠나갔다. 그 후 다윗이 골리앗을 죽이고 돌아올 때였다. 여인들이 이스라엘 모든 성읍에서 나와 노래하며 춤추며 사울을 환영하였다. 이때 여인들이 다윗에게는 만만을 돌리고 사울에게는 천천을 돌렸다. 사울 왕은 그때부터 더욱 악한 시기의 영에 사로잡혔다. 그 이튿날 하나님께서 부리시는 악령이 사울에게 힘 있게 내릴 때였다. 사울이 정신없이 떠들어 대므로 다윗이 수금을 탔다. 사울은 그 틈을 타고 다윗을 죽이려고 창을 두 번이나 다윗을 향해 던졌다. 다윗은 급히 두 번 몸을 피하여 가까스로 죽음을 모면할 수 있었다. 그 후에도 사울 왕은 지속적으로 악한 영의 노예가 되어, 악한 영의 충동질에 이끌려 다윗을 추적하며 죽이려고 몸부림하였다.

하나님은 때때로 자신의 뜻을 이루기 위해 악한 영도 사용하신다. 악한 영도 하나님의 피조물에 불과하기 때문이다. **"여호와께서 자기의 백성을 크게 번성하게 하사 그의 대적들보다 강하게 하셨으며 또 그 대적들의**

마음이 변하게 하여 그의 백성을 미워하게 하시며 그의 종들에게 교활하게 행하게 하셨도다."(시105:24~25) 악한 영은 우리를 범죄하게 하고, 우리를 사망으로 이끌어가기 위해 몸부림하는 영적 존재이다. 하지만 사울의 경우처럼, 하나님은 때때로 악한 자를 징벌하기 위해 악한 영의 역사를 허용하신다. 혹은 하나님의 백성들의 징계와 연단을 위해서도 악한 영의 역사를 허용하신다. **"여호와께서 온갖 것을 그 쓰임에 적당하게 지으셨나니 악인도 악한 날에 적당하게 하셨느니라."**(잠16:4) 사사 시대 아비멜렉의 때였다. 사사 기드온이 죽자 기드온의 첩에서 난 아비멜렉이 스스로 사사가 되었다. 아비멜렉은 그의 어머니의 친족 세겜 사람들과 공모하여 그의 이복(異腹) 형제 칠십 명을 한 바위 위에서 모조리 살해하였다. 삼 년이 지난 어느 날이었다. 하나님은 아비멜렉과 세겜 사람들을 징계하기 위해 악한 영을 그들 가운데 보내셨다. 그 결과 세겜 사람들은 아비멜렉에 의해 거의 진멸 당하고, 아비멜렉은 한 여인이 던진 맷돌 위짝에 맞아 그의 두개골이 깨어져 죽을 즈음 그의 무기 든 청년의 칼에 의해 죽임을 당하고 말았다. **"네가 본 바 이 열 뿔과 짐승은 음녀를 미워하여 망하게 하고 벌거벗게 하고 그의 살을 먹고 불로 아주 사르리라 이는 하나님이 자기 뜻대로 할 마음을 그들에게 주사 한 뜻을 이루게 하시고."**(계17:16~17)

다윗 왕 때에도 그러하였다. 다윗은 요압을 명하여 이스라엘 백성을 계수하도록 하는 죄악을 저질렀다. 사탄이 일어나 이스라엘을 대적하고 다윗을 충동질한 결과였다. 성경에서 백성을 계수하는 일은 전쟁을 위해서나,(민1:3) 이스라엘의 처음 난 자를 레위인으로 대속하기 위해 속전을 거둘 때 행하여졌다. (민3:40) 다윗의 인구 조사는 당시의 정황으로 볼 때 전쟁을 위해서나 속전을 거두기 위한 목적은 아니었다. 하나님은 다윗의 교만과, 그간의 압살롬의 반란과 세바의 반역으로 인한 이스라엘의 죄악을 징계하시기 위해 그들에게 사탄의 역사를 허용하셨다. 하지만 하나님은 이러한 사탄의 역사를 통해 장차 솔로몬이 건축할 하나님의 성전의 부지를 예비해 주셨다. **"이때에 다윗이 여호와께서 여부스 사람 오르난의 타작마당에서 응답하심을 보고 거기서 제사를 드렸으니 옛적에 모세가 광야에서 지은 여호와의 성막과 번제단이 그때에 기브온 산당에 있었으나 다윗이 여호와의 천사의 칼을 두려워하여 감히 그 앞에 가서 하나님께 묻지 못하더라."**(대상21:28~30) 우리는 이를 통해, 세상 만사를 자신의 뜻대로 주장하시고 섭리하시는 하나님의 크신 은혜와 지혜와 능력을 깨달을 수 있다.

다윗이 블레셋으로 망명한 후의 일이다. 블레셋 사람들이 이스라엘과 싸우려고 군대를 모집하였다. 블레셋 사람들은 수넴에 이르러 그곳에 진을 치고 사울과 이스라엘은 길보아에 진을 쳐서 서로 대치하였다. 사울은 블레셋 군대를 보고 심히 두려워하여 하나님께 기도하였다. 하나님은 꿈으로도, 우림으로도, 선지자로도 그에게 대답하지 않으셨다. 사울은 하는 수 없어 다른 옷을 입고 변장하여 두 신하와 함께 엔돌에 사는 한 신접한 여인에게로 찾아갔다. **"청하노니 나를 위하여 신접한 술법으로 내가 네게 말하는 사람을 불러 올리라."**(삼상28:8) 땅에서 올라온 사무엘이 사울에게 말하였다. **"여호와께서 너를 떠나 네 대적이 되셨거늘 네가 어찌하여 내게 묻느냐 …… 여호와께서 이스라엘을 너와 함께 블레셋 사람들의 손에 넘기시리니 내일 너와 네 아들들이 나와 함께 있으리라."**(삼상28:16~19) 사울은 이 말을 듣고는 땅에 완전히 엎드러졌다. 하루 밤낮 음식을 먹지 못하여 그의 기력이 다한 데다 심한 두려움이 그를 엄습하였기 때문이었다. 사울은 여인의 강권에 못이겨 그녀가 차려 주는 음식을 먹은 후 일어나 신접한 여인의 집을 나섰다. 그때는 가룟 유다가 예수님을 대제사장에게 팔기 위해 떠난 때와 같은 어두운 밤이었다. 이처럼, 하나님은 끝없이 불순종하는 사울에게 사탄의 역사를 허용하셔서 사무엘을 가장한 사탄의 입을 통해 그의 죽음에 대한 예언을 듣게 하셨다. **"네가 쫓아낼 이 민족들은 길흉을 말하는 자나 점쟁이의 말을 듣거니와 네게는 네 하나님 여호와께서 이런 일을 용납하지 아니하시느니라."**(신18:14)

북 이스라엘 아합 왕 때의 일이다. 유다의 여호사밧 왕이 아합에게로 갔을 때였다. 아합 왕은 여호사밧에게 길르앗 라못을 도로 찾기 위해 자기와 함께 아람을 칠 것을 권유하였다. 여호사밧은 먼저 하나님의 뜻을 구하자 하였다. 이에 아합 왕은 선지자 사백 명을 모으고 그들에게 전쟁의 여부에 관한 하나님의 뜻을 물었다. 거짓 선지자들은 이구동성으로 왕에게 말하였다. **"올라가소서 주께서 그 성읍을 왕의 손에 넘기시리이다."**(왕상22:6) 여호사밧이 의심쩍어 다른 하나님의 선지자를 구하자, 아합 왕은 어쩔 수 없이 평소 자기에 대해 악한 예언만 하는 미가야 선지자를 사신을 보내어 데려오게 하였다. 미가야 선지자가 왕에게 말하였다. **"내가 보니 온 이스라엘이 목자가 없는 양같이 산에 흩어졌는데 여호와의 말씀이 이 무리에게 주인이 없으니 각각 평안히 자기의 집으로 돌아갈 것이니라 하셨나이다."**(왕상22:17) 아합 왕이 전쟁에서 죽을 것을 비유적으로 예언한 말씀이었다. 미가야는 이어 말하였다. **"여호와께서 그의 보좌에 앉으셨고 하늘의 만군이 그의 좌우편에 모시고 서 있는데 여호와께서 말씀하시기를 누가 아합을 꾀어 그를 길르앗 라못으로 올라가서 죽게 할꼬"**(왕상22:20) 하시자, 한 영이 나아와 하나님 앞에 서서 **"내가 나가서 거짓말하는 영이 되어 그의 모든 선지자들의 입에 있겠나이다"**(왕상22:21)라고 말하였다 하였다. 이어서, 하나님이 이 말을 들으시고 **"너는 꾀겠고 또 이루리라 나가서 그리하라"**(왕상22:22) 말씀하셨다고 하였다. 또한 미가야는 아합에게 하나님이 거짓의 영을 왕의 선지자들의 입에 넣으셨고, 또 하나님이 왕에 대하여 화를 말씀하셨다고 하였다. 이 예언대로, 아합 왕은 전쟁에 나가 싸울 때 아람 병사가 우연히 쏜 화살에 그의 갑옷 솔기가 맞았다. 자신의 병거 위에서 피를 흘리며 뒹굴다 해 질 녘에 고통 가운데 죽고 말았다. 신하들이 아합 왕의 병거를 창기가 목욕하는 사마리아 못에서 씻으매 엘리야의 예언대로 개들이 그의 피를 핥았다. **"여호와의 말씀이 개들이 나봇의 피를 핥은 곳에서 개들이 네 피 곧 네 몸의 피도 핥으리라 하였다 하라."**(왕상21:19)

신약에도 그러한 예들이 나온다. 당시 예루살렘 교회는 사도들이 핍박 가운데에서도 큰 권능으로 예수님의 부활을 담대히 증언하였다. 성도들은 큰 은혜를 받아 밭과 집 있는 자는 팔아 그 판 것의 값을 가져다가 사도들의 발 아래 두었다. 또 그것을 각 사람의 필요에 따라 나누어 주어 그들 중 가난한 자가 아무도 없었다. 하루는 아나니아가 아내 삽비라와 의논한 후, 자기들의 소유를 팔아 그 값에서 얼마를 감추고 나머지만 사도들의 발 앞에 둔 일이 있었다. 이때 베드로 사도가 아나니아에게 말하였다. **"아나니아야 어찌하여 사탄이 네 마음에 가득하여 네가 성령을 속이고 땅 값 얼마를 감추었느냐."**(행5:3) 아나니아는 이 말을 듣고 곧 엎드러져 혼이 떠나고 말았다. 세 시간쯤 지나 그의 아내 삽비라도 거짓말하다가 베드로 앞에 엎드러져 죽고 말았다. 하나님이 오고오는 교회를 경계하시기 위해 이처럼 아나니아와 삽비라에게 사탄의 역사를 허용하시고, 범죄한 그들을 즉시 심판하셨다. 해보다도 더 빛나는 거룩하신 성령님이 자신의 교회의 기초를 놓는 시점에서 티끌만 한 죄도 용납하실 수 없었기 때문이다. 예루살렘의 아간들을 결코 간과하실 수는 없었기 때문이다. **"온 이스라엘이 그를 돌로 치고 물건들도 돌로 치고 불사르고 그 위에 돌무더기를 크게 쌓았더니**

오늘까지 있더라."(수7:25~26)

사도 바울이 에베소에서 복음을 전할 때였다. 하나님은 바울의 손으로 놀라운 능력을 행하게 하셨다. 심지어 사람들이 바울의 몸에서 손수건이나 앞치마를 가져다가 병든 사람에게 얹으면 그 병이 떠나고 악귀도 떠나갔다. 이를 본 마술하는 어떤 유대인들이 시험 삼아 악귀 들린 자들에게 주 예수의 이름을 부르며 말하였다. **"내가 바울이 전파하는 예수를 의지하여 너희에게 명하노라."**(행19:13) 유대의 한 제사장 스게와의 일곱 아들도 이 일을 행하였는데 이때 마귀가 그들에게 대답하였다. **"내가 예수도 알고 바울도 알거니와 너희는 누구냐."**(행19:15) 그리고는 그들에게 뛰어올라 눌러 이기자, 그들은 상하여 벗은 몸으로 혼비백산 도망하고 말았다. 에베소에 사는 유대인과 헬라인들이 이 일을 알고는 두려워하며 주 예수의 이름을 높였다. 많은 사람들이 예수님을 믿고 그들의 죄를 자복하였다. 또 마술을 행하던 사람들은 그들이 사용하던 책을 가지고 와서 모든 사람 앞에 불태워 버렸다. 그 책의 값이 은 오만이나 될 정도였다. 하나님이 택한 백성을 사도 바울을 통해 구원하시기 위해 사탄의 역사를 허용하신 분명한 사례라 여겨진다. **"곧 암몬과 모압 자손이 일어나 세일 산 주민들을 쳐서 진멸하고 세일 주민들을 멸한 후에는 그들이 서로 쳐 죽였더라."**(대하20:23)

바울 사도는 고린도 교회에 편지하면서 부득이 자신이 받은 하나님의 환상과 계시를 말하였다. 고린도 성도들이 거짓 사도들의 미혹에 빠져 그의 사도성(使徒性)을 의심하였기 때문이다. 바울은 낙원으로 이끌려 가서 말로 표현할 수 없는 말을 들었다. 하나님은 바울이 받은 계시들이 지극히 크므로 너무 자만하지 않게 하시려고 그의 육체에 가시 곧 사탄의 사자(使者)

를 허락하셨다. 바울은 이것이 자기에게서 떠나기를 세 번이나 기도하였지만 하나님은 바울의 간구를 듣지 않으셨다. **"내 은혜가 네게 족하도다 이는 내 능력이 약한 데서 온전하여짐이라."**(고후12:9) 이후부터 바울은 도리어 크게 기뻐함으로 자신의 여러 약한 것들에 대하여 자랑하는 삶을 살았다. 약할 때에 그리스도의 능력이 그와 함께하시며, 약한 그때에 강함을 주시는 하나님의 역설적인 신비로운 은혜를 깨달았기 때문이었다. 이처럼, 하나님은 바울에게 사탄의 사자를 허락하셔서 바울로 하여금 교만에 빠지지 않게 하시고, 약할 때에 강함을 주시는 하나님을 의지하며 그의 믿음의 경주를 달려갈 수 있도록 인도하셨다.

하나님은 악에게 시험을 받지도 아니하시고 친히 아무도 시험하지 않으신다.(약1:13) 하지만, 하나님은 때때로 우리에게도 사탄의 역사를 허용하신다. 때로는 징계를 위해, 때로는 하나님의 구원의 섭리를 이루기 위해 사탄의 시험을 허용하신다.[32] 이를 통해 우리 자신의 죄악과 무능과 무지를 깊이 바라보게 하신다. 우리의 교만함과 여전한 세상 욕심, 우리의 불신앙과 영혼의 부정함을 깊이 바라보게 하신다. 그리하여 하나님과 사람 앞에 감히 입도 열 수 없는 죄인 중에 괴수임을 깨닫는 은혜를 우리에게 베푸신

---

32) 하나님은 범죄한 아담과 하와를 에덴동산에서 '쫓아내셨다.'(창3:24) 그리고 하나님은 출애굽 때에 하나님의 강한 손으로 말미암아 완고한 바로가 마침내 이스라엘 백성을 애굽에서 '쫓아내리라'고 모세에게 말씀하셨다.(출6:1) 이 두 본문에는 '쫓아내다ש׳גּ(가라쉬)'라는 단어가 동일하게 사용되고 있음. 적용하면, 비록 우리는 아담의 범죄로 인해 하나님으로부터 죄와 사망과 사탄이 왕 노릇하는 이 세상 가운데 쫓겨나 살고 있지만, 영적으로 보면, 우리는 바로(사탄)에 의해 애굽(이 세상)에서 쫓겨나 천국(영원한 하늘의 가나안)을 소망하며 이미 광야와도 같은 이 세상에서도 가나안(하늘나라)의 삶을 살아가고 있음을 알 수 있음. 하나님의 징계와 사탄의 시험이 모두 우리의 구원과 거룩함을 이루기 위한 하나님의 지극한 사랑임을 잘 알 수 있음.

지려느냐! 이길 수 있다!

다. 우스 땅에 살던 욥의 경우가 그러하였고,(욥42:5~6) 사도 바울이 그 대표적인 예일 것이다. **"미쁘다 모든 사람이 받을 만한 이 말이여 그리스도 예수께서 죄인을 구원하시려고 세상에 임하셨다 하였도다 죄인 중에 내가 괴수니라."**(딤전1:15) 그리고 오직 하나님의 의가 되시는 예수님만 자랑하며 고난 중에도 감사함으로 순종하는 삶을 살아가게 하신다. 온 마음으로 하나님을 의지하고 사랑하며, 하나님께만 영광 돌리는 삶을 살아가게 하신다. 하나님이 허용하신 시험을 통해 연단된 영혼은, 출애굽 이후 홍해 바닷가에서 떠다니는 바로와 애굽인들의 송장이 곧 죽어야 할 내 자신의 비참한 육신의 모습임을 알게 되기 때문이다. (출14;30) 가나안의 은금과 시날 산 외투를 탐하다 돌무더기가 된 아간이, 바로 죄악으로 인해 심판받아 마땅한 부패한 내 자신의 모습임을 알게 되기 때문이다. **"내가 네게 내 언약을 세워 내가 여호와인 줄 네가 알게 하리니 이는 내가 네 모든 행한 일을 용서한 후에 네가 기억하고 놀라고 부끄러워서 다시는 입을 열지 못하게 하려 함이니라 주 여호와의 말씀이니라."**(겔16:62~63)

12. 내 뒤로 물러나라

> "예수께서 베드로에게 이르시되 사탄아 내 뒤로 물러가라 너는 나를 넘
> 어지게 하는 자로다 네가 하나님의 일을 생각하지 아니하고 도리어 사
> 람의 일을 생각하는도다 하시고 이에 예수께서 제자들에게 이르시되 누
> 구든지 나를 따라 오려거든 자기를 부인하고 자기 십자가를 지고 나를
> 따를 것이니라."(마16:23~24)

예수님이 빌립보 가이사랴 지방에 이르셨을 때였다. 예수님이 제자들에
게 물으셨다. **"사람들이 인자를 누구라 하느냐."**(마16:13) 제자들은 **"더러
는 세례 요한 더러는 엘리야 어떤 이는 예레미야나 선지자 중의 하나라
하나이다"**(마16:14)라고 대답하였다. 예수님은 다시 제자들에게 **"너희는
나를 누구라 하느냐"**(마16:15)고 물으셨다. 베드로가 예수님께 대답하였
다. **"주는 그리스도시요 살아 계신 하나님의 아들이시니이다."**(마16:16)
예수님은 이때로부터 자기가 예루살렘으로 올라가 종교 지도자들에게 많
은 고난을 받고, 죽임을 당하고, 제삼 일에 살아나야 할 것을 비로소 제자
들에게 가르치셨다.[33]예수님이 이 말씀을 하시자 베드로가 예수님을 붙들
고 항변하며 말하였다. **"주여 그리 마옵소서 이 일이 결코 주께 미치지 아
니하리이다."**(마16:22) 예수님이 돌이켜 베드로를 보시며 단호히 꾸짖으셨
다. **"사탄아 내 뒤로 물러가라 너는 나를 넘어지게 하는 자로다 네가 하
나님의 일을 생각하지 아니하고 도리어 사람을 일을 생각하는도다."**(마
16:23) 예수님은 베드로의 말을 통해, 자신의 죽음으로 이루어야 할 성부

---

33) 본문의 살아나야 '할 것-δεῖ(데이)'의 의미는 '신적 당위성', 즉 하나님의 섭리 안에서 '반
드시 일어나야만 하는 일'이라는 의미임. (cf. 눅24:26; 행9:16)

하나님의 구원 사역을 방해하는 사탄의 궤계를 간파하고 계셨기 때문이었다. 이를 통해, 우리는 사탄은 예수님의 가장 가까운 제자를 통해서도 하나님의 일을 방해하고 있음을 깨달을 수 있다. 하와가 사탄의 미혹을 받아 아담을 유혹하였듯이 사탄은 사랑하는 제자 베드로의 말을 통해 예수님을 시험하고 있었기 때문이다.

사탄은 주로 잠시 있다 없어질 이 세상 육신의 생명과 유익을 미끼로 우리를 미혹한다. 베드로가 예수님의 죽음을 싫어하였듯이, 우리 또한 육신의 죽음보다는 건강과 장수를, 가난보다는 부요를, 수치보다는 명예를, 불행보다는 행복을, 염려보다는 이 세상의 평안을 추구한다. 사탄은 이러한 미혹을 통해 우리의 마음을 육신의 죽음 이후의 영원한 세계나 하나님의 심판에 관해서는 무관심하도록 만든다. **"바울이 의와 절제와 장차 오는 심판을 강론하니 벨릭스가 두려워하여 대답하되 지금은 가라 내가 틈이 있으면 너를 부르리라."**(행24:25) 무덤 너머 천국의 영광과 영생의 복락을 보지 못하게 하고, 죽음의 두려움을 통해 평생 우리를 자신의 종으로 삼고자 한다. **"그도 또한 같은 모양으로 혈과 육을 함께 지니심은 죽음을 통하여 죽음의 세력을 잡은 자 곧 마귀를 멸하시며 또 죽기를 무서워하므로 한평생 매여 종노릇하는 모든 자들을 놓아 주려 하심이니."**(히2:14~15) 영생을 위해 고난받는 삶의 영광을 깨닫지 못하게 하고 그러한 삶을 어리석고 무가치한 일로 여기게 만든다. (딤전4:12) **"만일 우리의 복음이 가리었으면 망하는 자들에게 가리어진 것이라 그중에 이 세상의 신이 믿지 아니하는 자들의 마음을 혼미하게 하여 그리스도의 영광의 복음의 광채가 비치지 못하게 함이니 그리스도는 하나님의 형상이니라."**(고후4:3~4) 베드로에게 역사한 사탄의 궤계가 바로 그러하였다.

반면, 예수님은 십자가 고난 다음에 부활의 영광이 있음을 제자들에게 거듭 가르치셨다. 부활의 영광과 천국의 복된 삶을 위해 이 세상에서 자기 십자가를 지고 예수님을 따르는 삶을 살아야 할 것을 가르치셨다. 예수님을 따르는 삶은 곧 예수님을 뒤따라가는 삶이다. 하나님이신 예수님의 말씀을 우리 앞에 두고, 환난 중에도 그 말씀을 붙좇아 따라가는 삶이다. **"주의 말씀은 내 발에 등이요 내 길에 빛이니이다."**(시119:105) 그러므로 우리가 하나님의 말씀을 앞세우고 걸어가기만 하면 우리 앞에는 어떤 원수의 세력도 우리의 길을 막거나 방해할 수 없다. **"이는 여호와께서 강대한 나라들을 너희 앞에서 쫓아내셨으므로 오늘까지 너희에게 맞선 자가 하나도 없었느니라."**(수23:9) 우리의 삶에는 오직 영광의 하나님의 승리만이 있을 뿐이다. 비록 육신적으로는 핍박과 고난과 수치와 죽음을 당하는 길일지라도, 우리의 구원받은 영혼은 하나님의 영원한 생명과 사랑, 은혜와 영광의 장막 안에 거하고 있기 때문이다. **"참으로 우리가 여기 있어 탄식하며 하늘로부터 오는 우리 처소로 덧입기를 간절히 사모하노라."**(고후5:2)

　하지만, 우리는 주로 고난의 때에 예수님을 뒤따르는 삶의 궤도를 벗어난다. 아브람이 그러하였다. 아브람은 하나님의 말씀을 앞세우고 가나안 땅에 도착하였지만, 그 땅에 기근이 있는 상황을 목격하고는 그의 눈에 보이는 기근을 피해 애굽으로 내려갔다. 그리고 두려움에 빠져, 아내 사래를 그의 누이라고 속여 바로에게 사래를 빼앗길 뻔한 큰 어려움을 겪게 된다. 이는 하나님의 언약의 말씀을 앞세우고 뒤따라가지 않은 그의 불신앙의 결과였다. 베들레헴에 임한 기근을 피해 모압으로 이주했다가 큰 고난을 겪은 엘리멜렉 가정 역시 그러하였다. **"내가 풍족하게 나갔더니 여호와께서 내게 비어 돌아오게 하셨느니라 여호와께서 나를 징벌하셨고 전능자가 나를 괴롭게 하셨거늘 너희가 어찌 나를 나오미라 부르느냐."**(룻1:21)

다윗과 엘리야도 그러하였다. 다윗은 늘 하나님을 그 앞에 모시고 산 믿음의 사람이었다. **"내 영혼이 하나님 곧 살아 계시는 하나님을 갈망하나니 내가 어느 때에 나아가서 하나님의 얼굴을 뵈올까."**(시42:2) 다윗은 블레셋 장수 골리앗과의 전쟁에서 오직 하나님의 이름을 앞세우고 싸웠다. 양을 칠 때 사용하던 보잘것없는 목자의 막대기와 물맷돌로 거인 골리앗을 단번에 쓰러뜨렸다. 하지만 다윗은 사울의 핍박이 끊임없이 계속되자 어느 날 블레셋 지방으로 망명을 하게 된다. 그 후 다윗은 블레셋 지방에서 잠시 육신적으로는 평안을 누릴 수 있었지만, 얼마 후 그의 눈앞에는 모든 가족들이 포로 되어 사라진, 불타고 있는 시글락 성읍이 기다리고 있을 뿐이었다. 고난이 올수록 하나님을 더욱 신뢰하며 하나님의 말씀을 앞세우지 않은 그의 불신앙의 결과였다. **"고난 당한 것이 내게 유익이라 이로 말미암아 내가 주의 율례들을 배우게 되었나이다."**(시119:71) 엘리야 선지자도 하나님을 항상 그 앞에 모시고 산 믿음의 선지자였다. **"내가 섬기는[34] 이스라엘의 하나님 여호와께서 살아 계심을 두고 맹세하노니 내 말이 없으면 수 년 동안 비도 이슬도 있지 아니하리이다."**(왕상17:1) 하지만 엘리야도 갈멜산 승리 후 이세벨이 그를 죽이려 할 때 그녀를 피해 황급히 광야로 들어갔다.[35] 항상 자기 앞에 계시는 하나님 자리에 자신을 죽이려는 잔뜩 화난 이세벨의 얼굴을 둔 때문이었다. **"나를 훈계하신 여호와를 송축할**

---

34) '내가 섬기는'으로 번역된 원문은 '내가 그(하나님)의 얼굴 앞에 서 있는(עָמַד-아마드)'이라는 의미임. 창24:40에 아브라함이 한 말 중 '내가 섬기는 여호와께서로' 번역된 말씀도 '내가 그(하나님)의 얼굴 앞에서 걸어가는(הָלַךְ-하락)'이라는 의미임. 적용하면, 하나님과 동행하는 삶은 매 순간 하나님의 얼굴 앞에서, 하나님과 함께 걸어가는 삶임을 깨달을 수 있음.
35) 개역 성경에는 엘리야가 '도망하였다'고 번역하고 있으나 원문은 '걸어갔다-הָלַךְ(하락)'이라는 의미. 급한 걸음으로 갔을 수는 있으나 도망간 것은 아님을 알 수 있음. 반면, 삼상21:10 다윗이 사울을 두려워하여 가드 왕 아기스에게로 도망갔을 때의 '도망-בָּרַח(바라)'는 실제로 '도망간-fled' 것임.

지라 밤마다 내 양심이 나를 교훈하도다 내가 여호와를 항상 내 앞에 모심이여 그가 나의 오른쪽에 계심으로 내가 흔들리지 아니하리로다."(시 16:7~8)

바울 사도가 보낸 디모데전서를 보자. 당시 디모데가 섬기던 교회에는 젊은 여자들 중에 집집으로 돌아다니며, 쓸데없는 말을 하여 문제를 일으키고 비방거리를 만드는 성도들이 있었다. 바울은 그들을 경계하기 위해 디모데에게 이렇게 편지하고 있다. **"그러므로 젊은 이는 시집 가서 아이를 낳고 집을 다스리고 대적에게 비방할 기회를 조금도 주지 말기를 원하노라 이미 사탄에게 돌아간 자들도 있도다."**(딤전5:14~15) 본문에서 '사탄에게 돌아간 자들'이라는 말은 '사탄의 뒤로 돌아간 자들'[36]이라는 의미이다. 이들 역시 하나님을 그들 앞에 모시지 않음으로써 사탄의 뒤를 따르는 자가 되고 말았다. 원수에게 비방거리의 재료만 공급하는 사탄의 하수인으로 전락하고 말았다. **"너희의 소행이 좋지 못하도다 우리의 대적 이방 사람의 비방을 생각하고 우리 하나님을 경외하는 가운데 행할 것이 아니냐."**(느5:9)

우리는 이러한 성경의 인물들을 통해, 예수님을 뒤따르지 않는 불순종이나 인간적 열심은 곧 피조물이 창조주를 인도하려는 무모하고 어리석은 큰 죄악임을 깨달을 수 있다. 차지도 뜨겁지도 않은 라오디게아 교회의 불순종 못지않은 큰 책망을 받을 죄악임을 깨달을 수 있다. **"도끼가 어찌 찍는**

---

36) 원문은 ἐξετράπησαν ὀπίσω τοῦ σατανᾶ(엑쎄트라페산 오피소 투 사타나)임. 마10:38의 '나를 따르지 않는 자'라는 말씀도 원문은 '나의 뒤(ὀπίσω)를 따르지 않는 자'이며, 예수님이 자신의 죽음을 만류하는 베드로에게 '내 뒤로 물러나라' 하실 때에도 동일하게 '뒤-ὀπίσω'라는 단어가 사용됨. (cf. 눅21:8)

자에게 스스로 자랑하겠으며 톱이 어찌 켜는 자에게 스스로 큰 체 하겠느냐 이는 막대기가 자기를 드는 자를 움직이려 하며 몽둥이가 나무 아닌 사람을 들려 함과 같음이로다."(사10:15) 영적으로 보면, 예수님을 우리 앞에 모시지 않는 삶은 베드로가 그러하였듯 우리 앞에 사탄을 두고 사는 삶이기 때문이다. 우리의 불신앙이 우리 앞에 계시는 예수님 자리에 사탄이 서 있도록 만들기 때문이다. 하지만 우리가 있어야 할 곳은 예수님의 뒷자리이다. 우리의 능력이나 지혜로는 결코 사탄의 지혜와 권세를 이길 수 없기 때문이다. 사탄의 뒤를 따르는 삶에 하나님의 승리와 평강이 주어질 수는 없기 때문이다. **"내 백성들아 내 말을 들으라 이스라엘아 내 도를 따르라 그리하면 내가 속히 그들의 원수를 누르고 내 손을 돌려 그들의 대적을 치리니."**(시81:13~14)

반면에, 우리는 말씀이신 예수님을 우리 앞에 모시고 그를 뒤따르기만 하면 백전백승의 삶을 살아갈 수 있다. 육신으로는 패배당한 것 같으나 영으로는 늘 이긴 자의 삶을 살아갈 수 있다. **"우리는 속이는 자 같으나 참되고 무명한 자 같으나 유명한 자요 죽은 자 같으나 보라 우리가 살아 있고 징계를 받는 자 같으나 죽임을 당하지 아니하고 근심하는 자 같으나 항상 기뻐하고 가난한 자 같으나 많은 사람을 부요하게 하고 아무것도 없는 자 같으나 모든 것을 가진 자로다."**(고후6:8~10) 예수님이 우리 앞에 계시면, 사탄은 우리 뒤를 추격하거나 두려움을 줄 수는 있어도 결코 우리를 대적할 수는 없기 때문이다. 거라사 군대 귀신을 쫓아내신 예수님이 우리 앞서 행하시고, 엘리사의 하나님의 불말과 불병거가 우리를 사방에서 호위하고 있기 때문이다. **"여호와께서 너희 앞에서 행하시며 이스라엘의 하나님이 너희 뒤에서 호위하시리니 너희가 황급히 나오지 아니하며 도망하듯 나오지 아니하리라."**(사52:12)

하나님을 항상 우리 앞에 모시고 살아가자. 우리 앞서 우리를 인도하시는 하나님만을 뒤따르는 삶을 살기로 결단하자. **"여호와의 언약궤가 그 삼일 길에 앞서가며 그들의 쉴 곳을 찾았고."**(민10:33) 하나님의 말씀을 우리의 발에 등으로, 우리의 길에 빛으로 삼고 그 말씀만을 뒤따르는 삶을 살아가자. 하나님의 언약궤 앞서 가나안 백성을 공격하다 패배의 쓴 잔을 마신 호르마의 이스라엘 백성이 아닌,(민14:39~45) 환난의 때에도 변함없이 하나님의 말씀만을 앞세우고 믿음으로 가나안을 정복한 여호수아와 갈렙의 삶을 살아가자. **"다만 여호와를 거역하지는 말라 또 그 땅 백성을 두려워하지 말라 그들은 우리의 먹이라 그들의 보호자는 그들에게서 떠났고 여호와는 우리와 함께하시느니라 그들을 두려워하지 말라."**(민14:9) 핍박 가운데서도 자신의 입술에서 나온 말이 하나님의 목전에 있다고 고백하며 묵묵히 선지자의 사명을 감당한 예레미야의 삶을 뒤따르자.(렘17:16) 베드로의 말을 하나님의 말씀으로 듣고, 하나님 앞에 서 있는 믿음으로 그와 그의 온 친척과 친구들을 구원한 고넬료의 믿음을 본받자.(행10;33) 항상 그리스도 안에서와 하나님 앞에서 복음을 전한 사도 바울의 삶을 따라가자.(고후2:17) 열린 하늘과 하나님 우편에 서서서 손짓하시는 인자를 바라보고, 자신의 육신을 순교의 제물로 드리며 하늘 향해 달려 나간 스데반의 믿음을 따르자. **"주 예수여 내 영혼을 받으시옵소서 하고 무릎을 꿇고 크게 불러 이르되 주여 이 죄를 그들에게 돌리지 마옵소서."**(행7:59~60) 그리하여, 이 세상에서도 우리 앞서 우리 원수와 싸우셔서 우리에게 이김을 주시는 하나님의 승리를 날마다 누리며 살아가자. 하나님의 말씀을 앞서는 삶은 악한 사탄의 꽁무니를 뒤따르는 어리석고 가련한 삶임을 항상 잊지 말자. **"형제들아 나는 아직 내가 잡은 줄로 여기지 아니하고 오직 한 일 즉 뒤에 있는 것은 잊어버리고 앞에 있는 것을 잡으려고 푯대를 향하여 그리스도 예수 안에서 하나님이 위에서 부르신 부름의 상을 위하여**

달려가노라."(빌3:13~14)

'성령님!
성령님이 행하시는 일과
행하시는 곳, 행하시는 때를 분별하며
우리 앞서 일하시는 성령님만을 따르게 하소서!
비록 그 길이 십자가의 길일지라도
우리를 성령님께 항복하게 하셔서
성령님의 능력과 지혜로 십자가의 길만 뒤따르게 하소서!'

2부   이길 수 있다!

01. 뒷걸음쳐 들어가서

"셈과 야벳이 옷을 가져다가 자기들의 어깨에 메고 뒷걸음쳐 들어가서
그들의 아버지의 하체를 덮었으며 그들이 얼굴을 돌이키고 그들의 아버
지의 하체를 보지 아니하였더라."(창9:23)

노아는 하나님의 홍수 심판 이후 농사를 시작하여 포도나무를 심었다.
하루는 포도주를 마시고 취하여 장막 안에서 벌거벗은 채로 잠이 들었다.
함이 그의 아버지의 하체[37]를 보고 밖으로 나가서 이 일을 두 형제에게 고
하였다. 셈과 야벳은 함의 말을 듣고는, 옷을 가져다가 어깨에 메고 뒷걸음
쳐 들어가서 아버지 노아의 하체를 덮어 주었다. 셈과 야벳은 얼굴을 돌이
키고 그들의 아버지의 하체를 보지도 아니하였다. 노아가 술이 깨어 함이
그에게 행한 일을 알고 그를 저주하였다. **"가나안은 저주를 받아 그의 형
제의 종들의 종이 되기를 원하노라."**(창9:25) 함이 저주받은 이유는, 자신
의 벌거벗음의 수치를 덮어 주신 하나님의 은혜로 아버지 노아의 벌거벗음
의 허물을 덮어 주지 않은 그의 불신앙 때문이었다.

아담과 하와가 선악과를 따 먹고 범죄했을 때였다. 하나님은 아담과 하
와가 스스로 죄의 부끄러움을 가리기 위해 무화과나무 잎으로 만든 그들의
옷을 벗기셨다. 동물을 잡아 그 가죽으로 옷을 지어 입혀 그들의 벌거벗은

---

37) '하체'는 '벌거벗음-עֶרְוָה(에르와)'라는 의미임.(cf. 출20:26; 겔16;8) 신24:1 '수치되는 일'
에도 동일하게 '벌거벗음-עֶרְוָה'이라는 단어가 사용됨. 적용하면, 남편이 이혼 증서를 써서 아
내를 내보내기 전, 먼저 자신의 벌거벗음을 덮어 주신 하나님의 은혜의 눈으로 아내의 벌거
벗음의 수치를 덮어 주어야 함을 완곡하게 교훈하고 있다고 여겨짐.(cf. 호3:1; 마19:7~8)

수치를 가려 주셨다. 함이 받은 저주는 이처럼 자신의 죄의 수치를 가려 주시는 하나님의 은혜를 알지 못한 데 기인하였다. **"허물의 사함을 받고 자신의 죄가 가려진 자는 복이 있도다 마음에 간사함이 없고 여호와께 정죄를 당하지 아니하는 자는 복이 있도다."**(시32:1~2) 성경은 끊임없이 덮어 주시는 하나님의 은혜에 의한 구원을 가르치고 있다. 십계명 두 돌판이 언약궤로 덮여 있는 것이 그러하였고, (신10:1~2) 두 그룹의 날개로 덮고 있는 지성소의 속죄소[38]가 그러하였다. **"그룹들은 그 날개를 높이 펴서 그 날개로 속죄소를 덮으며 그 얼굴을 서로 대하여 속죄소를 향하게 하고 …… 거기서 내가 너와 만나고."**(출25:20~22) 우리는 하나님의 거룩한 율법 앞에 감히 설 수조차 없는 죄인들이다. 하지만 우리는 언약궤로 두 돌판을 덮어 주시는 하나님의 은혜로 지성소의 하나님을 만날 수 있다. 두 그룹이 활짝 펼친 그들의 양 날개로 언약궤를 덮듯이, 하나님의 덮어 주시는 은혜로 속죄소에 임재하신 거룩하신 하나님을 만날 수 있다.

속죄일의 경우를 보자. 이날은 하나님이 일 년에 한 번씩 이스라엘의 모든 죄를 용서해서서 그들과의 관계를 새롭게 하시는 날이다. 거룩하신 하나님이 이스라엘의 죄로 인해 부정해진 지성소와 회막과 제단을 속죄하게 하셔서 그들 가운데 영원히 함께 거하시고 그들에게 은혜를 베푸시기 위함이었다. 특히 이날은 대제사장 아론 혼자 회막에 머물 수 있었다. (레16:17) 아론은 속죄일에는 평소 입고 있던 그의 제사장 의복을 벗고 그의 몸을 물로 씻어야 했다. 세마포로 만든 속옷과 속바지를 입고 세마포 띠와 관을 쓰야 했다. 그리고 아론은 자기를 위한 속죄제의 수송아지를 잡고 휘장 안에 들어가서 제단의 불을 담은 향로의 향연(香煙)으로 속죄소를 가려야 했다.

---

38) '속죄소-כפרת(카포레트)'의 문자적 의미는 '덮음'이라는 의미임.

수송아지의 피를 그의 손가락으로 속죄소 동쪽에 뿌리고 또 그 피를 속죄소 앞에 일곱 번 뿌려야 했다. 다음에는 이스라엘 백성을 위한 속죄제 염소를 잡아 속죄소 위에와 속죄소 앞에 뿌리고 그들을 위해 속죄하였다. 수송아지의 피와 염소의 피를 제단 귀퉁이 뿔들에 바르고 그 피를 제단 위에 일곱 번 뿌려 이스라엘 백성의 부정에서 제단을 성결하게 하였다. 그 후 아사셀을 위하여 제비 뽑은 염소의 머리에 그의 두 손으로 안수하여 이스라엘 자손의 모든 불의와 범한 죄를 아뢰었다. 그리고 그 불의와 죄를 머리에 짊어진 아사셀 염소를 광야로 보내어 이스라엘의 죄를 속죄하였다. 이후에 아론은 다시 회막에 들어가서 지성소에 들어갈 때에 입었던 세마포 옷을 벗어 거기 두었다. 거룩한 곳에서 다시 물로 그의 몸을 씻고, 평소에 입던 그의 제사장 의복을 갈아 입은 뒤 자기와 백성을 위한 번제를 드려 속죄하였다. 이처럼, 아론은 속죄일에는 많은 시간을 벌거벗은 몸으로 하나님 앞에 머물러 있어야 했다. 아론은 세마포 옷으로 갈아 입기 위해 평소 입던 제사장 옷을 벗을 때와, 속죄제를 드린 후 다시 세마포 옷을 벗고 평소 입던 제사장 의복으로 갈아 입을 때와, 또한 옷을 갈아 입기 위해 두 번 몸을 씻을 때에 벌거벗은 채로 홀로 하나님 앞에 서 있었기 때문이다. 이를 통해, 하나님은 모든 사람은 아론처럼 하나님 앞에 벌거벗은 죄인이라는 사실을 깨닫기를 원하셨다. **"그러면 어떠하냐 우리는 나으냐 결코 아니라 유대인이나 헬라인이나 다 죄 아래에 있다고 우리가 이미 선언하였느니라 기록된 바 의인은 없나니 하나도 없으며 깨닫는 자도 없고 하나님을 찾는 자도 없고 다 치우쳐 함께 무익하게 되고 선을 행하는 자는 없나니 하나도 없도다."**(롬3:9~12)

모세가 광야 여정 중에 구스 여인을 취하였을 때였다. 미리암과 아론이 이를 보고 모세를 비방하였다. 하나님은 이 일을 기뻐하지 않으시고 미리암을 문둥병으로 징계하셨다. 미리암은 장막 밖에서 병든 수치의 몸으로 칠 일 동안 홀로 지내는 고통을 겪어야 했다. 이스라엘 진영도 그 기간 동안 하세롯에 머물러 있을 수밖에 없었다. 하나님은 이처럼 다른 사람의 허물을 덮어 주지 않는 죄악을 결코 기뻐하지 않으신다. **"허물을 덮어 주는 자는 사랑을 구하는 자요 그것을 거듭 말하는 자는 친한 벗을 이간하는 자니라."**(잠17:9) 하나님이 먼저 우리의 모든 죄의 벌거벗은 수치를 온전히 덮어 주셨기 때문이다. (겔16:8) 하나님은 우리가 다른 사람의 허물을 들추어내는 죄를 범할 때면, 때때로 우리의 벌거벗음을 밝히 드러 내서서 우리로 하여금 다른 사람들 앞에서 부끄러움을 당하게 하신다. 이를 통해 우리 자신의 허물을 깊이 바라보게 하시고, 다시는 다른 사람의 벌거벗음을 입밖에도 내지 못하도록 우리를 깨어진 마음으로 변화시켜 주신다. **"이는 내가 네 모든 행한 일을 용서한 후에 네가 기억하고 놀라고 부끄러워서 다시는 입을 열지 못하게 하려 함이니라 주 여호와의 말씀이니라."**(겔16:63)

하나님은 마침내 벌거벗은 죄인인 우리를 구원하시기 위해 자신의 아들을 보내 주셨다. **"예루살렘아 예루살렘아 선지자들을 죽이고 네게 파송된 자들을 돌로 치는 자여 암탉이 그 새끼를 날개 아래에 모음같이 내가 네 자녀를 모으려 한 일이 몇 번이더냐 그러나 너희가 원하지 아니하였도다."**(마23:37) 그리하여 하나님의 아들 예수님이 우리의 모든 죄의 부끄러움을 가려 주시기 위해 십자가 위에서 피 흘려 죽으셨다. 우리를 의인 삼으시기 위해 벌거벗음의 수치를 당하신 자신의 피 묻은 옷으로 우리의 모든 허물을 덮어 주셨다. (계19:13) **"군인들이 예수를 십자가에 못 박고 그의 옷을 취하여 네 깃에 나누어 각각 한 깃씩 얻고 속옷도 취하니."**(요19:23) 우리가 때때로 성화(聖畵)를 볼 때 하체가 가려진 채로 십자가에 죽으신 예수님의 모습을 볼 수 있다. 하지만 성경은 그렇지 않다. 예수님은 자신의 겉옷은 물론 속옷까지 모두 군병들에 의해 벗겨지고 제비 뽑혀 나누어졌기 때문이다. **"개들이 나를 에워쌌으며 악한 무리가 나를 둘러 내 수족을 찔렀나이다 내가 내 모든 뼈를 셀 수 있나이다 그들이 나를 주목하여 보고 내 겉옷을 나누며 속옷을 제비 뽑나이다."**(시22:16~18)

우리는 하나님 앞에 감히 고개를 들 수도 없는 죄인들이다. 죽어 마땅한 원수 사울의 자손이지만, 요나단과의 언약 때문에 다윗의 상에서 함께 음식을 먹은 '황송한 므비보셋'의 은혜를 받은 자들이다. **"그가 절하여 이르되 이 종이 무엇이기에 왕께서 죽은 개 같은 나를 돌아보시나이까."**(삼하 9:8) 우리는 또한 하나님 앞에 각(角) 뜨여져 죽어 마땅한 죄인들이다. (레 1:6) 하지만 우리 자신이 벌거벗은 죄인임을 진심으로 고백하기만 하면, 하나님은 즉시 예수님의 거룩한 구원의 흰 세마포 옷으로 우리를 입혀 주신다. (계19:8) 우리의 벌거벗은 죄의 수치를 영원히 덮어 주신다. **"보라 내가 도둑같이 오리니 누구든지 깨어 자기 옷을 지켜 벌거벗고 다니지 아니하며 자기의 부끄러움을 보이지 아니하는 자는 복이 있도다."**(계16:15) 하나님의 이 황송한 은혜를 받은 사람은 더 이상 혼인 잔치에 초청받은 손님이 아니다. 신랑 되신 예수님의 거룩한 신부로서 하나님이 선물로 주신 아름답고 순결한 천국 혼인 잔치의 혼인 예복을 입은 자들이다. (마22:12) 내가 '죄인 중에 괴수'임을 온 영혼으로 깨닫고 다른 사람의 허물을 불쌍히 여기는 긍휼의 옷을 입은 자들이다. **"긍휼을 행하지 아니하는 자에게는 긍휼 없는 심판이 있으리라 긍휼은 심판을 이기고 자랑하느니라."**(약2:13) 우리는 함의 영혼이 곧 저주받은 참소자 마귀의 영에 속한 자요, 스데반을 돌로 쳐 죽인 유대인들의 영이 악한 마귀의 포로 된 영들임을 누구보다 잘 알고 있기 때문이다. 또한, 우리는 간음 현장에서 끌려온 여인을 향해 돌을 들고 선 무리들이 정작 자신들이 그 돌에 맞아 죽어야 할 가증한 죄인들

임을 깊이 깨닫고 있기 때문이다. **"너희 중에 죄 없는 자가 먼저 돌로 치라."** (요8:7)

　서로의 허물을 긍휼의 옷으로 덮어 주고, 이를 위해 꿇어 엎드리는 긍휼의 무릎이 되자. 형제의 허물이 보일 때마다 몰래 뒷걸음쳐 다가가 아버지의 허물을 덮어 준 셈과 야벳의 복된 발걸음이 되자. 먼저 자신의 술 취한 벌거벗음의 수치를 자백하지는 않고 아들 함을 저주한 노아가 아닌, 저주 아래 있는 죄인들을 위해 십자가 죽음을 당하셔서 영원한 생명의 복을 허락하신 예수님의 마음을 가지자. '황송한 므비보셋'의 마음으로 먼저 나의 허물을 바라보고, 예수님의 피의 옷으로 다른 사람의 벌거벗음을 덮어 주는 긍휼의 손길이 되자. 그리할 때, 우리 또한 덮어 주시는 하나님의 은혜 안에서 날마다 평강의 삶을 살아갈 수 있을 것이다. **"나는 당신의 여종 룻이오니 당신의 옷자락을 펴 당신의 여종을 덮으소서 이는 당신이 기업을 무를 자가 됨이니이다."** (룻3:9) 마귀의 고소는 혼비백산 우리를 떠나가고, 우리의 영혼은 승리하신 예수님 안에서 사탄을 향해 담대함으로 개가(凱歌)를 부르는 삶을 살아갈 수 있을 것이다. **"보라 네게 노하던 자들이 수치와 욕을 당할 것이요 너와 다투는 자들이 아무것도 아닌 것같이 될 것이며 멸망할 것이라 네가 찾아도 너와 싸우던 자들을 만나지 못할 것이요 너를 치는 자들은 아무것도 아닌 것 같고 허무한 것같이 되리니."** (사41:11~12)

02. 화평을 구하라

"또 가나안 사람과 브리스 사람도 그 땅에 거주하였는지라 아브람이 롯
에게 이르되 우리는 한 친족이라 나나 너나 내 목자나 네 목자나 서로 다
투게 하지 말자."(창13:7~8)

아브람이 기근을 피해 내려갔던 애굽에서 가나안으로 돌아왔을 때였다.
아브람과 롯의 가축과 소유가 많아 동거하기에 넉넉하지 못하였다. 그리
하여 두 사람의 목자 사이에 다툼이 일어났다. 이때 아브람은 조카 롯에게
먼저 화평을 구하였다. **"우리는 한 친족이라 나나 너나 내 목자나 네 목
자나 서로 다투게 하지 말자 네 앞에 온 땅이 있지 아니하냐 나를 떠나가
라 네가 좌하면 나는 우하고 네가 우하면 나는 좌하리라."**(창13:8~9) 롯
은 이 말을 듣고 먼저 자신이 거주할 소유지를 선택하고는 그의 장막을 소
돔까지 옮겨 그곳에 살게 되었다. 하나님이 롯이 떠난 후 아브람에게 찾아
오셨다. 아브람의 눈을 열어 동서남북을 보게 하시고, 가나안 땅을 그와 그
의 후손에게 영원한 기업으로 주실 것을 언약하셨다. 아브람이 황급히 롯
에게 먼저 화평을 구한 이유는 무엇이었을까? 아마도 그것은 그들 앞에 하
나님을 알지 못하는 가나안 주민들이 살고 있었기 때문일 것이다. **"또 가
나안 사람과 브리스 사람도 그 땅에 거주하였는지라."**(창13:7) 하나님의
백성들이 하나님을 알지 못하는 이방인들 앞에서 이 세상 목초지 문제로
서로 다투는 모습을 보여 하나님의 영광을 땅에 떨어뜨릴 수는 없었기 때
문이었다. 아브람은 자신의 사사로운 유익보다 하나님의 영광을 먼저 의
식하는 믿음의 사람이었다. **"너희가 서로 영광을 취하고 유일하신 하나
님께로부터 오는 영광은 구하지 아니하니 어찌 나를 믿을 수 있느냐."**(요

5:44) 그리하여 조카 롯에게 조건 없이 먼저 소유지를 선택하도록 양보하고 서로의 화평을 구할 수 있었다. **"오직 너희는 진리와 화평을 사랑할지니라."**(슥8:19)

이삭은 하나님의 은혜로 가나안 땅에서 왕성하여 마침내 큰 부자가 되었다. 블레셋 사람들은 이를 시기하여 아브라함 때에 팠던 우물을 메워 버렸다. 이삭이 그들을 떠나 그랄 골짜기에 거주할 때 이삭의 종들이 골짜기를 파서 물 근원을 얻었다. 이때 그랄 목자들이 찾아와 이삭의 목자들과 서로 다투었다. 이삭의 목자들이 다시 장막을 옮겨 우물을 팠더니 그들이 와서 또 다투었다. 하지만 이삭은 끝까지 그들과의 화평을 이루었다. 이삭이 다시 장소를 옮겨 또 다른 우물을 팠을 때 이제는 그들이 다투지 않았다. 이삭은 그 우물을 르호봇이라 이름하였다. **"이제는 여호와께서 우리를 위하여 넓게 하셨으니 이 땅에서 우리가 번성하리로다."**(창26:22) 르호봇은 하나님이 화평을 구한 이삭에게 선물로 주신 영생의 우물이었다. 그 후 이삭이 브엘세바에 올라갔을 때였다. 하나님이 이삭에게 나타나 그에게 말씀하셨다. **"나는 네 아버지 아브라함의 하나님이니 두려워하지 말라 내 종 아브라함을 위하여 내가 너와 함께 있어 네게 복을 주어 네 자손이 번성하게 하리라."**(창26:24) 하나님은 이처럼 화평을 구하는 이삭을 만나 주시고 아브라함에게 약속하신 영원한 언약으로 그를 축복하셨다. **"화평하게 하는 자는 복이 있나니 그들이 하나님의 아들이라 일컬음을 받을 것임이요."**(마5:9) 하나님은 이스라엘 백성이 아모리 왕 시혼과 바산 왕 옥과 전쟁할 때에도 먼저 그들에게 화평을 선언하게 하셨다. 이스라엘 백성이 전하는 화평을 거역할 때 그들과 전쟁을 하도록 모세에게 명령하셨다. (민21:21~33) 하나님은 화평을 기뻐하시는 분이기 때문이다. **"모든 사람과 더불어 화평함과 거룩함을 따르라 이것이 없이는 아무도 주를 보지 못하리**

라."(히12:14)

사사 기드온의 때의 일이다. 기드온은 하나님의 도우심으로 삼백 명의 군사를 이끌고 미디안과의 전쟁에서 큰 승리를 거둔다. 이때 전쟁에 늦게 부름 받은 에브라임 지파 사람들이 미디안의 두 방백을 사로잡아 죽이는 큰 전공(戰功)을 세우게 된다. 그들은 기드온에게 두 방백의 머리를 가져와서는 기드온을 원망하며 서로 크게 다투었다. **"네가 미디안과 싸우러 갈 때에 우리를 부르지 아니하였으니 우리를 이같이 대접함은 어찌 됨이냐."**(삿8:1) 기드온이 불평하는 에브라임 지파 사람들에게 말하였다. **"내가 이제 행한 일이 너희가 한 것에 비교되겠느냐 에브라임의 끝물 포도가 아비에셀의 맏물 포도보다 낫지 아니하냐 하나님이 미디안의 방백 오렙과 스엡을 너희 손에 넘겨주셨으니 내가 한 일이 어찌 능히 너희가 한 것에 비교되겠느냐."**(삿8:2~3) 에브라임 지파 사람들은 이 말을 듣자 곧 그들의 화가 풀어져 서로 화평을 이룰 수 있었다. (잠12:16) 이처럼, 기드온은 자신을 낮추고 상대방을 높이며 화평의 길을 구하였다. 그날 전쟁의 승리의 주인은 기드온 자신이나 에브라임 사람들이 아니라 하나님이심을 알고 있었기 때문이었다. **"그러므로 예물을 제단에 드리려다가 거기서 네 형제에게 원망들을 만한 일이 있는 것이 생각나거든 예물을 제단 앞에 두고 먼저 가서 형제와 화목하고 그 후에 와서 예물을 드리라."**(마5:23~24)

그 후 사사 입다 때의 일이다. 당시 입다는 하나님이 도우셔서 암몬 자손과의 전쟁에서 크게 승리하였다. 이때에도 에브라임 사람들이 입다에게 와서 거칠게 원망하였다. **"네가 암몬 자손과 싸우러 건너갈 때에 어찌하여 우리를 불러 너와 함께 가게 하지 아니하였느냐 우리가 반드시 너와 네 집을 불사르리라."**(삿12:1) 입다는 이 말을 듣고 그들에게 대답하였다. **"나**

와 내 백성이 암몬 자손과 크게 싸울 때에 내가 너희를 부르되 너희가 나를 그들의 손에서 구원하지 아니한 고로 나는 너희가 도와주지 아니하는 것을 보고 내 목숨을 돌보지 아니하고 건너가서 암몬 자손을 쳤더니 여호와께서 그들을 내 손에 넘겨주셨거늘 너희가 어찌하여 오늘 내게 올라와서 나와 더불어 싸우고자 하느냐.**"(삿12:2~3) 그리고 입다는 그들과 싸워 그날 전쟁에서 에브라임 사람의 죽은 자가 사만 이천 명이나 되었다. 서로 하나님의 화평을 이루지 않은 그들의 안타까운 불순종의 열매였다. **"온전한 사람을 살피고 정직한 자를 볼지어다 모든 화평한 자의 미래는 평안이로다.**"(시37:37)

사울이 놉 성읍의 제사장 팔십오 명을 죽인 일로 아비아달이 다윗에게로 도피한 때였다. 사람들이 다윗에게 블레셋 사람들이 그일라를 쳐서 그 타작 마당을 탈취하였다는 소식을 전하였다. 다윗은 하나님께 기도하였다. **"내가 가서 블레셋 사람을 치리이까.**"(삼상23:2) 하나님은 다윗에게 블레셋을 치고 그일라를 구원하라고 말씀하셨다. 이때 다윗의 사람들이 그에게 이르기를 **"보소서 우리가 유대에 있기도 두렵거든 하물며 그일라에 가서 블레셋 사람들의 군대를 치는 일이리이까**"(삼상23:3)라며 반대하였다. 이때 다윗은 다시 하나님께 나아가 기도하였다. 하나님이 다윗에게 말씀하셨다. **"일어나 그일라로 내려가라 내가 블레셋 사람들을 네 손에 넘기리라.**"(삼상23:4) 이에 다윗은 그의 사람들과 함께 그일라로 내려가서 블레셋과 싸워 그들을 크게 쳐서 죽이고 승리할 수 있었다. 만일 다윗이 그의 사람들이 반대할 때 그들에게 화를 내며 무리하게 전쟁을 시작하였다면 어떻게 되었을까? 아마도 다윗은 하나님의 도우심으로 승리할 수는 있었을 것이다. 하지만 화평을 이루지 못한 일로 인해 어려움 가운데 승리했거나, 승리 후에도 다소의 불화의 후유증은 피할 수 없었을 것이다. 하지만 다윗은 그의 사람들이 반대할 때 조용히 하나님께 나아가 다시 기도하였다. 그리고는 돌아와 그의 사람들에게 다시 하나님의 뜻을 확신 가운데 전하였다. 그때 반대하던 사람들도 다윗에게 응답하신 하나님의 뜻을 확신하고는 화평 가운데 함께 힘써 싸워 블레셋을 이길 수 있었다. **"칼로 찌름같이 함부로 말하는 자가 있거니와 지혜로운 자의 혀는 양약과 같으니라."**(잠 12:18) 마귀는 영적 전쟁에서 주로 우리 내부의 분열을 꾀하고 있다. 하지만 화평을 이루는 삶은 애초에 불화를 부추기는 마귀의 음모의 발판을 제거해 버리는 강력한 의의 무기가 된다. **"마른 떡 한 조각만 있고도 화목하는 것이 제육이 집에 가득하고도 다투는 것보다 나으니라."**(잠17:1)

불화함은 주로 우리의 교만과 욕심과 시기의 마음에서 비롯된다. 그 배후에는 항상 이간질하고 서로 불화하게 하는 어두운 사탄의 역사가 있다. 누가 높은가의 문제로 서로 불화한 예수님의 열두 제자들에게도 그러하였고, 성령으로 충만한 예루살렘 교회에 구제하는 문제로 교회의 화평을 깨뜨리려 한 악한 마귀의 역사가 그러하였다. 마귀가 거하는 곳은 불로 소금 치듯 하는 영원한 불화의 땅이기 때문이다. **"거기에서는 구더기도 죽지 않고 불도 꺼지지 아니하느니라 사람마다 불로써 소금 치듯 함을 받으리라 소금은 좋은 것이로되 만일 소금이 그 맛을 잃으면 무엇으로 이를 짜게 하리요 너희 속에 소금을 두고 서로 화목하라."**(막9:46~50) 하나님은 야고보서를 통해 우리를 권면하고 계신다. **"그러나 너희 마음속에 독한 시기와 다툼이 있으면 자랑하지 말라 진리를 거슬러 거짓말하지 말라 이러한 지혜는 위로부터 내려온 것이 아니요 땅 위의 것이요 정욕의 것이요 귀신의 것이니 시기와 다툼이 있는 곳에는 혼란과 모든 악한 일이 있음이라."**(약3:14~16) 우리는 마귀라는 존재는 끊임없이 하나님과 인간 사이, 인간과 인간 사이의 화평을 이간질하고 불화하게 하는 우리의 원수임을 항상 기억해야 한다. **"욥이 어찌 까닭 없이 하나님을 경외하리이까 주께서 그와 그의 집과 그의 모든 소유물을 울타리로 두르심 때문이 아니니이까 …… 이제 주의 손을 펴서 그의 모든 소유물을 치소서 그리하시면 틀림없이 주를 향하여 욕하지 않겠나이까."**(욥1:9~11) **"가죽으로 가죽을 바꾸오니 사람이 그의 모든 소유물로 자기의 생명을 바꾸올지라 이제 주의 손을 펴서 그의 뼈와 살을 치소서 그리하시면 틀림없이 주를 향하여 욕하지 않겠나이까."**(욥2:4~5)

예수님은 간교히 이간질하는 마귀의 속임에 빠져 하나님과 불화한 우리를 위해 친히 화목 제물이 되셨다. **"그는 우리의 화평이신지라 둘로 하나를 만드사 원수 된 것 곧 중간에 막힌 담을 자기 육체로 허시고 법조문으로 된 계명의 율법을 폐하셨으니 이는 이 둘로 자기 안에서 한 새 사람을 지어 화평하게 하시고 또 십자가로 이 둘을 한 몸으로 하나님과 화목하게 하려 하심이라."**(엡2:15~16) 하나님과 우리 사이에 화평을 이루시고, 또한 우리와 이웃과의 막힌 담을 허시고 서로 화평을 이루어 주셨다. 하나님의 화평하게 하시는 은혜를 아는 사람은 어리석은 다툼을 피하고 서로 화평을 이루는 삶을 살아가게 된다. 화평의 삶을 통해 마귀의 역사를 잠잠케 하고, 화목을 이루신 예수님의 화평을 날마다 누리며 살아가게 된다. **"생명을 사랑하고 좋은 날 보기를 원하는 자는 혀를 금하여 악한 말을 그치며 그 입술로 거짓을 말하지 말고 악에서 떠나 선을 행하고 화평을 구하며 그것을 따르라 주의 눈은 의인을 향하시고 그의 귀는 의인의 간구에 기울이시되 주의 얼굴은 악행하는 자들을 대하시느니라 하였느니라."**(벧전3:10~12)

화목제물 되신 예수님 안에서 서로 화평을 이루는 삶을 살아가자. 불화하게 하는 마귀의 권세를 이기신 예수님 안에서 날마다 화평의 삶을 살아가자. 잠시 있다 없어질 것들로 불화하는 이 세상 사람들 앞에서 아브라함처럼, 이삭처럼 믿음으로 살아가자. 비록 우리에게 손해가 될지라도 먼저 하나님께 영광 돌려 드리는 화평의 삶을 살아가도록 결단하자. 모든 사람을 나보다 낫게 여기며, 서로 덕을 세우며,[39] 긍휼과 화평의 마음으로 서로를 섬기는 삶을 살아가자. (빌2:3) **"오직 위로부터 난 지혜는 첫째 성결하고 다음에 화평하고 관용하고 양순하며 긍휼과 선한 열매가 가득하고 편견과 거짓이 없나니 화평하게 하는 자들은 화평으로 심어 의의 열매를 거두느니라."**(약3:17~18) 이 화평을 이루는 삶이야말로, 우리의 죄를 사하시고 우리를 화목의 일꾼으로 부르셔서 영원한 소망을 주신 하나님을 조금이나마 영화롭게 하는 지름길임을 잊지 말자. 우리의 원수 마귀가 한 발짝도 들여놓을 수 없는 견고한 하늘 도성 안에서의 삶임을 잊지 말자. **"모든 것이 하나님께로서 났으며 그가 그리스도로 말미암아 우리를 자기와 화목하게 하시고 또 우리에게 화목하게 하는 직분을 주셨으니 곧 하나님께서 그리스도 안에 계시사 세상을 자기와 화목하게 하시며 그들의 죄를 그들에게 돌리지 아니하시고 화목하게 하는 말씀을 우리에게 부탁하셨느니라."**(고후5:18~19)

---

39) 성경에서 '덕을 세운다'는 말은 '하나 됨을 위해 집을 짓는다'는 의미임. 화평을 이루는 삶의 중요성을 깨달을 수 있음. (cf. 살전5:11)

"분을 내어도 죄를 짓지 말며 해가 지도록 분을 품지 말고 마귀에게 틈을
주지 말라."(엡4:27)

우리가 아는 대로 1차 세계 대전은 인류 최초의 대량 살상 전쟁이었다.
지구상의 인류에게 큰 불행을 안긴 이 비참한 전쟁은 단 두 발의 총성에서
시작되었다. 1914년 6월 28일 사라예보에 방문한 오스트리아 황태자 부
부가 러시아계 세르비아의 한 청년이 쏜 총에 암살당한 사건이 그것이었
다. 십구 세 젊은 한 무명의 청년이 쏜 두 발의 총탄이 전사자 약 천만 명
과 부상자 약 이천 이백만 명에 달하는 가공할 만한 피해를 인류의 역사에
남기고 말았다. 이러한 거대한 세계사적 사건뿐만 아니라 한 국가의 흥망
성쇠도, 가장 작게는 한 개인의 생사화복도 작은 틈의 사건으로 인해 결정
된다고 해도 과언이 아니다. **"지혜자의 마음은 때와 판단을 분변하나니
무슨 일에든지 때와 판단이 있으므로 사람에게 임하는 화가 심함이니
라."**(전8:5~6)

우리가 살아가고 있는 이 세상에는 지금도 악한 마귀가 공중 권세 잡은
자로서 역사하고 있다. 마귀는 육신이 없을 뿐 우리와 똑같은 인격적 존재
이다. 들을 수도, 말할 수도 있고, 볼 수도 있고, 지각을 사용하여 행할 수도
있는 영적 존재이다. 이 마귀는 주로 우리가 허용하는 작은 틈을 통해 우리
를 자신의 포로로 삼고 우리를 지배하려고 몸부림친다. 하지만 우리 영혼
이 하나님의 말씀과 기도로 물샘틈없이 깨어 있기만 하면 마귀에게 틈을
주지 않고 능히 승리할 수 있다. **"다투는 시작은 둑에서 물이 새는 것 같은**

즉 싸움이 일어나기 전에 시비를 그칠 것이니라."(잠17:14) 하나님의 말씀과 기도는 우리 영혼으로 하여금 마귀의 모든 미혹을 간파하는 촘촘히 짜여진 하나님의 그물망이 되게 하기 때문이다. 마귀의 공격으로부터 우리의 영혼을 지켜 주는 견고한 하나님의 구원의 성벽이 되게 하기 때문이다.

아브라함은 그의 나이 백 세가 된 노년에 하나님의 약속의 아들 이삭을 선물로 받게 된다. 이삭이 장성한 어느 날이었다. 하나님이 아브라함을 시험하시려고 그에게 말씀하셨다. **"네 아들 네 사랑하는 독자 이삭을 데리고 모리아 땅으로 가서 내가 네게 일러 준 한 산 거기서 그를 번제로 드리라.**"(창22:2) 아브라함은 아침에 일찍이 일어나 나귀에 안장을 지우고 두 종과 그의 아들 이삭을 데리고 길을 나섰다. 번제에 쓸 나무를 쪼개어 가지고 하나님이 일러 주신 산을 향하여 집을 나섰다. 아브라함은 하나님이 말씀하신 모리아 산에 이르렀을 때 그곳에 한 제단을 쌓았다. 나무를 벌여 놓고는 아들 이삭을 결박하여 제단 나무 위에 놓았다. 그의 손을 내밀어 칼을 잡고 그의 아들 이삭을 잡으려 하였다. 그때였다. 하나님의 사자가 하늘에서 아브라함을 부르시며 그에게 말씀하셨다. **"그 아이에게 네 손을 대지 말라 그에게 아무 일도 하지 말라 네가 네 아들 네 독자까지도 내게 아끼지 아니하였으니 내가 이제야 네가 하나님을 경외하는 줄을 아노라.**"(창22:12) 하나님은 독자 이삭을 제물로 바치기까지 순종한 아브라함을 영원한 언약으로 축복하시고 예비해 놓은 한 숫양을 이삭을 대신하여 번제로 바치게 하셨다. 만일 아브라함이 독자 이삭을 바치라는 하나님의 말씀을 들었을 때 먼저 이를 아내 사라와 의논하였다면 어떻게 되었을까? 사라 또한 하나님을 순종하는 믿음으로 그녀의 나이 구십 세에 얻은 이삭을 기꺼이 하나님께 제물로 드릴 수 있었을지도 모른다. 하지만 만일 사라가 반대하였다면, 아브라함은 사라의 반대에 부딪혀 아예 모리아 산으로 출발도 하지 못하였을 것이다. 우리는 말할 때와 침묵할 때를 잘 분별하여야 한다. **"찢을 때가 있고 꿰맬 때가 있으며 잠잠할 때가 있고 말할 때가 있으며."**(전3:7) 그러지 않을 경우, 우리는 이 작은 틈을 통해 마귀의 훼방을 허용하여 예기치 못한 어려움을 자초할 수 있기 때문이다. **"주의 계명들이 항상 나와 함께하므로 그것들이 나를 원수보다 지혜롭게 하나이다."**(시119:98)

기드온은 하나님의 도우심으로 삼백 명의 군사와 함께 미디안 대군과 싸워 큰 승리를 거두었다. 이스라엘 백성이 전쟁에 승리하였을 때 기드온에게 와서 말하였다. **"당신이 우리를 미디안의 손에서 구원하셨으니 당신과 당신의 아들과 당신의 손자가 우리를 다스리소서."**(삿8:22) 기드온은 하나님이 승리의 주인이심을 확신하고 있는지라 이를 단호히 거절하였다. **"내가 너희를 다스리지 아니하겠고 나의 아들도 너희를 다스리지 아니할 것이요 여호와께서 너희를 다스리시리라."**(삿8:23) 하지만 기드온은 미디안의 두 왕 세바와 살문나를 죽인 후 그들의 낙타 목에 있던 초승달 장식물을 떼어서 가졌다. 또 백성들에게 각기 탈취한 귀고리를 달라 하여 그것으로 에봇 하나를 만들어 그의 성읍 오브라에 두었다. 그리하여 이스라엘 백성이 오브라의 에봇을 음란히 섬기므로, 그것이 결국 기드온과 그의 집에 올무가 되고 말았다. 낙타 목의 초승달 장식 하나로 시작된 기드온의 작은 불순종의 틈이 온 이스라엘 백성의 죄악의 봇물을 터뜨리는 결과를 초래하고 말았다. **"악은 어떤 모양이라도 버리라."**(살전5:22)

삼손은 태에서부터 죽는 날까지 하나님께 온전히 바쳐진 나실인으로 태어났다. 삼손이 장성한 어느 날이었다. 그는 블레셋 사람들을 보복하기 위해 그들의 딸들 중에 딤나의 한 여자를 그의 아내로 취하였다. 이때에는 하나님의 능력이 삼손과 함께하였다. 하지만 삼손은 가사의 한 기생과 사랑에 빠진 작은 틈을 통해, 결국에는 소렉 골짜기의 들릴라의 무릎에 놓인 사탄의 깊은 함정에 빠져들고 말았다. **"마음은 올무와 같고 손은 포승 같은 여인은 사망보다 더 쓰다는 사실을 내가 알아내었도다 그러므로 하나님을 기쁘게 하는 자는 그 여인을 피하려니와 죄인은 그 여인에게 붙잡히리로다."**(전7:26) 삼손이 들릴라의 무릎을 베고 누워 있을 때였다. 들릴라는 블레셋 방백들을 그녀의 안방에 미리 숨어 있게 하였다. 삼손이 진심을 고백하고 그의 힘을 잃는 순간 그를 붙잡기 위함이었다. 하지만 블레셋 방백들은 삼손이 두 번이나 힘을 잃지 않는 것을 보고는 각기 자기 집으로 돌아갔다. 삼손이 그의 진심을 들릴라에게 고백할 때에는 블레셋 방백들은 아예 그녀의 안방에 숨어 있지도 않았다. 삼손은 정욕에 눈이 어두워져 원수의 손에서 건지시려는 하나님의 마지막 구원의 작은 틈마저도 볼 수 없었다. **"근신하라 깨어라 너희 대적 마귀가 우는 사자같이 두루 다니며 삼킬 자를 찾나니 너희는 믿음을 굳건하게 하여 그를 대적하라."**(벧전5:8~9) 삼손은 들릴라의 세 번째의 눈물의 간청에 심히 괴로워하며 결국 그의 나실인의 비밀을 그녀에게 고백하고 말았다. **"내 머리 위에는 삭도를 대지 아니하였나니 이는 내가 모태에서부터 하나님의 나실인이 되었음이라 만일 내 머리가 밀리면 내 힘이 내게서 떠나고 나는 약해져서 다른 사람과 같으리라."**(삿16:17) 삼손은 그의 두 눈[40]이 뽑히고 놋 줄에 묶여 옥에서 맷돌을 돌리는 신세가 되고 말았다. 블레셋 백성들 앞에서 재주를 부리는 비참한 상황에까지 추락하고 말았다. 비록 마지막 죽음의 순간, 삼손

---

40) 개역 성경은 삿16:21에 블레셋 사람들이 삼손의 '눈'을 빼었다고 번역하였지만, 원문은 복수인 '눈들'로 되어 있음. 사사 시대의 삼손과 왕정 시대의 마지막 왕 시드기야가 동일하게 그들의 두 눈이 뽑히고, 놋 줄에 묶이고, 옥에 갇히는 비참한 종말은 결국 인류로 하여금 완전한 왕으로 오실 예수 그리스도를 소망하게 함을 가르친다고 여겨짐. (cf. 왕하25:7)

이 하나님의 긍휼히 여기심으로 그의 생전에 죽인 사람보다 더 많은 블레셋 사람을 죽이는 큰 승리를 거두기는 했지만 말이다. **"삼손이 이르되 블레셋 사람과 함께 죽기를 원하노라 하고 힘을 다하여 몸을 굽히매 그 집이 곧 무너져 그 안에 있는 모든 방백들과 온 백성에게 덮이니 삼손이 죽을 때에 죽인 자가 살았을 때에 죽인 자보다 더욱 많았더라."**(삿16:30)

다윗을 보자. 요압 장군을 비롯한 부하들은 암몬 족속과 전쟁 중에 있고 하나님의 언약궤는 이스라엘 진영 가운데 있을 때였다. 다윗은 왕들이 출전하는 때임에도 불구하고 밤에 침상에서 일어나 한가로이 왕궁 옥상에서 거닐고 있었다. 그러다가 목욕하는 밧세바의 아름다운 육신에 눈이 멀어 그녀를 범하고 말았다. 그 후 다윗이 밧세바의 임신 소식을 들었을 때였다. 다윗은 자신의 음행을 가리기 위해 충성스러운 헷 사람 우리아와 몇 명의 부하들을 적들의 손으로 살해하는 죄까지 저질렀다. 이처럼 다윗은 전쟁의 때에 깨어 있지 않고, 침상에서 잠든 작은 틈을 허용함으로써 사탄의 권세에 사로잡혀 큰 고통에 빠지고 말았다. **"우리를 위하여 여우 곧 포도원을 허는 작은 여우를 잡으라 우리의 포도원에 꽃이 피었음이라."**(아2:15)

하나님은 자신이 허락하신 작은 틈을 통해 구원의 은혜를 베풀기도 하신다. 모세는 레위 족속 부모님에 의해 태어났다. 당시 애굽은 요셉을 알지 못하는 바로 왕이 통치할 때였다. 히브리 여인이 아들을 낳으면 그 아들은 나일 강에 던져 죽임을 당해야 하는 극심한 핍박의 때였다. 모세의 어머니 요게벳은 아기 모세를 낳아 집에서 석 달을 숨겼지만 더 이상 숨길 수가 없었다. 하루는 역청과 나무 진을 칠한 한 갈대 상자[41]를 만들어 아기 모

---

41) '상자'는 '방주-תֵּבָה(테바)'라는 의미임. 노아가 지은 '방주'(창6:14)와 같은 단어임.

세를 거기 담아 나일 강가 갈대 사이에 두었다. 모세의 누이 미리암이 멀리서서 어떻게 되는 지를 보고 있었다. 그 무렵, 바로의 공주가 시녀들과 함께 목욕하러 나일 강으로 내려왔다. 그녀는 갈대 상자 안에 담겨 울고 있는 한 히브리 아기를 보고 불쌍한 마음이 들었다. 이때 미리암이 바로의 딸에게 다가가 말하였다. **"내가 가서 당신을 위하여 히브리 여인 중에서 유모를 불러다가 이 아기에게 젖을 먹이게 하리이까."**(출2:7) 바로의 딸이 이를 허락하였다. 그리하여 요게벳은 애굽의 궁궐에서 주는 양육비를 받아가면서 아들 모세를 품에 안고 젖을 먹이며 키울 수 있었다. 원수의 궁궐에서 이스라엘의 구원자를 준비시키시는 하나님의 섭리의 도구로 쓰임 받을 수 있었다. 하나님은 바로의 딸의 마음에 '이는 히브리 사람의 아이로다!' 하는 작은 궁휼의 틈을 통해 이스라엘의 출애굽의 문을 열어가기 시작하셨다.

사사 시대의 일이다. 나오미는 모압에서 남편 엘리멜렉과 두 아들과 사별한 후 베들레헴으로 돌아오게 된다. 두 자부 중 오르바는 자기 고향 자기 신에게로 돌아가고, 룻은 시어머니의 하나님을 붙좇아 나오미와 함께 베들레헴으로 돌아왔다. 그들이 베들레헴에 돌아온 때에는 보리 추수 시작할 즈음이었다. 자부 룻은 밭으로 나가 이삭을 주워 시어머니를 공궤하였다. 룻이 저녁이 되어 집으로 돌아와 시어머니에게 그 주운 것을 보이고, 또 오늘 자기에게 각별한 은혜를 베푼 사람이 보아스라고 말하였다. **"그가 내게 또 이르기를 내 추수를 다 마치기까지 너는 내 소년들에게 가까이 있으라 하더이다."**(룻2:21) 나오미가 이 말을 듣고 자부 룻에게 말하였다. **"내 딸아 너는 그의 소녀들과 함께 나가고 다른 밭에서 사람을 만나지 아니하는 것이 좋으니라."**(룻2:22) 나오미는 보아스가 그녀의 남편 엘리멜렉의 기업을 무를 친족임을 알았기 때문이었다.

룻이 보아스의 밭에서 밀 추수를 마치기까지 이삭을 주우며 시어머니와 함께 살고 있을 때였다. 어느 날 나오미가 룻에게 말하였다. **"너는 목욕하고 기름을 바르고 의복을 입고 타작 마당에 내려가서 …… 그가 누울 때에 너는 그가 눕는 곳을 알았다가 들어가서 그의 발치 이불을 들고 거기 누우라 그가 네 할 일을 네게 알게 하리라."**(룻3:2~4) 그날 밤중에, 보아스가 자기 발치에 누워 있는 룻을 발견하고는 놀라 일어나 룻에게 말하였다. **"참으로 나는 기업을 무를 자이나 기업 무를 자로서 나보다 더 가까운 사람이 있으니 …… 만일 그가 기업 무를 자의 책임을 네게 이행하기를 기뻐하지 아니하면 여호와께서 살아 계심을 두고 맹세하노니 내가 기업 무를 책임을 네게 이행하리라."**(룻3:12~13) 이른 새벽, 보아스는 룻의 겉옷에 보리를 여섯 번 되어 지워 주며 그녀를 몰래 집으로 돌려보냈다. 나오미는 룻으로부터 보아스의 행한 모든 일을 듣고는 룻에게 말하였다. **"내 딸아 이 사건이 어떻게 될지 알기까지 앉아 있으라 그 사람이 오늘 이 일을 성취하기 전에는 쉬지 아니하리라."**(룻3:18) 그리하여, 나오미는 자부 룻을 통해 남편의 기업을 회복 받고, 다윗의 조상 오벳을 품에 안고 양육하는 복을 누리게 된다. 보아스가 룻에게 베푸는 '하나님의 은혜의 작은 틈'을 통해 기업 무르는 일을 행하고 계시는 하나님을 믿고 순종하였기 때문이다.

다윗이 십 광야 수풀에 머물고 있을 때였다. 그때에 십 사람들이 사울에게 가서 다윗이 광야 남쪽 하길라 산 수풀 요새에 숨어 있다고 일러 주었다. 사울은 먼저 그 앞서 보낸 정탐꾼을 통해 다윗이 숨어 있는 곳을 정탐하게 하였다. 다윗은 이 소식을 듣고는 바위로 내려가 마온 황무지에 숨어 있었다. 사울이 마온 황무지로 다윗을 따라가서 다윗과 그의 군사들을 에워싸서 잡으려 할 때였다. 다윗과 그의 사람들은 사울을 두려워하여 사울이 산 이쪽으로 가면 그들은 가까스로 산 저쪽으로 도피하였다. 그 무렵 한 전령이 사울에게 와서 소식을 전하였다. **"급히 오소서 블레셋 사람들이 땅**

을 침노하나이다."(삼상23:27) 이에 사울은 다윗 뒤좇기를 그치고 블레셋 사람들을 치기 위해 황급히 돌아갔다. 그때에 만일 블레셋 사람들의 침공 소식이 없었다면 다윗과 그의 군사들은 큰 위기에 빠질 상황이었다. 하나 님은 '블레셋 침공 소식'의 작은 틈을 통해, 풍전등화의 위기에 빠진 다윗과 그의 군사들의 생명을 사울로부터 지켜 주셨다.

아합이 나봇과 그의 아들들을 죽이고 나봇의 포도원을 빼앗았을 때였다. 하나님은 엘리야 선지자를 보내어 아합에게 말씀하셨다. **"여호와의 말씀 이 내가 재앙을 네게 내려 너를 쓸어 버리되 네게 속한 남자는 이스라엘 가운데에 매인 자나 놓인 자를 다 멸할 것이요 …… 아합에게 속한 자로 서 성읍에서 죽은 자는 개들이 먹고 들에서 죽은 자는 공중의 새가 먹으 리라고 하셨느니라."**(왕상21:21~24) 아합은 이 말을 들을 때 즉시 그의 옷 을 찢고 굵은 베로 몸을 동였다. 금식하고 굵은 베에 누우며 또 풀이 죽어 다녔다. 하나님은 아합의 겸비함을 보시고는 곧 엘리야 선지자에게 말씀하 셨다. **"아합이 내 앞에서 겸비함을 네가 보느냐 그가 내 앞에서 겸비하므 로 내가 재앙을 저의 시대에는 내리지 아니하고 그 아들의 시대에야 그 의 집에 재앙을 내리리라."**(왕상21:29) 하나님은 아합이 책망의 말씀을 듣 고 슬퍼하며 마음을 낮추는 것을 보시고는 즉시 아합에게 내린 재앙을 그 의 아들의 시대로 옮겨 주셨다. 하지만 아합이 이후에도 또다시 불순종할 때, 하나님은 아합의 갑옷 솔기의 작은 틈을 뚫고 들어온 아람 병사의 화살 을 통해 그를 죽음으로 내던지셨다. 골리앗이 그의 머리에 놋 투구를 썼고 몸에는 비늘 갑옷을 입었고, 다리에는 놋 각반을 쳤고 방패 든 자가 그를 앞 섰지만 그의 이마만큼은 하나님의 돌에 숨길 수 없었듯이, 아합 역시 그의 '갑옷 솔기의 작은 틈'이 쏜살같이 날아오는 하나님의 심판의 화살을 피할 수는 없었기 때문이었다. 그리고 하나님의 재앙의 말씀대로 아합의 아들

아하시야는 난간에서 떨어져 병들어 죽고, 또 그의 아들 여호람과 아내 이세벨은 예후에 의해 죽임을 당하고, 그의 딸 유다의 여왕 아달랴는 유다의 제사장 여호야다에 의해 죽임을 당하고 말았다.

신약에도 그러한 예가 나온다. 어느 날 회당장 야이로라 하는 사람이 예수님에게 찾아와 병들어 죽어 가는 그의 딸을 고쳐 달라고 간청하였다. 예수님이 제자들과 함께 그의 집으로 가시는 길이었다. 이때 열두 해 동안 혈루증으로 앓는 한 여인이 몰래 예수님의 뒤로 다가와 예수님의 겉옷 가를 만졌다. 여인은 그동안 치료를 위해 가진 재산도 다 잃어버리고 많은 의원들에게 고통만 받았을 뿐 오히려 병세는 더 중하여졌다. 이런 상황 가운데, 그녀의 마음에는 예수님의 겉옷만 만져도 구원을 받으리라는 간절한 믿음이 있었다. 예수님이 돌이켜 그녀를 보시며 말씀하셨다. **"딸아 안심하라 네 믿음이 너를 구원하였다."**(마9:22) 여인은 그 즉시 그녀의 혈루증에서 나음을 입을 수 있었다. 혈루증 여인은 '예수님의 겉옷만 만져도'라는 간절한 믿음의 작은 틈을 통해, 예수님의 은혜로 십이 년의 중한 질병에서 즉시 치유함을 받을 수 있었다.

삭개오는 세리장이요 부자였으나 사람들로부터 죄인 취급을 받아 그의 마음에는 늘 평안이 없었다. 어느 날 삭개오는 예수님이 여리고로 들어와 지나가신다는 소문을 듣고는 길로 나갔다. 하지만 삭개오는 키가 작고 모여든 사람이 많아 예수님을 볼 수가 없었다. 그때였다. 그의 눈에 저만치서 있는 한 돌무화과나무가 보였다. 삭개오는 앞으로 쏜살같이 달려가서 그 나무 위로 기어 올라갔다. 예수님이 그곳을 지나가실 때였다. 삭개오를 쳐다보시며 그에게 말씀하셨다. **"삭개오야 속히 내려오라 내가 오늘 네**

집에 유하여야 하겠다.[42]"(눅19:5) 삭개오는 급히 나무에서 내려와 즐거워하며 예수님을 자기 집으로 영접하였다. 예수님이 삭개오 집에 들어가셨을 때 그에게 말씀하셨다. **"오늘 구원이 이 집에 이르렀으니 이 사람도 아브라함의 자손임이로다 인자가 온 것은 잃어버린 자를 찾아 구원하려 함이니라."**(눅19:9~10) 삭개오 역시, 돌무화과나무 위로 올라가서 '예수님을 보리라'는 간절한 소망의 작은 틈을 통해 그의 영혼은 사망에서 영원한 생명으로 옮겨질 수 있었다.

예수님이 가버나움에 들어가서서 한 집에 계실 때였다. 많은 사람들이 예수님의 소문을 듣고는 문 앞까지도 들어설 자리가 없을 정도로 그 집으로 모여들었다. 예수님이 모인 무리들에게 말씀을 가르치실 때였다. 사람들이 한 중풍병자를 네 사람에게 메워 가지고 예수님에게로 왔다. 그들은 무리들 때문에 예수님께로 데려갈 수 없는 줄을 알고는, 그 계신 곳의 지붕을 뜯어 구멍을 내고 중풍병자가 누운 상을 달아 내렸다. 예수님이 그들의 믿음을 보시고 중풍병자에게 말씀하셨다. **"작은 자야 네 죄 사함을 받았느니라 …… 내가 네게 이르노니 일어나 네 상을 가지고 집으로 가라."**(막2:5~11) 중풍병자는 곧 일어나 그가 누웠던 상을 가지고 모든 사람 앞에서 건강한 몸으로 그 집을 나섰다. 그들은 지붕을 뜯다가 진흙 부스러기나 기와 조각이 아래로 떨어지면 예수님이나 모인 사람들이 불편해하거나 다치지는 않을까 염려했을지도 모른다. (눅5:19) 또한 그 집 주인이 그들에게 보

---

42) '유하여야 하겠다-δεῖ μεῖναι(데이 메이나이)'의 'δεῖ'는 '신적 당위성'을 의미함. 다시 말해, 삭개오의 구원은 예수님이 창세 전에 예정하신 자신의 뜻 가운데 반드시 이루실 일임을 의미하고 있음. 이처럼, 우리의 구원은 오직 때가 차매 죄인인 우리를 먼저 찾아오신 예수님의 은혜임을 알 수 있음.(cf. 엡1:4~5) 그 예로, 요1:43에 예수님이 빌립을 '만나'로 번역된 단어도 빌립을 '찾아'-εὑρίσκει(휴리스케이)라는 의미이기 때문임.

상을 요구하거나 그들을 책망할 것을 걱정하였을지도 모른다. 하지만 그들의 간절함은 이 모든 염려를 뛰어넘게 하였다. 그들은 오직 지붕을 뜯어 구멍을 내고 '침상을 달아 내리리라'는 간절한 믿음의 작은 틈을 통해 그의 영혼과 육신 모두 구원을 받을 수 있었다.

어느 날 서기관 중 한 사람이 예수님께 나아와 질문하였다. **"모든 계명 중에 첫째가 무엇이니이까."**(막12:28) 예수님은 그에게 마음을 다하고 목숨을 다하고 뜻을 다하고 힘을 다하여 하나님을 사랑하는 것이 첫째 계명이요, 이웃을 자신과 같이 사랑하는 것이 둘째 계명이라고 대답하셨다. 서기관은 이 말을 듣고 예수님에게 대답하였다. **"선생님이여 옳소이다 하나님은 한 분이시요 그 외에 다른 이가 없다 하신 말씀이 참이니이다 또 마음을 다하고 지혜를 다하고 힘을 다하여 하나님을 사랑하는 것과 또 이웃을 자기 자신과 같이 사랑하는 것이 전체로 드리는 모든 번제물과 기타 제물보다 나으니이다."**(막12:32~33) 예수님이 그가 지혜 있게 대답함을 보시고 그에게 말씀하셨다. **"네가 하나님의 나라에서 멀지 않도다."**(막12:34) 서기관은 당시 종교 지도자들과는 달리 율법을 주신 하나님의 뜻을 바르게 깨닫고 있었다. 하지만 서기관은 자신이 그 율법 앞에 무능한 죄인이요, 예수님이 타락한 죄인을 구원하기 위해 이 땅에 오신 하나님의 아들이심을 믿지 않았다면 구원을 받을 수 없었을 것이다. 예수님은 첫째와 둘째의 계명의 뜻을 자신의 십자가 죽음으로 성취하시고, 택한 백성들에게 구원을 주시기 위해 이 땅에 오신 하나님의 아들이시기 때문이다. 성경은 이후의 서기관의 행적에 대해서는 침묵하고 있다. 하지만 만일 서기관이 구원을 받지 못했다면, 그것은 율법을 주신 하나님의 뜻을 알고 있는 자신의 지혜와 예수님을 믿는 일 사이의 '생각의 작은 틈'을 넘어가지 못한 그의 불신앙 때문일 것이다. 하나님의 나라에 들어가는 일은 거리(距離)의 문제가 아니라, 오직 우리의 영혼이 예수님의 십자가 대속의 피의 은혜를 믿는 믿음으로 거듭나야 하는 일에 있기 때문이다. **"진실로 진실로 네게 이르노니 사람이 물과 성령으로 나지 아니하면 하나님의 나라에 들어갈 수 없느니라 육으로 난 것은 육이요 영으로 난 것은 영이니 내가 네게 거듭나야 하겠다 하는 말을 놀랍게 여기지 말라."**(요3:5~7)

예수님과 함께 십자가에 매달린 두 행악자를 보자. 달린 행악자 중 하나는 죽는 순간에도 소리 지르며 예수님을 비방하였다. **"네가 그리스도가 아니냐 너와 우리를 구원하라."**(눅23:39) 한 행악자가 이 말을 듣고는 그를 꾸짖으며 말했다. **"우리는 우리가 행한 일에 상당한 보응을 받는 것이니 이에 당연하거니와 이 사람이 행한 것은 옳지 않은 것이 없느니라."**(눅 23:41) 그는 이어서 예수님의 나라가 임하실 때에 자기를 기억해 달라고 예수님께 간구하였다. 예수님이 그에게 말씀하셨다. **"내가 진실로 네게 이르노니 오늘 네가 나와 함께 낙원에 있으리라."**(눅23:43) 마태와 마가는 그들의 복음서에서 두 강도 모두 예수님을 욕하였다고 기록하고 있다.(마 27:44; 막15:32) 그렇다면 구원받은 강도는 처음에는 다른 강도와 함께 예수님을 욕하였지만 어느 순간 자기의 말이 죄악임을 깨달았음을 알 수 있다. 이처럼, 구원받은 행악자도 늦게나마 동료 행악자의 '완악한 말의 작은 틈'을 통해 죄를 깨닫게 하시는 하나님의 은혜를 받을 수 있었다. 그리하여 그의 영혼은 곧장 예수님과 함께 영원한 낙원으로 들어갈 수 있었다.

하나님은 또한 자신이 허락하신 작은 틈을 통해 악한 자에게 심판을 행하신다. 바사 왕 아하수에로 때의 일이다. 어느 날 아하수에로 왕은 아각 사람 하만을 모든 고관들 위에 높여 주었다. 이에 왕의 모든 신하들이 왕의 명령대로 하만에게 꿇어 절하였지만 유다 사람 모르드개는 그에게 절

지려느냐! 이길 수 있다!

하지 않았다. 하만은 이를 심히 불쾌히 여겨 모르드개와 그의 민족 유대인들까지 죽이려고 계획하였다. 하루는 왕의 허락을 받아 모든 유대인을 살해하라는 내용의 조서를 온 바사 제국으로 보내었다. 모르드개는 이 사정을 알고 왕후 에스더와 함께 밤낮 사흘을 금식하며 하나님께 구원을 간구하였다. **"내가 기뻐하는 금식은 흉악의 결박을 풀어 주며 멍에의 줄을 끌러 주며 압제 당하는 자를 자유하게 하며 모든 멍에를 꺾는 것이 아니겠느냐 ⋯⋯ 그리하면 네 빛이 새벽같이 비칠 것이며 네 치유가 급속할 것이며 네 공의가 네 앞에 행하고 여호와의 영광이 네 뒤에 호위하리니 네가 부를 때에는 나 여호와가 응답하겠고 네가 부르짖을 때에는 내가 여기 있다 하리라."**(사58:6~8) 금식이 끝난 뒤 에스더는 잔치를 베풀고 왕과 하만을 초대하였다. 당시 하만은 에스더가 유대인인 사실을 모르고 있을 때였다. 하만은 에스더의 잔치 자리에 왕과 함께 자기 혼자만 초청받은 일로 더욱 교만하여졌다. 잔치가 끝나고 하만이 왕궁을 나설 때였다. 모르드개는 여전히 하만 앞에 일어나지도 않고 몸도 움직이지 않았다. 하만은 교만할 대로 교만하여져서 이를 보고는 심히 불쾌하였다. 하만은 곧장 집으로 돌아가서는 자기 집 뜰에 모르드개를 매달기 위해 오십 규빗 되는 나무를 세워 두었다. **"함정을 파는 자는 그것에 빠질 것이요 돌을 굴리는 자는 도리어 그것에 치이리라."**(잠26:27)

그날 밤이었다. 왕은 잠이 오지 않아 역대 일기를 가져다가 자기 앞에서 읽게 하였다. 이때 왕은 이전에 자신을 암살하려던 일을 알린 모르드개에게 아무것도 베풀지 않은 사실을 알고는 급히 한 신하를 불렀다. 마침 하만이 모르드개를 매달기를 청하려고 왕궁 뜰에 도착했을 때였다. 왕이 하만에게 물었다. **"왕이 존귀하게 하기를 원하는 사람에게 어떻게 하여야 하겠느냐."**(에6:6) 하만은 왕이 자신을 높이려는 줄로 알고 왕에게 대답하였다. **"왕께서 입으시는 왕복과 왕께서 타시는 말과 머리에 쓰시는 왕관을**

가져다가 …… 왕이 존귀하게 하시기를 원하시는 사람에게 옷을 입히고 말을 태워서 성 중 거리로 다니며 그 앞에서 반포하여 이르기를 왕이 존귀하게 하기를 원하시는 사람에게는 이같이 할 것이라 하게 하소서.”(에 6:8~9) 결국 하만은 왕복을 입고 왕의 말을 탄 모르드개의 마부가 되어 수산 도성 거리를 다니게 되었다. 그리고 하만은 유대인을 대적한 사람들과 그의 열 아들과 함께 모르드개와 유대인들에 의해 죽임을 당하고 말았다. 하나님은 아하수에로 왕의 마음에 주신 ‘역대 일기를 보고 싶어 하는 작은 틈’을 통해 교만한 원수 하만의 손에서 유다 백성을 구원하셨다. **“그 물통에서는 물이 넘치겠고 그 씨는 많은 물가에 있으리로다 그의 왕이 아각보다 높으니 그의 나라가 흥왕하리로다.”**(민24:7)

벨릭스 총독과 그의 아내 드루실라도 작은 틈을 통해 베푸시는 하나님의 은혜를 무시하다 멸망하고 말았다. 바울이 예루살렘에서 가이사랴로 호송되어 헤롯 궁에 갇혀 있을 때였다. 여러 날 후에, 대제사장 아나니아가 몇몇 장로들과 한 변호사 더둘로와 함께 가이사랴로 내려와 벨릭스 앞에서 바울을 고소하였다. 바울이 자신의 사건에 대한 변명을 마친 후 다시 옥에 갇혀 있을 때였다. 벨릭스가 그의 아내 드루실라와 함께 바울에게 와서 그리스도 예수 믿는 도를 들었다. 바울은 그들에게 의와 절제와 장차 있을 하나님의 심판에 대하여 강론하였다. 이때 벨릭스가 두려워하며 바울에게 말하였다. **“지금은 가라 내가 틈이 있으면 너를 부르리라.”**(행24:25) 그 후, 벨릭스는 바울에게서 돈을 받을까 바라는 마음에 더 자주 바울을 불러 같이 이야기하였다. 하지만 벨릭스는 하나님이 바울을 통해 베푸시는 ‘구원의 작은 틈’을 볼 수 없었다. 바울의 입을 통해 전해지는 영생의 말씀보다 바울이 소유한 물질에 대한 탐욕이 그의 영혼의 구원의 틈을 가로막고 있었기 때문이었다. **“사람이 만일 온 천하를 얻고도 제 목숨을 잃으면 무엇**

이 유익하리요 사람이 무엇을 주고 제 목숨과 바꾸겠느냐."(마16:26) 세
례 요한의 말을 번민 가운데 달게 들으면서도 자신의 체면 때문에 그를 죽
인 헤롯 왕이 그러하였고,(막6:20) 유대인에게 예수님의 무죄를 세 번이나
증언하고, 진리가 무엇이냐고 예수님에게 질문은 하였지만 자기 손을 씻으
며 유대인을 만족시키기 위해 예수님을 십자가에 못 박은 빌라도가 그러하
였다.(눅23:22~25; 요18:38)

　우리는 특히 하나님의 큰 은혜의 역사 뒤에 찾아오는 작은 틈을 조심하
여야 한다. 삼손이 블레셋 사람들을 징벌하고 에담 바위틈에 머물고 있을
때였다. 이때 유대인들은 삼손을 새 밧줄 둘로 결박하고 바위틈에서 끌어
내어 블레셋 사람들에게 그를 넘겨주었다. **"빌라도가 예수를 놓으려고 힘
썼으나 유대인들이 소리 질러 이르되 이 사람을 놓으면 가이사의 충신
이 아니니이다 무릇 자기를 왕이라 하는 자는 가이사를 반역하는 것이니
이다."**(요19:12) 삼손이 블레셋 사람들을 향해 나아가다 소리 지를 때 갑자
기 하나님의 영이 그에게 임하셨다. 삼손의 팔 위의 밧줄이 불탄 삼같이 그
의 결박되었던 손에서 떨어졌다. 삼손은 나귀의 새 턱뼈를 보고는 집어 들
고 그것으로 블레셋 사람 천 명을 죽였다.(슥4:6) 그 무렵 삼손은 심히 목이
말라 하나님께 부르짖었다. **"그들이 쓸개를 나의 음식물로 주며 목마를
때에는 초를 마시게 하셨사오니."**(시69:21) 하나님이 삼손의 간구를 들으
시고 한 우묵한 곳을 떠뜨리시자 거기서 물이 솟아 나왔다. 삼손은 그 물을
마시고 그의 정신이 회복되어 곧 소생할 수 있었다. 삼손은 하나님께 간절
히 기도함으로써 큰 승리 후에 찾아온 '목마름의 작은 틈'을 이기고 새 힘을
회복할 수 있었다. **"소년이라도 피곤하며 곤비하며 장정이라도 넘어지며
쓰러지되 오직 여호와를 앙망하는 자는 새 힘을 얻으리니 독수리가 날개
치며 올라감 같을 것이요 달음박질하여도 곤비하지 아니하겠고 걸어가**

도 피곤하지 아니하리로다."(사40:30~31)

엘리야는 갈멜 산에서 바알 선지자들과 대결하여 그들을 진멸하였다. 하나님만이 불로 응답하시는 살아 계신 참 신이심을 이스라엘 백성에게 증거하였다. 그 후 하나님은 삼 년 육 개월의 기나긴 메마름의 땅에 큰 비를 내려 주셨다. 이때 악한 이세벨이 왕궁으로 돌아온 아합으로부터 이 소식을 듣고는 엘리야를 죽이리라 맹세하였다. 엘리야는 이 형편을 보고는 이세벨을 피해 황급히 광야로 들어갔다. **"사람을 두려워하면 올무에 걸리게 되거니와 여호와를 의지하는 자는 안전하리라.**"(잠29:25) 한 로뎀나무 아래에 앉아 하나님께 죽기를 간구하였다. 하나님은 천사를 통해 숯불에 구운 떡과 한 병 물로 엘리야를 먹이고 마시게 하셨다. **"예수께서 가셔서 떡을 가져다가 그들에게 주시고 생선도 그와 같이 하시니라.**"(요21:13) 엘리야는 음식물의 힘을 의지하여 하나님이 지시하신 호렙 산에 도착하여 그곳에 있는 한 굴에 머물러 있었다. 하나님은 그곳에서 크고 강한 바람과 지진과 불로 엘리야에게 임하셨다. 불 후에 세미한 음성으로 엘리야를 만나시고 엘리야가 승천하기 전에 하여야 할 사명을 그에게 일러 주셨다. 하나님은 큰 승리 후에 '이세벨의 작은 틈'을 통해 역사하는 사탄의 공격에서 엘리야를 자신의 세미한 음성으로 지켜 주셨다. 우리는 우리의 눈앞에 펼쳐진 승리의 상황에 도취하기보다 세미한 음성으로 말씀하시는 하나님의 목소리에 귀 기울여야 한다. 하나님의 세미한 음성은 언제나 하나님이 나와 함께하신다는 사실에 대한 흔들림 없는 우리의 확신의 원천이기 때문이다. 우리를 대적하는 사탄의 어떤 작은 틈조차도 허용하지 않는 하나님의 완전한 방호 그물망이기 때문이다.

작은 틈을 통해 일하시는 하나님의 은혜를 앙망하자. 다윗을 조롱하며 포도주에 취하여 기뻐하다 돌과 같이 굳어 죽임 당한 나발의 잠에서 깨어나자. (삼상25:37~38) 허리에 띠 띠고, 등불 켜고, 문 두드리는 날 얼른 문 열고 기쁨으로 주인 영접하는 깨어 있는 종이 되자. **"너희는 스스로 조심하라 그렇지 않으면 방탕함과 술취함과 생활의 염려로 마음이 둔하여지고 뜻밖에 그날이 덫과 같이 너희에게 임하리라 …… 이러므로 너희는 장차 올 이 모든 일을 능히 피하고 인자 앞에 서도록 항상 기도하며 깨어 있으라 하시니라."**(눅21:34~36) 작은 틈을 통해 베푸시는 하나님의 은혜를 보지 못한 삼손의 육신의 깊은 잠에서 깨어나자. 우리의 눈과 귀와 마음을 잘 짜여진 하나님의 말씀의 그물로 지키고, 만물을 벌거벗은 것처럼 감찰하시는 성령님을 우리의 불의 성곽 삼고 살아가자. (슥2:5) 그리하여 작은 틈을 통해 우리를 넘어뜨리려는 사탄의 모든 미혹으로부터 승리하는 삶을 살아가자. 우리를 통해 이루어지는 하나님의 역사보다, 언제나 하나님의 세미한 음성에 귀 기울이며 흑암의 사자 사탄에게 한시도 틈을 주지 않고 항상 승리하는 삶을 살아가자. **"내가 내 집을 둘러 진을 쳐서 적군을 막아 거기 왕래하지 못하게 할 것이라 포악한 자가 다시는 그 지경으로 지나가지 못하리니 이는 내가 눈으로 친히 봄이니라."**(슥9:8)

'성령님!
사람의 말과 행동,
모든 사건과 상황 가운데에서
작은 틈을 통해 역사하는
사탄의 궤계를 보고 듣는 분별력을 주소서!
우리 영혼의 귀를 열어

세미찬 성령님의 음성을 듣게 하시고
우리의 영혼의 눈을 열어
작은 틈을 통해 일하시는 성령님만 뒤따르게 하소서!'

04. 함께 있지도 아니하니라

"여인이 날마다 요셉에게 청하였으나 요셉이 듣지 아니하여 동침하지 아니할 뿐더러 함께 있지도 아니하니라."(창39:10)

성경 잠언에는 **"철이 철을 날카롭게 하는 것같이 사람이 그의 친구의 얼굴을 빛나게 하느니라"**(잠27:17)는 말씀이 나온다. 사람이 그의 친구와 사귀며 한데 어우러져 살아가는 세월의 길이와 깊이만큼 서로를 닮아가고 서로에게 영향을 미치게 된다는 의미일 것이다. 어떤 사람의 사람됨을 알기 위해서는 그의 친구를 보면 알 수 있다는 말도 이런 연유 때문일 것이다. 사람과의 관계도 이러하다면, 하나님과 친구처럼 깊은 교제를 나누며 하나님과 더불어 살아가는 삶은 더 말할 나위도 없을 것이다. **"사람이 친구를 위하여 자기 목숨을 버리면 이보다 더 큰 사랑이 없나니 너희는 내가 명하는 대로 행하면 곧 나의 친구라 이제부터는 너희를 종이라 하지 아니하리니 종은 주인이 하는 것을 알지 못함이라."**(요15:13~15)

요셉은 라헬의 첫째 아들로서 아버지 야곱의 총애를 받으며 성장하였다. 야곱이 그에게만 유독 채색옷을 지어 입힐 정도였다. 특히 요셉이 그가 꾼 꿈을 형제들에게 이야기하고, 형제들의 허물을 아버지 야곱에게 말하므로 형들은 요셉을 더욱 미워하였다. 하루는 형들이 도단에서 양을 치고 있을 때였다. 형들은 자기들을 찾아온 요셉을 미디안 상인들에 의해 애굽으로 종으로 팔아 버린다. 그 후 요셉은 애굽에 팔려 가서 바로의 시위 대장 보디발의 집에서 종으로 일하게 된다. 보디발은 하나님이 요셉과 함께하심을 보고 자기 집의 모든 일을 요셉에게 맡겼다. 하나님은 그때부터 보디발의 모든 소유에 큰 복을 내리셔서 요셉이 존귀하게 여김 받도록 은혜를 베푸셨다. 그 무렵, 보디발의 아내가 준수한 용모의 요셉을 탐하여 날마다 자기와 동침하자며 요셉을 유혹하였다.[43] 요셉은 이를 거절하였다. **"이 집에는 나보다 큰 이가 없으며 주인이 아무것도 내게 금하지 아니하였어도 금한 것은 당신뿐이니 당신은 그의 아내임이라 그런즉 내가 어찌 이 큰 악을 행하여 하나님께 죄를 지으리이까."**(창39:9) 하루는 아무도 집에 없는 시간이었다. 요셉이 일을 하러 집에 들어갔을 때 그녀는 요셉의 옷을 잡고 동침하기를 간구하였다. 하지만 요셉은 자기 옷을 그녀의 손에 내버려둔 채로 황급히 집 밖으로 뛰쳐나왔다.

　요셉은 이 일로 인해 왕의 죄수들이 갇히는 주인 보디발 집에 있는 감옥에 억울하게 갇히게 된다. 하나님은 옥중에서도 요셉과 함께하셔서 요셉으로 하여금 간수장으로부터 은혜를 받게 하셨다. 간수장은 옥중 죄수를 다 요셉의 손에 맡기고 옥중 제반 사무를 요셉이 처리하도록 하였다. 어느 날 바로 왕이 술 맡은 관원장과 떡 맡은 관원장을 요셉이 갇힌 감옥에 가두었다. 보디발은 요셉에게 그들을 수종 들도록 하였다. 그 후, 요셉은 어느 날 두 관원장의 꿈을 해석해 주고 그 후 바로 왕의 꿈을 해석해 주게 된다. 그리고 요셉은 하나님의 때가 되어 마침내 감옥에서 나와 애굽의 총리가 된다. **"왕이 사람을 보내어 그를 석방함이여 뭇 백성의 통치자가 그를 자유롭게 하였도다 그를 그의 집의 주관자로 삼아 그의 모든 소유를 관리하게 하고 그의 뜻대로 모든 신하를 다스리며 그의 지혜로 장로들을 교훈하게 하였도다."**(시105:20~22)

---

43)　창37:36에 '바로의 신하 시위대장 보디발'이라는 말씀 중 '신하'로 번역된 말은 '환관ㅁㅇㅇ(사리스)'이라는 단어임. 이로 인해, 보디발 아내의 요셉을 향한 끈질긴 유혹의 원인을 잘 헤아릴 수 있다고 여겨짐.

이처럼, 요셉이 애굽의 총리가 되어 온 세상의 기근을 해결하는 하나님의 도구로 쓰임 받은 이유는 무엇일까? 물론, 그것은 장차 이스라엘 백성과 온 인류를 향하신 하나님의 구원의 섭리를 계시하기 위함일 것이다. 하지만 만일 요셉이 고난 중에도 인내하며 하나님과 함께하는 거룩한 순종의 삶을 살지 않았다면 그 일은 불가능하였을 것이다. **"내가 성실한 길을 택하고 주의 규례들을 내 앞에 두었나이다 내가 주의 증거들에 매달렸사오니 여호와여 내가 수치를 당하지 말게 하소서."**(시119:30~31) 우리의 신앙생활은 매 순간 부정한 삶에서 떠나, 항상 하나님을 의식하며 하나님과 함께하는 깨어 있는 삶으로의 돌이킴이다. 하나님은 깨끗한 그릇을 통해 자신의 거룩한 구원의 역사를 이루어 가기를 기뻐하시기 때문이다. **"그러므로 누구든지 이런 것에서 자기를 깨끗하게 하면 귀히 쓰는 그릇이 되어 거룩하고 주인의 쓰심에 합당하며 모든 선한 일에 준비함이 되리라."**(딤후2:21)

모세는 나일 강에서 건짐 받아 바로의 공주의 아들이 된다. 그는 애굽의 모든 지혜와 학문을 배워 말과 일에 능한 사람으로 준비되었다. 그의 나이 사십이 되었을 때였다. 하루는 히브리 형제들에게 나아가서 그들이 고되게 노동하는 것을 보는데 어떤 애굽 사람이 히브리 사람을 치는 것을 보았다. 모세는 좌우로 살펴 사람이 없는 것을 보고는 그 애굽인을 쳐 죽여 모래 속에 감추었다. 만물을 감찰하시는 하나님을 의식하기보다 사람의 눈을 더 의식한 그의 불신앙에 기인한 행동이었다. **"사람이 내게 보이지 아니하려고 누가 자신을 은밀한 곳에 숨길 수 있겠느냐 여호와가 말하노라 나는 천지에 충만하지 아니하냐."**(렘23:24) 이튿날 다시 나가 보니 두 히브리 사람이 서로 싸우고 있었다. 모세는 그들을 화목시키려 했지만 오히려 그의 살인죄가 탄로 날 지경에 빠졌다. 모세는 이를 두려워하여 급히 미디안 광야로 도망하였다. 그곳에서 이드로의 딸 십보라와 결혼한 후, 사십 년 동안 장인 이드로의 양들을 치며 소망 없는 목자로서의 삶을 하루하루 살아갔다.

모세의 나이 팔십 세 때였다. 어느 날 하나님이 시내 산 광야 떨기나무 불꽃 가운데서 모세를 부르셨다. 그리하여 모세는 하나님의 소명을 받고 동족 히브리 백성을 구원하기 위해 애굽으로 향하게 된다. 이후, 모세는 항상 자신을 감찰하시는 하나님을 의식하며 출애굽의 사명을 감당하였다. 친구와 이야기하듯 하나님과 이야기하며, 항상 하나님을 그 앞에 모시고 묵묵히 하나님이 맡기신 지도자의 사명을 감당하였다. (출33:11) 출애굽 이후, 이스라엘 백성이 시내 산 아래에서 금송아지 우상을 만들어 하나님을 거역할 때였다. 그때에도, 모세는 하나님의 속죄의 은총을 간구하며 오직 하나님의 영광의 얼굴 뵙기를 간청하였다. **"원하건대 주의 영광을 내게 보이소서."**(출33:18) 이스라엘 백성의 소망은 눈에 보이는 가나안 땅이었지만, 모세의 소망은 보이지 아니하는 하나님의 영광의 얼굴을 뵙고 그 하나님을 즐거워하는 삶에 있었기 때문이었다. (요8:56) **"주께서 친히 가지 아니하시려거든 우리를 이곳에서 올려 보내지 마옵소서 나와 주의 백성이 주의 목전에 은총을 입은 줄을 무엇으로 알리이까 주께서 우리와 함께 행하심으로 나와 주의 백성을 천하 만민 중에 구별하심이 아니니이까."**(출33:15~16)

히스기야의 신앙도 그러하였다. 앗수르 왕 산헤립이 그의 종들의 손으로 편지를 보내어 우상을 조롱하듯 하나님을 조롱할 때였다. 히스기야는 성전으로 올라가 그 편지를 하나님 앞에 펴놓고 간절히 하나님의 도우심을 구하였다. **"그들은 신이 아니라 사람의 손으로 만든 것일 뿐이요 나무와 돌이라 그러므로 멸망을 당하였나이다 우리 하나님 여호와여 이제 우리를**

그의 손에서 구원하사 천하만국이 주만이 여호와이신 줄을 알게 하옵소서."(사37:19~20) 히스기야 왕이 산헤립의 편지를 하나님 앞에 펴놓은 것은 하나님이 그 편지를 보고 계심을 확신하였기 때문일 것이다. 하나님은 히스기야의 간구를 들으시고 하루아침에 앗수르 대군 십팔만 오천 명을 그들의 진영 가운데서 송장으로 만드셨다. 히스기야와 멸망 직전의 유다 왕국을 원수 앗수르의 손에서 구원해 주셨다. (사41:15~16)

하나님은 자기 백성들이 언제나 하나님을 의식하고 하나님과 동행하는 삶을 살기를 원하신다. 세상 가운데 살고 있지만 만물을 감찰하시는 하나님과 함께하는 삶을 살기를 원하신다. **"내가 바위 위에서 그들을 보며 작은 산에서 그들을 바라보니 이 백성은 홀로 살 것이라 그를 여러 민족 중의 하나로 여기지 않으리로다."**(민23:9) 이는 성경에 면면히 흐르고 있는 하나님의 간절한 소원이었다. 아담의 범죄 후, 에덴동산에서 쫓겨난 아담의 후손들은 날로 번성하여 갔지만 노아의 시대에 모두 홍수로 멸망하고 말았다. 그 이유는 하나님의 아들들이 사람의 딸들의 아름다움을 보고 서로 통혼한 데 기인하였다. **"또 그들과 혼인하지도 말지니 네 딸을 그들의 아들에게 주지 말 것이요 그들의 딸도 네 며느리로 삼지 말 것은 그가 네 아들을 유혹하여 그가 여호와를 떠나고 다른 신들을 섬기게 하므로 여호와께서 너희에게 진노하사 너희를 멸하실 것임이니라."**(신7:3~4)

인류는 노아 홍수 심판 이후에도 바벨탑을 쌓아 하나님을 도전하였다. 하나님은 그들의 언어를 혼잡하게 하시고 그들을 온 세상으로 흩으셨다. 그리고 흩어진 인류 가운데서 아브람을 우상의 도시 갈대아 우르에서 특별히 구별하여 부르셨다. 그 후 야곱 가족이 하나님이 아브람에게 약속하신 말씀대로 애굽에 내려가 거주할 때였다. 하나님은 이때에도 특별히 고센 땅을 구별하여 그들의 거주지로 삼게 하셨다. 야곱 가족을 애굽 백성으로부터 구별하여 하나님의 거룩한 백성으로 세우시려는 하나님의 섭리 때문이었다. 이런 관점에서 볼 때, 야곱이 애굽으로 내려가기 전 딸 디나가 강간 당한 일은 하나님의 섭리 안에서 일어난 사건임을 알 수 있다. 하나님은 이 불행한 사건을 통해 야곱 가족을 세겜 족속과 하나 되게 하려는 사탄의 권세에서 자기 백성을 지켜 주셨기 때문이다. **"그들이 여기서 거주하며 매매하게 하고 우리가 그들의 딸들을 아내로 데려오고 우리 딸들도 그들에게 주자."**(창34:21) 또한 유다가 며느리 다말과 동침한 수치스럽고 불행한 사건도 그러하였다. 유다가 자기 형제들로부터 떠나 아둘람 사람 히라와 가까이 지내고, 가나안 사람의 딸과 동침하여 세 아들을 낳은 일들은 야곱 가족이 애굽으로 내려가야 할 하나님의 카이로스가 되었음을 암시하는 사건들이었기 때문이다. (창38:1~2)

하나님은 출애굽 이후에도 모세를 통해 이스라엘 백성의 구별된 삶을 거듭해서 가르치셨다. (출34:16) 그 후 이스라엘이 광야 사십 년의 세월을 지나 가나안 땅에 정착했을 때였다. 이스라엘 백성은 속히 하나님의 계명을 어기고 가나안 우상을 섬기는 죄악에 빠져들었다. 이는 주로 하나님이 금하신 이방 여인들과의 통혼으로 인한 타락 때문이었다. (삿3:6) 이러한 죄악은 솔로몬의 많은 이방 여인들과의 통혼에서도 잘 나타나 있다. 이로 인해 결국 이스라엘은 남북으로 분열되고, 그 이후 북 이스라엘의 멸망과 남유다의 연이은 멸망의 원인이 되고 말았다. 특히 아합 왕은 시돈 왕 엣바알의 딸 이세벨을 그의 아내로 삼아 온 이스라엘이 바알 우상을 섬기는 죄에 빠지게 하였다. 남 유다의 선한 왕 여호사밧마저 아합 가문과 통혼하여 아합의 딸 아달랴를 그의 며느리로 삼아 유다의 타락에 기름을 부었다. (왕하 8:18) 여호사밧의 가문은 이 불순종으로 인해 많은 고통을 겪게 되었다. 여호람이 아버지 여호사밧을 이어 유다 왕이 되었을 때, 그는 그의 모든 아우들과 이스라엘 방백들 중 몇 사람을 칼로 죽였다. (대하21:4) 아마도 이는 그의 악한 아내 아달랴의 충동질 때문이었을 것이다. 블레셋 사람들과 아라비아 사람들이 유다를 침공하여 왕궁의 모든 재물과, 여호람의 막내아들 여호아하스 외에는 왕의 모든 아들들과 아내들을 탈취하여 갔다. 그 후 여호람은 창자에 중병이 들어 이 년 동안 그 병으로 고통당하다 결국에는 창자가 빠져나와 죽고 말았다. 불행은 그것으로 끝나지 않았다. 여호람의 아들 여호아하스도 왕이 된 후, 고작 일 년 남짓 지나 예후에 의해 그의 형제들 사십 명과 함께 죽임을 당하고 말았다. 또 아달랴는 그의 아들 여호아하스가 죽은 것을 알고는, 가까스로 죽음을 피한 요아스 외에 모든 왕의 자손들을 멸절하는 악행을 저질렀다.

하나님은 이처럼 하나님의 백성들이 악한 자와 함께하는 것을 싫어하신다. **"너희는 믿지 않는 자와 멍에를 함께 메지 말라 의와 불법이 어찌 함께하며 빛과 어둠이 어찌 사귀며 …… 그러므로 너희는 그들 중에서 나와서 따로 있고 부정한 것을 만지지 말라."**(고후6:14~17) 성경의 한 예를 보자. 아합이 아람과의 전쟁에서 싸우다 죽은 후였다. 아합의 아들 아하시야 왕이 금을 가져오기 위해 여호사밧과 함께 배를 만들어 그 배를 다시스로 보내고자 하였다. 이때 하나님이 엘리에셀 선지자를 여호사밧에게 보내어 그를 책망하셨다. **"왕이 악한 아하시야와 교제하므로 여호와께서 왕이 지은 것들을 파하시리라."**(대하20:37) 그리고 엘리에셀의 예언대로 배가 부서져서 그들은 그 배를 다시스로 보낼 수 없었다. 하지만 구약의 역사서를 보면, 이스라엘 백성의 이방 여인들과의 통혼의 죄는 바벨론 포로 귀환 이후에도 계속되었음을 알 수 있다. **"너희가 범죄하여 이방 여자를 아내로 삼아 이스라엘의 죄를 더하게 하였으니 이제 너희 조상들의 하나님 앞에서 죄를 자복하고 그의 뜻대로 행하여 그 지방 사람들과 이방 여인**

을 끊어 버리라."(스10:10~11)

하나님은 마침내 거룩한 자신의 아들 예수님을 부정한 이 세상으로 보내 주셨다. 유출병으로 부정한 혈루증 여인을 고치시고, 부정한 문둥병자를 고치시고, 만지면 부정해지는 나인 성 과부의 죽은 아들의 관을 만지시며 그를 죽음의 권세에서 살려 주셨다. 죄로 더러워진 세상 가운데 살아가는 자기 백성을 불러 모으시고, 자신의 피와 살로 맺은 새 언약으로 영원히 그들을 정결하게 하셨다. 예수님은 십자가의 죽음을 맞기 얼마 전 제자들을 위해 이렇게 기도하셨다. **"아버지여 아버지께서 내 안에 내가 아버지 안에 있는 것같이 그들도 다 하나가 되어 우리 안에 있게 하사 세상으로 아버지께서 나를 보내신 것을 믿게 하옵소서 내게 주신 영광을 내가 그들에게 주었사오니 이는 우리가 하나가 된 것같이 그들도 하나가 되게 하려 함이니이다."**(요17:21~22) 예수님의 소원은 구원받은 하나님의 백성들이 온전히 하나가 되어 거룩하신 하나님과 함께 살아가는 삶이었다. 이러한 삶은 다름 아닌 항상 하나님을 의식하고 하나님과 함께하는 코람데오[44]의 삶일 것이다. 하나님 면전에서 보고 듣고, 말하고 생각하며 하나님과 함께 살아가는 삶일 것이다. 성경의 모든 믿음의 사람들은 항상 하나님을 의식하며 하나님과 함께하는 삶을 살아간 사람들이었다. 특히 영적 전쟁의 관점에서 '하나님 면전에서 하나님과 함께 살아간다'는 의식은 너무나 중요하다. 간교한 사탄은 주로 사람을 통해, 특히 가까운 사람을 통해 우리를 미혹하고 시험에 빠뜨리기 때문이다. 이러한 사탄의 미혹을 이기기 위해서는 '내 앞'에 '사람'을 두지 않고 '다른 사람과 나 사이'에 '하나님'을 모시는 삶이 무엇보다 중요하다. **"내가 여호와를 항상 내 앞에 모심이여 그가 나**

---

44)　히브리어로는 'לפני יהוה(리프네 아도나이)'임. (cf. 삼하6:21)

의 오른편에 계심으로 내가 흔들리지 아니하리로다.”(시16:8)

어떤 사람이 나를 모욕한다고 가정해 보자. 이때 하나님 앞에서, 하나님과 함께 사는 사람은 모욕하는 사람을 보지 않는다. 다시 말해, 다른 사람의 모욕하는 말이나 행동을 자기 앞에 계신 하나님의 말씀으로 걸러서 보고 듣고 대처하게 된다. 하나님이 자기와 함께, 자기 앞에 서 계심을 믿고 있기 때문이다. 그리하여 사람과 싸우는 것이 아니라 다른 사람의 죄와 싸우고, 그를 통해 역사하는 사탄과 싸우게 된다. 반면에 하나님 앞에서, 하나님과 함께 살아가는 의식이 없으면 다른 사람과의 사이에 하나님이 계시지 않고 사람이 서 있게 된다. 그 결과 고스란히 사람끼리 불화할 수밖에 없는 사탄의 올무에 무방비 상태로 노출되고 만다. 처음에는 서로 친밀한 사이로 지내다 결국에는 불화하여 인간관계에 큰 어려움을 겪는 이유도 대부분 여기에 있다. 하나님 앞에서, 하나님과 함께하는 삶은 이러한 사탄의 미혹을 미연에 방지하고 우리를 모든 사람과 화평을 이루는 복된 삶으로 인도한다. 사탄은 이러한 깨어 있는 삶을 살아가는 사람에게는 속수무책일 수밖에 없기 때문이다.

우리는 몇 년 전 코로나 펜데믹 시대를 살았다. 많은 학자들이 앞으로 코로나보다 더 심각한 바이러스가 이 세상을 괴롭힐 것이라고들 말하고 있다. 코로나 바이러스는 주로 다른 사람의 비말(飛沫)을 통해 감염된다고 한다. 그래서 대부분의 사람들이 마스크를 착용하거나, 사람 간에 거리를 두거나, 가급적 사람 간의 접촉 또한 피하며 살아왔다. 레위기 15장에는 유출병자에 대한 규례가 자세히 기록되어 있다. 만일 유출병자가 정(淨)한 사람에게 침을 뱉으면 정한 자는 그의 옷을 빨고 물로 그의 몸을 씻어야 했다. 그리고 저녁까지 부정하였다. (레15:8) 하지만 예수님은 점도 흠도 없는 거룩한 하나님의 아들이시다. 우리의 구원을 위해 부정한 이 세상에 오셔서 부정한 로마 군인에 의해 침 뱉음을 당하신 온유의 성자 하나님이시다. (마 26:67) 예수님이 벙어리 되고 귀 먹은 자를 고치실 때였다. 예수님은 자신의 손가락을 그 사람의 양 귀에 넣고 자신의 침을 뱉어 그 사람의 혀에 손을 대셨다. 이어 하늘을 우러러 탄식하시며 그 사람을 향해 '에바다' 하시며 그를 고쳐 주셨다. (막7:32~35) 또 한 맹인을 고쳐 주실 때에도, 그 사람의 눈에 자신의 침을 뱉으시며 안수하시고 그를 고쳐 주셨다. (막8:23) 날 때부터 맹인 된 사람을 고쳐 주실 때에도, 땅에 자신의 침을 뱉어 진흙을 이겨 그 사람의 눈에 바르신 후 실로암 못에 가서 씻도록 하여 그를 고쳐 주셨다. (요9:6~7) 이처럼 예수님의 침은 죄인을 구원하고 치유하는 거룩한 침이었다. 반면 우리의 침은 모두 부정한 침이다. 하지만 하나님 앞에서, 하나님과 함께 사는 사람은 하나님의 의(義)의 마스크를 쓴 사람이다. 어떤 죄의 바이러스도 침범할 수 없는 정결한 예수님의 침을 가진 사람이다. 다른 사람을 죄에 감염시키는 죄의 감염원(感染源)이 아닌, 죄의 감염자를 정결하게 하는 '영생의 비말' 곧 '영생의 백신'을 가진 사람이다. (행3:6) 자신과 다른 사람과의 사이에 하나님을 앞에 모시고 하나님과 동행하는 삶을 사는 사람은 예수님의 영생의 침 묻은 말씀을 듣고, 예수님의 영생의 침 묻은 말씀으로 말하는 삶을 살아가기 때문이다.

예수님은 가인같이 하나님 앞을 떠나 놋 땅에 거하는 부정한 음녀 같은 우리를 사랑하셔서 마침내 하나님의 얼굴로 우리를 찾아오셨다. (고후4:6) 우리의 구원을 위하여 마침내 십자가에 죽으시고 부활 승천하신 후, 이제 우리 마음에 성령으로 오셔서 우리와 영원히 함께하시는 은혜를 베푸셨다. **"그는 진리의 영이라 세상은 능히 그를 받지 못하나니 이는 그를 보지도 못하고 알지도 못함이라 그러나 너희는 그를 아나니 그는 너희와**

함께 거하심이요 또 너희 속에 계시겠음이라."(요14:17) 우리를 이 세상의 부정한 죄악과 흑암의 권세에서 건져 내사 하나님의 아들의 거룩한 빛의 나라로 옮겨 주셨다.(골1:13) 그리고 예수님 재림하시는 날, 우리는 수건을 벗은 얼굴로 예수님의 영광의 참모습을 얼굴과 얼굴을 대하여 보게 될 것이다.(요14:9) 해보다도 더 빛나는 영광스러운 천국에서 영광의 예수님을 즐거워하며 예수님과 함께 영원한 복락을 누리며 살게 될 것이다.(요일3:2~3) 이 소망을 가진 우리는 날마다 하나님의 얼굴 뵙기를 구하며, 이 땅에서도 하나님과 함께하는 거룩한 삶을 소원하며 살아갈 수 있다.(살전4:16~17) 사탄은 예수님의 재림을 소망하며 하나님과 동행하는 우리의 믿음 앞에 혼비백산 도망갈 수밖에 없는 가련한 존재이기 때문이다.[45] 하나님의 영광의 얼굴 빛이 어두운 사탄의 권세를 모조리 쫓아내고 흩어 버리기 때문이다.(요12:31~32) **"하나님이 일어나시니 원수들은 흩어지며 주를 미워하는 자들은 주 앞에서 도망하리이다."**(시68:1)

다윗이 밧세바를 간음할 때는 어두운 밤이었다. 하지만 하나님이 다윗을 징계하실 때는 압살롬으로 하여금 백주에 다윗의 아내들과 동침하게 하셨다.(삼하12:11) 이때 '백주'[46]로 번역된 단어의 의미는 '태양의 눈들을 향하여'라는 의미이다. 태양의 눈빛 앞에서도 어둠을 숨길 수 없다면, 하물며 첫째 날 빛과 넷째 날 태양을 창조하신 참 빛이신 예수님의 얼굴을 어찌 피

---

45) 삼상7:13의 '여호와의 손이 사무엘이 사는 날 동안에 블레셋을 막으시매'라는 말씀 중 '막으시매'로 번역된 말은 '있다-הָיָה(하야)'라는 의미임. 적용하면, 우리가 하나님 앞에서 하나님과 함께하는 순종의 삶을 살기만 하면, 하나님이 우리의 원수의 진영 가운데 계셔서 그들을 억누르심으로 우리를 공격하지 못하도록 막아 주신다는 의미임. 그 예로, 대상4:10의 야베스의 기도 내용 중 '주의 손으로 나를 도우사'로 번역된 말 역시 '주의 손이 나와 함께하여 주십시오-הָיָה(하야)'라는 의미이기 때문임.
46) 원문은 'לְעֵינֵי הַשֶּׁמֶשׁ(레에네 하세메스)'임.

할 수 있으랴! 항상 참 빛 되시는 예수님을 의식하고 예수님과 함께하는 순종의 삶을 살아가자. 영광의 하나님과 영원히 함께 살게 될 예수님의 재림의 날을 소망하며, 요셉처럼 부정한 세상의 죄의 유혹을 이기고 항상 하나님의 얼굴 빛 앞에서 살아가자. **"나를 보내신 이가 나와 함께하시도다 나는 항상 그가 기뻐하시는 일을 행하므로 나를 혼자 두지 아니하셨느니라."**(요8:29) 우리의 모든 말을 듣고 계시고, 우리의 앉고 일어섬을 보고 계시며, 멀리서도 우리의 마음의 생각까지 통촉하고 계시는 하나님을 항상 의식하며 살아가자. (시139:2~4) 다른 사람과의 사이에 영생의 백신 되시는 예수님을 모시고 어둠의 왕 사탄의 모든 미혹과 궤계를 능히 이기며 살아가자. **"내가 너희에게 뱀과 전갈을 밟으며 원수의 모든 능력을 제어할 권능을 주었으니 너희를 해칠 자가 결코 없으리라 그러나 귀신들이 너희에게 항복하는 것으로 기뻐하지 말고 너희 이름이 하늘에 기록된 것으로 기뻐하라 하시니라."**(눅10:19~20)

"당신 아버지의 하나님의 종들인 우리 죄를 이제 용서하소서 하매 요셉
이 그들이 그에게 하는 말을 들을 때에 울었더라."(창50:17)

'눈물'의 사전적 정의는 "사람의 눈알 위쪽에 있는 누선(淚腺)에서 나와
눈알을 적시거나 흘러나오는 투명한 액체 상태의 물질"이다. 눈물은 각막
과 결막 표면으로부터 세포의 노폐물이나 이물질을 세척해 내며 각막에 영
양을 공급해 주는 기능을 한다. 또한 항균 작용을 하므로 눈의 광학적 특성
과 정상적인 기능을 유지하는 데 필수적이다. 이러한 눈물은 때로는 뜨겁
게 느껴지기도 하고 때로는 소금처럼 짜게 느껴지기도 한다. 눈물은 우리
의 영혼에도 매우 중요하다. 우리의 영혼의 노폐물이나 이물질을 세척하
고 우리의 영혼에 새 은혜를 회복해 주기 때문이다. 또한 눈물은 우리의 영
혼을 해롭게 하는 죄의 먼지와 세상의 오물로부터의 오염을 미리 막아 주
는 기능을 하기 때문이다. **나의 유리함을 주께서 계수하셨사오니 나의
눈물을 주의 병에 담으소서 이것이 주의 책에 기록되지 아니하였나이
까."**(시56:8)

요셉은 형들의 시기로 애굽에 종으로 팔려 갔다. 하지만 요셉은 하나님
의 은혜로 마침내 애굽의 총리가 된다. 당시 온 세상에 기근이 임한지라 천
하 사람들이 양식을 구하기 위해 애굽을 찾아왔다. 그 무렵 요셉의 형들도
아버지 야곱의 명을 따라 양식을 구하려고 애굽으로 내려왔다. 그들이 요
셉 앞에 섰을 때였다. 요셉은 형들을 알아보았으나 형들은 요셉이 애굽의
총리가 된 사실을 꿈에도 알지 못하였다. 요셉은 형들을 시험하기 위해 험

한 말로 그들에게 말하였다. **"너희는 정탐꾼들이라 이 나라의 틈을 엿보려고 왔느니라."**(창42:9) 요셉의 형들은 맹세하며 부인하였지만 요셉은 그들을 삼 일 간 옥에 가두어 두었다. **"하나님이 고독한 자들은 가족과 함께 살게 하시며 갇힌 자들은 이끌어 내사 형통하게 하시느니라 오직 거역하는 자들의 거처는 메마른 땅이로다."**(시68:6) 사흘 후, 요셉은 그들 중 시므온을 인질로 삼고, 막내 아우 베냐민을 데려오면 그들의 말이 진실이며 또한 죽지 않을 것을 그들에게 약속하였다. 이때 형들은 두려운 얼굴로 서로에게 말하였다. **"우리가 아우의 일로 말미암아 범죄하였도다 그가 우리에게 애걸할 때에 그 마음의 괴로움을 보고도 듣지 아니하였으므로 이 괴로움이 우리에게 임하도다."**(창42:21) 그들 사이에 통역을 세웠으므로, 형들은 요셉이 그들의 말을 듣는 줄을 알지 못하였지만 요셉은 그들의 말을 다 듣고 있었다. 이때 요셉은 그들을 떠나가서 울었다. 그리고 돌아와서는, 그들의 양식과 가지고 온 돈은 물론 길 양식까지 더하여 주며 그들을 가나안 땅으로 돌려보냈다.

　가나안 땅에 기근이 심하고 애굽에서 가지고 간 양식도 다 떨어진 때였다. 야곱은 그의 아들들에게 다시 애굽에 가서 양식을 사오라고 말하였다. 하지만 그들은 베냐민을 데려가지 않으면 내려갈 수 없다고 말하였다. 야곱은 베냐민마저 잃지는 않을까 염려하여 많이 주저하다가, 유다의 간청으로 마침내 그들을 베냐민과 함께 애굽으로 다시 내려 보냈다. 혹시 잘못이 있었을까 하여, 전에 자루에 든 돈의 갑절과 가나안 땅 여러 소산의 선물을 함께 보내었다. 요셉의 형제들이 다시 애굽으로 내려가 요셉 앞으로 왔을 때였다. 요셉은 베냐민이 그들과 함께 있음을 보고는 청지기에게 정오에 집에서 음식을 먹을 것을 준비하라고 명하였다. 음식 먹는 자리에서였다. 요셉은 먼저 그들에게 아버지 야곱의 안부를 물은 뒤, 동생 베냐민을 보고는 마음이 복받쳐 급히 안방으로 들어가서 울었다. 그리고 얼굴을 씻고 나와서 그 정을 억제하고 형제들과 함께 음식을 먹었다.

그들이 다시 양식을 사서 애굽을 떠나는 날 아침이었다. 요셉은 그의 청지기를 시켜 자신의 은잔을 베냐민의 자루에 몰래 담게 하고, 그들이 가져온 돈도 그들의 자루에 각각 도로 넣게 하였다. 그리고 청지기에게 형제들이 성읍으로부터 멀리 나가기 전에 그들을 뒤좇아 가서 이렇게 말하라고 일렀다. **"너희가 어찌하여 선을 악으로 갚느냐 이것은 내 주인이 가지고 마시며 늘 점 치는 데 쓰는 것이 아니냐 너희가 이같이 하니 악하도다."**(창44:4~5) 형제들은 이 말을 듣고는 자신들의 결백을 주장하며 청지기에게 말하였다. **"당신의 종들 중 누구에게서 발견되든지 그는 죽을 것이요 우리는 내 주의 종들이 되리이다."**(창44:9) 청지기가 그들에게 대답하였다. **"그것이 누구에게서든지 발견되면 그는 내게 종이 될 것이요 너희는 죄가 없으리라."**(창44:10) 이에 그들이 각기 자루를 땅에 내려놓고 풀자 그 은잔이 베냐민의 자루에서 발견되었다. 요셉은 그에게 다시 잡혀 온 형제들을 엄히 꾸짖었다. 그때 형제들 중 유다가 요셉에게 잔이 발견된 자와 그들 모두가 요셉의 노예가 될 것을 구하였다. 하지만 요셉은 잔이 그 손에서 발견된 자만 종이 되고 다른 사람들은 평안히 올라가라고 말하였다. 이때 유다가 요셉에게 간청하였다. **"주의 종으로 그 아이를 대신하여 머물러 있어 내 주의 종이 되게 하시고 그 아이는 그의 형제들과 함께 올려 보내소서 그 아이가 나와 함께 가지 아니하면 내가 어찌 내 아버지에게로 올라갈 수 있으리이까 두렵건대 재해가 내 아버지에게 미침을 보리이다."**(창44:33~34) 요셉은 이 말을 듣고는 더 이상 그 정을 억제하지 못하여 소리 질러 모든 사람을 자기에게서 물러가라 하였다. 그리고 비로소 그의 형들에게 자기가 그들이 애굽에 종으로 팔아 버린 동생 요셉임을 알렸다. 요셉의 울음 소리가 애굽 사람에게 들리며 바로의 궁중에까지 들릴 정도였다.

　우리는 요셉의 울음을 통해, 죄에 대한 하나님의 엄위로우신 공의 너머 죄인을 향한 하나님의 크신 긍휼을 깨달을 수 있다. 형제들이 양식을 사러 애굽에 내려왔을 때, 요셉의 우선 관심은 형들의 육신의 양식보다 그들의 진실한 회개의 마음이었다. 십삼 년 전 자신을 구덩이에 던져 죽이려 할 때 그를 살리려 한 르우벤 대신 시므온을 인질로 삼고, 은잔을 베냐민의 자루에 넣어 둔 것도 그런 연유에서였다. 요셉은 이러한 시험을 통해 형들이 다른 사람의 고통과 심정을 헤아리는지의 여부를 알고자 하였다. 요셉의 눈물은 요셉이 유다의 자기 부인(自己 否認)의 고백을 통해 그의 형들의 진실한 회개와 그들의 깨어진 마음을 보았기 때문이었다. 그 후 야곱과 그의 온 가족은 애굽의 고센 땅으로 이주하였다. 그리고 야곱은 애굽으로 이주한 지 십칠 년이 지나 기운이 진하여 죽게 된다. 요셉과 그의 형제들이 야곱을 가나안 땅 막벨라 굴에 장사한 후 애굽으로 다시 돌아왔을 때였다. 형들은 아버지 야곱이 죽었으므로 혹시 동생 요셉의 마음이 변하여 그들을 보복하지는 않을까 두려운 마음이 들었다. 그들은 요셉에게 찾아가 자신들의 죄를 용서해 줄 것을 거듭 간청하였다.(창50:15~17) 요셉은 형들의 말을 듣고는 또다시 울었다. 그리고 간곡히 형제들을 위로하였다. **"당신들은 나를 해하려 하였으나 하나님은 그것을 선으로 바꾸사 오늘과 같이 많은 백성의 생명을 구원하게 하시려 하셨나니 당신들은 두려워하지 마소서 내가 당신들과 당신들의 자녀를 기르리이다."**(창50:20~21)

　다윗을 보자. 압살롬이 그의 형 암논을 죽인 일로 그술로 도망을 갔다. 삼 년이 지난 어느 날 압살롬은 요압 장군의 중재로 예루살렘으로 돌아왔다. 그때 다윗은 아들 압살롬의 얼굴 보기를 원하지 않았다. **"왕이 이르되**

그를 그의 집으로 물러가게 하여 내 얼굴을 볼 수 없게 하라 하매 압살롬이 자기 집으로 돌아가고 왕의 얼굴을 보지 못하니라."(삼하14:24) 그 후 이 년이 지난 어느 날이었다. 압살롬이 아버지 다윗을 만났을 때였다. 압살롬은 다윗 앞에서 그의 얼굴을 땅에 대어 절하고 다윗은 아들 압살롬과 입을 맞추었다. (삼하14:33) 하지만 다윗의 그 입맞춤이 압살롬의 반란을 막을 수는 없었다. 사랑하는 아버지와 용서받은 아들의 뜨거운 입맞춤이 아닌, 앙심을 품은 아들과 긍휼의 눈물 없는 아버지의 서글픈 육신의 입맞춤에 불과하였기 때문이다. **"너희가 무슨 일에든지 누구를 용서하면 나도 그리하고 내가 만일 용서한 일이 있으면 용서한 그것은 너희를 위하여 그리스도 앞에서 한 것이니 이는 우리로 사탄에게 속지 않게 하려 함이라 우리는 그 계책을 알지 못하는 바가 아니로다."**(고후2:10~11)

압살롬이 아버지 다윗을 반역한 일로 전쟁에서 죽은 후였다. 이스라엘 지파들이 압살롬은 이미 죽었으므로 다윗을 다시 왕으로 모셔 오고자 하였다. 다윗은 이 말을 듣고 사독과 아비아달 두 제사장을 시켜 유다 장로들에게 전갈을 보내었다. **"온 이스라엘이 왕을 왕궁으로 도로 모셔 오자 하는 말이 왕께 들렸거늘 너희는 어찌하여 왕을 궁으로 모시는 일에 나중이 되느냐 너희는 내 형제요 내 골육이거늘 너희는 어찌하여 왕을 도로 모셔 오는 일에 나중이 되리요 하셨다 하라."**(삼하19:11~12) 유다 사람들이 이 말을 듣고는 먼저 다윗을 왕궁으로 모셔 오기 위해 요단을 건너갔다. 이스라엘 지파 사람들이 이를 보고 다윗에게 말하였다. **"우리 형제 유다 사람들이 어찌 왕을 도둑하여 왕과 왕의 집안과 왕을 따르는 모든 사람을 인도하여 요단을 건너가게 하였나이까."**(삼하19:41) 이때 유다 사람들이 이스라엘 사람들에게 왕이 자기들의 종친인 까닭이라고 대답하였다. 이스라엘 사람들은 다시 유다 사람들을 원망하며 말하였다. **"우리는 왕에 대하여 열 몫을 가졌으니 다윗에게 대하여 너희보다 더욱 관계가 있거늘**

너희가 어찌 우리를 멸시하여 우리 왕을 도로 모셔 오는 일에 먼저 우리와 의논하지 아니하였느냐."(삼하19:43) 하지만 유다 사람들의 말이 이스라엘 사람들의 말보다 더 강경하였다. 다윗은 이로 인해, 결국 베냐민 사람 세바의 반역으로 다시 한번 전쟁의 큰 아픔을 겪게 된다.

다윗이 유다 지파에게 먼저 전갈을 보낸 이유는 무엇이었을까? 아마도 유다 지파 역시 이스라엘 지파와 함께 압살롬과 동조하여 자신을 반역하긴 하였지만, 아무래도 유다 사람들이 자신과 혈육으로 더 가까운 관계에 있었기 때문이 아닐까! 그들을 향한 불편한 심기가 이스라엘 지파에 비해서는 상대적으로 적었기 때문이 아닐까! 어쨌든 요셉의 의로운 눈물은커녕, 자신의 죄로 인한 일련의 고통에 대한 다윗의 메마른 통회의 눈물이 또 다른 전쟁의 씨앗을 심고 말았다. 베냐민 지파 사람 세바의 반역은 결국 다윗의 상한 심령의 부재(不在)에 기인하였기 때문이다. **"하나님께서 구하시는 제사는 상한 심령이라 하나님이여 상하고 통회하는 마음을 주께서 멸시하지 아니하시리이다."**(시51:17) 다윗은 세바의 반란을 진압하기 위해 압살롬의 편을 든 아마사를 요압을 대신하여 전쟁의 지휘관으로 세웠다. 이를 통해 유다 지파의 마음을 하나 되게 하려는 의도에서였다. 하지만 다윗의 깊은 마음 안에는 자신의 명령을 어기고 자신의 아들 압살롬을 죽인 요압에 대한 반감이 있었기 때문일 것이다. **"너희가 각각 마음으로부터 형제를 용서하지 아니하면 나의 하늘 아버지께서도 너희에게 이와 같이 하시리라."**(마18:35) 그 결과, 아마사는 세바의 반역을 진압하러 전쟁에 나가다 싸우기도 전에 요압에 의해 죽임을 당하고 말았다. 다윗의 메마른 통회의 눈물이 거둔 또 하나의 서글픈 사망의 열매였다. **"너희는 모든 악독과 노함과 분냄과 떠드는 것과 비방하는 것을 모든 악의와 함께 버리고 서로 친절하게 하며 불쌍히 여기며 서로 용서하기를 하나님이 그리스도 안**

에서 너희를 용서하심과 같이 하라."(엡4:31~32) 다윗은 반역한 아들 압살롬에게 쫓겨 감람산 길로 올라갈 때와, 압살롬의 죽음의 소식을 들었을 때 심히 슬퍼하며 통곡하였다. 하지만 하나님이 다윗에게 보기 원하셨던 눈물은 육신의 슬픔으로 인한 '육신의 눈물'이 아니라, 침상을 띄우며 요를 적시는 하나님 앞에서의 가슴 찢는 통회와 긍휼의 '영혼의 눈물'이었다. **"내가 탄식함으로 피곤하여 밤마다 눈물로 내 침상을 띄우며 내 요를 적시나이다."**(시6:6)

예수님은 해 질 때까지 들판에서 말씀을 듣고 있던 무리들을 불쌍히 여기셨다. 떡 다섯 개와 물고기 두 마리로 여자와 아이 외에 오천 명을 먹이시고, 떡 일곱 개와 물고기 두 마리로 사천 명을 먹이셨다. 나인 성 과부의 울음을 들으시고, 그녀를 불쌍히 여기셔서 관에 손을 대시며 그녀의 죽은 아들을 살려 주셨다. 끝까지 회개하지 않는 멸망을 앞둔 예루살렘 성을 바라보시며 깊은 탄식으로 눈물을 흘리셨다. **"예루살렘아 예루살렘아 선지자들을 죽이고 네게 파송된 자들을 돌로 치는 자여 암탉이 제 새끼를 날개 아래에 모음같이 내가 너희의 자녀를 모으려 한 일이 몇 번이냐 그러나 너희가 원하지 아니하였도다."**(눅13:34) 사랑하는 제자 나사로의 죽음을 슬퍼하는 무리들을 불쌍히 여기시며 함께 눈물을 흘리셨다. 마음속으로 통분히 여기시며, 나사로의 무덤으로 가서서 사망을 명하여 죽은 나사로를 죽음의 권세에서 살아나게 하셨다. 이처럼 예수님은 사랑과 긍휼의 하나님이시다. 자신의 형상으로 지으신 사람뿐만 아니라 만물을 사랑하시는 긍휼의 하나님이시다. **"네가 만일 너를 미워하는 자의 나귀가 짐을 싣고 엎드러짐을 보거든 그것을 버려두지 말고 그것을 도와 그 짐을 부릴지니라."**(출23:5) 우리의 죄가 아무리 크다 할지라도, 진심으로 그 죄를 자백하고 돌이키기만 하면 이전보다 더 큰 긍휼로 우리를 품어 주시는 사랑의 아버지이시다. **"에브라임은 나의 사랑하는 아들 기뻐하는 자식이 아니냐 내가 그를 책망하여 말할 때마다 깊이 생각하노라 그러므로 그를 위하여 내 창자가 들끓으니 내가 반드시 그를 불쌍히 여기리라 여호와의 말씀이니라."**(렘31:20) 이러한 하나님의 크신 긍휼과 사랑을 입은 사람은 다른 사람의 허물을 자신의 긍휼의 눈물로 씻어 주는 삶을 살아가게 된다. **"내가 너를 불쌍히 여김과 같이 너도 네 동료를 불쌍히 여김이 마땅하지 아니하냐."**(마18:33)

탕자의 하나님 아버지의 긍휼을 항상 기억하자. 집 나간 순간부터 무한한 사랑으로 배역한 아들을 기다리신 아버지 되신 하나님의 긍휼을 잊지 말자. 멀리서 집으로 돌아오는 탕자를 보시고는 달려가 목을 안고 입 맞추며, 천국 잔치를 베푸시는 하나님의 안도(安堵)와 기쁨의 눈물을 결코 잊지 말자. **"제일**[47]**좋은 옷을 내어다가 입히고 손에 가락지를 끼우고 발에 신을 신기라 그리고 살진 송아지를 끌어다가 잡으라 우리가 먹고 즐기자."**(눅15:22~23) 겟세마네 동산에서 땀이 핏방울이 되도록 우리를 위해 간구하신 '참 요셉'의 눈물을 잊지 말자. 탕자를 기쁨으로 맞은 아버지를 원망한 긍휼의 눈물 한 방울 없는 장자의 마음이 아닌, 용서를 믿지 못한 형들을 안타까워하며 통곡의 눈물을 흘린 요셉의 마음을 가지자. 자신의 죄로 인한 고통 중에도 다른 사람의 허물을 용서하지 못한 다윗의 메마른 마음이 아닌, 의로운 고난에도 멸망당할 예루살렘을 바라보시며 눈물 흘리신 '참 다윗' 예수님의 마음을 가지자. (눅19:41) 이미 죄를 용서해 놓으시고, 회개의 고백으로 우리를 인도하시는 참 요셉 되시는 예수님의 긍휼의 심장을 가지자. 예수님의 긍휼의 눈물에 젖어 사는 사람에게는 사탄은 고

---

47) 원문에는 '제일'이라는 단어 앞에 '빨리-ταχύ(타쿠)'라는 단어가 있음. 탕자와 같은 죄인들을 사랑하시는 하나님의 지극한 은혜를 깨달을 수 있음.(cf. 눅19:5)

작, 다윗 앞에 엎드러져 자신의 칼에 의해 죽임 당한 골리앗에 불과한 존재임을 항상 기억하자. **"내가 마음에 큰 놀림과 걱정이 있어 많은 눈물로 너희에게 썼노니 이는 너희로 근심하게 하려 한 것이 아니요 오직 내가 너희를 향하여 넘치는 사람이 있음을 너희로 알게 하려 함이라."**(고후2:4)

"모세의 팔이 피곤하매 그들이 돌을 가져다가 모세의 아래에 놓아 그가
그 위에 앉게 하고 아론과 훌이 한 사람은 이쪽에서 한 사람은 저쪽에서
모세의 손을 붙들어 올렸더니 그 손이 해가 지도록 내려오지 아니한지라
여호수아가 칼날로 아말렉과 그 백성을 쳐서 무찌르니라."(출17:12~13)

세상의 모든 종교에는 나름대로 기도라는 종교 행위가 있다. 하지만 하
나님의 백성들의 기도와는 근본적으로 다르다. 우리의 기도는 우상이나 미
혹하는 악한 영이 아닌, 살아 계신 사랑의 하나님 아버지와의 대화이기 때
문이다. **"우리 하나님 여호와께서 우리가 그에게 기도할 때마다 우리에
게 가까이 하심과 같이 그 신이 가까이 함을 얻은 큰 나라가 어디 있느
냐."**(신4:7) 기도는 우리의 영적 전쟁의 승리를 위해 구비해야 할 가장 강력
한 두 무기 중의 하나라고 할 수 있다. 하나님의 말씀이 영적 전쟁을 수행
하는 우리 영혼의 양식이요 연료라고 한다면, 기도는 우리 영혼의 호흡이
며 하나님의 말씀을 일하게 하는 점화 장치와도 같기 때문이다. 기도는 하
나님의 말씀이 우리 영혼의 불이 되게 하여 우리에게 하나님의 말씀을 순
종할 수 있는 능력을 주기 때문이다. **"여호와의 말씀이니라 내 말이 불같
지 아니하냐 바위를 쳐서 부스러뜨리는 방망이 같지 아니하냐."**(렘23:29)

이스라엘 백성이 출애굽한 후 르비딤에 이르렀을 때였다. 아말렉이 이스
라엘을 대적하였다. 모세는 여호수아와 택한 군사들을 보내어 아말렉과 싸
우게 하였다. 그리고 모세는 아론과 훌과 함께 하나님의 지팡이를 가지고
산꼭대기에 올라가서 하나님께 기도하였다. 이때 모세가 손을 들면 이스라

엘이 이기고 손을 내리면 이스라엘이 패하였다. 이때 아론과 훌이 돌을 가져다가 모세를 그 위에 앉게 하고 양쪽에서 모세의 좌우 팔을 붙들어 올렸다. 이에 모세의 손이 해가 지도록 내려오지 않자 여호수아와 군사들은 아말렉을 크게 무찌를 수 있었다. 우리의 영적 전쟁의 승리를 위해 서로 합력하는 일과 기도의 중요성을 가르치는 말씀이라 여겨진다. **"두 사람이 한 사람보다 나음은 그들이 수고함으로 좋은 상을 얻을 것임이라 혹시 그들이 넘어지면 하나가 그 동무를 붙들어 일으키려니와 홀로 있어 넘어지고 붙들어 일으킬 자가 없는 자에게는 화가 있으리라 …… 한 사람이면 패하겠거니와 두 사람이면 맞설 수 있나니 세 겹 줄은 쉽게 끊어지지 아니하느니라."**(전4:9~12)

사사 시대, 하나님의 언약궤가 이스라엘 백성의 죄악으로 블레셋에게 빼앗겼다가 벧세메스로 돌아온 후였다. 사무엘은 온 이스라엘을 미스바로 불러 모았다. 물을 길어 여호와 앞에 붓고, 그날 종일 금식하며 하나님께 회개하며 기도하였다. 이때 블레셋 사람들이 이스라엘 백성이 미스바에 모였다 함을 듣고 이스라엘을 치기 위해 올라왔다. 사무엘은 젖 먹는 어린 양을 온전한 번제로 드리고 이스라엘을 위하여 간절히 하나님께 간구하였다. 하나님은 사무엘의 기도를 들으시고 블레셋 진영에 큰 우레를 내리셔서 그들을 어지럽게 하셨다. 이스라엘은 그날 큰 승리를 거둘 수 있었다. 하나님은 이스라엘로 하여금 이전에 블레셋 사람들에게 빼앗긴 성읍들을 되찾게 하시고 블레셋의 공격으로부터도 이스라엘을 지켜 주셨다. 이처럼 기도는 영적 전쟁의 승리는 물론, 이전의 패배로부터의 회복을 가능하게 하는 의의 무기임을 알 수 있다. 원수 사탄의 공격을 방어하고, 하나님의 말씀으로 돌이켜 승리하는 삶을 살게 하는 전천후 의의 무기임을 알 수 있다. **"나는 너희를 위하여 기도하기를 쉬는 죄를 여호와 앞에 결단코 범하지 아니하고**

선하고 의로운 길을 너희에게 가르칠 것인즉 너희는 여호와께서 너희를 위하여 행하신 그 큰 일을 생각하여 오직 그를 경외하며 너희의 마음을 다하여 진실히 섬기라."(삼상12:23)

아합 왕 때의 일이다. 하나님은 이스라엘의 죄악을 징계하시기 위해 삼 년 육 개월 동안 땅에 비도 이슬도 내리지 아니하셨다. 많은 날이 지나고 제삼 년에 하나님이 엘리야에게 말씀하셨다. **"너는 가서 아합에게 보이라 내가 비를 지면에 내리리라."**(왕상18:1) 엘리야는 아합을 만나 이세벨의 상에서 먹는 바알의 선지자 사백오십 명과 아세라의 선지자 사백 명을 갈 멜 산으로 나아오게 하라고 말하였다. 우상의 선지자들과 이스라엘 백성이 갈멜 산에 모였을 때였다. 엘리야는 먼저 무너진 제단을 수축하고, 야곱의 아들들의 지파의 수효를 따라 돌 열두 개를 취하여 제단을 쌓았다. 그 후 엘리야는 하나님께 간구하여 우상의 헛됨과 불로 응답하시는 살아 계신 하 나님을 이스라엘 백성에게 증거하였다. **"이에 여호와의 불이 내려서 번제 물과 나무와 돌과 흙을 태우고 또 도랑의 물을 핥은지라 모든 백성이 보 고 엎드려 말하되 여호와 그는 하나님이시로다 여호와 그는 하나님이시 로다."**(왕상18:38~39) 그리고 백성들에 의해 붙잡힌 바알 선지자들을 기손 시내로 데려가 그곳에서 모두 심판하였다.

이 일 후 엘리야는 갈멜 산 꼭대기로 올라갔다. 땅에 꿇어 엎드려 얼굴을 그의 무릎 사이에 넣고 간절히 하나님께 기도하였다. 그리고는 그의 사환 에게 올라가 바다쪽을 바라보라고 말하였다. 사환이 그에게로 돌아와 아 무것도 없다고 대답하였다. 엘리야는 그의 사환에게 일곱 번까지 다시 가 라고 말하였다. 사환이 일곱 번째 이르러서는 바다에서 사람의 손 만한 작 은 구름이 일어난다고 엘리야에게 말하였다. 조금 후에 구름과 바람이 일 어나서 하늘이 캄캄해지더니 큰 비가 하늘로부터 쏟아져 내렸다. 엘리야는 작은 손 만한 구름을 보고서도 하나님이 보내실 큰 비의 소리를 들을 수 있었다. 이러한 영적 혜안(慧眼)의 은혜는 오직 하나님의 약속의 말씀을 믿고 인내로 기도하는 자에게 베푸시는 하나님의 선물이기 때문이다.[48] **"너희 중에 고난 당한 자가 있느냐 그는 기도할 것이요 즐거워하는 자가 있느냐 그는 찬송할지니라 …… 엘리야는 우리와 성정이 같은 사람이로되 그가 비가 오지 않기를 간절히 기도한즉 삼 년 육 개월 동안 땅에 비가 오지 아니하고 다시 기도하니 하늘이 비를 주고 땅이 열매를 맺었느니라."**(약5:13~18)

　　예수님이 제자들에게 기도를 가르치실 때였다. 예수님은 제자들에게 골방에 들어가 문을 닫고 은밀한 중에 계신 아버지 하나님께 기도하라고 가르치셨다. 구약의 엘리사 선지자도 골방에서 기도한 사람이었다. 엘리사가 수넴 여인의 죽은 아들을 살릴 때, 그는 그가 거하던 다락방의 문을 닫은 후 죽은 아들의 시체 위에 자신의 몸을 두 번 엎드리며 하나님께 간절히 기도하였다. (왕하4:33~34) 신약의 베드로 사도도 욥바에 사는 여제자 다비다를 살릴 때, 그녀의 시체가 누인 다락방으로 올라가 모든 사람을 내보낸 후 은밀히 계신 하나님께 무릎을 꿇고 간절히 기도하였다. (행9:40) 이처럼, 개인적인 기도 생활에는 무엇보다 골방의 기도가 필요하겠지만 믿음의 사람들이 함께 모여 기도하는 일도 매우 중요하다. 예수님도 두 사람이 땅에서 합심하여 무엇이든지 구하면 하늘에 계신 하나님께서 기도를 들으시고 그들의 간구를 이루어 주실 것을 약속하셨기 때문이다. (마18:19) 예수님이 가르치신 골방 기도는 단지 외식하는 바리새인들을 경계하기 위해 가르치신 말씀이기 때문이다. 느헤미야도 예루살렘 성벽이 훼파되고 성문이 불탔

---

48)　cf. 창13:14; 왕하6:17~20.

다는 소식을 들었을 때 수일 동안 울며 금식하며 기도하였다. 그때 느헤미야는 자신뿐만 아니라 신실한 믿음의 사람들에게도 이를 알리고 그들과 함께 하나님께 기도하였다. **"주여 구하오니 귀를 기울이사 종의 기도와 주의 이름을 경외하기를 기뻐하는 종들의 기도를 들으시고 오늘 종이 형통하여 이 사람 앞에서 은혜를 입게 하옵소서."**(느1:11) 에스더도 그러하였다. 아각 사람 하만이 모르드개와 유다인을 진멸하라는 왕의 조서를 바사온 제국에 보낼 즈음이었다. 에스더는 이 소식을 알고는, 죽음을 각오하고 규례를 어기고 왕에게로 나아가 호소하기 위해 그의 시녀와 함께 금식하며 기도하였다. 모르드개와 수산에 거하는 유다인들에게도 자기를 위해 금식하며 기도하도록 부탁하였다. **"당신은 가서 수산에 있는 유다인을 다 모으고 나를 위하여 금식하되 밤낮 삼 일을 먹지도 말고 마시지도 마소서 나도 나의 시녀와 더불어 이렇게 금식한 후에 규례를 어기고 왕에게 나아가리니 죽으면 죽으리이다."**(에4:16)

다니엘을 보자. 다니엘은 사자 굴에 던져질 위기 앞에서도 예루살렘으로 향한 창문을 열고 하루에 세 번씩 하나님께 감사하며 기도하였다. 그의 마음은 오직 하늘 지성소에 계신 하나님의 도우심만을 앙망하며 골방 기도로 간절히 하나님을 찾았기 때문이다. **"또 너희는 기도할 때에 외식하는 자와 같이 하지 말라 그들은 사람에게 보이려고 회당과 큰 거리 어귀에 서서 기도하기를 좋아하느니라 내가 진실로 너희에게 이르노니 그들은 자기 상을 이미 받았느니라."**(마6:5) 하지만 다니엘도 위기의 때에 기도의 동역자들과 함께 기도하는 일을 잊지 않았다. 느부갓네살 왕 이 년 무렵이었다. 느부갓네살 왕이 한 꿈을 꾸고 그의 마음이 번민하여 잠을 이루지 못하였다. 바벨론의 술사들과 박수들을 불러 그 해석을 알리라 하였으나 아무도 왕의 꿈을 해석하는 사람이 없었다. **"왕께서 물으신 것은 어려**

운 일이라 육체와 함께 살지 아니하는 신들 외에는 왕 앞에 그것을 보일 자가 없나이다."(단2:11) 왕은 진노하여 바벨론의 모든 지혜자들을 죽이라고 명령하였다. 이에 다니엘과 그의 세 친구도 죽게 될 처지에 놓이게 되었다. 다니엘은 왕의 근위대장 아리옥을 통해 이 일을 알고는 급히 왕에게로 들어갔다. 시간을 주시면 그 해석을 알려 드리겠다고 왕에게 간청하기 위해서였다. 이때 다니엘은 그의 친구 하나냐와 미사엘과 아사랴에게 그 일을 알렸다. 하늘에 계신 하나님이 이 은밀한 일에 대하여 불쌍히 여기사 그들이 바벨론의 다른 지혜자들과 함께 죽임을 당하지 않도록 기도를 부탁하였다. 하나님은 밤에 환상으로 다니엘에게 응답하셨다. **"그는 깊고 은밀한 것을 나타내시고 어두운 데에 있는 것을 아시며 또 빛이 그와 함께 있도다."**(단2:22) 다니엘은 아리옥에게 가서 바벨론 지혜자들을 죽이지 말라고 말하고는 왕에게로 들어가서 그 꿈을 해석해 주었다. **"이 여러 왕들의 시대에 하늘의 하나님이 한 나라를 세우시리니 이것은 영원히 망하지도 않을 것이요 그 국권이 다른 백성에게로 돌아가지도 아니할 것이요 도리어 이 모든 나라를 쳐서 멸망시키고 영원히 설 것이라."**(단2:44)

오순절 초대 교회도 마찬가지였다. 예수님이 승천하신 후, 사도들과 제자들은 다같이 한 곳에 모여 예수님이 약속하신 성령을 구하며 전심으로 기도하였다. 오순절 날 홀연히 하늘로부터 급하고 강한 바람 같은 소리가 그들이 앉은 온 집에 기득하였다. 불의 혀처럼 갈라지는 것들이 그들에게 보여 각 사람 위에 하나씩 임하였다. 그들은 모두 성령으로 충만함을 받고 성령의 말하게 하심을 따라 예수님의 죽으심과 부활을 담대히 증언하였다. 그날 하나님은 베드로의 설교를 통해 세례 받은 성도의 수를 삼천이나 더하여 주셨다. 또 사도들이 백성에게 복음을 전하여 말씀을 들은 자들 중에 남자의 수가 오천이나 되는 사람들이 예수님을 믿는 일도 일어났다. 사도들이 공회에 붙잡힌 후 풀려났을 때였다. 성도들은 일제히 합심하여 하나님께 간절히 기도하였다. **"주여 이제도 그들의 위협함을 굽어보시옵고 또 종들로 하여금 담대히 하나님의 말씀을 전하게 하여 주시오며 손을 내밀어 병을 낫게 하시옵고 표적과 기사가 거룩한 종 예수의 이름으로 이루어지게 하옵소서."**(행4:29~30) 그들이 빌기를 마치자, 모인 곳이 진동하더니 그들은 다 성령이 충만하여 담대히 하나님의 말씀을 전하였다. 또 야고보 사도가 헤롯에 의해 죽임을 당하고 베드로가 옥에 갇혀 있을 때였다. 하나님은 천사를 보내서서 베드로를 옥에서 건져 주셨다. 이때에도 교회는 베드로를 위해 간절히 하나님께 합심하여 기도하였다. 안디옥 교회가 바나바와 사울을 선교사로 파송할 때에도 금식하며 기도하며 성령의 지시를 따라 그들에게 안수한 후 파송하였다. 바울과 실라가 빌립보 감옥에 갇혔을 때에도 그들은 한밤중에 하나님께 기도하며 하나님을 찬양하였다. 하나님은 지진을 일으키셔서 옥문이 열리고 옥터가 움직이며, 모든 사람의 매인 것이 풀어지는 이적을 허락하셨다. 죄수들에게 하나님의 영광을 선포하고, 간수의 온 가족에게 세례를 베풀고 그들을 구원하게 하셨다. 바울 사도 역시 자신의 선교 사역을 위해 늘 성도들의 기도를 부탁하였다. **"모든 기도와 간구를 하되 항상 성령 안에서 기도하고 이를 위하여 깨어 구하기를 항상 힘쓰며 여러 성도를 위하여 구하라 또 나를 위하여 구할 것은 내게 말씀을 주사 나로 입을 열어 복음의 비밀을 담대히 알리게 하옵소서 할 것이니 이 일을 위하여 내가 쇠사슬에 매인 사신이 된 것은 나로 이 일에 당연히 할 말을 담대히 하게 하려 하심이라."**(엡6:18~20)

우리는 기도할 때 믿음으로 기도해야 한다. (약1:6~8) 하나님이 우리의 선하신 아버지 하나님이심을 믿는 믿음으로 기도해야 한다. **"너희가 악한 자라도 좋은 것으로 자식에게 줄 줄 알거든 하물며 하늘에 계신 너희 아**

버지께서 구하는 자에게 좋은 것으로 주시지 않겠느냐."(마7:11) 어느 날 예수님이 베드로와 야고보와 요한과 함께 변화산에서 내려오셨을 때였다. 그때 어떤 사람이 귀신 들린 아들을 제자들에게 데려왔으나 그들은 그 귀신을 쫓아내지 못하였다. 귀신이 어디서든지 그를 잡으면 그 아이는 거꾸러져 거품을 흘리며 이를 갈며 파리해졌다. 귀신이 예수님을 보고는 곧 그 아들로 심히 경련을 일으키게 하였다. 땅에 엎드러져 구르며 거품을 흘렸다. 아이의 아버지가 예수님께 간청하였다. **"귀신이 그를 죽이려고 불과 물에 자주 던졌나이다 그러나 무엇을 하실 수 있거든 우리를 불쌍히 여기사 도와주옵소서.**"(막9:22) 예수님이 그에게 말씀하셨다. **"할 수 있거든 이 무슨 말이냐 믿는 자에게는 능히 하지 못할 일이 없느니라.**"(막9:23) 아이의 아버지는 자기의 믿음 없는 것을 도와달라고 예수님께 부르짖었다. 이때 예수님이 귀신에게 그 아이에게서 나오고 다시는 들어가지 말라 명하시고 즉시 그 아이를 고쳐 주셨다. 그리고 예수님은 제자들에게 기도와 믿음의 불가분의 관계를 가르치셨다. **"기도 외에 다른 것으로는 이런 종류가 나갈 수 없느니라 하시니라.**"(막9:29)

예수님은 한 과부와 불의한 재판장의 비유를 통해 믿음으로 인내하며 기도해야 할 것을 제자들에게 가르치셨다. 어떤 도시에 하나님을 두려워하지 않고 사람을 무시하는 한 재판장이 있었다. 그 도시에 사는 한 과부가 자주 재판장에게 가서 자기 원수에 대한 원한을 풀어 달라고 간청하였다. 재판장은 얼마 동안 듣지 않다가 후에 속으로 생각하였다. **"이 과부가 나를 번거롭게 하니 내가 그 원한을 풀어 주리라 그렇지 않으면 늘 와서 나를 괴롭게 하리라.**"(눅18:5) 예수님이 이 비유를 가르치신 후 제자들에게 말씀하셨다. **"하물며 하나님께서 그 밤낮 부르짖는 택하신 자들의 원한을 풀어 주지 아니하시겠느냐 그들에게 오래 참으시겠느냐 내가 너희에게 이르**

노니 속히 원한을 풀어 주시리라 그러나 인자가 올 때에 세상에서 믿음을 보겠느냐."(눅18:8) 예수님의 재림이 가까울수록 세상에는 인내의 믿음이 식어지게 될 날이 올 것을 예언하신 말씀이다. 그러므로 우리는 항상 믿음으로 인내하며, 우리의 영혼이 기도로 깨어 있어 예수님의 재림을 준비하는 삶을 살아가야 할 것이다. **"허리에 띠를 띠고 등불을 켜고 서 있으라 너희는 마치 그 주인이 혼인 집에서 돌아와 문을 두드리면 곧 열어 주려고 기다리는 사람과 같이 되라."**(눅12:35~36)

우리는 또한 기도할 때 먼저 다른 형제의 허물을 용서하여야 한다. (약5:16) **"서서 기도할 때에 아무에게나 혐의가 있거든 용서하라 그리하여야 하늘에 계신 너희 아버지께서도 너희 허물을 사하여 주시리라 하시니라."**(막11:25) 하나님은 자신을 의롭다 여기며 다른 사람을 무시하는 바리새인의 하나님이 아니라, 감히 고개를 들지 못하고 멀리 서서 하나님의 긍휼만을 간구하는 세리의 하나님이시기 때문이다. **"사람에게 이르기를 너는 내 자리에 서 있고 내게 가까이 하지 말라 나는 너보다 거룩함이라 하나니 이런 자들은 내 코의 연기요 종일 타는 불이로다."**(사65:5) 그리고 우리는 범죄했을 때, 반드시 먼저 우리의 죄악을 하나님께 회개하며 기도해야 한다. 하나님은 죄를 미워하시는 거룩한 하나님이시기 때문이다. **"사람이 귀를 돌려 율법을 듣지 아니하면 그의 기도도 가증하니라."**(잠28:9) 또한 불평이 아닌 감사의 마음으로, 다툼이 아닌 화평함으로, 육신의 정욕을 위함이 아닌 하나님의 나라와 그의 의를 위하여 기도해야 한다. **"너희는 욕심을 내어도 얻지 못하여 살인하며 시기하여도 능히 취하지 못하므로 다투고 싸우는도다 너희가 얻지 못함은 구하지 아니하기 때문이요 구하여도 받지 못함은 정욕으로 쓰려고 잘못 구하기 때문이라."**(약4:2~3)

우리는 주로 환난 중에 하나님의 도우심을 구하기 위해 기도하지만, 무엇보다 하나님의 뜻을 알고 그 뜻에 순종하기 위해 기도해야 한다. 우리 자신의 뜻을 내려놓고, 고난 중에도 하나님의 뜻을 알고 그 뜻에 순복하기 위해 기도해야 한다. 예수님의 겟세마네 동산의 기도가 그러하였다. **"아버지여 만일 아버지의 뜻이거든 이 잔을 내게서 옮기시옵소서 그러나 내 원대로 마시옵고 아버지의 원대로 되기를 원하나이다."**(눅22:42) 하나님의 말씀 안에 거하는 삶은 하나님을 사랑하고 하나님의 말씀에 온전히 순복하는 삶이다. 환난 중에도, 환난보다 더 큰 하나님의 사랑 안에서 하나님의 말씀을 즐거움으로 복종하는 삶이다. 모든 일에 하나님의 뜻을 알고, 비록 하나님의 뜻이 나에게 해가 될지라도 그 뜻에 순종하기 위해 기도하는 삶이다. **"그들이 날마다 나를 찾아 나의 길 알기를 즐거워함이 마치 공의를 행하여 그의 하나님의 규례를 저버리지 아니하는 나라 같아서 의로운 판단을 내게 구하며 하나님과 가까이 하기를 즐거워하는도다."**(사58:2) 구약의 다니엘이 그러한 삶을 산 인물이었다. 다니엘은 자신을 시기하는 고관들에 의해 사자 굴에 던져져야 할 위험에 처했지만, '전에 하던 대로' 습관을 좇아 하루 세 번씩 하나님께 기도함으로 사탄의 시험을 능히 이길 수 있었기 때문이다. **"육체의 연단은 약간의 유익이 있으나 경건은 범사에 유익하니 금생과 내생에 약속이 있느니라."**(딤전4:8)

바울이 더베와 루스드라의 여러 성으로 다니며 복음을 전할 때였다. 성령이 바울더러 아시아에서 말씀을 전하지 못하게 하셨다. 바울과 그의 일행은 브루기아와 갈라디아로 다녀가 무시아 앞에 이르러 비두니아로 가고자 애쓰되 성령이 이를 허락하지 않으셨다. 그들이 무시아를 지나 드로아로 내려갔을 때였다. 밤에 환상 중에 마게도냐 사람 하나가 서서 바울을 청하였다. **"마게도냐로 건너와서 우리를 도우라."**(행16:9) 바울은 하나님이 저들에게 복음 전하라고 부르신 줄 알고 곧장 드로아에서 배로 떠나 빌립보에 이르렀다. 바울은 그곳에서 안식일에 기도할 곳이 있을까 하여 문 밖 강가로 나갔다. 하나님은 바울이 거기 모여 앉아 있는 여자들에게 복음을 전할 때 루디아의 마음을 열어 바울의 말을 따르게 하셨다. 루디아와 그녀의 집이 다 세례를 받고 구원을 받게 하셨다. 그리하여 바울의 일행은 루디아의 집에 머물며 빌립보 성에서 복음을 전할 수 있었다. 이처럼, 성령 하나님은 자기 백성의 구원을 위해 우리 앞서 우리를 인도하시되, 우리의 기도를 통해 우리와 함께 그 일을 이루어 가기를 기뻐하신다. **"내가 교회의 일꾼 된 것은 하나님이 너희를 위하여 내게 주신 직분을 따라 하나님의 말씀을 이루려 함이니라 …… 이를 위하여 나도 내 속에서 능력으로 역사하시는 이의 역사를 따라 힘을 다하여 수고하노라."**(골1:25~29)

우리의 기도는 하나님의 뜻을 이루어 드리는 하나님의 능력의 통로가 된다. 이는 성막의 기구들을 보아도 잘 알 수 있다. 하나님은 모세에게 성막과 그 기구들을 만들게 하셨는데 성막 기구들 중에 뿔이 있는 것은 제단과 분향단뿐이었다. 분향은 우리의 기도를 상징한다. **"나의 기도가 주의 앞에 분향함과 같이 되며 나의 손 드는 것이 저녁 제사같이 되게 하소서."**(시141:2) 당시 분향하는 일은 하나님이 택하신 제사장 아론의 자손만이 할 수 있었다. **"이는 아론 자손이 아닌 다른 사람은 여호와 앞에 분향하러 가까이 오지 못하게 함이며."**(민16:40) 고라와 다단과 아비람과 회중의 지도자 이백오십 명이 모세를 대적하며 하나님께 분향하려 할 때 죽임 당한 일과,(민16:32) 웃시야 왕이 성전에서 분향하려 하다가 문둥병이 드는 징계를 받은 이유가 이 때문이었다. (대하26:19) 그리고 제단과 분향단의 뿔은 하나님의 속죄의 능력과 권세를 의미한다. (단7:7~8; 계9:13) 기름 부음 받은 제사장이 범죄했을 때 수송아지의 피를 가지고 회막에 들어가서 그 피를 향단 뿔에 발라야 했던 이유도 이 때문이었다. (레4:7) 오늘날 제사장은 예수님을 믿어 구원받은 모든 하나님의 백성들이다. 그러므로 기도는 거룩한 제사장으로 부름 받은 성도들에게 주신 하나님의 측량할 수 없는 은혜임을 알 수 있다. (신4:7)

이처럼 우리의 기도는 하나님이 우리에게 베푸시는 큰 속죄의 능력의 통로임을 알 수 있다. 제단의 뿔은 곧 속죄주 예수님의 대속의 능력을 의미하기 때문이다. 아론의 아들 나답과 아비후가 하나님께 제단의 불이 아닌 다른 불을 향로에 담아 분향하다가 죽임당한 이유가 이 때문이었다. 그 일 후 모세를 원망하는 이스라엘 백성에게 염병이 임할 때, 아론은 향로에 제단의 불을 담고 그 위에 향을 피워 급히 회중에게로 가서 속죄하였다. 이때 아론이 향로를 들고 산 자와 죽은 자 사이에 섰을 때 염병이 곧 그쳤다. 우리의 기도가 하나님의 속죄의 통로가 된다는 사실을 분명히 깨달을 수 있는 사건이다. **"지금까지는 너희가 내 이름으로 아무것도 구하지 아니하였으나 구하라 그리하면 받으리니 너희 기쁨이 충만하리라."**(요16:24) 하나님은 다윗이 인구 조사를 하는 죄를 지었을 때에도, 그의 회개의 기도를 들으시고 이스라엘을 역병으로 징계하는 천사의 손을 거두게 하셨다. (삼하24:17)

하나님은 제사장 아론이 아침마다 분향단 위에 향기로운 향을 사르도록 명령하셨다. 그리고 저녁에 정금 등대의 등불을 정리할 때에도 향을 사르도록 명령하셨다. 기도가 우리의 하루하루의 삶의 시작과 마침이 되어야 함을 가르치는 말씀이다. 우리의 영혼이 기도로 깨어 있을 때 우리의 삶이 성령님의 빛 가운데 살아갈 수 있음을 가르치는 말씀이다. (출30:7~8) 또한 하나님은 향에 소금을 쳐서 성결하게 하고, 그 향 얼마를 곱게 찧어 회막 안 증거궤 앞에 두라고 명령하셨다. (출30:35~36) 이 역시 우리의 기도는 향을 곱게 찧듯 구체적이어야 하며, 소금처럼 변함없는 성결한 하나님의 말씀의 뜻에 합당한 기도여야 함을 가르치는 말씀이다. 하나님은 이어 이스라엘 백성에게 기도에 대해 구체적으로 가르치셨다. **"네가 여호와를 위하여 만들 향은 거룩한 것이니 너희를 위하여는 그 방법대로 만들지 말라 냄새를 맡으려고 이같은 것을 만드는 모든 자는 그 백성 중에서 끊어지리라."**(출30:37~38) 하나님은 이 말씀을 통해, 기도는 우리의 유익이 아닌 하나님의 영광을 위해, 하나님을 향한 은밀한 기도여야 함을 가르치고 계신다. 예수님이 냄새를 맡듯 외식(外飾)하며, 회당과 큰 거리 어귀에 서서 기도하기를 좋아하는 바리새인의 기도를 가증히 여기신 이유가 여기에 있다. 또한 하나님이 레위기에서 모세에게 진설병을 상에 차려 드릴 때 명령하신 말씀을 보자. **"너는 고운 가루를 가져다가 떡 열두 개를 굽되 …… 여호와 앞 순결한 상 위에 두 줄로 한 줄에 여섯씩 진설하고 너는 또 정결한 유향을 그 각 줄 위에 두어 기념물로 여호와께 화제를 삼을 것이며."**(레 24:5~7) 우리는 이 말씀에서도, 우리의 기도는 기도의 응답보다 먼저 우리의 영혼이 순결한 말씀이신 하나님을 만나는 데 있어야 함을 배울 수 있다. 기도는 기도의 응답보다 먼저 하나님과 사랑과 기쁨으로 교제하는 복된 시간에 있기 때문이다.

예수님은 공생애 사역 동안 항상 성부 하나님께 기도하셨다. 새벽 미명에도 한적한 곳으로 나가 홀로 기도하셨고,(막1:35) 많은 무리가 몰려드는 바쁜 사역 중에서도 수시로 기도하러 혼자 따로 산으로 오르셨다. 예수님은 열두 사도를 택하실 때에도 혼자 산으로 오르셔서 밤이 새도록 성부 하나님께 기도하셨다. 특히 오병이어의 이적을 통해, 떡을 먹은 백성들이 예수님을 억지로 붙들어 임금으로 삼으려 할 때에는 다시 혼자 산으로 떠나가셨다. 겟세마네 동산에서는 땀이 핏방울이 되도록 인류의 죄악의 짐을 담당하시기 위해 성부 하나님께 통곡하며 기도하셨다. 겟세마네 동산은 예수님이 자주 성부 하나님께 기도하시던 곳이었다. 그곳에서 제자들과 함께 밤을 지내기도 하시고 잠시 쉼을 얻기도 하셨던 곳이었다. 하지만 제자들은 기도로 깨어 있어야 할 그 시간에 모두 잠에 빠져 있었다. 예수님과 불과 돌 던질 만큼의 거리에 있던 베드로와 야고보, 요한 사도마저도 한 시간도 깨어 있지 못하고 잠자고 있었다. **"너희가 나와 함께 한 시간도 이렇게 깨어 있을 수 없더냐 시험에 들지 않게 깨어 기도하라 마음에는 원이로되 육신이 약하도다."**(마26:40~41) 우리는 우리의 영혼이 잠들지 않고 기도로 깨어 있을 때 마귀의 간교하고 악한 시험을 이길 수 있다. 습관을 좇아 잠자는 삶이 아닌, 예수님처럼 습관을 좇아 기도하는 삶이 될 때 우리 육신의 연약함을 이기고 하나님의 뜻을 이루어 드리는 삶을 살아갈 수 있다. **"기도를 계속하고 기도에 감사함으로 깨어 있으라."**(골4:2) 예수님은 자신의 공생애를 기도로 시작하여 기도로 마치는 삶을 사셨다. 광야에서 마귀의 시험을 이기기 위해 사십 일 동안 금식하며 기도로 메시아의 사역을 시작하셨고, 골고다 십자가 위에서 죽음의 고통 가운데서도 기도하심으로 성부 하나님의 뜻을 이루신 후 머리를 숙이시고 영혼이 떠나가셨기 때문이다. **"그 후에 예수께서 모든 일이 이미 이루어진 줄 아시고 성경을 응하게 하려 하사 이르시되 내가 목마르다 하시니 …… 예수께서 신 포도주를 받으신 후에 이르시되 다 이루었다 하시고 머리를 숙이니 영혼이 떠나가시니라."**(요19:28~30)

하나님은 우리의 모든 기도에 응답하시는 좋으신 아버지 하나님이시다. 하나님이 우리의 기도를 거절하시는 것도 우리에게는 기도의 응답임을 믿어야 한다. 우리의 생전이 아니면, 우리가 천국에 간 이후에도 이 땅에서 우리의 기도를 응답하시는 신실한 하나님을 믿어야 한다. 하나님이 한 친구의 구원을 위한 죠지 뮬러의 평생의 기도를 그가 죽은 후에 응답하신 것이 그 좋은 예일 것이다. 하나님은 모든 일을 자신의 뜻대로 하실 수 있는 전능하신 하나님이시다. 하지만 하나님은 우리의 기도를 통해, 우리와 함께 그 일을 이루어 가기를 기뻐하시는 겸손의 하나님이시다. 자신을 낮추셔서, 우리로 하여금 하나님의 일을 수종 드는 영광을 누리게 하시는 온유의 하나님이시다. (계8:3~5)

하나님은 무엇보다 우리의 기도를 통해 우리와 교제하기를 더 기뻐하신다. **"사람이 자기의 친구와 이야기함같이 여호와께서는 모세와 대면하여 말씀하시며."**(출33:11) 그리하여 우리의 속사람이 예수님의 형상을 닮아가기를 더 소원하신다. 우리의 우선 관심은 기도의 응답에 있지만, 하나님의 우선 관심은 우리의 인격이 하나님의 아들의 형상을 온전히 닮는 일에 있기 때문이다. 기도는 우리의 영혼을 바리새인의 영혼에서 세리의 영혼으로 변화시켜 가는 하나님의 능력의 통로이기 때문이다. 야곱에게 얍복 강의 환난의 기도를 허락하신 이유도 그를 야곱에서 브니엘로 변화시키시려는 하나님의 섭리 때문이었다. 요셉에게 애굽에서의 십삼 년의 고난의 세월을, 모세에게 미디안 광야 40년 긴 연단의 세월을 허락하신 이유도 그러하였다. 요셉을 원수 형들을 불쌍히 여기는 하나님의 사람으로, 모세를 하나님의 영광의 얼굴 뵙기를 사모하는 하나님의 사람으로 변화시키시려는 하나님의 섭리 안에서 주어진 시간들이었기 때문이다. 하나님은 우리에게도 때때로 환난을 보내셔서 하나님의 얼굴을 간절히 구하며 얍복 강의 기도의 무릎을 꿇게 하신다. 우리 자신의 불의와 무능과 무지를 깊이 깨닫고, 예수님과 천국을 사모하며, 환난 중에도 성령님의 뜻만을 따르도록 우리를 변화시키기를 원하시기 때문이다. 우리는 우리를 향하신 이러한 하나님의 기뻐하시는 소원을 '로마 감옥의 브니엘', 사도 바울의 고백을 통해서도 잘 깨달을 수 있다. **"그러나 무엇이든지 내게 유익하던 것을 내가 그리스도를**

위하여 다 해로 여길뿐더러 또한 모든 것을 해로 여김은 내 주 그리스도 예수를 아는 지식이 가장 고상하기 때문이라 내가 그를 위하여 모든 것을 잃어버리고 배설물로 여김은 그리스도를 얻고 그 안에서 발견되려 함이니."(빌3:7~9)

불순종했을 때, 겸손히 무릎 꿇고 진실한 회개의 기도로 하나님의 얼굴을 구하자. 다른 사람의 허물을 용서하며, 세리의 마음으로 그를 위해 하나님의 긍휼을 구하는 기도의 무릎이 되자. 환난 중에도 인내하며, 우리의 뜻이 아닌 하나님의 말씀을 이루어 드리기 위해 하나님께 간구하는 무릎이 되자. "나는 이제 너희를 위하여 받는 괴로움을 기뻐하고 그리스도의 남은 고난을 그의 몸된 교회를 위하여 내 육체에 채우노라."(골1:24) 예수님처럼, 습관을 좇아 드리는 골방의 기도로 하나님과 은밀한 교제를 누리고, 믿음의 사람들과 함께 기도하여 견고한 사탄의 진을 무너뜨리자. 오직 하나님의 백성들에게만 주신 놀라운 은혜의 방편인 기도를 통해 하나님의 영광의 뜻을 이 땅에 이루어 드리는 능력 있는 삶을 살아가자. 기도의 응답을 기뻐하는 어린아이의 믿음이 아닌, 환난을 통해 우리를 기도로 이끄셔서 우리에게 하나님의 아들의 형상을 닮아가게 하시는 하나님과의 만남의 시간을 즐거워하자. (고전13:11) 기도로 모든 시험을 능히 이기고, 기도로 우리의 믿음의 경주를 마치고, 기도로 영광의 하늘 도성 향해 기쁨으로 달려나아가는 우리들이 되자. "나는 선한 싸움을 싸우고 나의 달려갈 길을 마치고 믿음을 지켰으니 이제 후로는 나를 위하여 의의 면류관이 예비되었으므로 주 곧 의로우신 재판장이 그날에 내게 주실 것이며 내게만 아니라 주의 나타나심을 사모하는 모든 자에게도니라."(딤후4:8)

> "그가 네게 말한 그 이적과 기사가 이루어지고 너희가 알지 못하던 다른
> 신들을 우리가 따라 섬기자고 말할지라도 너는 그 선지자나 꿈 꾸는 자
> 의 말을 청종하지 말라 이는 너희의 하나님 여호와께서 너희가 마음을
> 다하고 뜻을 다하여 너희의 하나님 여호와를 사랑하는 여부를 알려 하
> 사 너희를 시험하심이니라."(신13:2~3)

　세상에는 거짓과 진실이 함께 존재한다. 영적인 세계에서도 동일하다.
하나님의 말씀을 따르는 천사와 하나님을 대적하는 마귀가 있고, 참 선
지자와 거짓 선지자가 있다. 우리나라만 해도 자신이 보혜사라고 주장하
는 사람이 여럿이 있다고 한다. 자칭 재림 예수라고 주장하는 사람들도 오
십여 명이나 된다고 한다. **"사랑하는 자들아 영을 다 믿지 말고 오직 영
들이 하나님께 속하였나 분별하라 많은 거짓 선지자가 세상에 나왔음
이라 이로써 너희가 하나님의 영을 알지니 곧 예수 그리스도께서 육체
로 오신 것을 시인하는 영마다 하나님께 속한 것이요 예수를 시인하지
아니하는 영마다 하나님께 속한 것이 아니니 이것이 곧 적그리스도의
영이니라 오리라 한 말을 너희가 들었거니와 지금 벌써 세상에 있느니
라."**(요일4:1~3)

　마귀는 오늘날도 자신을 예수님이나 참 선지자로 가장하고 거짓으로 진
리의 하나님을 대적하고 있다. **"그는 처음부터 살인한 자요 진리가 그 속
에 없으므로 진리에 서지 못하고 거짓을 말할 때마다 제 것으로 말하나
니 이는 그가 거짓말쟁이요 거짓의 아비가 되었음이라."**(요8:44) 거짓 것

으로 세상의 불신 영혼들을 미혹하고, 믿는 자들마저 불신앙과 죄악으로 이끌어 가기 위해 동분서주하고 있다. 자신이 가야 할 지옥으로 데려가기 위해 우는 사자처럼 땅에 두루 다니며 삼킬 자를 찾아다니고 있다. 마귀의 이러한 미혹은 에덴동산에서 하와를 시험할 때부터 지금까지 계속되고 있다. **"그때에 너희는 그 가운데서 행하여 이 세상 풍조를 따르고 공중의 권세 잡은 자를 따랐으니 곧 지금 불순종의 아들들 가운데서 역사하는 영이라."**(엡2:2) 마귀는 또한 거짓 선지자들을 자기 하수인 삼아 이적들을 행하여 진리를 따르지 못하도록 사람들을 미혹하고 있다. 애굽의 술사들이 지팡이를 뱀으로 만들고 나일 강물을 피로 변하게 하듯, 오늘도 이적을 통해 사람들로 하여금 자기를 믿고 따르게 만든다. 자신이 진리임을 믿게 하기 위해 거짓 이적과 기사를 행하기까지 한다. **"큰 이적을 행하되 심지어 사람들 앞에서 불이 하늘로부터 땅에 내려오게 하고 짐승 앞에서 받은 바 이적을 행함으로 땅에 거하는 자들을 미혹하며 땅에 거하는 자들에게 이르기를 칼에 상하였다가 살아난 짐승을 위하여 우상을 만들라 하더라."**(계13:13~14)

우리는 아무리 거짓 선지자들이 이적을 행할지라도, 하나님의 말씀을 불순종하는 길로 이끈다면 그들에게 미혹되지 않아야 한다. 그 거짓 선지자들의 영은 이미 마귀의 영에 사로잡혀 있음을 알아야 한다. (살후2:9~10) **"이것은 이상한 일이 아니니라 사탄도 자기를 광명의 천사로 가장하나니 그러므로 사탄의 일꾼들도 자기를 의의 일꾼으로 가장하는 것이 또한 대단한 일이 아니니라 그들의 마지막은 그 행위대로 되리라."**(고후11:14~15) 예레미야 시대의 많은 선지자들이 그러하였다. 예레미야는 끊임없이 불순종하는 유다 백성을 향해 임박한 하나님의 심판을 선언하며 그들을 죄악에서 돌이키려 하였다. 하지만 거짓 선지자들은 오히려 하나님의 긍휼의 마음으로 회개를 선포하는 예레미야 선지자를 핍박하였다. 예루살렘 성전이 있으니 유다는 망하지 않을 것이라며 백성에게 거짓 평안을 전하였다. (마24:15~16) 바벨론 포로가 된 이후에도 그들의 거짓 예언은 계속되었다. 이 년 후에 바벨론 포로들이 유대 땅으로 귀환할 것을 예언하며 유다 백성을 현혹시켰다. **"그러나 성령이 밝히 말씀하시기를 후일에 어떤 사람들이 믿음에서 떠나 미혹하는 영과 귀신의 가르침을 따르리라 하셨으니."**(딤전4:1) 그 무렵, 하나님은 에스겔 선지자를 말 못하는 자가 되게 하셔서 유다 백성을 꾸짖지 못하도록 하셨다. 거짓 선지자들의 미혹에 빠져 포로 중에도 끝없이 죄악을 고집하는 유다 백성을 고통 가운데 내버려 두시기 위함이었다. (겔3:26) 예수님 당시의 바리새인과 사두개인, 율법사와 서기관들 역시 그러하였다. 그들은 정작 자신들은 탐욕과 방탕 가운데 살면서도, 자신들이 만든 유전(遺傳)을 지킨다는 이유로 스스로 의롭다고 여기며 하나님 앞에서 율법의 의에 빠져 있었다. 세리와 창녀와 같은 죄인들을 무시하며 그들의 구원의 문마저 막는 큰 죄악을 저질렀다. **"화 있을진저 외식하는 서기관들과 바리새인들이여 너희는 천국 문을 사람들 앞에서 닫고 너희도 들어가지 않고 들어가려 하는 자도 들어가지 못하게 하는도다."**(마23:13) 끝내는 하나님의 의가 되시는 예수님을 핍박하며 거역하고 십자가에 못 박아 죽이기까지 하는 끔찍한 죄를 저질렀다.

하나님이 온 세상을 창조하실 때 먼저 영적 세계와 천사들을 창조하셨다. 천사들은 하나님의 영광의 보좌 앞에서 늘 하나님을 찬양하며 하나님을 기쁨으로 섬긴 영적 피조물들이었다. 그러나 그 천사들 중 일부가 교만하여 하나님을 반역하였다. **"네가 지음을 받던 날로부터 네 모든 길에 완전하더니 마침내 네게서 불의가 드러났도다 …… 너 지키는 그룹아 그러므로 내가 너를 더럽게 여겨 하나님의 산에서 쫓아내었고 불타는 돌들**

사이에서 멸하였도다."(겔28:15~16) 이러한 사탄의 타락 또한 하나님의 섭리 안에서 이루어진 일이었다. **"하나님과 그리스도 예수와 택하심을 받은 천사들 앞에서 내가 엄히 명하노니."**(딤전5:21) 이 땅으로 쫓겨난 사탄은 아담과 하와를 유혹하여 하나님을 불순종하도록 만들었다. 그 후, 사탄은 이 세상 사람들의 영혼을 교만과 탐욕, 불평과 염려, 거짓과 분쟁 등으로 미혹하여 끊임없이 불신앙과 불순종의 죄악으로 몰아갔다. **"그들의 마침은 멸망이요 그들의 신은 배요 그 영광은 그들의 부끄러움에 있고 땅의 일을 생각하는 자라."**(빌3:19) 아담 이후 이 땅에 거하는 세상 사람들을 자신의 포로로 삼아 영원한 지옥의 심판으로 데려 가기 위해 몸부림하여 왔다. 땅을 두루 돌아다니며, 욥과 같이 하나님을 경외하는 신실한 믿음의 사람들을 참소하기도 하였다. (욥2:5)

사탄은 예수님의 탄생 때부터 죽음의 순간까지 쉬지 않고 예수님을 시험하였다. 예수님이 베들레헴에서 탄생하실 때에는 헤롯 왕을 통해 아기 예수님을 죽이려 하였고, 공생애 중에는 수제자 베드로마저 미혹하여 예수님의 십자가 죽음으로 이루실 하나님의 구원 계획을 훼방하였다. 제자 가룟 유다의 마음에도 들어가 예수님을 대제사장 무리에게 은 삼십에 팔아넘기도록 미혹하였다. 사탄은 예수님이 종교 지도자들에 의해 붙잡히실 때에도 제자들의 마음을 밀 까부르듯 하여 그들 모두 예수님을 배반하고 도망하게 만들었다. (막14:50) 마침내 대제사장들과 장로들과 완고한 유다 백성을 통해 빌라도를 충동질하여 결국에는 예수님을 십자가에 못 박아 죽이게 하였다. 하지만 이 모든 일 또한 성부 하나님의 섭리 안에서 일어난 사건들이었다. **"예수께서 대답하시되 위에서 주지 아니하셨더라면 나를 해할 권한이 없었으리니 그러므로 나를 네게 넘겨준 자의 죄는 더 크다 하시니라."**(요19:11)

하지만, 이제 사탄은 예수님의 부활의 승리로 말미암아 더 이상 하나님 앞에서 하나님의 백성을 참소할 수 없다. (계12:10) 하나님은 우리가 비록 범죄하였을지라도 진실로 어린 양의 피의 공로를 믿고 회개하고 돌이키면 우리의 죄를 깨끗이 용서해 주시기 때문이다. 우리에게 하나님의 어린 양 '예수의 보혈'과 '예수의 이름'의 권세로 사탄의 모든 시험과 참소를 능히 이 길 수 있는 권세를 주셨기 때문이다. (계12:10~11) 이처럼, 사탄은 여전히 이 세상에서 미혹의 역사를 행하고 있기는 하지만, 이 땅으로 쫓겨나 천 년 동안 쇠사슬에 묶여 결박 가운데 있는 무력한 존재에 불과하다.[49] **"또 자기 지위를 지키지 아니하고 자기 처소를 떠난 천사들을 큰 날의 심판까지 영원한 결박으로 흑암에 가두셨으며."**(유1:6) 사탄은 예수님의 이름의 권세를 믿는 하나님의 백성들의 믿음 앞에서는 더 이상 자신의 권세를 부릴 수 없는 이미 패배한 존재이기 때문이다. 그리고 예수님 재림하시는 날, 마침내 사탄은 불과 유황 못에 던져져 영원한 지옥의 형벌을 받게 될 것이기 때문이다. (계20:10)

성경은 사탄의 타락한 시점에 대해서는 구체적으로 말하고 있지 않다. 아마도 그가 창조함을 받은 후 아담과 하와를 유혹하기 전의 어느 시점일 것이다. 하나님이 온 세상을 창조하실 때 먼저 천사들과 그들이 거하는 영적 세계를 창조하셨다. **"하늘은 여호와의 하늘이라도 땅은 사람에게 주셨도다."**(시115:16) 그리고 하나님이 이 땅을 창조하실 때 이 땅은 흑암이 깊음 위에 있는 상태였다.[50] 영적인 관점에서 보면, 비록 이 땅은 하나님의

---

49) 필자는 무천년설 입장에서 기술하고 있음.
50) 창1:1에 '태초에 하나님이 천지를 창조하시니라'의 '천지'는 '그 하늘들-הַשָּׁמַיִם(하샤마임)과 그 땅-הָאָרֶץ(하아레츠)'임. 여기서 '그 땅(육신의 세계)-הָאָרֶץ(하아레츠)'는 '그 하늘들(영적 세계)-הַשָּׁמַיִם(하샤마임)'을 제외한 '그 땅' 즉, '6절의 우주(궁창)와 9절의 뭍(지

신이 깊음의 수면 위를 운행하고 계셨지만, 하늘나라 즉 영적 세계와는 달리 어두움이 지배하는 땅이었음을 알 수 있다. **"그 안에 생명이 있었으니 이 생명은 사람들의 빛이라 빛이 어둠에 비치되 어둠이 깨닫지 못하더라."**(요1:4~5) 하나님은 첫째 날 빛을 만드셔서 흑암이 있는 이 땅을 빛으로 비추시고 빛과 어둠을 나누셨다. 우리는 첫째 날 빛의 창조를 통해, 첫째 날 빛을 만드신 하나님이 참 빛이시며 영생이심을 깨달을 수 있다. **"흑암에 앉은 백성이 큰 빛을 보았고 사망의 땅과 그늘에 앉은 자들에게 빛이 비치었도다."**(마4:15) 이 참 빛은 또한 사랑이시며, 하나님의 나라는 사랑과 빛의 나라임을 깨달을 수 있다. **"그가 우리를 흑암의 권세에서 건져내사 그의 사랑의 아들의 나라로 옮기셨으니."**(골1:13) 하지만 사탄은 하나님을 반역하여 빛과 사랑의 하늘나라에서 쫓겨난 이후 지금까지 죽음과 흑암이 지배하는 이 땅에서 왕 노릇하고 있다. 세상 사람들을 끊임없이 빛 대신 어두움으로, 사랑 대신 미움으로, 의(義) 대신 불의로 이끌어 하나님의 생명에서 떠나도록 미혹하고 있다. **"그의 형제를 미워하는 자는 어둠에 있고 또 어둠에 행하며 갈 곳을 알지 못하나니 이는 그 어둠이 그의 눈을 멀게 하였음이라."**(요일2;11)

  사탄의 이러한 역사 또한 하나님의 주권 안에서 일어나는 일이다. **"그러나 그들을 죽이지는 못하게 하시고 다섯 달 동안 괴롭게만 하게 하시는데 그 괴롭게 함은 전갈이 사람을 쏠 때에 괴롭게 함과 같더라."**(계9:5) 영적 관점에서 보면, 이 땅에서 일어나는 모든 일의 배후에는 천사들과 마귀들의 싸움이 있다. 욥의 아들들과 종들과 가축들을 죽음으로 몰아간 태풍과, 불과, 스바인과 갈대아인의 배후에는 모두 사탄의 역사가 있었기 때문

구)'를 포함한 개념임. 왜냐하면, 6절의 우주(궁창)과 물(지구)는 1절의 '그 땅ךﭏﭏ(하아레츠)'와 동일한 2절의 '그 땅ךﭏﭏ(하아레츠)'의 영역에서 창조된 것이기 때문임.

이다. "그러므로 나 바울은 한번 두번 너희에게 가고자 하였으나 사탄이 우리를 막았도다."(살전2:18) 하지만 하나님은 지금도 이 땅에 일어나는 모든 일들을 자신의 능력과 주권적인 섭리로 다스리고 계신다. (계3:9) 사탄은 욥을 시험하였지만, 하나님은 이를 통해 장차 오실 메시아의 의로운 고난과 부활을 계시하셨다. "내가 알기에는 나의 대속자가 살아 계시니 마침내 그가 땅 위에 서실 것이라 내 가죽이 벗김을 당한 뒤에도 내가 육체 밖에서 하나님을 보리라."(욥19:25~26) 사람은 아무리 의로워도 하나님 앞에는 죄인이며, 다른 사람을 정죄할 자격이 없는 죄인으로서 하나님의 주권 앞에 엎드려야 할 한갓 피조물에 불과한 존재임을 가르치셨다. 사탄은 바로 왕을 통해 히브리 남아(男兒)를 죽이고 히브리 백성을 핍박하였지만 히브리 백성은 오히려 번성하여 갔다. 하나님은 이 사건을 통해서도, 예수님이 탄생하실 때에 헤롯에 의해 핍박받으실 일을 계시하시고, 사탄의 어떤 훼방에도 불구하고 하나님의 나라는 왕성하게 될 것에 대한 예표로 섭리하셨다. "이는 주께서 선지자를 통하여 말씀하신 바 애굽으로부터 내 아들을 불렀다 함을 이루려 하심이라."(마2:15) 사울 왕이 끊임없이 다윗을 시기하여 죽이려 할 때에는 사울에게 악한 영의 지배를 받도록 허락하셨다. 또한 아합 왕의 불순종을 징계하시기 위해 거짓 선지자들에게 거짓 영을 보내셔서 아합이 전쟁에 나가 죽게 하셨다. 다윗의 통치 말년에도 다윗을 격동하여 인구 조사를 하도록 사탄의 시험을 허용하셔서 다윗과 이스라엘 백성의 죄악을 징계하셨다. "그들의 포도주는 뱀의 독이요 독사의 맹독이라 이것이 내게 쌓여 있고 내 곳간에 봉하여 있지 아니한가 그들이 실족할 그때에 내가 보복하리라 그들의 환난 날이 가까우니 그들에게 닥칠 그 일이 속히 오리로다."(신32:33~35) 하지만 하나님은 이 사건을 통해, 장차 솔로몬이 건축할 하나님의 성전의 부지를 예비하시는 하나님 자신의 섭리를 이루어 가셨다.

신약의 예루살렘 교회도 사탄의 핍박으로 스데반이 순교하였다. 하지만 교회는 이를 통해 오히려 유대와 사마리아 지역은 물론 이방 안디옥까지 널리 복음을 전할 수 있었다. 바울이 에베소에서 복음을 전할 때였다. 하나님은 바울의 손으로 놀라운 능력을 행하게 하셨다. 심지어 사람들이 바울의 몸에서 손수건이나 앞치마를 가져다가 병든 사람에게 얹으면 그 병이 떠나고 악귀도 떠나갔다. 마술하는 어떤 유대인들이 이를 보고 시험 삼아 악귀 들린 자들에게 **"내가 바울이 전파하는 예수를 의지하여 너희에게 명하노라"**(행19:13)고 하였다. 유대 한 제사장 스게와의 일곱 아들도 이 일을 행할 때에 마귀가 그들에게 대답하였다. **"내가 예수도 알고 바울도 알거니와 너희는 누구냐."**(행19:15) 그리고 악귀 들린 사람이 그들에게 뛰어올라 눌러 이기자, 그들은 상하여 벗은 몸으로 혼비백산 그 집에서 도망하였다. 에베소에 사는 유대인과 헬라인들이 이 일을 보고 두려워하며 예수님의 이름을 높였다. 많은 사람들이 와서 자신들의 행한 일을 자복하고, 마술을 행하던 사람들은 그들의 책을 모아 가지고 와서 모든 사람 앞에서 불살랐다. **"이와 같이 주의 말씀이 힘이 있어 흥왕하여 세력을 얻으니라."**(행19:20)

이러한 하나님의 주권적 섭리에 의한 사건은 요한 계시록에도 나온다. 예수님은 사도 요한을 통해 작은 능력을 가지고도 예수님의 이름을 배반하지 않은 충성된 빌라델비아 교회를 칭찬하셨다. 그리하여 사탄의 회당인 유대인이라 하는 자들 중 몇을 그들 발 앞에 절하게 할 것이며, 그들이 예수님의 인내의 말씀을 지켰으므로 그들을 지켜 시험의 때를 면하게 하실 것을 약속하셨다. (계3:9~10) 서머나 교회도 그러하였다. 서머나 교회는 환난과 궁핍 중에도 믿음의 부요함으로 예수님을 섬긴 충성된 교회였다. 예수님은 이러한 서머나 교회를 칭찬하시며 성도들에게 말씀하셨다. **"너는 장차 받을 고난을 두려워하지 말지어다 볼지어다 마귀가 장차 너희 가운데에서 몇 사람을 옥에 던져 시험을 받게 하리니 너희가 십 일 동안 환난을**

받으리라 내가 죽도록 충성하라 그리하면 내가 생명의 관을 네게 주리라."(계2:10)

우리는 귀신이 속임수의 명수라는 사실도 잘 알아야 한다. 바울이 빌립보에서 복음을 전할 때였다. 바울과 실라가 기도하는 곳에 가다가 점으로 주인들에게 큰 이익을 주는 점치는 귀신 들린 한 여종을 만났다. 그 여종은 바울과 실라를 따라와 소리 지르며 말했다. **"이 사람들은 지극히 높은 하나님의 종으로서 구원의 길을 너희에게 전하는 자라."**(행16:17) 바울은 여러 날을 참고 있다가, 하루는 심히 괴로워하며 여종에게서 그 귀신을 쫓아내었다. 바울은 귀신의 간교한 술수를 익히 알고 있었다. 귀신이 하나님의 종 바울이 구원의 길을 전한다고 말함으로써, 자신도 진리를 말하는 양 가장하여 듣는 사람들을 미혹하고 있었기 때문이다. **"하나님이 참으로 너희에게 동산 모든 나무의 열매를 먹지 말라 하시더냐."**(창3:1) 그리하여 하나님의 복음의 완전성과 거룩성을 혼미하게 만들어 사람들로 하여금 바울이 전하는 복음을 의심하도록 술수를 꾀하고 있었기 때문이다. **"그중에 이 세상의 신이 믿지 아니하는 자들의 마음을 혼미하게 하여 그리스도의 영광의 복음의 광채가 비치지 못하게 함이니 그리스도는 하나님의 형상이니라."**(고후4:4)

우리는 뱀의 특성을 통해서도 사탄의 술수를 깨달을 수 있다. 사탄이 뱀을 도구 삼아 아담과 하와를 시험하였기 때문이다. **"용을 잡으니 곧 옛 뱀이요 마귀요 사탄이라."**(계20:2) 먼저 뱀은 소리를 내지 못한다. 사탄도 영적인 존재이기 때문에 소리없이 역사한다. 뱀은 겨울잠을 잔다. 어둡고 추울 때는 동면(冬眠)하듯 가만히 있다가 날씨가 따뜻해지는 봄철에 본격적으로 활동하기 시작한다. 이와 같이 사탄도 우리의 영혼이 차갑고 어두우면 그대로 내버려둔다. 그 상태가 이미 자신의 포로 된 상태이기 때문이다. 하지만 우리의 영혼이 성령으로 충만하여 불같은 열심으로 하나님의 말씀을 순종하려 할 때 사탄도 본격적으로 핍박과 훼방의 술수를 행하기 시작한다. 또한 뱀의 몸은 색상이 다양하고 꼬불꼬불하다. **"그날에 여호와께서 그의 크고 견고하고 강한 칼로 날랜 뱀 리워야단 곧 꼬불꼬불한 뱀 리워야단을 벌하시며 바다에 있는 용을 죽이시리라."**(사27:1) 사탄도 아주 다양한 모양과 기괴한 술책으로 우리의 영혼을 미혹한다. 어떤 때는 탐욕으로, 어떤 때는 교만으로, 어떤 때는 혈기와 성급함의 색깔로 우리를 미혹한다. 또 어떤 때는 가까운 사람을 통해, 어떤 때는 환경을 통해, 또 어떤 때는 빌립보의 귀신 들린 여종처럼 우리 편인 양 위장하여 우리를 시험에 빠뜨린다. **"우리를 시험에 들게 하지 마시옵고 다만 악에서 구하시옵소서."**(마6:13)

이러한 간교한 사탄의 악함은 거라사 군대 귀신 들린 사람을 통해서도 잘 알 수 있다.(막5:1~5) 사탄은 한 사람의 영혼을 송두리째 자신의 포로 삼아 이 세상에서도 지옥의 삶을 살게 하였다. 귀신 들린 사람은 집에 거하지 않고 무덤 사이에 살고 있었다. 옷도 입지 않고, 고랑과 쇠사슬에 매였어도 그것들을 깨뜨릴 정도로 힘이 있었다. 자기 몸을 돌로 상해(傷害)하며, 밤낮 소리 지르며 지옥의 고통 가운데 살고 있었다. 동네 사람들이 그곳을 지나갈 수 없을 정도로 두려움을 주며 이웃에게까지 해악을 끼치는 삶을 살아갔다. 그는 자신의 힘으로는 도저히 그를 포로 삼고 있는 사탄의 횡포를 이길 수 없었다. **"도둑이 오는 것은 도둑질하고 죽이고 멸망시키려는 것뿐이요 내가 온 것은 양으로 생명을 얻게 하고 더 풍성히 얻게 하려는 것이라."**(요10:10) 거라사 군대 귀신이 제일 좋아하는 거처는 다름 아닌 인간의 마음이었다. 사탄도 영혼을 가진 인격적 존재이기 때문이다. 이는 예수님이 군대 귀신을 쫓아내실 때 그들이 예수님께 돼지 떼에 들어가도록 간청한 것을 보면 잘 알 수 있다. 돼지의 몸은 사탄의 최선의 거주지는 아니었다. 사탄이 당시의 상황에서 어쩔 수 없이 택할 수밖에 없는 그의 차선(次善)의 거주지에 불과하였다. 사탄은 하나님의 사랑과 예수님의 대속의 피의 은혜가 없는 메마른 사람의 마음을 자신의 최고의 거처로 삼아 그 안에서 살아가기를 원하기 때문이다. **"더러운 귀신이 사람에게서 나갔을 때에 물 없는 곳으로 다니며 쉬기를 구하되 쉴 곳을 얻지 못하고 이에 이르되 내가 나온 내 집으로 돌아가리라 하고."**(마12:43~44) 사탄이 영원히 살아야 할 처소는 하나님의 은혜의 물 한 방울도 없는 영원히 목마르고 황량한 지옥이기 때문이다. **"아버지 아브라함이여 나를 긍휼히 여기사 나사로를 보내어 그 손가락 끝에 물을 찍어 내 혀를 서늘하게 하소서 내가 이 불꽃 가운데서 괴로워하나이다."**(눅16:24)

하지만 예수님은 군대 귀신을 말씀으로 쫓아내시고 두려워 떠는 귀신 들린 자를 사탄의 권세에서 단번에 자유하게 하셨다. 흉악한 사탄의 결박에서 풀어 주시고 그에게 구원의 옷을 값없이 입혀 주셨다. (슥3:4) 물 없는 구덩이 같은 죽음의 처소 무덤을 떠나 집으로 돌아가서 그의 사랑하는 가족과 함께 살게 하셨다. **"또 너로 말할진대 네 언약의 피로 말미암아 내가 네 갇힌 자들을 물 없는 구덩이에서 놓았나니 갇혀 있으나 소망을 품은 자들아 너희는 요새로 돌아올지니라 내가 오늘도 이르노라 내가 네게 갑절이나 갚을 것이라."**(슥9:11~12) 자신의 몸을 사랑할 뿐만 아니라, 더 이상 이웃에게 해를 끼치지 않는 사랑의 삶을 살게 하셨다. (갈5:13)

이러한 악하고 간교한 사탄의 미혹을 이기는 길은 우리 마음의 깨끗함과 정직함이다. 정결함과 진실함으로 하나님의 말씀을 믿고 순종하는 일은 사탄을 대적하는 강력한 무기이기 때문이다.[51] **"뱀이 그 간계로 하와를 미혹한 것같이 너희 마음이 그리스도를 향하는 진실함과 깨끗함에서 떠나 부패할까 두려워하노라."**(고후11:3) 우리는 때때로 신령한 환상이나 꿈, 마음의 감동이나 어떤 기도의 응답이 주어질 때 언제나 기록된 하나님의 말씀으로 그러한 현상들을 조심해서 분별해야 한다. 예수님도 마귀의 시험을 오직 기록된 하나님의 말씀으로 분별하고 물리치셨기 때문이다. **"이에 예수께서 말씀하시되 사탄아 물러가라 기록되었으되 주 너의 하나님께 경배하고 다만 그를 섬기라 하였느니라 이에 마귀는 예수를 떠나고 천사들이 나아와서 수종드니라."**(마4:10~11) 하나님의 말씀만이 우리가 영원히 믿고 순종해야 할 변치 않는 진리의 말씀이기 때문이다. **"예수 그리스도는 어제나 오늘이나 영원토록 동일하시니라."**(히13:8)

우리는 또한 사탄의 권세를 이기기 위해 오직 예수님만을 의지해야 한다. 예수님은 십자가의 승리를 통해 이미 우리를 어두움에서 빛으로, 사탄의 권세에서 하나님께로 돌아오게 하셨기 때문이다.(행26:18) 우리에게 생명의 면류관을 씌워 주시고 자신의 거룩한 의(義)의 옷을 우리에게 입혀 주셨기 때문이다. 그러므로 예수님의 의 안에 거하는 삶은 빛 가운데 거하는 삶이요 사랑 안에 거하는 삶이다. **"우리는 형제를 사랑함으로 사망에서 옮겨 생명으로 들어간 줄을 알거니와 사랑하지 아니하는 자는 사망에 머물러 있느니라."**(요일3:14) 하나님의 말씀은 빛이요 하나님은 사랑이시기 때문이다. 따라서, 우리가 하나님의 말씀을 사랑으로 순종하여 빛 가운데 거하기만 하면 사탄은 우리에게 아무 능력도 발휘할 수 없다. 우리는 이미 우리의 원수 사탄의 권세를 멸하시고 승리하신 예수님의 영원한 사랑과 부활의 능력 안에서 살아가고 있기 때문이다. **"죄를 짓는 자는 마귀에게 속**

---

51) '순종-ὑπακούω(휘파쿠오)'는 '아래-ὑπο(휘포)에서 듣다-ακούω(아쿠오)'라는 의미임. 하나님의 발 아래에서 종의 마음으로 그 말씀을 듣고 행하는 것을 의미함.(cf. 신33:3)

하나니 마귀는 처음부터 범죄함이라 하나님의 아들이 나타나신 것은 마귀의 일을 멸하려 하심이라."(요일3:8)

귀신들은 하나님을 믿고 떨기는 하지만 순종하지는 않는다. (약2:19) 하나님이 귀신들의 미혹을 허용하시는 이유는 우리로 하여금 진리의 말씀을 순종하도록 하시기 위함이다. 하나님의 진리의 말씀에 순종하는 삶을 통해 하나님이 주시는 참 자유를 누리게 하시기 위함이다. **"죄를 범하는 자마다 죄의 종이라 종은 영원히 집에 거하지 못하되 아들은 영원히 거하나니 그러므로 아들이 너희를 자유롭게 하면 너희가 참으로 자유로우리라."**(요8:34~36) 하나님은 사탄의 시험으로 인한 극한 환난 중에도 변함없는 믿음으로 하나님의 말씀을 순종하는 자에게 영원한 승리의 면류관을 씌워 주신다. (시23:5) 사탄의 나라에도 그 이름이 알려진 바울처럼, 이 세상에서도 사탄의 권세가 도무지 어찌할 수 없는 전천후 믿음의 사람으로 살아가게 하신다. **"또 어떤 이들은 조롱과 채찍질뿐 아니라 결박과 옥에 갇히는 시련도 받았으며 돌로 치는 것과 톱으로 켜는 것과 시험과 칼로 죽임을 당하고 양과 염소의 가죽을 입고 유리하여 궁핍과 환난과 학대를 받았으니 이런 사람은 세상이 감당하지 못하느니라."**(히11:36~38)

예수님의 재림이 가까울수록, 사탄의 하수인 거짓 선지자들은 큰 이적과 기사를 행하여 할 수만 있으면 택하신 자들도 미혹할 것이다. (막13:22) 그러므로 하나님의 말씀으로 무장하여 사탄의 모든 궤계를 분별하며, 예수님의 재림을 준비하는 깨어 있는 종이 되자. **"주께서 이르시되 지혜 있고 충성된 청지기가 되어 주인에게 그 집 종들을 맡아 때를 따라 양식을 나누어 줄 자가 누구냐 주인이 이를 때에 그 종이 그렇게 하는 것을 보면 그 종이 복이 있으리로다 내가 참으로 너희에게 이르노니 주인이 그 모든 소유를 그에게 맡기리라."**(눅12:42~44) 만사를 자신의 뜻대로 운행하시는 하나님의 주권을 인정하며 우리의 구원의 표적 되시는 승리하신 예수님만 뒤따르자. (눅2:12) 때때로 우리 앞에 사탄의 훼방과 핍박이 있다 할지라도, 자신의 거룩한 뜻을 따라 섭리하셔서 결국에는 승리로 역전시키시는 하나님을 신뢰하며 항상 하나님의 빛과 사랑 안에서 살아가자.

"네 진영 밖에 변소를 마련하고 그리로 나가되 네 기구에 작은 삽을 더하여 밖에 나가서 대변을 볼 때에 그것으로 땅을 팔 것이요 몸을 돌려 그 배설물을 덮을지니 이는 네 하나님 여호와께서 너를 구원하시고 적군을 네게 넘기시려고 네 진영 중에 행하심이라 그러므로 네 진영을 거룩히 하라 그리하면 네게서 불결한 것을 보시지 않으므로 너를 떠나지 아니 하시리라."(신23:12~13)

우리 속담에 "사돈집과 뒷간은 멀수록 좋다"는 말이 있다. 그만큼 사돈 관계는 조심스럽고, 부정한 뒷간은 멀리 떨어질수록 좋다는 인간 심사의 반영일 것이다. 하나님은 우리의 몸과 영혼은 물론 우리의 전 삶이 거룩하기를 원하신다. 부정한 세상 가운데 살고 있지만, 부정한 세상의 죄와 멀리 떨어져 하나님의 백성다운 구별된 삶을 살아가기를 소원하신다. 하나님이 거룩하시고 하나님의 나라는 거룩한 나라이기 때문이다. 더러운 곳에 파리 떼가 모이듯, 우리의 영혼도 죄로 인해 더러워지면 마귀의 활동 무대로 전락하고 말기 때문이다. **"우리가 즐거워하고 크게 기뻐하며 그에게 영광을 돌리세 어린 양의 혼인 기약이 이르렀고 그의 아내가 자신을 준비하였으므로 그에게 빛나고 깨끗한 세마포 옷을 입도록 허락하셨으니 이 세마포 옷은 성도들의 옳은 행실이로다 하더라."**(계19:7~8)

아담이 범죄하기 전 에덴동산은 죄와 더러움이 없는 거룩한 곳이었다. 하지만 아담과 하와가 범죄한 이후 쫓겨난 에덴동산 밖은 죄와 시체와 무덤이 있는 부정한 곳이 되고 말았다. **"예수께서 십자가에 못 박히신 곳에**

동산이 있고 동산 안에 아직 사람을 장사한 일이 없는 새 무덤이 있는지라."(요19:41) 노아 시대, 온 인류가 불순종으로 홍수 심판에 의해 멸망할 때에는 에덴동산 밖의 이 땅은 더러운 시체 썩는 냄새로 진동하는 곳이 되고 말았다. (민19:16) 노아 홍수 심판이 지난 후였다. 인류는 또다시 바벨탑을 쌓아 하나님을 거역하였다. 하나님은 그들을 온 땅에 흩으시고, 그들 가운데 아브람을 믿음의 조상으로 택하셔서 그와 더불어 언약을 맺으셨다. **"나는 전능한 하나님이라 너는 내 앞에서 행하여 완전하라 내가 내 언약을 나와 너 사이에 두어**[52] 너를 크게 번성하게 하리라."(창17:1~2) 그 후 하나님은 아브람에게 언약하신 때가 되자, 애굽에서 큰 민족을 이룬 이스라엘 백성을 애굽의 권세에서 구원하셨다. 이스라엘 백성이 홍해를 건너고 광야를 지나 시내 산에 이르렀을 때였다. 하나님은 모세를 통해 율법을 주시면서 그들에게 말씀하셨다. **"나는 너희의 하나님이 되려고 너희를 애굽 땅에서 인도하여 낸 여호와라 내가 거룩하니 너희도 거룩할지어다."**(레11:45)

하나님은 이스라엘 백성이 천하 만민 중에서 구별된 하나님의 백성답게 살아가도록 그들에게 십계명과 율법을 주셨다. 거룩하신 하나님이 그들 가운데 함께 거하시기 위해 성막과 속죄 제사의 규례들을 가르치셨다. 정하고 부정한 짐승, 피부의 나병, 의복이나 가죽이나 가옥의 곰팡이 규례들을 통해 우리의 의식주의 전 삶이 거룩하기를 원하셨다. (레15:1~33) 또한 하나님은 시체나 무덤이나 죽은 사람의 뼈를 만져 부정하게 된 자를 정결하

---

52) '두다'의 원어적 의미는 '주다-ןתנ(나탄)'이라는 의미임. 창9:12에서 하나님이 홍수 심판 이후에, 다시는 이 땅을 홍수로 심판하지 않으실 것을 약속하시면서 노아에게 그 언약의 증거로 무지개를 주실 때 '내가 너희와 및 너희와 함께하는 모든 생물 사이에 대대로 영원히 세우는 언약의 증거는 이것이니라'는 말씀 중 '세우는'으로 번역된 단어 역시 '주다-ןתנ(나탄)'이라는 단어가 사용됨. 이로써, 우리는 우리의 구원은 오직 하나님이 죄인에게 거저 '주시는 선물'에 의한 것임을 알 수 있음. (cf. 엡2:8~9)

게 하는 규례를 상세히 말씀하셨다. 하나님의 나라는 부정한 시체나 무덤이나 뼈가 없는 거룩한 생명의 나라이기 때문이다. **"마침 사람을 장사하는 자들이 그 도적 떼를 보고 그의 시체를 엘리사의 묘실에 들이던지매 시체가 엘리사의 뼈에 닿자 곧 회생하여 일어섰더라."**(왕하13:21) 하나님은 또 모세와 아론에게 명령하셔서, 이스라엘 진영 밖 깨끗한 곳에 암송아지와 백향목과 우슬초와 홍색 실을 불사른 재를 두도록 하셨다. 셋째 날과 일곱째 날, 정결한 자[53]가 그 재를 물에 섞어 부정하게 된 자에게 뿌려 일곱째 날에 그를 정결하게 하기 위함이었다. 그로 하여금 자기 옷을 빨고, 물로 몸을 씻어 모든 부정에서 정결하도록 하기 위함이었다. 이때 암송아지를 불사른 자도 자기의 옷을 물로 빨고 물로 그 몸을 씻어야 했다. 암송아지의 재를 거둔 자도 자기의 옷을 빨아야 했고 저녁까지 부정하였다. 정결하게 하는 물을 뿌린 자도 자기의 옷을 빨아야 했고 정결하게 하는 물을 만지는 자도 저녁까지 부정하였다.(민19:21) 하나님의 거룩하심과, 하나님이 우리에게 원하시는 거룩함의 깊이를 잘 깨달을 수 있는 말씀이다.

이처럼, 하나님은 지극히 영광스럽고 거룩하셔서 거룩한 천사들이나 깨끗한 하늘조차도 부정하게 여기신다. **"하나님은 거룩한 자들을 믿지 아니하시나니 하늘이라도 그가 보시기에 부정하거든 하물며 악을 저지르기를 물 마심같이 하는 가증하고 부패한 사람을 용납하시겠느냐."**(욥15:15~16) 이는, 영광의 하나님을 만난 이사야 선지자의 고백을 통해서도 잘 알 수 있다. **"화로다 나여 망하게 되었도다 나는 입술이 부정한 사람이요 나는 입술이 부정한 백성 중에 거주하면서 만군의 여호와이신 왕**

---

53) '정결한 자-טָהוֹר אִישׁ(이쉬 타호르)'의 'אִישׁ-이쉬'라는 단어는 '사람'이라는 의미임. 이로 볼 때, 시체나 무덤이나 뼈로 인해 부정해진 사람에게 정결하게 하는 물을 뿌리는 일은 제사장의 일이 아니라 일반인이 할 수 있는 일이었음을 알 수 있음. 하나님이 이스라엘 백성에게 원하셨던 거룩함을 이를 통해서도 잘 깨달을 수 있다고 여겨짐.

을 뵈었음이로다."(사6:5) 하나님의 거룩하심은 여호수아서에도 잘 나타나 있다. 모세의 죽음 후, 여호수아가 이스라엘 백성을 인도하여 요단 건너 가나안 땅에 도착했을 때였다. 여호수아는 길갈에 이르러 하나님의 지시대로 먼저 이스라엘 백성에게 할례를 행하였다. 이스라엘의 눈앞에는 언제 공격해 올지 모르는 강한 원수의 도성 여리고가 버티고 서 있었지만, 하나님의 우선 관심은 언약 백성으로서의 그들의 거룩함에 있었기 때문이다. **"여호와께서 여호수아에게 이르시되 내가 오늘 애굽의 수치를 너희에게서 떠나가게 하였다 하셨으므로 그곳 이름을 오늘까지 길갈이라 하느니라."**(수5:9)

하나님은 이처럼 우리의 거룩을 원하시지만 특히 우리의 마음의 정결함을 원하신다. 이는 아내의 간통을 밝히는 절차에 대한 규례를 통해 잘 알 수 있다. (민5:11~31) 만일 어떤 사람의 아내가 탈선하였거나 남편이 의심이 생기면 그의 아내를 제사장에게로 데려갔다. 기름도 붓지 않고 유향도 두지 않은 보리 가루 십분의 일 에바를 의심의 소제로 드리게 하였다. 제사장은 하나님 앞에 그 여인을 세우고, 토기에 거룩한 물을 담고, 성막 바닥의 티끌을 취하여 그 물에 넣고는 여인에게 저주의 맹세를 하게 하였다. **"그러나 네가 네 남편을 두고 탈선하여 몸을 더럽혀서 네 남편 아닌 사람과 동침하였으면 여호와께서 네 넓적다리가 마르고 네 배가 부어서 네가 네 백성 중에 저줏거리 맹셋거리가 되게 하실지라."**(민5:20~21) 이처럼, 하나님은 우리의 마음이 하나님 앞에 한 점 의심받을 만한 죄악이나 두 마음을 품지 않은 자신의 정결한 신부가 되기를 원하신다. **"내가 너희를 정결한 처녀로 한 남편인 그리스도께 드리려고 중매함이로다 뱀이 그 간계로 하와를 미혹한 것같이 너희 마음이 그리스도를 향하는 진실함과 깨끗함에서 떠나 부패할까 두려워하노라."**(고후11:2~3)

마침내 하나님은 이 소원을 따라, 온몸과 마음이 부패한 우리를 자기 백성 삼으시기 위해 죄 없는 하나님의 아들을 이 세상에 보내 주셨다. 우리의 죄를 위해 십자가의 거룩한 화목제물이 되게 하셨다. **"너희는 누룩 없는 자인데 새 덩어리가 되기 위하여 묵은 누룩을 내버리라 우리의 유월절 양 곧 그리스도께서 희생되셨느니라."**(고전5:7) 하나님의 아들을 믿는 자를 단번에 깨끗하게 하시는 영원한 구원의 언약을 성취하셨다. 죄로 더러워진 우리의 속사람을 자신의 흘리신 보혈로 정결하게 하시고 거룩한 성령님이 우리 마음에 내주하시는 은혜를 베풀어 주셨다. **"하물며 영원하신 성령으로 말미암아 흠 없는 자기를 하나님께 드린 그리스도의 피가 어찌 너희 양심을 죽은 행실에서 깨끗하게 하고 살아 계신 하나님을 섬기게 하지 못하겠느냐."**(히9:14) 예수님도 제자들에게 특히 마음의 청결함을 가르치셨다. **"마음이 청결한 자는 복이 있나니 그들이 하나님을 볼 것임이요."**(마5:8) 우리의 전 삶이 거룩하기를 원하셨지만 특히 우리 마음의 단순함과 정결함을 기뻐하셨다. (요1:47) 예수님이 바리새인들과 서기관들을 가장 크게 책망하신 이유도 여기에 있었다. 그들의 마음은 온갖 탐욕과 더러움으로 가득하면서 겉으로는 거룩한 종교인으로 살아간 그들의 외식 때문이었다. **"화 있을진저 외식하는 서기관과 바리새인들이여 잔과 대접의 겉은 깨끗이 하되 그 안에는 탐욕과 방탕으로 가득하게 하는도다."**(마23:25)

우리의 속사람은 오직 점도 흠도 없는 어린 양 예수님의 보혈로 깨끗해질 수 있다. **"주 여호와의 말씀이니라 네가 잿물로 스스로 씻으며 네가 많은 비누를 쓸지라도 네 죄악이 내 앞에 그대로 있으리니."**(렘2:22) 우리는 오직 예수 그리스도의 보혈의 은혜로만 하나님 앞에 거룩하고 완전한 자로 인정받을 수 있기 때문이다. 대제사장 아론이 하나님의 성막에서 섬길 때 '우림'[54]과 '둠밈'[55]이 들어 있는 흉패를 입고 하나님을 만난 것처럼, 이제 우리는 우리의 '완전'이시며 우리의 '빛'이 되시는 예수님 안에서 거룩하신 하나님을 만날 수 있기 때문이다. 또한 우리의 속사람은 우리 마음에 하나님의 말씀을 담아 두고 그 말씀을 순종하는 만큼 정결해질 수 있다. (요15:3~4) **"너희가 진리를 순종함으로 너희 영혼을 깨끗하게 하여 거짓이 없이 형제를 사랑하기에 이르렀으니 마음으로 뜨겁게 피차 사랑하라."**(벧전1:22) 하나님의 말씀은 흙 도가니에 일곱 번 단련한 은같이 순결한 말씀이기 때문이다. 우리 마음 깊은 곳에 숨어 있는 죄악과 마음의 동기까지도 낱낱이 살피는 빛의 순찰자이기 때문이다. 빛이 밝을수록 작은 먼지 하나도 환히 보이듯, 우리는 하나님의 말씀의 빛이 우리 마음을 비출수록 악을 미워할 수 있고, (시119:53) 작은 죄도 용납하지 않는 거룩한 능력으로 살아갈 수 있기 때문이다. 또한 우리의 속사람은 마음을 감찰하시는 하나님 앞에 우리의 깊고 은밀한 죄악을 깨닫고 회개하는 눈물의 양만큼 정결해질 수 있다. 사울 왕과 다윗의 차이는 그들이 하나님 앞에서 흘린 눈물의 질과 양에 비례하였다. 자신들의 마음속 깊은 죄악을 바라보고, 상하고 통회하는 마음으로 쏟아낸 눈물의 질과 양에 비례하였다. **"내가 탄식함으로 피곤하며 밤마다 눈물로 내 침상을 떠우며 내 요를 적시나이다."**(시6:5) 회개의 눈물은 죄로 오염된 우리 영혼의 세척제이기 때문이다. (시51:10)

우리는 우리의 신분이 예수님 안에서 완전한 자임을 확신하는 믿음만큼 정결한 자로서의 삶을 살아갈 수 있다. 하나님의 영원한 사랑 안에서 부정한 세속의 죄악으로부터 자신을 지키며 살아갈 수 있다. **"그런즉 사랑하는 자들아 이 약속을 가진 우리는 하나님을 두려워하는 가운데서 거룩함을**

---

54) 'אוֹרִים-빛'이라는 의미임. (cf. 마5:14~16)
55) 'תֻּמִּים-완전'이라는 의미임. (cf. 창6:9; 마5:48; 골1:28)

온전히 이루어 육과 영의 온갖 더러운 것에서 자신을 깨끗하게 하자."(고후7:1) 두 마음 품은 자를 미워하며, 환난 중에도 천국의 영원한 영광을 주신 하나님 한 분만으로 기뻐할 수 있다. **"주의 법이 나의 즐거움이 되지 아니하였더면 내가 내 고난 중에 멸망하였으리이다."**(시119:92) 엘리야처럼 하나님의 거룩한 의분으로, 모세처럼 날마다 영광의 하나님 얼굴 뵙기를 즐거워하며 살아갈 수 있다. 하나님의 영원한 특별 사면을 받은 사형수의 감격이 언제나 우리의 영혼을 사로잡고 있기 때문이다. 예수님이 거라사 군대 귀신을 쫓아내실 때 **"더러운 귀신아 그 사람에게서 나오라"**(막5:8)고 명령하셨다. 예수님은 더러운 군대 귀신이 무덤처럼 어둡고 부정한 곳에 거하면서 인간의 영혼을 포로 삼고 있는 것을 보고 계셨기 때문이다.

예수님은 이러한 어둡고 부정한 세상에서 우리를 불러내어 우리를 진리로 거룩하게 하셨다. (고후6:16~17) 우리를 다시 부정한 세상 가운데로 보내서서, 그 가운데에서 우리의 거룩함을 통해 세상의 부정한 영혼들을 거룩한 하나님의 나라로 초청하는 사명을 맡기셨다. **"또 그들을 위하여 내가 나를 거룩하게 하오니 이는 그들도 진리로 거룩함을 얻게 하려 함이니이다 내가 비옵는 것은 이 사람들만 위함이 아니요 또 그들의 말로 말미암아 나를 믿는 사람들도 위함이니."**(요17:19~20) 그리고 예수님 다시 오시는 날, 우리는 사탄이 지배하는 이 세상의 부정한 무덤의 권세에서 살아 일어나 홀연히 영광스러운 부활의 몸으로 갈아입을 것이다. 하나님의 거룩한 얼굴을 그의 참모습 그대로 얼굴과 얼굴을 대하여 보며, 거룩하고 영광스러운 하늘나라에서 영생의 복락을 누리며 살아가게 될 것이다. 이 하늘의 산 소망을 가진 사람은 이 세상에서도 예수님의 빛의 갑옷을 입은 자로서의 빛된 삶을 즐거움으로 살아갈 수 있다. (롬13:12~13) 온몸과 온 영혼이 예수님의 깨끗하심과 같이 깨끗한 삶을 소원하며 그러한 삶을 즐거움으로 살아갈 수 있다. **"그가 나타나시면 우리가 그와 같을 줄을 아는 것은 그의**

참모습 그대로 볼 것이기 때문이니 주를 향하여 이 소망을 가진 자마다 그의 깨끗하심과 같이 자기를 깨끗하게 하느니라."(요일3:2~3)

우리의 마음을 하나님의 거룩한 말씀으로 가득 채우자. 하나님의 측량할 수 없는 은혜에 거듭 거역하는 우리 마음의 깊은 곳 숨은 죄악을 깨닫고, 통회의 눈물로 우리의 침상을 띄우고 우리의 요를 적시자. (히10:22) 우리의 악함을 깨닫는 깊이만큼, 간교한 사탄의 역사를 이기게 하시고 정결한 삶으로 이끄시는 하나님을 즐거움으로 섬기자. **"또 내가 들으니 하늘로부터 다른 음성이 나서 이르되 내 백성아 거기서 나와 그의 죄에 참여하지 말고 그가 받을 재앙들을 받지 말라."**(계18:4) '지려느냐! 이길 수 있다!'의 영적 전쟁은 우리의 마음의 싸움이요, 거룩한 삶이야말로 사탄의 불화살을 꺾는 강력한 능력임을 잊지 말자. 거룩한 삶이야말로 어두운 사탄의 권세가 도무지 침범할 수 없는 완전하고 영원한 하나님의 견고한 도피성임을 잊지 말자. **"무엇이든지 속된 것이나 가증한 일 또는 거짓말하는 자는 결코 그리로 들어가지 못하되 오직 어린 양의 생명책에 기록된 자들만 들어가리라."**(계21:27) 환난 중에도 거룩하고 영광스러운 하늘나라를 소망하며, 한 점 부끄러움 없는 담대함으로 마음을 감찰하시는 하나님 앞에 설 날을 날마다 준비하는 삶을 살아가자. **"또 내가 보니 죽은 자들이 큰 자나 작은 자나 그 보좌 앞에 서 있는데 책들이 펴 있고 또 다른 책이 펴졌으니 곧 생명책이라 죽은 자들이 자기 행위를 따라 책들에 기록된 대로 심판을 받으니."**(계20:12)

09. 신발 벗은 영혼

"여호와의 군대 대장이 여호수아에게 이르되 네 발에서 신을 벗으라 네
가 선 곳은 거룩하니라 하니 여호수아가 그대로 행하니라."(수5:15)

신발은 어느 시대, 어느 곳에서나 존재한 인류의 오랜 필수품이다. 신발
은 그 종류와 용도는 다를지라도, 주로 사람의 발을 보호하는 기능과 함께
그 사람의 신분을 상징하기도 하였다. 우리나라의 경우에도 신분이나 계
절, 성별이나 용도에 따라 신발이 다양하였다. 멱신은 짚으로 만든 두꺼운
신발인데 주로 평민들이 겨울에 신는 신발이었다. 태사혜는 주로 남자가
신는 것으로 비단이나 가죽으로 만든 신발이었다. 또 추운 겨울에 신는 목
화는 관복을 입을 때나 결혼식 때 신는 신발이었다. 요즈음은 대부분의 사
람들이 운동화나 구두를 사용하고 있지만 육십 년대만 하더라도 많은 사람
들이 흰색이나 검은색 고무신을 신고 다니기도 하였다.

성경에도 신발에 관한 말씀이 나온다. 여호수아는 모세가 죽은 후 하나
님의 명령을 따라 이스라엘 백성을 가나안으로 인도하였다. 하나님이 이
적을 베푸셔서 이스라엘 백성은 요단 강을 마른 땅으로 건널 수 있었다. 여
호수아는 요단을 건넌 후, 길갈에서 미처 할례를 받지 못한 광야에서 태
어난 이스라엘 백성에게 할례를 행하였다. 그리고 그달 십사 일 저녁에는
여리고 평지에서 유월절을 지켰다. 여호수아가 여리고에 가까이 이르렀
을 때였다. 여호수아가 눈을 들어 보니 한 사람이 칼을 빼어 손에 들고 마
주 서 있었다. 여호수아가 나아가서 그에게 물었다. **너는 우리를 위하느
냐 우리의 적들을 위하느냐.**"(수5:13) 그가 여호수아에게 말하였다. **"아니**

라 나는 여호와의 군대 대장으로 지금 왔느니라."(수5:14) 여호수아는 얼굴을 땅에 대고 엎드려 절하며 여호와의 군대 대장에게 아뢰었다. "**내 주여 종에게 무슨 말씀을 하려 하시나이까.**"(수5:14) 여호와의 군대 대장이 여호수아에게 말씀하였다. "**네 발에서 신을 벗으라 네가 선 곳은 거룩하니라.**"(수5:15) 여호수아는 여호와의 군대 대장의 말씀대로 행하였다.

하나님이 시내 산 떨기나무 불꽃 가운데서 모세를 부르실 때에도 동일한 말씀을 하셨다. 모세가 그의 장인 이드로의 양 떼를 칠 때였다. 하루는 모세가 양 떼를 인도하여 하나님의 산 호렙에 이르렀을 때였다. 여호와의 사자가 떨기나무 불꽃 가운데에서 모세에게 나타나셨다. 모세는 떨기나무에 불이 붙었으나 사라지지 아니하는 것을 기이히 여겨 그 큰 광경을 보려고 돌이켜 떨기나무 가까이로 나아갔다. 하나님이 이를 보시고 떨기나무 가운데서 모세를 부르셨다. "**모세야 모세야.**"(출3:4) 모세는 "**내가 여기 있나이다**"(출3:4)라고 하나님께 대답하였다. 하나님이 모세에게 말씀하셨다. "**이리로 가까이 오지 말라 네가 선 곳은 거룩한 땅이니 네 발에서 신을 벗으라 …… 이제 가라 이스라엘 자손의 부르짖음이 내게 달하고 애굽 사람이 그들을 괴롭히는 학대도 내가 보았으니 이제 내가 너를 바로에게 보내어 너에게 내 백성 이스라엘 자손을 애굽에서 인도하여 내게 하리라.**"(출3:5~10)

우리는 이 두 사건에서, 하나님의 구원 역사는 하나님 자신의 주권적인 은혜와 능력에 의한 하나님의 일이라는 사실을 알 수 있다. 또한 하나님 나라의 전쟁은 거룩한 영적 전쟁이라는 사실을 알 수 있다. 하나님은 거룩한 분이시고, 하나님이 임재하시는 곳은 거룩한 땅이기 때문이다. 따라서 하나님의 부르심을 받은 자가 하나님 앞에서 최우선해야 할 일은 하나님 앞에 엎드려 자신의 신발을 벗는 일임을 깨달을 수 있다. **"시몬 베드로가 이를 보고 예수의 무릎 아래에 엎드려 이르되 주여 나를 떠나소서 나는 죄인이로소이다."**(눅5:8) 신발을 벗는다는 것은 하나님의 주권 앞에 온전히 복종하겠다는 '권리 포기'의 선언이다. 우리 자신이 우리를 부르신 하나님 앞에서 '하나님의 노예'임을 고백하는 자기 부인(自己 否認)의 자리에 서 있음을 의미한다. 이는 하나님이 신발 벗은 모세에게 하신 말씀에서도 잘 나타나 있다. **"내가 내려가서 그들을 애굽인의 손에서 건져 내고 그들을 그 땅에서 인도하여 아름답고 광대한 땅, 젖과 꿀이 흐르는 땅 곧 가나안 족속 헷 족속 아모리 족속 브리스 족속 히위 족속 여부스 족속의 지방에 데려가려 하노라."**(출3:8) 하나님이 모세를 부르시고 그의 신발을 벗기신 것은 모세에게 다음의 사실을 알리시기 위함이었다. '내가 내 언약을 이루기 위해 네 앞서 행할 것이니 너는 내 주권에 온전히 복종하는 종의 자리에 있어야 한다!'

여호수아의 부르심도 동일하였다. 하나님이 여호수아의 신발을 벗기신 이유도 '너는 온전히 내 종이 되어 네 앞서 행하는 나의 구원을 수종 들어야 한다'는 사실을 알리시기 위함이었기 때문이다. 그런 연유로, 여호수아는 신발을 벗은 후 하나님으로부터 여리고 성에 대한 작전을 지시 받을 수 있었다. 하나님의 구원의 작전은 인간적으로는 참으로 어리석어 보이는 방법이었다. 그것은 일곱 제사장이 하나님의 언약궤에 앞서 양각 나팔을 불며 백성과 함께 하루 한 바퀴씩 여리고 성을 도는 것이었다. 마지막 일곱째 날에는 제사장들이 양각 나팔을 길게 불고, 백성들이 그 나팔 소리가 들릴 때에 큰 소리로 외쳐 부르면 여리고 성벽이 무너져 내리는 것이었다. 하지만 여호수아는 하나님의 말씀대로 순종하여 철옹성 같은 여리고 성을 쉽게 무너뜨리고 승리할 수 있었다. 하나님 앞에 신발 벗은 자로서 어리석어 보이는 하나님의 말씀을 온전히 순종하였기 때문이었다. **"하나님의 어리석음**

이 사람보다 지혜롭고 하나님의 약하심이 사람보다 강하니라."(고전1:25)

여호수아는 여리고의 승리 후 아이 성과의 전쟁에서는 신발 신은 자가 되고 말았다. 아이 성을 정탐하러 보낸 사람들이 돌아와 그에게 보고하였다. **"백성들을 다 올라가게 하지 말고 이삼천 명만 올라가서 아이를 치게 하소서 그들은 소수이니 모든 백성을 그리로 보내어 수고롭게 하지 마소서."**(수7:3) 여호수아는 이 말을 듣고는 백성 중 삼천 명쯤 아이 성으로 올려 보내었다. 하지만 이스라엘은 아이 사람 앞에서 패하여 그들 중 삼십육 명쯤 죽임을 당하고, 백성의 마음은 녹아 물과 같이 되고 말았다. 물론 이 패배의 직접적인 원인은 아간의 불순종 때문이었다. 아간이 진멸하라 하신 하나님의 말씀을 어기고, 여리고 성의 시날 산 외투 한 벌과 금과 은을 훔쳐 그의 장막에 감추어 두었기 때문이었다. 그럼에도 불구하고, 아이 성의 패배는 분명 여호수아와 이스라엘 백성의 교만함이 그 원인 중 하나였다. 여리고의 큰 승리에 도취된 나머지, 작은 아이 성쯤이야 우리 힘으로도 이길 수 있다는 자만이 그것이었다. 특히 패배의 큰 원인은 이로 인해 지도자 여호수아가 하나님 앞에 신발 신은 자가 되었기 때문이었다. 아이 성을 향한 하나님의 작전 계획은 이러하였기 때문이다. **"너는 여리고와 그 왕에게 행한 것같이 아이와 그 왕에게 행하되 오직 거기서 탈취할 물건과 가축은 스스로 가지라 너는 아이 성 뒤에 복병을 둘지니라 이에 여호수아가 일어나서 군사와 함께 아이로 올라가려 하여 용사 삼만 명을 뽑아 밤에 보내며."**(수8:2~3)

다윗도 사울 왕의 핍박 중에 있을 때에는 한순간 한순간 그의 영혼이 신발 벗은 자로 살았다. 순간마다 죽음의 위기요 눈물의 시간이었기 때문이다. **"우리가 종일 주를 위하여 죽임을 당하게 되며 도살할 양같이 여김을**

받았나이다."(시44:22) 사울이 블레셋과의 전쟁에서 죽고 다윗이 왕이 되었을 때였다. 다윗은 그동안 모든 환난에서 그를 건지시고 왕으로 세우신 하나님께 감사하며, 하나님의 언약궤를 왕궁 뜰에 임시로 세운 장막으로 모셔 왔다. 다윗의 영혼은 이 무렵에만 해도 신발 벗은 자의 은혜로 충만하였다. **"볼지어다 나는 백향목 궁에 살거늘 하나님의 궤는 휘장 가운데 있도다."**(삼하7:2) 육신의 안락함과 큰 어려움이 없는 일상이 계속되는 어느 봄날이었다. 부하 장군들과 군사들은 암몬과의 전쟁터에서 고난 중에 있고, 하나님의 언약궤마저 이슬을 맞으며 야영 중에 있음에도 불구하고, 다윗의 영혼은 침상에 누워 잠들어 있었다. 밤중에, 다윗은 잠에서 깨어나 그의 신발을 신고 왕궁 지붕 위를 한가히 거닐고 있었다. 이때 다윗은 그의 영혼마저 신발을 신고, 목욕하는 밧세바의 아름다운 육신 안으로 성큼성큼 걸어 들어가고 말았다. 다윗의 신발 신은 영혼은 밧세바가 충성스러운 헷사람 우리아 장군의 아내요, 자신의 모사(謀士) 아히도벨의 손녀임을 알면서도 끓어오르는 자신의 정욕의 불못으로 스스로 뛰어들고 말았다. 다윗의 신발 신은 영혼은 밧세바와의 간통으로 멈추지 않았다. 충성스런 우리아 장군을 전장에서 몇 명의 군사들과 함께 죽음으로 내몰았다. 다윗의 영혼은 하나님이 나단 선지자를 보내셔서 그를 크게 책망하실 때에야 비로소 자신이 신발 신은 위선자임을 알게 되었다. **"나를 주 앞에서 쫓아내지 마시며 주의 성령을 내게서 거두지 마소서."**(시51:11)

다윗의 영혼은 늦게나마 신발을 벗긴 하였지만, 그의 삶을 향해 연이어 활시위를 떠나 날아드는 불행의 화살들을 막아 낼 수는 없었다. 자신의 간통을 통해 낳은 아이는 고통 중에 세상을 떠나고, 밧세바는 남편의 죽음의 소식에 통곡하는 날들을 보내었기 때문이다. 다윗이 뿌린 죄악의 씨앗은 속속 그 열매들을 드러내었다. 장자 암논이 이복 여동생 다말을 욕보이고, 압살롬이 이 일에 앙심을 품고 암논을 살해하는 일이 연속해서 일어났기 때문이다. 다윗은 쉼 없는 눈물과 고통의 나날들을 지낼 수밖에 없었다. 그 후, 압살롬이 그술로 도망간 지 삼 년쯤 예루살렘으로 다시 돌아왔을 무렵이었다. 마침내 압살롬은 자신을 못마땅히 여기는 아버지 다윗의 심장에 반역의 칼을 겨누고 말았다. 다윗이 압살롬의 반란을 피해 황급히 왕궁을 떠나 광야로 도망갈 때였다. 성경은 당시의 상황을 이렇게 기록하고 있다. **"다윗이 감람산 길로 올라갈 때에 그의 머리를 그가 가리고 맨발로 울며 가고 그와 함께 가는 모든 백성들도 각각 자기의 머리를 가리고 울며 올라가니라."**(삼하15:30) 다윗에게는 비록 고통의 시간이었지만, 그의 육신과 영혼은 압살롬의 반란을 통해 다시금 사울의 때처럼 하나님 앞에서 신발 벗은 자의 은혜로 살아갈 수 있었다. (눅23:28)

북 이스라엘 여호람 왕도 신발 벗지 않은 영혼이었다. 아람 왕 벤하닷이 그의 온 군대를 모으고 올라와 사마리아를 에워싸고 있을 때였다. 여호람이 성 위로 지나갈 때 한 여인이 왕에게 부르짖으며 호소하였다. 왕이 그 사정을 묻자 여인이 왕에게 호소하였다. **"이 여인이 내게 이르기를 네 아들을 내놓아라 우리가 오늘 먹고 내일은 내 아들을 먹자 하매 우리가 드디어 내 아들을 삶아 먹었더니 이튿날에 내가 그 여인에게 이르되 네 아들을 내놓아라 우리가 먹으리라 하나 그가 그의 아들을 숨겼나이다."**(왕하6:28~29) 왕은 이 말을 듣고 자기 옷을 찢으며 말하였다. **"사밧의 아들 엘리사의 머리가 오늘 그 몸에 붙어 있으면 하나님이 내게 벌 위에 벌을 내리실지로다."**(왕하6:31) 이때 여호람의 속살에는 굵은 베옷이 입혀져 있었다. 여호람은 비록 그의 옷을 찢고 속살에는 베옷을 입고 있었지만, 그의 영혼은 단단히 신발 신은 영혼으로 엘리사의 하나님을 향해 보복의 종종걸음을 쳤기 때문이다. (욥15:25~26)

남 유다의 여호야김 왕도 그러하였다. 여호야김 제사 년에 하나님의 말씀이 예레미야 선지자에게 임하였다. 예레미야는 하나님의 모든 말씀을 바룩에게 불러 주고 바룩은 그 말씀을 두루마리 책에 기록하였다. 여호야김 제오 년 구월에 예루살렘에 모인 유다 백성이 하나님 앞에 금식을 선포하였다. 이때 바룩은 성전에 있는 서기관 그마랴의 방에서 그 책에 기록된 하나님의 말씀을 모든 백성에게 낭독하였다. 고관들이 그 말씀을 듣고는 놀라 왕에게 들어가 이 사실을 알렸다. 왕은 두루마리를 가져오라 하여 여후디로 하여금 왕과 고관들 앞에서 그 말씀을 낭독하게 하였다. 왕은 여후디가 서너 쪽을 낭독하면 면도칼로 그것을 연하여 베어 화로 불에 던져서 그 두루마리를 모두 태워 버렸다. 그 후, 하나님의 말씀을 불태울 만큼 신발 신은 여호야김의 주검은 열조의 묘실에 묻히지도 못하고, 들판에 버려진 죽은 나귀처럼 낮에는 더위에, 밤에는 추위를 당할 수밖에 없었다. (렘 22:18~19) 자신의 저주받은 영혼의 눈으로 비참히 버림받은 그의 육신의 주검을 바라보는 고통을 맞고 말았다. **"네 시체가 공중의 모든 새와 땅의 짐승들의 밥이 될 것이나 그것들을 쫓아줄 자가 없을 것이며."**(신28:26)

신명기 25장에는 신발 벗는 일에 관한 말씀이 나온다. 이스라엘 백성 가운데 어떤 사람이 아이가 없이 죽으면 그의 형제 중 한 사람이 그 죽은 형제의 아내와 결혼하여야 했다. 그 여인이 낳은 첫아들로 죽은 형제의 이름을 잇게 하여 형제의 이름이 이스라엘 중에서 끊어지지 않게 하여야 했다. (신 25:5~6) 만일 그 사람이 형제의 아내 맞이하기를 즐겨하지 아니하면 형제의 아내는 그를 성문의 장로들에게 데려가서 그 사정을 알려야 했다. 그 형제가 장로들의 말도 듣지 않으면, 죽은 형제의 아내가 장로들 앞에서 그의 발에서 신을 벗기고 그의 얼굴에 침을 뱉으며 이렇게 말하여야 했다. **"그의 형제의 집을 세우기를 즐겨 아니하는 자에게는 이같이 할 것이라."**(신

25:9) 그리고 이스라엘 중에서 그의 이름을 '신 벗김 받은 자의 집'이라 불러야 했다. 이 경우에도, 신발을 벗는다는 것은 죽은 형제의 기업을 이어 주어야 할 자신의 거룩한 의무를 포기하는 것을 의미한다. 그 거룩한 의무를 이행하지 않은 수치를 그의 얼굴에 침 뱉음 당함을 통해 겪게 된다는 말씀이다. (민12:14) 보아스의 친족이 그러하였다. 그는 죽은 형제 말론의 아내 룻을 그의 아내로 맞이하여 죽은 형제의 이름을 이스라엘의 기업에서 잇기를 원하지 않았다. 자신의 기업에 손해가 되는 것을 꺼려하였기 때문이다. 하지만 보아스는 모압 여인 룻을 그의 아내로 맞이하여 죽은 형제의 기업 무르는 거룩한 의무를 자원함으로 준행하였다. **"만일 네가 무르려면 무르려니와 만일 네가 무르지 아니하려거든 내게 고하여 알게 하라 네 다음은 나요 그 외에는 무를 자가 없느니라."**(룻4:4) 보아스는 비록 그의 육신의 발에는 신을 신고 있었지만, 그의 영혼은 하나님께 '신발 벗은 노예'로서 죽은 형제의 기업 무르는 하나님의 말씀을 복종하였기 때문이다.

엘가나의 아내 한나도 신발 벗은 여인이었다. 엘가나는 한나 외에 브닌나라는 아내가 또 있었다. 브닌나는 자식이 있고 한나에게는 자식이 없었다. 이에 브닌나는 심히 한나를 격분하게 하며 괴롭게 하였다. 엘가나가 제사를 드리는 날이면 제물의 분깃을 한나에게는 갑절을 주며 특별히 그녀를 사랑하였다. 하지만 한나에게는 자식이 없으므로 그것이 위로가 될 수 없었다. 하루는 그들이 실로에서 하나님께 제사를 드릴 때였다. 한나는 마음이 괴로워서 하나님께 통곡하며 기도하였다. **"만군의 여호와여 만일 주의 여종의 고통을 돌보시고 나를 기억하사 주의 여종을 잊지 아니하시고 주의 여종에게 아들을 주시면 내가 그의 평생에 그를 여호와께 드리고 삭도를 그의 머리에 대지 아니하겠나이다."**(삼상1:11) 한나는 그의 마음의 원통함과 격분됨을 하나님께 기도로 통곡하며 하나님 앞에 쏟아 놓았다.

하나님은 한나의 눈물의 기도를 들으시고 그녀에게 이스라엘의 지도자 사무엘을 선물로 허락하셨다. 그리고 한나는 사무엘이 젖을 뗀 후, 서원대로 어린 사무엘을 평생을 하나님을 섬기도록 하나님의 성전에 드렸다. 하나님은 한나를 돌보시고 태의 문을 여셔서 그녀에게 세 아들과 두 딸을 또다시 선물로 허락하셨다. 한나처럼 신발 벗은 영혼은 사람과 싸우거나 사람에게 원수 갚지 않는다. 하나님과 기도로 싸움하며, 매사에 사탄에게 원수 갚는 삶을 살아가는 사람이다. **"전에 임신하지 못하던 자는 일곱을 낳았고 많은 자녀를 둔 자는 쇠약하도다."**(삼상2:5)

사울의 첩 리스바도 그러하였다. 다윗의 시대에 이스라엘 땅에 삼 년 동안 기근이 임하였다. 다윗이 이를 위해 하나님께 기도할 때, 하나님은 사울이 기브온 족속을 죽인 죄악 때문이라고 말씀하셨다. 다윗이 기브온 사람을 불러 그들에게 물었다. **"내가 너희를 위하여 어떻게 하랴 내가 어떻게 속죄하여야 너희가 여호와의 기업을 위하여 복을 빌겠느냐."**(삼하21:3) 기브온 사람은 자기들을 학살하고, 이스라엘 영토 내에 머물지 못하게 하려고 모해한 사울 집안의 일곱 사람을 목매달게 해 달라고 요청하였다. 다윗은 사울의 첩 리스바에게서 난 두 아들과, 사울의 딸 메랍에게서 난 다섯 아들을 기브온 사람의 손에 넘겨주었다. 그리고 기브온 사람이 그들을 산 위에서 하나님 앞에 목매닮으로 그들 일곱 사람이 동시에 죽임을 당하였다. 그때는 곡식 베는 첫날 곧 보리를 베기 시작하는 때였다. 리스바는 굵은 베를 가져다가 자기를 위하여 바위 위에 펴고 그들의 시체를 지키고 있었다. 낮에는 공중의 새가, 밤에는 들짐승이 그 시체들을 범하지 못하게 하기 위함이었다. 곡식 베기 시작할 때부터 하늘에서 비가 시체에 쏟아지기까지 그러하였다. 다윗은 리스바가 행한 일을 알고는, 사울과 요나단의 뼈를 길르앗 야베스에서 가져와서 그 달려 죽은 사람들의 뼈와 함께 기스의

지려느냐! 이길 수 있다!

묘에 장사하였다. 하나님은 그 후에야 그 땅을 위하여 기도를 들으시고 이스라엘에 비를 내려 주셨다. 리스바는 자신의 신발 벗은 영혼의 힘으로 목매달려 죽은 아들들의 시체를 바라보는 고통을 능히 이길 수 있었다. 리스바의 영혼은 아들들의 죽음을 바라보는 고통보다, 이스라엘의 죄악으로 인한 기근의 땅에 내려 주실 하나님의 은혜의 단비를 더 사모하는 신발 벗은 영혼이었기 때문이다. (요19:26)

구약에는 이외에도 신발 벗은 선지자들이 나온다. 이사야 선지자가 그러하였다. 앗수르 사르곤 왕이 아스돗을 쳐서 취할 무렵이었다. 하나님은 이사야 선지자에게 말씀하셨다. **"갈지어다 네 허리에서 베를 끄르고 네 발에서 신을 벗을지니라."**(사20:2) 이사야는 하나님의 말씀에 순종하여 삼 년 동안 벗은 몸과 벗은 발로 다녔다. 애굽과 구스의 포로들이 앗수르에 의해 벗은 몸과 벗은 발로 수치 가운데 끌려갈 것에 대한 예표였다. 동시에 하나님을 의지하지 않고 애굽과 구스를 의지하는 유다 백성에 대한 사랑의 경종(警鐘)이었다. **"애굽은 사람이요 신이 아니며 그들의 말들은 육체요 영이 아니라 여호와께서 그의 손을 펴시면 돕는 자도 넘어지며 도움을 받는 자도 엎드러져서 다 함께 멸망하리라."**(사31:3) 이처럼, 이사야 선지자는 하나님의 말씀을 순종하기 위해 애써 부끄러움을 외면한 채 삼 년 동안이나 그의 육신과 영혼의 신발을 벗고 다녔다. **"내가 생각하건대 하나님이 사도인 우리를 죽이기로 작정된 자같이 끄트머리에 두셨으매 우리는 세계 곧 천사와 사람에게 구경거리가 되었노라."**(고전4:9)

에스겔 선지자도 그러하였다. 어느 날 하나님이 에스겔 선지자에게 말씀하셨다. **"인자야 내가 네 눈에 기뻐하는 것을 한 번 쳐서 빼앗으리니 너는 슬퍼하거나 울거나 눈물을 흘리거나 하지 말며 죽은 자들을 위하여**

슬퍼하지 말고 조용히 탄식하며 수건으로 머리를 동이고 발에 신을 신고 입술을 가리지 말고 사람이 초상집에서 먹는 음식물을 먹지 말라."(겔 24:16~17) 하나님은 이 말씀대로 그날 저녁 에스겔의 아내를 데려가셨다. 에스겔은 즉시 그의 신발 벗은 영혼의 힘으로 하나님의 말씀에 순종하였다. 수건으로 그의 머리를 동이고, 발에 신을 신고, 음식물을 먹지도 아니하고, 슬퍼하지도 울지도 아니하였다. 불순종하는 이스라엘 백성이 죄악 중에 패망하여 피차 바라보고 탄식할 날에 대한 표징이 되기 위함이었다. 에스겔 선지자 역시, 그의 육신의 발에는 신을 신었지만 그의 영혼은 하나님 앞에서 신발을 벗고 있었다. 에스겔은 그의 신발 벗은 영혼의 힘으로 능히 아내의 죽음의 슬픔을 이기고 유다 백성을 회개로 부르시는 하나님의 뜻을 순종할 수 있었기 때문이다. (눅23:34)

신약에도 신발 벗은 여인들의 이야기가 나온다. 어느 날 예수님이 성전에서 부자들이 헌금함에 헌금 넣는 것을 보고 계셨다. 그때 한 가난한 과부가 두 렙돈 넣는 것을 보시고 제자들에게 그 여인을 칭찬하셨다. **"내가 참으로 너희에게 이르노니 이 가난한 과부가 다른 모든 사람보다 많이 넣었도다."**(눅21:3) 예수님은 다른 사람들은 그들의 풍족한 중에 헌금하였지만, 과부는 가난한 중에서 자신의 생활비 전부를 헌금한 것을 아셨기 때문이다. 과부가 드린 두 렙돈은 하나님께 드린 신발 벗은 영혼의 헌물이었기 때문이다. **"환난의 많은 시련 가운데서 그들의 넘치는 기쁨과 극심한 가난이 그들의 풍성한 연보를 넘치도록 하게 하였느니라."**(고후8:2) 예수님이 두로 지방에 가서 한 집에 머물고 계실 때였다. 이때 더러운 귀신 들린 어린 딸을 둔 한 여자가 소문을 듣고 예수님을 찾아왔다. 예수님의 발 아래에 엎드려 자기 딸에게서 귀신을 쫓아내 주시기를 간구하였다. 그녀는 헬라인이요 수로보니게 족속이었다. 예수님이 여인에게 말씀하셨다. **"자녀**

로 먼저 배불리 먹게 할지니 자녀의 떡을 취하여 개들에게 던짐이 마땅치 아니하니라."(막7:27) 이에 여자가 예수님께 대답하였다. **"주여 옳소이다마는 상 아래 개들도 아이들이 먹던 부스러기를 먹나이다."**(막7:28) 예수님은 여인의 말을 들으시고 즉시 그녀의 딸에게서 귀신을 쫓아내시고 그 아이를 온전하게 하셨다. 여자는 그의 신발 벗은 영혼의 은혜로 자기 딸을 흉악한 귀신으로부터 자유하게 할 수 있었다. 예수님은 이처럼 신발 벗은 영혼을 기뻐하시고, 신발 벗은 영혼에게 자신의 크신 은혜를 아낌없이 베풀어 주신다. **"두려워하지 말라 네가 수치를 당하지 아니하리라 놀라지 말라 네가 부끄러움을 보지 아니하리라 네가 젊었을 때의 수치를 잊겠고 과부 때의 치욕을 다시 기억함이 없으리니 이는 너를 지으신 이가 네 남편이시라."**(사54:4~5)

마리아도 그러하였다. 예수님이 유월절 엿새 전에 베다니에 이르셨을 때였다. 마르다는 예수님을 위하여 음식을 장만하고 있었고, 죽은 자 가운데서 살아난 나사로도 예수님과 함께 거기 있었다. 이때 마리아가 지극히 비싼 향유 옥합 곧 순전한 나드 한 근을 가져와 예수님의 발에 붓고 자기 머리털로 예수님의 발을 닦았다. 가룟 유다가 이를 보고 그 여자를 책망하였다. **"이 향유를 어찌하여 삼백 데나리온에 팔아 가난한 자들에게 주지 아니하였느냐."**(요12:5) 성경은 당시 유다의 마음을 이렇게 기록하고 있다. **"이렇게 말함은 가난한 자들을 생각함이 아니요 그는 도둑이라 돈궤를 맡고 거기 넣는 것을 훔쳐 감이러라."**(요12:6) 어느 날 한 바리새인 시몬도 예수님을 자기 집으로 초청한 일이 있었는데, 그는 예수님이 자기 집에 들어오셨을 때 예수님에게 발 씻을 물도 주지 않았다. 예수님에게 입 맞추지도 아니하였고, 흔한 감람유도 예수님의 머리에 붓지 않았다. 하지만 마리아는 눈물로 예수님의 발을 적시고, 자신의 머리털로 그 발을 닦고, 그 발에 입 맞추기를 그치지 아니하였다. 마리아는 예수님의 발치에 앉아 즐겨 듣던 하나님의 말씀을 통해, 자신의 용서받은 죄가 도무지 갚을 길 없는 하나님의 크신 은혜임을 아는 신발 벗은 영혼이었기 때문이다. **"사함을 받은 일이 적은 자는 적게 사랑하느니라."**(눅7:47) 잠시 후면, 예수님이 자신의 죄를 위해 죽으시고 다시 살아나실 부활의 하나님이심을 믿었기 때문이다. 그 후, 신발 신은 영혼 가룟 유다는 은 삼십에 스승 예수님을 팔다가 그의 몸이 곤두박질하여 배가 터지고 창자가 흘러나오는 비참한 죽음을 맞고 말았다. (행1:18)

사마리아 수가의 여인도 신발 벗은 영혼이었다. 어느 날 예수님이 곤하여 수가라는 동네에 있는 야곱의 우물 곁에 앉아 잠시 쉬고 계실 때였다. 해가 중천에 떠 있을 즈음 사마리아에 사는 한 여자가 물을 길으러 나왔다. 예수님은 여인에게 물을 좀 달라고 부탁하셨다. 사마리아 여인은 유대인 예수님이 상종할 수 없는 사마리아인 자기에게 물을 달라 한 일로 매우 당황하였다. 이때 예수님이 여인에게 말씀하셨다. **"이 물을 마시는 자마다 다시 목 마르려니와 내가 주는 물을 마시는 자는 영원히 목마르지 아니하리니 내가 주는 물은 그 속에서 영생하도록 솟아나는 샘물이 되리라."**(요4:13~14) 여인이 예수님께 아뢰었다. **"그런 물을 내게 주사 목마르지도 않고 또 여기 물 길으러 오지도 않게 하옵소서."**(요4:15) 이때 예수님은 여인에게 그녀의 남편을 불러오라고 말씀하셨다. 여인은 예수님께 자기는 남편이 없다고 대답하였다. 예수님이 여인에게 말씀하셨다. **"네가 남편이 없다 하는 말이 옳도다 너에게 남편 다섯이 있었고 지금 있는 자도 네 남편이 아니니 네 말이 참되도다."**(요4:17) 여인은 비로소 자기와 말씀하고 계시는 예수님이 오실 그리스도이심을 믿게 되었다. 여인은 가지고 온 물동이를 버려두고 동네로 들어가서 사람들에게 외쳤다. **"내가 행한 모**

든 일을 내게 말한 사람을 와서 보라 이는 그리스도가 아니냐."(요4:29) 이에 사마리아 동네의 많은 사람들이 여인의 말을 듣고 예수님께로 몰려왔다. 그들 또한 예수님의 말씀을 듣고 예수님이 세상의 구주 되심을 친히 알고 믿게 되었다. 예수님의 말씀을 듣고 신발 벗은 한 여인을 통해, 부정한 수가의 많은 잃어버린 영혼들이 하나님의 구원의 도성 안으로 들어올 수 있었다. 그리고 육신과 영혼 모두 단단히 신발을 신고 있던 수가의 많은 사람들이 한 동네에 살고 있던 부정한 한 여인을 불쌍히 여기는 신발 벗은 영혼들이 될 수 있었다. **"내가 돌이킨 후에 뉘우쳤고 내가 교훈을 받은 후에 내 볼기를 쳤사오니 이는 어렸을 때의 치욕을 지므로 부끄럽고 욕됨이니이다 하도다."**(렘31:19)

신약에는 이외에도 영혼의 신발을 벗지 않은 사람들이 나온다. 특히 바리새인들이 그러하였다. 바리새인들은 자기를 의롭다고 믿고 다른 사람들을 멸시하였다. 그들은 성전에 올라가서 기도할 때 따로 서서 하나님께 기도하였다. **'바리새인은 서서 따로 기도하여 이르되 하나님이여 나는 다른 사람들 곧 토색, 불의, 간음을 하는 자들과 같지 아니하고 이 세리와도 같지 아니함을 감사하나이다 나는 이레에 두 번씩 금식하고 또 소득의 십일조를 드리나이다."**(눅18:11~12) 본문의 '서서 따로'라고 번역된 말은 '자기 자신을 향하여'[56]라는 의미이다. 이처럼, 자기를 다른 사람보다 의롭게 여기는 바리새인의 기도는 하나님께 상달되기는커녕 자신을 향한 끝없는 공허한 메아리에 불과하였다. 그의 영혼에 신겨진 신발이 스스로 예수님의 눈과 귀를 막고 있었기 때문이다. **"너희가 손을 펼 때에 내가 내 눈을 너희에게서 가리고 너희가 많이 기도할지라도 내가 듣지 아니하리니 이는 너**

---

56)   원문은 'πρὸσ ἑαυτὸν(프로스 헤아우톤)-자기 자신을 향해'임.

희의 손에 피가 가득함이라."(사1:15) 하지만 신발 벗은 세리의 영혼은 하나님께로부터 멀리 서 있었다. 감히 눈을 들어 하나님을 쳐다보지도 못하고 가슴을 치며 기도하였다. **"하나님이여 불쌍히 여기소서 나는 죄인이로소이다."**(눅19:13) 예수님은 바리새인이 아니라 세리를 의롭다 여기시고 그를 칭찬하셨다. 그리고 세리의 기도를 기뻐하시고 그의 간구에 응답하셨다.(사58:9) 하나님은 비록 세리의 육신이 하나님으로부터 멀리 서 있었지만, 신발 벗은 그의 영혼의 기도를 눈을 열어 보시고 귀를 기울여 듣고 계셨기 때문이다. **"그들이 부르기 전에 내가 응답하겠고 그들이 말을 마치기 전에 내가 들을 것이며."**(사65:24)

탕자의 형도 신발 신은 영혼이었다. 어떤 사람에게 두 아들이 있었다. 어느 날 둘째 아들이 아버지에게서 자기 분깃을 받아 먼 나라로 도망을 갔다. 그곳에서 그 재물로 허랑방탕한 삶을 살다가 가져간 재산을 모두 탕진하고 말았다. 마침 그 나라에 흉년이 들어 궁핍하여지자, 그는 들에서 그 나라 백성 중 한 사람의 돼지를 치면서 근근히 살아갔다. 얼마 후, 그는 돼지가 먹는 쥐엄 열매로 배를 채우고자 하되 그것마저 그에게 주는 사람이 아무도 없었다. **"보라 날이 이를지라 내가 기근을 땅에 보내리니 양식이 없어 주림이 아니며 물이 없어 갈함이 아니요 여호와의 말씀을 듣지 못한 기갈이라."**(암8:11) 그는 그제서야 스스로 돌이켜 아버지 집으로 그의 발걸음을 향하였다. **"내 아버지에게는 양식이 풍족한 품꾼이 얼마나 많은가 나는 여기서 주려 죽는구나 내가 일어나 아버지께 가서 이르기를 아버지 내가 하늘과 아버지께 죄를 지었사오니 지금부터는 아버지의 아들이라 일컬음을 감당하지 못하겠나이다 나를 품꾼의 하나로 보소서 하리라."**(눅15:17~19) 아버지는 멀리서 아들이 돌아오는 것을 보고는 측은히 여기며 그에게로 달려갔다. 아들의 목을 안고 입을 맞추었다. 아들은 아버지에게 지금부터는 아버지의 아들이라 일컬음을 감당하지 못하겠노라고 고백하였다. 하지만 아버지는 종들을 시켜 아들에게 좋은 옷을 내어다가 입히고 그의 손에 가락지를 끼워 주었다. 그의 발에는 신을 신기고 살진 송아지를 잡아 큰 잔치를 베풀었다. **"이 내 아들은 죽었다가 다시 살아났으며 내가 잃었다가 다시 얻었노라."**(눅15:24)

맏아들이 밭에 있다가 집에 가까이 왔을 때였다.[57] 맏아들은 풍악과 춤추는 소리를 듣고는 한 종을 불러 무슨 일인지 물었다. 종은 맏아들에게 주인의 아버지가 둘째 아들을 다시 맞아들이게 됨으로 잔치를 베풀고 있다고 말하였다. 맏아들은 분을 내며 아버지를 원망하였다. **"내가 여러 해 아버지를 섬겨[58] 명을 어김이 없거늘 내게는 염소 새끼라도 주어 나와 내 벗으로 즐기게 하신 일이 없더니 아버지의 살림을 창녀들과 함께 삼켜 버린 이 아들이 돌아오매 이를 위하여 살진 송아지를 잡으셨나이다."**(눅 15:29~30) 아버지는 맏아들을 달래며 그에게 말하였다. **"얘 너는 항상 나와 함께 있으니 내 것이 다 네 것이로되 이 네 동생은 죽었다가 살아났으며 내가 잃었다가 얻었기로 우리가 즐거워하고 기뻐하는 것이 마땅하다 하니라."**(눅15:31~32) 맏아들은 그동안 자신이 아버지를 섬기며, 아버지와 함께 한 집에서 살아온 것 자체가 아버지의 은혜임을 알지 못하였다. 아버지로부터 장자의 몫인 두 몫이나 되는 재산을 물려받은 은혜 또한 알지 못하였다. 더군다나, 돌아오지 않을 줄로만 알았던 재산을 탕진하고 돌아온 둘째 아들을 맞아들인 아버지의 기쁜 마음을 이해할 수도 없었다. 그의 신

---

57) '맏아들-πρεσβύτερος(프레스뷔테로스)'는 '장로'를 의미하기도 함. 예수님은 이 비유를 통해, 당시 탕자나 세리와 같은 사람들에게 긍휼의 마음을 상실한 장자와 같은 종교 지도자들을 책망하고 계심을 알 수 있음.

58) '섬기다'로 번역된 'δουλεύω(둘류오)'는 '종노릇하다'라는 의미임. 장자는 여러 해 아버지를 섬겼지만 '아들'로서가 아니라 '종'의 마음으로 섬겼음을 가르치고 있음.

발 신은 영혼이 그의 마음을 가려, 잃은 아들을 찾은 아버지의 긴 안도의 숨과 잔치 베푸는 즐거움을 전혀 이해할 수 없게 만들었기 때문이다. **"그러나 그들의 마음이 완고하여 오늘까지도 구약을 읽을 때에 그 수건이 벗겨지지 아니하고 있으니 그 수건은 그리스도 안에서 없어질 것이라."**(고후 3:14) 하나님은 오늘도 우리가 서로를 향해 신발 벗은 영혼의 마음을 품기 원하신다. '이 아들이 돌아오매'가 아닌, '네 동생은 죽었다가 살아났으며 내가 잃었다가 얻었기로'의 아버지의 마음을 가지기를 원하신다. 긍휼 없는 요나의 마음이 아니라, 앗수르의 가축까지도 불쌍히 여기시는 하나님 아버지의 긍휼의 마음으로 서로를 사랑하며 살아가기를 소원하고 계신다.

아그립바 왕도 신발 벗지 않은 영혼이었다. 아그립바와 그의 아내 버니게가 새로 부임한 베스도 총독을 문안하기 위해 가이사랴에 왔을 때였다. 베스도가 아그립바에게 바울의 사건을 이야기 하자, 아그립바 왕은 바울의 사건을 듣기 원하였다. 이에 바울은 아그립바와 버니게와 모든 고관들 앞에서 그리스도의 고난과 부활과 온 인류의 구원자 되심을 담대히 증거하였다. 그리고 아그립바 왕에게 말하였다. **"아그립바 왕이여 선지자를 믿으시나이까 믿으시는 줄 아나이다."**(행26:27) 아그립바가 바울에게 대답하였다. **"네가 적은 말로 나를 권하여 그리스도인이 되게 하려 하는도다."**(행26:28) 바울이 아그립바 왕에게 말하였다. **"말이 적으나 많으나 당신뿐만 아니라 오늘 내 말을 듣는 모든 사람도 다 이렇게 결박된 것 외에는 나와 같이 되기를 하나님께 원하나이다."**(행26:29) 신발 신은 아그립바는 신발 벗은 바울의 영혼을 통해 영생으로 부르시는 애타는 하나님의 부르심을 끝내 외면하고 말았다. 잠시 있다 없어질 이 세상 영광의 신발을 신은 그의 영혼의 귀가, 사슬에 묶여 초라한 죄수의 모습으로 서 있는 신발 벗은 바울의 영혼의 외침을 결코 들을 수 없었기 때문이다.

또 베드로를 보자. 예수님이 대제사장 무리들에게 잡히시기 얼마 전 베드로에게 말씀하셨다. **"시몬아 시몬아 보라 사탄이 너희를 밀 까부르듯 하려고 요구하였으나 그러나 내가 너를 위하여 네 믿음이 떨어지지 않기를 기도하였노니 너는 돌이킨 후에 네 형제를 굳게 하라."**(눅22:31~32) 베드로는 이 말씀을 듣고 예수님께 담대히 대답하였다. **"주여 내가 주와 함께 옥에도 죽는 데에도 가기를 각오하였나이다."**(눅22:33) 이때 예수님이 베드로에게 말씀하셨다. **"베드로야 내가 네게 말하노니 오늘 닭 울기 전에 네가 세 번 나를 모른다고 부인하리라."**(눅22:34) 베드로는 이때만 해도 자신의 순종마저 예수님의 붙드시는 은혜에 의한 것임을 알지 못하였다. **"그러나 내가 나 된 것은 하나님의 은혜로 된 것이니 내게 주신 그의 은혜가 헛되지 아니하여 내가 모든 사도보다 더 많이 수고하였으나 내가 한 것이 아니요 오직 나와 함께하신 하나님의 은혜로라."**(고전15:10) 얼마 후, 베드로는 예수님의 말씀대로 세 번이나 저주하며 예수님을 부인하고 말았다. 그 후 베드로는 갈릴리 바닷가에서 부활하신 예수님을 만났을 때에야, 비로소 그의 영혼은 온전히 신발 벗은 자로서 부활의 예수님을 뒤따를 수 있었다. 다른 사람이 띠운 띠를 그의 허리에 두르고, 원수와 함께 죽기를 소원한 삼손처럼 두 팔을 벌린 채, 로마의 십자가를 향해 걸어가는 영광의 발걸음이 될 수 있었기 때문이다. (요21:18)

우리의 신앙생활은 매 순간 하나님 앞에서 우리 영혼의 신발을 벗는 일이라 할 수 있다. 사탄은 자꾸 우리 영혼이 신발 신은 자로 살아가도록 우리를 유혹한다. 이러한 삶의 종국에는 사망의 고통과 눈물이 기다리고 있을 뿐이다. 탕자를 보라. 탕자가 아버지 집을 떠날 때에는 그의 발에 신을 신고 보무당당하게 길을 나섰다. 하지만 집으로 돌아왔을 때 그의 발에는 신이 벗겨져 있었다. 하지만 아버지는 먼지 투성이 아들의 발을 씻기고, 그

발에 신을 신겨 주셨다. 탕자는 그제서야, 아버지 앞에서 육신의 신발은 신어도 영혼만큼은 신발 벗은 자로 살아야 함을 깊이 깨닫게 되었을 것이다. 우리 모두, 비록 육신의 신발은 신고 다닐지라도 우리의 영혼만큼은 신발을 벗자. (아7:1) 하나님의 말씀을 통해, 우리의 의로움과 지혜와 능력의 헛됨을 깨닫고 하나님과 사람 앞에서 신발 벗은 자로 살아가자. 속죄주 예수님을 만난 후, 자신의 모든 죄의 부끄러움을 온 동네 사람들에게 자랑하듯 증거한 신발 벗은 수가 여인의 영혼이 되자. **"내가 행한 모든 것을 내게 말한 사람을 와서 보라 이는 그리스도가 아니냐."**(요4:29) 우리의 영혼을 신발 신은 자로 살게 하는 사탄의 모든 미혹을 깨뜨리고, 형통할수록 신발 벗은 영혼이 되어 언제나 승리하는 삶을 살아가자. (고후13:4) 다른 사람보다 자신을 더 의롭게 여긴 신발 신은 바리새인이 아닌, 하나님 앞에 감히 고개도 들지 못하고 멀리 서서 하나님의 긍휼만을 간구한 신발 벗은 세리가 되자. 육신의 안락함으로 신발 신은 왕궁의 다윗이 아닌, 두 팔 벌린 채 육신의 장막 벗을 날 사모하며 하늘 왕궁 향해 달음질한 신발 벗은 베드로처럼 살아가자.[59] **"이는 우리 주 예수 그리스도께서 내게 지시하신 것같이 나도 나의 장막을 벗어날 것이 임박한 줄을 앎이라."**(벧후1:14) 화려한 왕복 입고 보좌에 앉은 신발 신은 아그립바가 아닌, 사슬에 매여 예수님 자랑하다, 하늘 보좌에 계신 사모하는 예수님 향해 참수대에 자신의 목 얹은 신발 벗은 바울의 길을 뒤따르자. **"형제들아 나는 아직 내가 잡은 줄로 여기지**

---

59) 창2:22의 '여자를 만드시고' 중 '만들다-בָּנָה(바나)'는 벧전2:5 '너희도 산 돌같이 신령한 집으로 세워지고'의 '세우다-οἰκοδομέω(오이코도메오)'에도 동일하게 사용된 단어임. (cf. 엡2:22) 적용하면, 하나님이 태초에 아담을 통해 이브를 지으셨듯이, 아담 이후 타락한 우리들을 구원하셔서 예수 그리스도 안에서 하나님의 온전한 성전, 곧 신발 벗은 영혼으로 우리를 지어가고 계심을 깨달을 수 있음. (cf. LXX) 하지만 동생 아벨을 죽인 가인은 죄악에서 돌이켜 하나님이 거하실 성전으로 지어져 가기는커녕, 하나님 앞을 떠나 성을 '쌓고-בָּנָה(바나)' 그 이름을 그의 아들의 이름을 따라 에녹이라 지었음. (cf. 엡2:22; 창4:17)

아니하고 오직 한 일 즉 뒤에 있는 것은 잊어버리고 앞에 있는 것을 잡으려고 푯대를 향하여 그리스도 예수 안에서 하나님이 위에서 부르신 부름의 상을 위하여 달려가노라."(빌3:14)

10. 순종은 순종을 낳고

"이제 보소서 여호와께서 이 말씀을 이르신 때로부터 이스라엘이 광야에서 방황한 이 사십오 년 동안을 여호와께서 말씀하신 대로 나를 생존하게 하셨나이다 …… 그곳에는 아낙 사람이 있고 그 성읍들은 크고 견고할지라도 여호와께서 나와 함께하시면 내가 여호와께서 말씀하신 대로 그들을 쫓아내리이다."(수14:10~12)

'관성'(慣性)은 '물체가 외부의 힘을 받지 않는 한 정지 또는 등속도 운동의 상태를 지속하려고 하는 성질'을 말한다. 이러한 관성에는 정지 상태를 유지하려는 정지 관성과 운동 상태를 유지하려는 운동 관성이 있다. 우리의 신앙생활도 대체로 순종과 불순종의 반복이긴 하지만 때로는 관성의 법칙이 작용하기도 한다. 순종은 또 다른 순종을 낳고 불순종은 또 다른 불순종을 낳기 때문이다. 우리는 우리의 영혼이 믿음의 씨줄과 날줄로 촘촘히 짜여지는 만큼 순종의 관성에 지배를 받으며 살아갈 수 있다. 촘촘히 짜여진 하나님의 말씀과 성령님의 그물에 갇히는 만큼 우리의 자아는 죽고, 하나님이 우리의 왕이 되셔서 우리를 통해 마음껏 일하실 수 있다. 신앙의 성숙은 우리의 영혼이 왕 되신 하나님의 말씀과 성령님의 인도하심에 대한 불순종의 관성에서 순종의 관성에 길들여지는 정도에 달려 있기 때문이다.

이스라엘이 가나안 땅 원주민들과의 전쟁을 계속할 때였다. 여호수아는 나이가 많아 늙었고 아직 정복해야 할 땅은 많이 남아 있었다. 하나님이 여호수아에게 명령하셨다. **"내가 그들을 이스라엘 자손들 앞에서 쫓아내리니 너는 내가 명령한 대로 그 땅을 이스라엘에게 분배하여 기업이 되게**

하되 너는 이 땅을 아홉 지파와 므낫세 반 지파에게 나누어 기업이 되게 하라."(수13:6~7) 여호수아는 하나님이 명령하신 대로 제사장 엘르아살과 족장들과 함께 기업을 제비 뽑아 아홉 지파와 므낫세 반(半) 지파에게 나누어 주었다. 레위 지파는 기업이 없었고, 르우벤과 갓 지파는 므낫세 반 지파와 함께 이미 요단 동쪽에서 그들의 기업을 분배 받았기 때문이다. 유다 자손이 그들의 기업을 분배 받을 무렵 여분네의 아들 갈렙이 여호수아에게 말하였다. 이전에 그가 가나안 정탐을 마치고 돌아왔을 때 가나안 땅을 악평한 정탐꾼들과는 달리 충성된 마음으로 보고한 일을 말하였다. 그날에 하나님이 모세를 통해 맹세하여 이르시기를 "**네 발로 밟는 땅은 영원히 너와 네 자손의 기업이 되리라**"(수14:9) 하신 말씀을 언급하며, 헤브론 산지를 자기의 기업으로 줄 것을 요청하였다. 또한 하나님의 약속대로 지금까지 광야의 사십오 년 동안을 생존한 것과, 팔십오 세의 나이에도 여전히 강건하여 전쟁을 감당할 수 있다고 말하였다. "**그곳에는 아낙 사람이 있고 그 성읍들은 크고 견고할지라도 여호와께서 나와 함께하시면 내가 여호와께서 말씀하신 대로 그들을 쫓아내리이다.**"(수14:12) 여호수아는 갈렙을 축복하고 헤브론을 그에게 기업으로 주었다. 그리하여 갈렙은 거기서 아낙의 세 아들 세새와 아히만과 달매를 쫓아내고 헤브론을 그의 기업으로 차지하였다.

하나님은 전에 가데스바네아에서 모세에게 가나안 땅 정탐을 위해 정탐꾼을 보내도록 명령하셨다. 그리하여 각 지파에서 한 사람씩 열두 명의 지도자들이 사십 일 동안 가나안 땅의 정황을 정탐하였다. 정탐꾼들은 정탐을 마친 후 가나안 땅의 석류와 무화과는 물론 포도송이가 달린 가지를 막대기에 꿰어 메고 이스라엘 진영으로 돌아왔다. 그리고 모세와 이스라엘 온 회중에게로 나아와 그동안 정탐한 내용을 보고하였다. 가나안 땅은 젖과 꿀이 흐르는 땅이긴 하지만 그 땅 거주민은 강하고, 네피림 후손인 아낙 자손들이 살고 있고, 성읍은 크고 심히 견고하여 그 백성을 치지 못하리라는 내용이었다. 그들은 이어 정탐한 가나안 땅을 악평하였다. **"우리가 두루 다니며 정탐한 땅은 그 거주민을 삼키는 땅이요."**(민13:32) 자신들은 거기서 본 네피림 후손인 아낙 자손에 비해 메뚜기 같으므로 능히 올라가 그들을 이길 수 없다고 말하였다. 이스라엘 백성은 정탐꾼들의 말을 듣고는 밤새도록 통곡하였다. 한 지휘관을 세워 애굽으로 돌아가자고 서로 모의하였다. 이때 갈렙과 여호수아가 이스라엘 백성에게 말하였다. **"다만 여호와를 거역하지 말라 또 그 땅 백성을 두려워하지 말라 그들은 우리의 먹이라 그들의 보호자는 그들에게서 떠났고 여호와는 우리와 함께하시느니라."**(민14:9) 갈렙과 여호수아는 가나안 거인들과 그곳의 견고하고 큰 성읍을 보지 않고 그들과 함께하시는 하나님을 바라보았다. 하나님의 약속의 말씀 안에서 젖과 꿀이 흐르는 가나안 땅을 바라보고 오히려 감사로 충만하였다. 갈렙은 이처럼 충성된 믿음으로 하나님을 섬긴 결과, 사십오 년간 광야 생활 가운데서도 여전히 강건함으로 그와 함께하시는 하나님을 경험할 수 있었다. 자신의 몸에 살아 움직이는 믿음의 산 증거가 순종의 불쏘시개가 되어 그로 하여금 헤브론을 기업으로 요구하게 하였다. 갈렙의 눈에는 모든 사람이 두려워하는 아낙 자손이 하나님을 향한 또 하나의 순종의 불쏘시개에 불과하였기 때문이다. 우리는 갈렙을 통해 믿음으로 말미암은 순종의 능력과 유익이 어떠함을 잘 깨달을 수 있다. [60] **"복음에는 하나님의 의가 나타나서 믿음으로 믿음에 이르게 하나니 기록된 바 오직 의인**

---

60) 시44:17에 '우리가 주를 잊지 아니하며 주의 언약을 어기지 아니하였나이다'라는 말씀 중 '어기지 아니하다'로 번역된 'שָׁקַר(샤카르)'는 '거짓으로 여기다'라는 의미임. 우리의 불순종은 한갓 피조물인 인간이 영원히 변함없는 진리 되신 창조주 하나님의 말씀을 거짓말로 여기는 무서운 죄악임을 깨달을 수 있음. (cf. 삼상15:29)

은 믿음으로 말미암아 살리라 함과 같으니라."(롬1:17)

우리도 갈렙처럼 매 순간 하나님을 신뢰하여야 한다. 우리의 눈이 항상 우리와 함께하시는 하나님을 앙망하여야 한다. 하나님이 아닌 원수의 강함을 바라보는 순간, 우리는 두려움과 불평의 늪에 빠질 수밖에 없기 때문이다. 이스라엘 백성은 에돔 땅을 우회하려 할 때에도 그들의 마음이 상하여 [61] 하나님을 원망하였다. (민21:4) 하늘의 양식인 만나를 싫어하며 하나님께 불평하였다. 하나님은 불뱀을 보내어 원망하는 이스라엘 백성을 징계하셨다. 하나님은 이때에도 모세의 기도를 들으셔서 장대에 한 놋뱀을 만들어 매달게 하셨다. 그 놋뱀을 쳐다보는 사람은 모두 불뱀의 사망의 독에서 치료함을 받을 수 있게 하셨다. **"네가 사자와 독사를 밟으며 젊은 사자와 뱀을 발로 누르리로다."**(시91:13) 이처럼 불평과 두려움은 마귀의 독에 의해 치명상을 입는 무서운 죄악임을 알 수 있다. 그러므로 우리는 두려움과 불평의 용암이 솟구쳐오를 때 즉시 십자가에 매달리신 놋뱀 되시는 예수님을 바라보아야 한다. 갈릴리의 거센 풍랑이 아닌, 풍랑 위를 걸어오시는 예수님을 바라보아야 한다. 진퇴양난의 상황, 앞의 바다와 뒤에서 추격하는 원수를 뒤돌아보지 말고, 홍해를 가르고 그 가운데 길을 내시는 모세의 하나님을 바라보아야 한다. **"여호와께서 애굽 해만을 말리시고 그의 손을 유브라데 하수 위에 흔들어 뜨거운 바람을 일으켜 그 하수를 쳐 일곱 갈래로 나누어 신을 신고 건너가게 하실 것이라."**(사11:15) 이 세상 고난 너머 영원한 하늘의 영광을 주신 은혜의 하나님 앞에 무릎 꿇는 감사로 깨어 있어야 한다. **"너희는 마음에 근심하지 말라 하나님을 믿으니 또 나를 믿**

---

61) 본문의 '상하다'는 '짧다ㅡ짧(카차르)'라는 의미임. 고난의 때에 인내하지 못하는 원망이나 불평은 결국 하나님이 우리를 인도하시는 선한 계획에 대한 우리의 믿음의 '길이의 짧음'에서 비롯된 것임을 알 수 있음. (cf. 출6:9)

으라 내 아버지 집에 거할 곳이 많도다."(요14:1~2)

    하나님은 우리의 믿음의 분량에 따라 우리에게 은혜를 베푸시고 또 원수로부터의 승리를 주신다. **"믿음이 없이는 하나님을 기쁘시게 하지 못하나니 하나님께 나아가는 자는 반드시 그가 계신 것과 또한 그가 자기를 찾는 자들에게 상 주시는 이심을 믿어야 할지니라."**(히11:6) 엘리사 선지자 때의 일이다. 어느 날 선지자의 제자들의 아내 중 한 여자가 엘리사에게 부르짖었다. 남편은 죽고, 빚 준 사람이 와서 남은 두 아이를 데려가 종으로 삼고자 한다는 하소연이었다. 엘리사는 그녀에게 어떻게 하여 주기 원하는지를, 또 그녀의 집에 무엇이 남아 있는지를 물었다. 여인은 기름 한 그릇 외에는 아무것도 남은 것이 없다고 대답하였다. 엘리사가 여인에게 말하였다. **"너는 밖에 나가서 모든 이웃에게 그릇을 빌리라 빈 그릇을 빌리되 조금 빌리지 말고 너는 네 두 아들과 함께 들어가서 문을 닫고 그 모든 그릇에 기름을 부어서 차는 대로 옮겨 놓으라."**(왕하4:3~4) 여인은 물러가서 이웃으로부터 빈 그릇들을 빌렸다. 그리고 그의 두 아들과 함께 문을 닫은 후에, 그들은 그릇을 어머니에게로 가져오고 여인은 부었더니 그 그릇들이 기름으로 가득하였다. 여인이 아들들에게 그릇을 더 가져오라고 말하자 그들은 어머니에게 다른 그릇이 없다고 대답하였다. 그때 병에서 흘러내리던 기름이 곧 그쳤다. 엘리야가 여인에게 말하였다. **"너는 가서 기름을 팔아 빚을 갚고 남은 것으로 너와 네 두 아들이 생활하라."**(왕하4:7) 하나님은 엘리야를 통해 여인에게 그릇을 빌리라고 말씀하실 때 정확한 개수를 말씀하지 않으셨다. '조금 빌리지 말고'라고 말씀하시면서 여인의 믿음을 보기를 원하셨다. **"이스라엘 중 아무에게서도 이만한 믿음을 보지 못하였노라."**(마8:10) 하나님은 우리의 삶에 이루어지는 어떤 축복이나 현상보다 우리의 순종하는 믿음을 보기를 원하신다. 만일 여인이 더 많은 그릇을 빌려왔다면, 여인에게 남아 있던 그릇의 기름은 빌려온 그 그릇들의 수만큼 끊이지 않고 흘러내려 그 그릇들을 가득 채웠을 것이다.

　이스라엘 왕 요아스도 그러하였다. 엘리사가 죽을 병이 들었을 때였다. 요아스가 엘리사에게로 내려와서 눈물을 흘리며 슬퍼하였다. **"내 아버지여 내 아버지여 이스라엘의 병거와 마병이여."**(왕하13:14) 엘리사는 요아스에게 활과 화살들을 가져오라고 하였다. 요아스가 활과 화살들을 가져왔을 때였다. 엘리사는 요아스 왕의 손으로 활을 잡게 하고 자신의 손을 그 위에 얹었다. 그리고 동쪽으로 향한 창을 열고 왕에게 활을 쏘라고 말하였다. **"이는 여호와를 위한 구원의 화살 곧 아람에 대한 구원의 화살이니 왕이 아람 사람을 멸절하도록 아벡에서 치리이다."**(왕하13:17) 엘리사는 이어 왕에게 화살들을 집어 땅을 치라고 말하였다. 요아스 왕은 화살들을 손에 들고 땅을 세 번 친 후 그쳤다. 이때 엘리사가 노하며 왕에게 말하였다. **"왕이 대여섯 번을 칠 것이니이다 그리하였더면 왕이 아람을 진멸하기까지 쳤으리이다 그런즉 이제는 왕이 아람을 세 번만 치리이다."**(왕하13:19) 그 후, 요아스 왕은 하나님의 말씀대로 아람의 벤하닷을 세 번 쳐서 무찌르고 이전에 빼앗겼던 이스라엘 성읍들을 되찾을 수 있었다. 요아스 왕의 경우에도, 만일 그가 땅을 더 많이 쳤다면 더 많은 성읍들을 회복했거나 아람으로부터 더 큰 승리를 거둘 수 있었을 것이다. **"할 수 있거든이 무슨 말이냐 믿는 자에게는 능히 하지 못할 일이 없느니라."**(막9:23)

　사울이 사무엘에 의해 왕으로 선택 받았지만 아직은 공식적으로 왕위에 오르지 않은 때였다. 하루는 사울이 밭에서 소를 몰고 오는데 암몬 사람 나하스가 길르앗 야베스에 맞서 진 치고 이스라엘을 조롱하였다. 사울은 온 이스라엘이 두려워하며 우는 소리를 듣고 하나님의 영에 의해 크게 감동되었다. 사울은 한 겨리의 소를 잡아 각을 뜨고 전령들의 손으로 그것을 이스라엘 온 지역에 보내며 말하였다. **"누구든지 나와서 사울과 사무엘을 따르지 아니하면 그의 소들도 이와 같이 하리라."**(삼상11:7) 이스라엘 백성이 사울의 말을 들었을 때 여호와의 두려움이 그들에게 임하였다. 그들은 한 사람같이 사울에게로 나아왔다. 이튿날 백성이 모이자, 사울은 백성을 삼 대로 나누고 새벽에 적진 한가운데로 들어가서 날이 더울 때까지 암몬 사람을 쳐서 큰 승리를 거두었다. 이때 사울은 이전에 그가 왕 되는 것을 조롱하던 사람들을 죽이자는 백성들의 말을 듣지 않았다. 하나님이 그날 전쟁의 구원자이심을 믿었기 때문이었다.

그 후 블레셋과의 전쟁에서 사울의 속사람이 드러나기 시작하였다. 하나님은 요나단과 그의 병기 든 소년을 통해 큰 승리를 주셨다. 사울은 블레셋 사람들이 쓰러지고 그들의 진영에서 큰 소동이 일어나자, 제사장 아히야에게 하나님의 언약궤를 자기에게로 가져오라 명하였다. 사울은 점점 블레셋 진영에 소동이 더하여가자 제사장에게 손을 거두라고 말하였다. 진심으로 '언약궤의 하나님'을 신뢰하는 믿음이 아닌 '하나님의 언약궤'를 믿은 사울의 임기응변적인 믿음의 정체가 드러나는 순간이었다. 이날에 사울은 자기 열심으로 성급히 온 백성에게 맹세하도록 하였다. **"저녁 곧 내가 내 원수에게 보복하는 때까지 아무 음식물이든지 먹는 사람은 저주를 받을지어다."**(삼상14:24) 사울에게는 블레셋은 '하나님의 원수'가 아니라 '자신의 원수'일 뿐이었다. 골리앗을 향해 하나님의 의분으로 물매를 들고 달려나간 다윗과는 거리가 먼 마음이었다. 이스라엘 백성은 그날 전쟁에서 그들이 탈취한 소와 송아지들을 가져다가 땅에서 잡아 피째 먹는 죄를 범하고 말았다. 사울의 맹세 때문에 전쟁 중에 아무것도 먹지 못함으로 심히 피곤하였기 때문이었다. 이처럼, 사울의 성급한 맹세의 불순종이 이스라엘 백성의 불순종을 낳는 씨앗이 되고 말았다. 사울이 블레셋을 추격하기 위해 하나님의 도우심을 구하며 기도할 때였다. 하나님은 그의 기도를 듣지 않으셨다. 사울이 누구의 죄 때문에 하나님이 응답하지 않으시는지를 알기 위해 하나님께 아뢸 때, 하나님은 요나단의 죄 때문임을 알게 하셨다. **"이스라엘을 구원하신 여호와께서 살아 계심을 두고 맹세하노니 내 아들 요나단에게 있다 할지라도 반드시 죽으리라."**(삼상14:39) 요나단은 사울의 맹세를 알지 못하고, 전쟁 중에 시장할 때 수풀에 있는 꿀을 발견하고는 그의 지팡이로 그것을 찍어 먹었기 때문이었다. 하지만, 하나님은 그날 승리의 도구로 쓰임 받은 요나단을 이스라엘 백성을 통해 죽음에서 구해 주셨다. **"여호와의 살아 계심을 두고 맹세하옵나니 그의 머리털 하나도 땅에 떨어지지 아니할 것은 그가 오늘 하나님과 동역하였음이니이다."**(삼상14:45)

사울의 충성되지 못한 불순종은 아말렉과의 전쟁에서 또다시 드러나고 말았다. 사울은 전쟁에서 승리하자, 아말렉을 진멸하라는 하나님의 말씀을 어기고 아각 왕을 살려 주었다. 노획한 짐승 중 양과 소의 가장 기름지고 좋은 것을 남겨 두었다. 그리고는 갈멜에 이르렀을 때 자기를 위하여 기념비를 세운 뒤 발길을 돌려 길갈로 내려갔다. 이때 하나님은 사무엘 선지자를 보내서서 사울을 크게 책망하셨다. **"순종이 제사보다 낫고 듣는 것이 숫양의 기름보다 나으니 이는 거역하는 것은 점치는 죄와 같고 완고한 것은 사신 우상에게 절하는 죄와 같음이라 왕이 여호와의 말씀을 버렸으므로 여호와께서도 왕을 버려 왕이 되지 못하게 하셨나이다."**(삼상 15:22~23) 사울은 사무엘에게 자기가 백성을 두려워하여 불순종하게 되었다고 핑계하였다. 그 후 사무엘은 죽는 날까지 사울을 다시 가서 보지 아니하였다. 하나님께서도 사울을 이스라엘 왕으로 세우신 것을 근심하셨다. 그리고 하나님은 자신의 언약 대로 사울을 버리시고, 이새의 아들 다윗을 그 대신 이스라엘의 왕으로 세우셨다. (삼상15:28)

하나님은 우리가 불순종할 때에도 때때로 자신의 영광을 위하여 친히 일하시는 하나님이시다. **"이스라엘 족속아 내가 너희의 악한 길과 더러운 행위대로 하지 아니하고 내 이름을 위하여 행한 후에야 내가 여호와인 줄 너희가 알리라 주 여호와의 말씀이니라."**(겔20:44) 분연히 일어나 친히 원수를 보복하시고, 하나님의 백성들의 죄악으로 손상된 자신의 영광을 스스로 회복하시는 하나님이시다. (시79:9) 엘리 제사장 때의 일이다. 이스라엘이 블레셋과의 싸움에서 패하여 그들 중 사천 명가량이 죽임을 당하였다. 백성이 진영으로 돌아왔을 때 이스라엘 장로들이 말하였다. **"여호와께서 어찌하여 우리에게 오늘 블레셋 사람들 앞에 패하게 하셨는고[62] 여호와의 언약궤를 실로에서 우리에게로 가져다가 우리 중에 있게 하여 그것으로 우리를 우리 원수들의 손에서 구원하게 하자."**(삼상4:3) 사사 엘리 제사장 때의 영적인 어두움을 잘 엿볼 수 있는 대목이다. 당시 이스라엘 장로들은 언약궤의 하나님의 말씀을 순종하지는 않고 언약궤를 승리의 도구쯤으로 간주하였다. 그 결과, 이스라엘은 블레셋과의 전쟁에서 크게 패할 수밖에 없었다. 이스라엘 보병 삼만 명이 엎드러지고, 엘리의 두 아들 홉니와 비느하스는 죽임을 당하고, 하나님의 언약궤마저 블레셋에게 빼앗기고 말았다. **"여호와께서 네 적군 앞에서 너를 패하게 하시리니 네가 그들을 치러 한 길로 나가서 그들 앞에서 일곱 길로 도망할 것이며."**(신28:25)

블레셋 사람들은 빼앗아 간 언약궤를 그들의 신 다곤 신전 안에 두었다. 그들이 아침에 일어나 보니 다곤 신이 언약궤 앞에 엎드러져 그 얼굴이 땅에 닿아 있었다. 그들은 다곤 신을 일으켜 다시 그 자리에 세워 두었다. 이튿날 아침, 그들이 일찍 일어나 본즉 다곤이 또다시 언약궤 앞에 엎드러

---

62)   원문은 '어찌하여 여호와께서 오늘 블레셋 사람들 앞에서 우리를 치셨는고-נָגַף(나가프)'라는 의미임. 당시 이스라엘 백성의 지도자인 장로들의 완고함과 영적 무지를 엿볼 수 있음.

져 있었다. 그 얼굴은 땅에 닿았고, 그 머리와 두 손목은 끊어져 문지방에 있고 몸뚱이만 남아 있었다. 그 후 하나님은 블레셋 다섯 성읍에 큰 재앙을 내리셨다. 이로 인해, 블레셋 방백들은 하나님의 언약궤를 두 암소가 끄는 새 수레에 실어 황급히 이스라엘 땅 벧세메스로 보낼 수밖에 없었다. (시 105:38) **"만일 궤가 그 본 지역 길로 올라가서 벧세메스로 가면 이 큰 재앙은 그가 우리에게 내린 것이요 그렇지 아니하면 우리를 친 것이 그의 손이 아니요 우연히 당한 것인 줄 알리라."**(삼상6:9) 이때 두 암소는 어린 송아지들의 울음소리를 애써 외면한 채, 눈물을 흘리며 좌우로 치우치지도 아니하고 곧장 벧세메스 길로 올라갔다. 그리고 자신들이 끌고 간 수레의 패인 나무토막들과 함께 하나님께 온전히 번제물로 바쳐졌다. (사1:3) 당시 벧세베스로 돌아온 언약궤를 본 이스라엘 백성의 마음은 어떠했을까! '블레셋에게 패한 것은 언약궤가 없어서가 아니라 우리의 불순종 때문이었구나!' '하나님은 살아 계신 말씀이신 하나님이시구나!' '한 번도 멍에 메어보지 못한 죄 없는 이 암소들은 순종하여 하나님의 뜻을 이루고, 우리 대신 제물이 되어 죽어야 했구나!' '이 두 암소들이 우리의 불순종의 살아 있는 증인들이구나!' 이처럼, 참된 회개는 언제나 황송한 하나님의 은혜 앞으로 다시 돌아오는 것이다. 우리의 죄로 인하여 빼앗긴 하나님의 말씀 앞으로 우리의 온 마음을 전적으로 돌이키는 것이다. **"거기에서 너희의 길과 스스로 더럽힌 모든 행위를 기억하고 이미 행한 모든 악으로 말미암아 스스로 미워하리라."**(겔20:43) 그리할 때, 우리는 우리의 타락에도 불구하고 자신의 영광을 위해 친히 일하시는 하나님의 크신 은혜 안에서 다시금 하나님을 경외하는 복된 삶을 살아갈 수 있을 것이다. 사무엘이 하나님께 온전한 번제로 어린 양을 드리고 기도할 때 블레셋으로부터 승리를 주신 하나님이 우리의 하나님이 되시기 때문이다. 사탄의 공격으로부터 우리를 지켜 주시고, 사탄에게 빼앗겼던 은혜를 회복해 주시는 하나님이 우리의 하나님이 되시기 때문이다. **"사무엘이 사는 날 동안에 블레셋 사람을 막으시매 블레셋 사람들이 이스라엘에게서 빼앗았던 성읍이 에그론부터 가드까지 이스라엘에게 회복되니 이스라엘이 그 사방 지역을 블레셋 사람들의 손에서 도로 찾았고."**(삼상7:13~14)

하나님은 자기 백성이 불순종할 때, 때로는 벧세메스의 암소들처럼 동물을 사용해서라도 그들의 죄악을 깨닫게 하시고 하나님께로 돌이키신다. 여로보암 왕 때에도 그러한 일이 있었다. 여로보암이 북 이스라엘의 왕이 되었을 때였다. 하나님은 여로보암이 자신이 만든 우상의 제단에서 제사 드릴 무렵 유다의 한 선지자를 그에게로 보내셨다. 장차 다윗의 집에 요시야라 이름하는 한 왕이 일어나 우상의 제단 위에 분향하는 산당 제사장을 제물로 바치고, 사람의 뼈를 그 위에 불사를 것을 예언하였다. 유다 선지자가 하나님의 말씀을 전한 후 유다로 돌아가는 길이었다. 당시 벧엘에는 한 늙은 선지자가 살고 있었다. 그는 유다 선지자를 뒤좇아 가서 자기 집으로 들어가 음식을 먹은 후 돌아가라고 권면하였다. 유다의 선지자가 늙은 선지자의 집으로 들어가 떡을 먹고 물을 마실 즈음이었다. 하나님이 벧엘의 선지자를 통해 그를 책망하셨다. **"여호와가 너더러 떡도 먹지 말고 물도 마시지 말라 하신 곳에서 떡을 먹고 물을 마셨으니 네 시체가 네 조상들의 묘실에 들어가지 못하리라 하셨느니라."**(왕상13:22) 유다 선지자는 이 말씀대로 돌아가는 길에 사자에게 물려 죽고 말았다. 그의 시체는 자기 조상들의 묘실이 아닌 벧엘 선지자가 자신의 무덤으로 마련해 둔 묘실에 묻히고 말았다. (대하24:15~16) 하나님은 유다 선지자의 죽음을 통해, 여로보암 왕과 북 이스라엘 백성이 우상을 버리고 하나님의 말씀 앞으로 돌아오기를 소원하셨다. 유다 선지자를 물어 죽인 사자가 선지자의 시체 곁에 서 있는 그의 나귀를 찢지도 않는 이적을 통해 그들에게 회개의 경종을 크게 울리고 계셨기 때문이다. **"여로보암이 이 일 후에도 그의 악한 길에서 돌이키지 아니하고 다시 일반 백성을 산당의 제사장으로 삼되."**(왕상13:24) 그 때 나귀는 아마도 자기 앞에 서 있는 무서운 사자를 두려워하지 않았을 것이다. 메대 왕의 금령을 두려워하지 아니하고, 하나님께 순종함으로 사자 굴에 던져진 다니엘의 하나님이 그 나귀를 지키고 계셨기 때문이다. 죽은 유다 선지자의 곁에 서서 그의 시체를 물끄러미 내려다보고 있던 나귀는 하나님이 귀히 사용하신 여로보암 시대의 '발람의 나귀'였기 때문이다. **"소는 그 임자를 알고 나귀는 그 주인의 구유를 알건마는 이스라엘은 알지 못하고 나의 백성은 깨닫지 못하는도다 하셨느니라."**(사1:3)

하나님이 창조하신 온 피조물은 예나 지금이나 변함없이 하나님의 말씀을 순종하고 있다. 바다의 파도가 그러하고,(렘5:22) 눈과 우박과 광풍이 그러하며,(시148:8) 번개와 폭풍우,(욥37:4~9) 해와 달과 별들이 그러하다. (욥38:31~33) 그릿 시냇가에서 선지자 엘리야를 아침 저녁으로 떡과 고기로 공궤한 하늘의 영양사 까마귀들이 그러하였고,(왕상17:6) 탕자를 집으로 돌려보내기 위해 하나님을 순종한 돼지들과 쥐엄 열매가 그러하였다. (눅15:16) 불순종하는 요나를 배(腹) 속에 잉태하고 고통하다, 삼 일 만에 육지로 토하여 낸 지중해의 큰 물고기가 그러하였고,(욘2:10) 완고한 요나를 깨우치기 위해 하나님의 대사로 순종한 한갓 미물 앗수르 땅의 벌레와 박넝쿨도 그러하였다. (욘4:6~7) 동생을 죽인 가인을 향해 소리친 아벨의 피 묻은 땅의 부르짖음이 그러하였고,(창4:10) 예수님이 인류의 죄악의 짐을 지고 큰 고통 가운데 죽으실 때 위로부터 찢어진 성소 휘장과 터진 바위 또한 그러하였다. (마27:51) 우리는 하나님을 불순종할 때마다 온 피조물을 통해 고통하시는 하나님의 탄식 소리를 들을 수 있어야 한다. **"피조물이 고대하는 바는 하나님의 아들들이 나타나는 것이니 …… 그 바라는**

것은 피조물도 썩어짐의 종노릇한 데서 해방되어 하나님의 자녀들의 영광의 자유에 이르는 것이니라 피조물이 다 이제까지 함께 탄식하며 함께 고통을 겪고 있는 것을 우리가 아느니라."(롬8:19~22)

성경은 한 사람 아담의 범죄로 온 세상에 죄가 들어오고, 죄로 말미암아 사망이 모든 사람에게 왕 노릇하게 되었다고 말하고 있다. (롬5:12) 죄의 무서운 파괴력과 권세를 잘 가르치는 말씀이다. 하나님이 특히 백성에게 본을 보여야 할 왕이나 지도자들이 불순종할 때 그들의 죄악을 더 크게 징계하신 이유도 여기에 있었다. **"내 형제들아 너희는 선생된 우리가 더 큰 심판을 받을 줄 알고 선생이 많이 되지 말라."**(약3:1) 또한 하나님의 백성이 범죄하여 이방 백성의 구원의 통로가 되기는커녕, 오히려 걸림돌이 될 때 그들에게 심히 노하시며 징계하신 이유도 그러하였다. 북 이스라엘이 앗수르에 의해 멸망하고, 남 유다의 많은 백성이 바벨론에 의해 죽임을 당하고, 그들 중 소수의 살아남은 자들이 탄식과 절망 가운데 바벨론으로 포로로 끌려간 이유 또한 그러하였다. **"너희 요란함이 너희를 둘러싸고 있는 이방인들보다 더하여 내 율례를 행하지 아니하며 내 규례를 지키지 아니하고 너희를 둘러 있는 이방인들의 규례대로도 행하지 아니하였느니라 그러므로 나 주 여호와가 말하노라 나 곧 내가 너를 치며 이방인의 목전에서 네게 벌을 내리되."**(겔5:7~8) 우리 각자의 개인의 삶에도 동일한 죄의 권세와 영향력이 역사하고 있음을 알아야 한다. 죄를 짓기는 쉽지만 죄에서 돌이키는 일에는 많은 고통이 따름을 알아야 한다. 한 사람의 죄가 많은 사람을 타락으로 이끌어 가기는 쉽지만, 한 사람의 의가 다른 사람들을 죄악에서 의로운 삶으로 돌이키기는 여간 어려운 일이 아니기 때문이다. 그러므로 우리는 항상 하나님을 의식하며, 다른 사람의 구원과 믿음에 걸림돌이 되지 않도록 죄와 피 흘리기까지 싸우는 순종의 삶을 살아가야 한다.

"실족하게 하는 일들이 있음으로 말미암아 세상에 화가 있도다 실족하게 하는 일이 없을 수는 없으나 실족하게 하는 그 사람에게는 화가 있도다."(마18:7)

이스라엘 백성이 극도로 타락한 사사 시대를 보자. 당시 이스라엘 백성이 깊은 죄악의 수렁에 빠진 이유는, 다름 아닌 세대와 세대 간에 이어진 불순종의 영향력 때문이었다. 한 가정의 세대 간의 타락은 곧 그 시대의 타락의 바로미터가 되기 때문이다. 어느 날 에브라임 산지에 미가라 이름하는 사람이 그의 어머니에게 말하였다. **"어머니께서 은 천백을 잃어버리셨으므로 저주하시고 내 귀에도 말씀하셨더니 보소서 그 은이 내게 있나이다 내가 그것을 가졌나이다."**(삿17:2) 미가의 어머니는 이 말을 듣고는 도둑질한 아들을 꾸짖거나 오히려 여호와의 이름으로 그를 축복하였다. **"부모의 물건을 도둑질하고서도 죄가 아니라 하는 자는 멸망 받게 하는 자의 동류니라."**(잠28:24) 아들로부터 돌려받은 그 은으로 아들을 위해 한 신상을 새기고 또 한 신상을 부어 만들었다. 하나님을 경외하는 모양만 갖추었을 뿐, 오직 아들의 복을 위해 하나님을 이용하는 죄악만을 저지르고 있을 뿐이었다. 이러한 어머니의 불순종은 고스란히 아들 미가의 불순종을 낳고 말았다. 미가는 에봇과 드라빔을 만들고, 한 아들을 세워 자기 집의 제사장으로 삼는 죄악을 저질렀다. 개인이 만들거나 사용할 수 없는 에봇을 자기 임의대로 만들고, 그것을 자신이 제사장으로 세운 자기 아들을 위해 사용하는 큰 죄악을 저지르고 말았다. 어느 날 베들레헴에 거류하던 한 레위인 청년이 그의 집에 왔을 때였다. 미가는 레위 청년에게 해마다 은 열과 의복 한 벌과 먹을 것을 줄 것을 약속하고 그를 자신의 집의 제사장으로 세웠다. **"레위인이 내 제사장이 되었으니 이제 여호와께서 내게 복 주실 줄을 아노라."**(삿17:13) 레위인도 미가의 말을 듣고는 미가의 집에 함께 거주하기를 만족하게 여겼다. 그 후 단 지파 사람들이 그들이 거주할 기업의 땅을 구하러 가는 길에 미가의 집에 이르렀을 때였다. 그들은 그 집에 있는 레위인을 발견하고는 그를 미가로부터 빼앗아 자기들 지파의 제사장으로 세웠다. **"네가 한 사람의 집의 제사장이 되는 것과 이스라엘의 한 지파 한 족속의 제사장이 되는 것 중에서 어느 것이 낫겠느냐 하는지라 그 제사장이 마음에 기뻐하여 …… 그 백성 가운데로 들어가니라."**(삿18:19~20) 미가의 집에 있는 새긴 신상과 부어 만든 신상과 에봇과 드라빔까지 모두 빼앗아 갔다. 미가가 동네 사람들과 함께 단 지파 사람들을 뒤따라가 항의해 보았지만 자기들보다 강한 단 지파의 위협에 어쩔 수 없이 되돌아 올 수밖에 없었다. 이처럼, 미가 한 가정의 세대 간에 이어진 죄악의 깊은 어두움이 레위인의 마음과 단 지파 사람들의 마음까지도 덮고 있었음을 알 수 있다. **"대저 여호와께서 깊이 잠들게 하는 영을 너희에게 부어 주사 너희의 눈을 감기셨음이니 그가 선지자들과 너희의 지도자인 선견자들을 덮으셨음이라."**(사29:10)

반면, 한 사람의 순종이 다른 사람의 순종을 낳은 성경의 예를 보자. 여호수아가 이스라엘 백성을 가나안 땅으로 인도할 때였다. 여호수아는 싯딤에서 두 정탐꾼을 여리고로 보내었다. 하나님은 두 정탐꾼의 발길을 그곳에 사는 기생 라합의 집으로 인도하셨다. 어떤 사람이 여리고 왕에게 이스라엘 정탐꾼들이 라합의 집으로 들어온 것을 고하였다. 왕은 라합에게 사람을 보내어 그녀의 집으로 들어온 정탐꾼들을 끌어내라고 말하였다. 라합이 이미 두 정탐꾼을 지붕에 벌여 놓은 삼대에 숨긴 뒤였다. 라합이 여리고 왕이 보낸 사람들이 돌아간 후 정탐꾼들에게 말하였다. **"여호와께서 이 땅을 너희에게 주신 줄을 내가 아노라 우리가 너희를 심히 두려워하고 이 땅 주민들이 다 너희 앞에서 간담이 녹나니 …… 너희의 하나님 여호와**

는 위로는 하늘에서도 아래로는 땅에서도 하나님이시니라."(수2:9~11) 그리고 라합은 정탐군들에게 그녀의 가족과 그녀에게 속한 모든 사람을 살려줄 증표를 구하였다. 정탐군들도 라합이 이 일을 누설하지 않으면 하나님이 이 땅을 주실 때에 그들을 선대할 것을 그녀에게 약속하였다. **"우리가 이 땅에 들어올 때에 우리를 달아 내린 창문에 이 붉은 줄을 매고 네 부모와 형제와 네 아버지의 가족을 다 네 집에 모으라 누구든지 네 집 문을 나가서 거리로 가면 그의 피가 그의 머리로 돌아갈 것이요 우리는 허물이 없으리라."**(수2:18) 라합은 정탐꾼들을 창문에서 줄로 달아 내려 도피하게 한 후 정탐꾼의 말대로 붉은 줄[63]을 창문에 매어 두었다. 그 후, 여호수아와 이스라엘 백성이 여리고를 칠 때였다. 이스라엘 군대는 여호수아의 명령에 따라 라합과 그의 모든 가족을 살려 주므로 그들은 이스라엘 중에 거주하게 되었다. **"믿음으로 기생 라합은 정탐꾼을 평안히 영접하였으므로 순종하지 아니한 자와 함께 멸망하지 아니하였도다."**(히11:31) 이러한 라합의 순종은 장차 패가망신한 엘리멜렉의 기업을 무르는 보아스의 순종을 낳을 수 있었다. 또한 보아스의 순종은 다윗의 순종을 낳고, 다윗의 순종은 인류의 구원을 위해 오실 참 다윗의 자손, 예수 그리스도의 십자가 순종의 길을 여는 구원의 마중물이 될 수 있었다. **"살몬은 라합에게서 보아스를 낳고 보아스는 룻에게서 오벳을 낳고 오벳은 이새를 낳고 이새는 다윗 왕을 낳으니라."**(마1:5~6)

룻도 하나님을 경외함으로 섬긴 신실한 순종의 여인이었다. 그녀는 모압으로 이주해 온 이방인 말론과 결혼하였다. 하지만 결혼한 지 얼마 되지 않아 남편 말론과 시동생 기룐이 죽고 말았다. 어느 날 시어머니 나오미가

---

63) 원문은 '붉은 줄의 소망-חקות(티크바트)'로 되어 있음.

고향 베들레헴으로 돌아가려고 모압 땅을 나설 때였다. 어머니가 두 자부에게 말하였다. **"너희는 각기 너희 어머니의 집으로 돌아가라 너희가 죽은 자들과 나를 선대한 것같이 여호와께서 너희를 선대하시기를 원하며 여호와께서 너희에게 허락하사 각기 남편의 집에서 위로를 받게 하시기를 원하노라."**(룻1:9) 두 자부는 소리를 높여 울며 이구동성으로 시어머니와 함께 시어머니의 백성에게로 돌아가겠다고 대답하였다. 나오미가 다시 그들에게 말하였다. **"내 딸들아 돌아가라 나는 늙었으니 남편을 두지 못할지라 가령 내가 소망이 있다고 말한다든지 오늘 밤에 남편을 두어 아들들을 낳는다 하더라도 너희가 어찌 그들이 자라기를 기다리겠으며 어찌 남편 없이 지내겠다고 결심하겠느냐 내 딸들아 그렇지 아니하니라 여호와의 손이 나를 치셨으므로 나는 너희로 말미암아 더욱 마음이 아프도다."**(룻1:12~13) 그들은 시어머니의 말을 듣고는 다시 소리 높여 울었다. 그리고 오르바는 시어머니에게 입 맞추고는 떠나가되 룻은 여전히 시어머니를 붙좇았다. **"어머니의 백성이 나의 백성이 되고 어머니의 하나님이 나의 하나님이 되시리니 어머니께서 죽으시는 곳에서 나도 죽어 거기 묻힐 것이라 만일 내가 죽는 일 외에 어머니를 떠나면 여호와께서 내게 벌을 내리시고 더 내리시기를 원하나이다."**(룻1:16~17)

룻이 베들레헴에 이르렀을 때였다. 그녀는 밭으로 나가 이삭을 주워 시어머니를 정성껏 공궤하였다. 룻이 이삭을 줍던 밭은 시아버지의 친족 보아스에게 속한 밭이었다. 하루는 보아스가 밭으로 와서 룻이 이삭 줍는 것을 보고는 그녀에게 말하였다. **"내 딸아 들으라 이삭을 주우러 다른 밭으로 가지 말며 여기서 떠나지 말고 나의 소녀들과 함께 있으라."**(룻2:8) 보아스는 그의 소년들에게 룻을 건드리지 말라 명령하고, 룻에게는 목이 마르거든 소년들이 길어온 물을 마시라고 말하였다. 또 보아스는 식사할 때에 룻이 그의 곡식 베는 자들과 함께 떡과 볶은 곡식을 배불리 먹도록 하였다. 룻이 일어나 이삭을 주울 때에는, 그녀를 위하여 곡식 다발에서 조금씩 뽑아 버려서 룻으로 하여금 많은 이삭을 줍도록 하였다. 하나님은 시어머니를 지성으로 봉양하며, 하나님을 경외하는 믿음으로 이방 땅 베들레헴으로 찾아온 룻에게 이처럼 보아스를 통해 큰 은혜를 베푸셨다. **"여호와께서 네가 행한 일에 보답하시기를 원하며 이스라엘의 하나님 여호와께서 그의 날개 아래에 보호를 받으러 온 네게 온전한 상 주시기를 원하노라."**(룻2:12) 그리고 마침내, 룻으로 하여금 보아스를 통해 남편의 기업을 회복하게 하시고 다윗의 증조모가 되는 영광을 허락하셨다. 하나님은 기생 라합의 순종이 보아스를 낳고, 보아스와 룻의 순종이 다윗을 낳고, 다윗을 통해 인류를 죄악에서 구원하신 예수님의 십자가의 순종을 낳게 하셨다.

다니엘의 세 친구의 순종을 보자. 바벨론의 느부갓네살 왕은 금으로 높이가 육십 규빗 되는 한 신상을 만들고, 온 총독과 모사와 재무관과 재판관과 각 지방 모든 관원들로 하여금 금 신상의 낙성식에 참석하게 하였다. 나팔과 피리와 수금 등의 모든 악기 소리를 들을 때에 엎드려 그 금 신상에 절하라고 명령하였다. 누구든지 엎드려 절하지 아니하는 자는 즉시 맹렬히 타는 풀무불에 던져 넣을 것이라고 말하였다. 하지만 다니엘의 세 친구 사드락과 메삭과 아벳느고는 왕의 금 신상에 절하지 않았다. 이를 본 바벨론 방백들이 고소하여 그들은 왕에게로 끌려갔다. 왕은 그들에게 이제라도 금 신상에 엎드려 절할 것을 명령한 후, 그래도 듣지 않으면 그들을 풀무불에 던져 넣을 것이라고 위협하였다. 이 말을 들은 다니엘의 세 친구들은 하나같이 왕에게 이렇게 대답하였다. **"왕이여 우리가 섬기는 하나님이 계시다면 우리를 맹렬히 타는 풀무불 가운데에서 능히 건져 내시겠고 왕의 손에서도 건져 내시리이다 그렇게 하지 아니하실지라도 왕이여 우리가 왕의 신들을 섬기지도 아니하고 왕이 세우신 금 신상에게 절하지도 아니할**

줄을 아옵소서."(단3:17~18) 느부갓네살은 분이 가득하여 풀무불을 평소보다 칠 배나 더 뜨겁게 하고, 그들에게 속옷과 겉옷, 모자와 다른 옷을 입힌 채 결박하여 맹렬히 타는 풀무불 가운데로 던져 넣었다. 그때에 왕이 보니 풀무불 가운데 결박되지 아니한 네 사람이 다니는데 상하지도 아니하였다. 예수님이 그 풀무불 가운데서 그들을 지키고 계셨기 때문이다. 왕이 놀라 그들에게 불 가운데서 나오라고 말하였다. 그들이 풀무불 가운데에서 나오는데 그들의 머리털도 그을리지 아니하였고, 겉옷 빛도 변하지 아니하였고, 불 탄 냄새조차 없었다. **"네가 물 가운데로 지날 때에 내가 너와 함께 할 것이라 강을 건널 때에 물이 너를 침몰하지 못할 것이며 네가 불 가운데로 지날 때에 타지도 아니할 것이요 불꽃이 너를 사르지도 못하리니 대저 나는 여호와 네 하나님이요 이스라엘의 거룩한 이요 네 구원자임이라."**(사43:2~3)

사드락과 메삭, 아벳느고의 순종은 다니엘의 순종으로 이어졌다. 당시 메대의 다리오 왕은 고관 백이십 명을 세우고 그들 위에 총리 셋을 두어 제국을 통치하였다. 그들 중 한 사람이 다니엘이었다. 왕은 다니엘의 마음이 민첩하여 총리들과 고관들 위에 뛰어나므로 그를 세워 온 메대 제국을 다스리고자 하였다. 이를 시기한 총리와 고관들이 국사에 대해 다니엘에 관한 고발할 근거를 찾았으나 찾을 수가 없었다. 이에 그들은 왕에게 한 법률을 세우고 한 금령을 정하실 것을 구하였다. 이제부터 삼십 일 동안에 누구든지 왕 외의 어떤 신에게나 사람에게 무엇을 구하면 사자 굴에 던져 넣기로 한 것이 그것이었다. 다니엘은 그들의 모함에 의해 사자 굴에 던져질 위기에 처하게 되었다. 다니엘은 이 조서에 어인(御印)이 찍힌 것을 알고도 자기 집으로 돌아가서 하나님께 간절히 기도하였다. 윗방에 올라가 예루살렘으로 향한 창문을 열고, 하루 세 번씩 무릎을 꿇고 하나님께 감사하며 기도하였다. 다니엘은 이 일로 인해 총리들과 고관들에 의해 사자 굴에 던져졌다. 하지만 하나님은 천사를 보내어 사자들의 입을 봉하시고 다니엘을 사망의 구덩이에서 건져 주셨다. **"그들은 믿음으로 나라들을 이기기도 하며 의를 행하기도 하며 약속을 받기도 하며 사자들의 입을 막기도 하며."**(히11:33) 다니엘을 참소하던 사람들도 그들의 처자들과 함께 사자 굴에 던져졌는데, 그들이 굴 바닥에 닿기도 전에 사자들이 움켜서 그들의 뼈까지도 부서뜨려 모두 죽임을 당하고 말았다. **"함정을 파는 자는 거기에 빠질 것이요 담을 허는 자는 뱀에게 물리리라."**(전10:8)

사도 바울도 순종의 사람이었다. 바울이 실라와 함께 빌립보에서 복음을 전할 때였다. 그들은 심한 매질을 당한 후 발이 차꼬에 채워진 채 깊은 옥에 갇히게 되었다. 한밤중에 바울과 실라는 하나님을 찬송하며 기도하였다. 이때 갑자기 큰 지진이 나서 옥터가 움직이고, 문이 곧 다 열리며, 모든 사람의 매인 것이 벗어지는 이적이 일어났다. 바울은 이 일로 인해 옥에 갇힌 모든 죄수들에게 하나님의 살아 계심을 증거하고 간수와 그의 온 집안을 구원할 수 있었다. 하나님은 환난 중에도 순종하며 감사로 깨어 있는 바울과 실라를 통해 살아 계신 자신의 영광을 나타내셨다. **"감사로 제사를 드리는 자가 나를 영화롭게 하나니 그의 행위를 옳게 하는 자에게 내가 하나님의 구원을 보이리라."**(시50:23) 환난 중에도 전천후 감사로 하나님을 순종한 바울과 실라는 깊은 흑암의 옥문을 여는 하나님의 능력의 도구로 쓰임 받을 수 있었다. 사도 바울도 그의 전천후 순종을 통해 신실한 그의 믿음의 동역자들의 또 다른 순종을 낳을 수 있었다. **"너희는 그리스도 예수 안에서 나의 동역자들인 브리스가와 아굴라에게 문안하라 그들은 내 목숨을 위하여 자기들의 목까지도 내놓았나니 나뿐 아니라 이방인의 모든 교회도 그들에게 감사하느니라."**(롬16:3~4)

우리는 사도 바울을 통해, 하나님을 순종하는 일에 있어 중요한 하나의 교훈을 배울 수 있다. 바울이 이방 선교를 마치고 예루살렘으로 올라가는 길이었다. 바울이 승선한 배가 짐을 풀려 하여 두로에 상륙했을 때였다. 바울과 그의 일행은 이레 동안 그곳에 있는 제자들과 함께 머물렀다. 그때 그곳 제자들이 성령의 감동으로 바울에게 예루살렘에 들어가지 말 것을 부탁하였다. 바울은 그들의 말을 듣지 않고 다시 항해하였다. **"예수께서 승천하실 기약이 차가매 예루살렘을 향하여 올라가기로 굳게 결심하시고."**(눅9:51) 그리고 가이사랴에 이르러 빌립 집사의 집에 들어가서 거기서 여러 날을 머물렀다. 그 무렵 아가보라 하는 한 선지자가 유대로부터 내려와 바울의 띠를 가져다가 그의 수족을 잡아매고 이렇게 말하였다. **"성령이 말씀하시되 예루살렘에서 유대인들이 이같이 이 띠 임자를 결박하여 이방인의 손에 넘겨주리라."**(행21:11) 바울의 일행과 그곳 사람들이 아가보의 말을 듣고는 바울에게 재차 예루살렘으로 올라가지 말 것을 권하였다. 그때에도, 바울은 예수님의 이름을 위하여 결박당할 뿐 아니라 예루살렘에서 죽을 것도 각오하였노라고 말하며 그들의 간청을 듣지 않았다. 그리하여, 바울은 예루살렘에 도착한 후 아가보의 예언대로 유대인들에게 붙잡혀 결박된 채 심문을 받게 된다. 이 년 이상 옥에 갇혀 고난을 당하고, 결국 가이사에게 심문 받기 위해 죄수의 몸으로 로마로 향하게 된다. 바울이 예루살렘의 옥에 갇혀 있을 때였다. 예수님이 바울 곁에 서서서 그에게 말씀하셨다. **"담대하라 네가 예루살렘에서 나의 일을 증언한 것같이 로마에서도 증언하여야 하리라."**(행23:11) 우리는 예수님의 말씀을 통해, 바울의 예루살렘 행은 바울 자신의 인간적 고집이나 열정이 아닌, 바울의 마음을 감동하시고 이끄시는 성령님의 뜻이었음을 알 수 있다. 여기에서 우리는 중요한 영적 교훈을 배울 수 있다. 그것은 다름 아닌, 우리 앞에 고난이 예비되어 있고, 이를 만류하는 믿음의 사람들의 말이 아무리 하나님의 말씀이라 할지라도, 우리는 그 말을 따르지 않아야 한다는 것이다. 오직 우리 마음에 역사하시는 성령님의 감동을 따르는 길이 우리를 향하신 하나님의 뜻을 이루어 드리는 길이라는 사실이 그것이다. **"너희 안에서 행하시는 이는 하나님이시니 자기의 기쁘신 뜻을 위하여 너희에게 소원을 두고 행하게 하시나니."**(빌2:13)

성경에는 이방 백성의 불순종이 하나님의 백성의 불순종을 낳은 일이 있다. 다윗이 통일 왕국을 다스릴 때였다. 다윗은 아비나답의 집에 있는 하나님의 언약궤를 왕궁 뜰에 임시로 마련해 둔 장막으로 모셔 오고자 하였다. 이에 이스라엘 백성이 여러 악기로 하나님을 찬양하고, 아비나답의 아들 웃사와 아효가 언약궤를 실은 새 수레를 몰고 올 때였다. 그들이 나곤의 타작 마당에 이르렀을 때, 소들이 뛰므로 웃사가 손을 들어 하나님의 궤를 붙들었다. 이때 하나님이 진노하셔서 웃사를 치시므로 그는 그곳에서 곧 죽고 말았다. 그리하여 하나님의 언약궤는 오벧에돔의 집으로 옮겨져 그곳에서 석 달을 머물게 된다. 하나님은 오벧에돔과 그의 온 집에 복을 주셨다. 웃사와 아효는 이십 년 동안 언약궤를 모셨으나 오히려 웃사가 죽고 마는 불행을 겪었다.[64] 하지만 고작 석 달 동안 언약궤를 모신 오벧에돔은 하나님으로부터 큰 복을 받았다. **"그들과 그의 아들들과 그의 형제들은 다 능력이 있어 그 직무를 잘하는 자이니 오벧에돔에게서 난 자가 육십이 명이며."**(대상26:8) 그 이유는 단 한 가지에 있었다. 오벧에돔은 웃사와 달리, 하나님이 모세를 통해 명령하신 하나님의 '그 말씀'에 순종하였기 때문

---

64) 개역 성경 삼하6:6에서 '소들이 뛰므로'로 번역된 말은 '소들이 언약궤를 떨어뜨리므로-שׁמט(샤마트)'라는 의미임. 이처럼 웃사가 떨어지는 언약궤를 손으로 붙든 상황은 인간적으로는 지극히 옳은 일이었음. 하지만, 하나님의 말씀에 순종하는 길은 언약궤가 땅에 떨어져 부서지는 한이 있더라도 그것을 만지지 않는 것임을 깨달을 수 있음.

이다. 언약궤는 손으로 만지지 말 것이며, 언약궤를 옮길 때에는 제사장이 그의 어깨에 메어 운반하라는 하나님의 '그 말씀'에 순종한 일이 그것이었다. (민4:15)

다윗과 이스라엘 백성이 언약궤를 수레에 싣고 모셔 온 이유는 무엇이었을까? 아마도 그것은 이십여 년 전 블레셋 백성이 언약궤를 황급히 벧세메스로 돌려보낼 때 소들이 끄는 새 수레에 싣고 보낸 일 때문일 것이다. 그 당시에는 언약궤를 새 수레에 싣고 왔지만 아무런 불행한 일이 일어나지 않았기 때문일 것이다. 하나님은 하나님의 말씀을 알지 못하는 이방인이 불순종할 때에는 때때로 그들의 죄를 간과하시고 용납하신다. 하나님의 말씀을 알지 못하여 그런 죄를 범하였기 때문이다. **"내가 전에는 비방자요 박해자요 폭행자였으나 도리어 긍휼을 입은 것은 내가 믿지 아니할 때에 알지 못하고 행하였음이라."**(딤전1:13) 하지만 하나님은 자기 백성만은 오직 자신의 말씀으로 다스리시는 거룩하신 하나님이시다. 우리는 세상 사람들이 범죄하고도 별 일이 없는 것을 보고 쉽사리 그들의 죄를 두려움 없이 본받지 않아야 한다. **"밖에 있는 사람들을 판단하는 것이야 내게 무슨 상관이 있으리요마는 교회 안에 있는 사람들이야 너희가 판단하지 아니하랴."**(고전5:12) 또한, 우리의 믿음이 연약할 때 하나님이 간과하신 우리의 죄를 습관적으로 두려움 없이 반복해서 범하지도 않아야 한다. 모든 일을 하나님의 말씀으로 분별하고 하나님의 말씀의 가르침만을 따라 살아가야 한다. **"나를 저버리고 내 말을 받지 아니하는 자를 심판할 이가 있으니 곧 내가 한 그 말이 마지막 날에 그를 심판하리라."**(요12:48) 그리할 때, 우리는 세상 사람의 불순종이 우리의 불순종을 낳고, 우리의 불순종이 또 다른 우리의 불순종을 낳는 사탄의 미혹을 미연에 방지할 수 있다. 하나님을 아는 지식에서 자라 가고, 하나님을 아는 만큼 하나님의 말씀을 순종하는 삶을 살아야 할 이유가 여기에 있다. **"형제들아 지혜에는 아이가 되지 말고 악에는 어린아이가 되라 지혜에는 장성한 사람이 되라."**(고전14:20) **"주인의 뜻을 알고도 준비하지 아니하고 그 뜻대로 행하지 아니한 종은 많이 맞을 것이요 알지 못하고 맞을 행한 종은 적게 맞으리라."**(눅12:47~48)

한 사람의 신앙생활에도 순종은 또 다른 순종을 낳고 불순종은 또 다른 불순종을 낳는다. 사르밧 과부가 그러하였다. 엘리야 선지자가 하나님의 말씀을 따라 사르밧에 머물기 위해 그곳으로 갔다. 엘리야가 성문에 이르렀을 때였다. 엘리야가 그곳에서 나뭇가지를 줍고 있는 한 과부를 만나 그녀에게 말하였다. **"청하건대 그릇에 물을 조금 가져다가 내가 마시게 하라."**(왕상17:10) 여인이 물을 가지러 갈 때였다. 엘리야가 다시 여인에게 말하였다. **"네 손의 떡 한 조각을 내게로 가져오라."**(왕상17:12) 이때 여인이 엘리야에게 대답하였다. **"당신의 하나님 여호와께서 살아 계심을 두고 맹세하노니 나는 떡이 없고 다만 통에 가루 한 움큼과 병에 기름 조금뿐이라 내가 나뭇가지 둘을 주워다가 나와 내 아들을 위하여 음식을 만들어 먹고 그 후에는 죽으리라."**(왕상16:12) 엘리야는 여인에게 먼저 그것으로 작은 떡 한 개를 만들어 가져오라고 말하였다. 그리하면 하나님이 지면에 비를 내리는 날까지 그 통의 가루가 떨어지지 아니하고 그 병의 기름이 없어지지 아니하리라고 하였다. 여인은 엘리야의 하나님의 말씀대로 순종하였다. 엘리야와 그녀와 그녀의 아들이 여러 날 먹었으나 통의 가루가 떨어지지 아니하고 병의 기름이 없어지지 아니하였다.

이 일 후에 여인의 아들이 병들어 증세가 위중하다가 죽고 말았다. 여인이 엘리야에게 하소연하였다. **"하나님의 사람이여 당신이 나와 더불어 무슨 상관이 있기로 내 죄를 생각나게 하고 또 내 아들을 죽게 하려고 내게 오셨나이까."**(왕상17:18) 엘리야는 그녀의 아들을 받아 안고, 자기가 거처하는 다락으로 올라가서 자기 침상에 누이고 하나님께 간절히 기도하였다. 그 아이 위에 몸을 세 번 펴서 엎드린 후 부르짖어 기도하였다. **"내 하나님 여호와여 원하건대 이 아이의 혼으로 그의 몸에 돌아오게 하옵소서."**(왕상17:21) 엘리야는 하나님이 살리신 아이를 안고 다락에서 내려와 여인에게 그녀의 아이를 돌려주었다. **"내가 이제야 당신은 하나님의 사람이요 당신의 입에 있는 여호와의 말씀이 진실한 줄 아노라."**(왕상17:24) 이처럼, 엘리야에게 물 한 그릇 공궤한 그녀의 작은 순종이 떡을 공궤하는 순종을 낳을 수 있었다. 그리고 여인은 마침내 죽은 아들을 살리시는 부활의 하나님을 만나는 큰 은혜를 받을 수 있었다. 칠흑 같은 죄악의 어두움과 기근의 고통이 만연한 이스라엘 지경 너머 이방의 시돈에서, 보석 같은 믿음으로 하나님의 말씀을 순종한 그녀의 살아 있는 믿음의 순종 때문이었다.[65] **"하늘이 삼 년 육 개월간 닫히어 온 땅에 큰 흉년이 들었을 때에 이스라엘에 많은 과부가 있었으되 엘리야가 그중 한 사람에게도 보내심을 받지 않고 오직 시돈 땅에 있는 사렙다의 한 과부에게뿐이었으며."**(눅4:26)

유다의 아하스 왕은 므낫세에 버금가는 악한 왕이었다. 이스라엘 왕들의 길로 행하며, 바알들의 우상을 부어 만들고, 그의 자녀들을 불살라 우상에게 제물로 바치기까지 하였다. 이에 하나님이 그를 아람 왕의 손에 넘기셨다. 아람 군사들은 심히 많은 유다 백성을 포로로 잡아갔다. 이스라엘 왕 베가도 유다에서 하루 동안에 용사 십이만 명을 죽이기도 하였다. 에돔 사람들도 유다를 공격하여 많은 백성을 사로잡았고, 블레셋 사람들도 유다의

---

65) 이방 땅 시돈의 이 여인의 믿음은 신약의 수로보니게 여인의 믿음에서, 엘리사 선지자 시대 이방 땅 아람의 군대 장관 나아만의 믿음은 신약의 로마 백부장의 믿음에서 다시 나타나고 있음. 이를 통해, 예수님은 당시 유다 백성의 불신앙에 대해 회개를 촉구하고 계심을 깨달을 수 있음. (cf. 막7:24~30; 마8:5~13)

평지와 남방 성읍들을 침노하여 빼앗고 그곳에 거주하였다. 아하스는 이러한 극심한 환난 중에도 하나님을 찾지 않고 오히려 앗수르 왕의 도움을 구하였다. 하나님의 성전과 왕궁과 방백들의 집에서 재물을 가져다가 앗수르왕에게 주었다. 하지만 아무 유익이 없었다. (호13:9) 앗수르 왕이 아하스를 돕기는커녕 오히려 그를 공격하였기 때문이다. **"네가 두 손으로 네 머리를 싸고 거기서도 나가리니 이는 네가 의지하는 자들을 나 여호와가 버렸으므로 네가 그들로 말미암아 형통하지 못할 것임이라."**(렘2:37) 아하스 왕은 곤고할 때에 더욱 하나님께 범죄하였다. 오히려 자기를 친 다메섹 신들에게 제사하며 그 신들의 도움을 구하였다. 하나님의 전의 기구들을 부수고, 성전 문들을 닫고, 예루살렘 곳곳에 우상의 제단들을 쌓았다. 유다의 각 성읍에 많은 산당들을 세워 다른 신들에게 분향하며 하나님을 진노하게 하였다. 아하스의 불순종은 그의 마음을 완고하게 만들어 더욱 악한 불순종으로 그를 이끌어 갔다. 결국 아하스는 죽은 후, 그의 시체가 왕들의 묘실에 들어가지도 못하고 예루살렘 성에 매장되고 말았다. (대하28:27) **"오직 오늘이라 일컫는 동안에 매일 피차 권면하여 너희 중에 누구든지 죄의 유혹으로 완고하게 되지 않도록 하라."**(히3:13)

귀신들은 하나님의 말씀을 듣고, 알고, 믿기까지 하지만 그 말씀을 순종하지는 않는다. 가룟 유다를 사로잡은 악령이 그러하듯 후회는 하여도 회개하지는 않는다. **"네가 하나님은 한 분이신 줄을 믿느냐 잘하는도다 귀신들도 믿고 떠느니라 아아 허탄한 사람아 행함이 없는 믿음이 헛것인 줄을 알고자 하느냐 우리 조상 아브라함이 그 아들 이삭을 제단에 바칠 때에 행함으로 의롭다 하심을 받은 것이 아니냐."**(약2:19~21) 그러므로, 만일 우리도 하나님의 말씀을 믿는다고 하면서 그 말씀을 불순종하고 있다면, 우리 역시 스스로 하나님의 자녀 됨을 부인하고 마귀의 자녀임을 증거하는 것이 되고 만다는 사실을 알아야 한다. 마귀의 농락을 당하며, 불행의 수레바퀴 속에서 맴도는 삶을 살아갈 수밖에 없다는 사실을 깨달아야 한다. 죄를 짓는 자는 마귀에게 속하기 때문이다. 하지만 우리가 하나님의 말씀에 순종하면, 우리는 스스로 하나님의 자녀임을 증거하고 하나님의 변함없는 사랑 안에서 살아갈 수 있다. **"나의 계명을 지키는 자라야 나를 사랑하는 자니 나를 사랑하는 자는 내 아버지께 사랑을 받을 것이요 나도 그를 사랑하여 그에게 나를 나타내리라."**(요14:21) 이처럼, 우리의 불순종은 우리 스스로 마귀의 덫에 발을 들여 놓는 어리석은 일이 된다. 하나님은 결단코 자신의 말씀을 타협하지 않으시기 때문이다. (요12:58) 웃사는 이십 년 동안 하나님의 언약궤를 모셨지만 언약궤를 손으로 만지다가 즉사하고 말았다. (민4:15) 하나님은 이십 년 동안 언약궤를 모신 웃사의 공로를 가상히 여기서서 그를 동정하지 않으셨다. 떨어지는 언약궤를 극진히 모시려는 그의 인간적인 정성스런 마음도 받지 않으셨다. 하나님의 입에서 나온 진리의 말씀은 영원히 불변하는 살아 계신 하나님의 말씀이기 때문이다. (민23:19) 그러나 우리가 불순종했을지라도, 진심으로 우리의 죄를 자백하고 즉시 하나님께로 돌이키면 그 순간 마귀의 덫은 우리에게 불 탄 삼줄이 되고 만다. **"자기의 죄를 숨기는 자는 형통하지 못하나 죄를 자복하고 버리는 자는 불쌍히 여김을 받으리라."**(잠28:13) 하나님의 이 속죄의 은혜를 아는 사람은 하나님의 마음을 고통스럽게 하고 마귀의 얼굴에 함박웃음 짓게 하는 죄를 결코 반복해서 범하지 않는다. 아낌 없이 독생자를 내어 주신 하나님의 온전한 대속의 사랑이 그의 온 영혼을 지배하고 있기 때문이다. **"하나님을 사랑하는 것은 이것이니 우리가 그의 계명들을 지키는 것이라 그의 계명들은 무거운 것이 아니로다."**(요일5:3)

가데스바네아의 메뚜기들이 아닌, 갈렙과 여호수아의 믿음을 따르자. 하나님이 함께하시는 우리를 보고 떨고 있는 아낙 자손의 얼굴 앞에 담대히 나아가는 삶을 살아가자. '거기서 네피림 후손인 아낙 자손의 **메뚜기**들을 보았나니 우리는 스스로 보기에도 **거인** 같으니 그들이 보기에도 그와 같았을 것이라.' 언약궤를 들여다보다 죽임 당한 벧세메스 사람들이나, 언약궤를 붙들다 죽임 당한 웃사가 아닌, 언약궤 앞에서 춤추는 다윗이 되자. 영원한 사형수였던 우리를 특별 사면하시고, 천국을 선물로 주신 하나님의 사랑 안에서 영원한 사망에서 살아난 사형수의 감격으로 살아가자. 비록 우리는 불순종하여 하나님의 영광을 가릴지라도, 자신의 영광을 위해 친히 일하시는 하나님을 항상 기억하며 황송한 마음으로 순종하는 삶을 살아가자. 우리가 불순종할 때마다, 온 피조물과 함께 고통하시며 우리를 부르시는 하나님의 탄식 소리를 듣고 즉시 긍휼의 하나님 품으로 돌이키자. "**피조물이 다 이제까지 함께 탄식하며 함께 고통을 겪고 있는 것을 아느니라.**"(롬8:22) 환난 중에도 감사로 깨어 있어, 하나님의 영광을 나타낸 다니엘과 그의 친구들의 믿음을 따르자. 환난을 통해 우리를 묶고 있는 사탄의 결박을 푸시고 참 자유를 주시는 하나님 안에서 승리하는 삶을 살아가자. 사람의 말이나 환경을 따르지 말고, 우리를 감동하셔서 우리를 통해 자신의 기쁘신 뜻을 이루기를 소원하시는 성령님의 입과 손발이 되자. 그리하여 순종이 순종을 낳고, 우리를 통해 또 다른 순종의 사람을 낳는 하나님이 쓰시는 존귀한 믿음의 그릇이 되자. "**또 네가 많은 증인 앞에서 내게 들은 바를 충성된 사람들에게 부탁하라 그들이 또 다른 사람들을 가르칠 수 있으리라.**"(딤후2:2) 순종할수록 우리의 영혼을 더욱 깨끗하게 하시고,(벧전1:22) 모든 선한 일에 준비함이 되게 하시는 하나님께 항상 영광 돌려 드리는 삶을 살아가자. (딤후2:20~21)

11. 나팔과 항아리

"세 대가 나팔을 불며 항아리를 부수고 왼손에 햇불을 들고 오른손에 나
팔을 들어 불며 외쳐 이르되 여호와와 기드온의 칼이다 하고 각기 제자
리에 서서 그 진영을 에워싸매 그 온 진영의 군사들이 뛰고 부르짖으며
도망하였는데."(삿7:20~21)

기드온이 미디안 대군과 싸울 때였다. 기드온과 그를 따르는 백성이 일
찍이 일어나 하롯 샘 곁에 진을 쳤다. 미디안 진영은 그들의 북쪽 모레 산
앞 골짜기에 마주하고 있었다. 하나님이 기드온에게 말씀하셨다. **"너를 따
르는 백성이 너무 많은즉 내가 그들의 손에 미디안 사람을 넘겨주지 아
니하리니 이는 이스라엘이 나를 거슬러 스스로 자랑하기를 내 손이 나를
구원하였다 할까 함이니라."**(삿7:2) 기드온은 하나님의 말씀대로 이스라
엘 백성 중에 두려워 떠는 사람 이만 이천 명을 집으로 돌려보냈다. **"너희
하나님 여호와는 너희와 함께 행하시며 너희를 위하여 너희 적군과 싸우
시고 구원하실 것이라 할 것이며 …… 두려워서 마음이 허약한 자가 있
느냐 그는 집으로 돌아갈지니 그의 형제들의 마음도 그의 마음과 같이
낙심될까 하노라."**(신20:4~8) 하나님은 다시 기드온에게 남은 백성을 물가
로 데려가라고 말씀하셨다. 그리고 개가 핥는 것같이 손으로 물을 핥아 먹
은 삼백 명으로 이스라엘을 미디안의 손에서 구원하실 것을 말씀하셨다.
기드온은 하나님의 말씀에 순종하여 무릎을 꿇고 물을 마신 자들은 돌려보
내고, 개처럼 물을 핥아 먹은 삼백 명에게 양식과 나팔을 손에 들리고 진영
에 머물게 하였다.
　그날 밤이었다. 기드온은 하나님의 인도하심을 따라 그의 부하 부라와

함께 미디안 진영으로 몰래 내려갔다. 그리고 그곳에서 미디안 두 병사의 꿈 해석하는 말을 듣고는 하나님을 경배하며 이스라엘 진으로 돌아왔다. **"꿈에 보리떡 한 덩어리가 미디안 진영으로 굴러 들어와 한 장막에 이르러 그것을 쳐서 무너뜨려 위쪽으로 옆으니 그 장막이 쓰러지더라 …… 이는 다른 것이 아니라 이스라엘 사람 요아스의 아들 기드온의 칼이라."**(삿7:13~14) 기드온은 하나님의 승리를 확신하고는 남은 삼백 명을 세 대로 나누고, 그들의 손에 각각 나팔과 빈 항아리를 들리고 항아리 안에는 햇불을 감추게 하였다. 그리고 그들에게 말하였다. **"나와 나를 따르는 자가 다 나팔을 불거든 너희도 모든 진영 주위에서 나팔을 불며 이르기를 여호와를 위하라 기드온을 위하라 하라."**(삿7:18) 기드온과 그와 함께 한 백 명이 미디안 진영 근처에 이른 때는 파수꾼을 교대하는 때였다. 기드온과 함께 한 백 명이 나팔을 불며 손에 가진 항아리를 부수자, 이어 세 대가 모두 나팔을 불며 그들의 항아리를 부수었다. 왼손에는 그들의 햇불을 들고, 오른손에는 나팔을 들어 불며 크게 외쳤다. **"여호와와 기드온의 칼이여."**(삿7:20) 그리고는 각기 제 자리에 서서 미디안 진영을 에워싸자, 미디안 온 진영의 군사들이 뛰고 부르짖으며 도망하였다. 하나님은 기드온의 삼백 명이 나팔을 불 때에 미디안 군사들을 큰 혼란에 빠뜨려 서로 칼로 치게 하셨다. (대하20:23) 그리하여 이스라엘은 그날 전쟁에서 미디안으로부터 큰 승리를 거둘 수 있었다.

성경은 우리를 질그릇에 비유하였다. **"그러나 여호와여 이제 주는 우리 아버지시니이다 우리는 진흙이요 주는 토기장이시니 우리는 다 주의 손으로 지으신 것이니이다."**(사64:8) 그러므로 질그릇 같은 연약한 우리가 우리의 혈과 육을 의지해서는 결코 사탄을 이길 수 없다. 질그릇이 깨어지듯, 우리의 육신은 죽고 하나님이 우리 안에서 일하실 때에만 우리는 승리할 수 있다. 깨어진 질그릇 안에 담긴 말씀이신 하나님이 온전히 우리를 다스리시고 일하실 때에만 우리는 승리할 수 있다. **"항아리를 가져다가 그 속에 만나 한 오멜을 담아 여호와 앞에 두어 너희 대대로 간수하라."**(출16:33) 질그릇이 깨어질 때 속에 감추어진 햇불이 환히 비추이듯, 우리의 육신이 죽는 만큼 우리 안에 계신 성령님의 빛과 능력이 우리를 대신하여 우리 앞서 싸우실 수 있기 때문이다. 우리의 원수의 진영에는 자중지란이 일어나고, 원수들이 우리 앞에서 스스로 패망하는 일이 일어나기 때문이다. **"우리가 이 보배를 질그릇에 가졌으니 이는 심히 큰 능력은 하나님께 있고 우리에게 있지 아니함을 알게 하려 함이라."**(고후4:7) 성경은 깨어진 질그릇들을 통해 일하신 하나님의 구원의 파노라마이다. 하나님은 십삼 년간의 긴 고난을 통해 요셉을 깨뜨리시고 그를 하나님의 사람으로 빚어 가셨다. 깨어진 질그릇 요셉을 통해, 이스라엘이 애굽에서 큰 민족을 이루리라 하신 자신의 언약을 성취하셨다. 또한 그의 형 유다는 깨어진 질그릇[66]의 고백을 통해, 애굽의 총리 요셉으로부터 하나님의 긍휼히 여기심을 받고 온 가족을 살릴 수 있었다. **"이제 주의 종으로 그 아이를 대신하여 머물러 있어 내 주의 종이 되게 하시고 그 아이는 그의 형제들과 함께 올려 보내소서 그 아이가 나와 함께 가지 아니하면 내가 어찌 내 아버지에게로 올라갈 수 있으리이까 두렵건대 재해가 내 아버지에게 미침을 보리이다."**(창44:33~34)

모세와 다윗 역시 깨어진 질그릇이었다. 이스라엘 백성이 금 송아지 우상을 만든 죄로 하나님이 진노하셔서 그들을 진멸하려 하실 때였다. 모세는 하나님께 간절히 기도하였다. 깨어진 질그릇의 간구였다. **"그러나 이제 그들의 죄를 사하시옵소서 그렇지 아니하시오면 원하건대 주께서 기록**

---

[66] 유다가 깨어진 질그릇이 된 이유는 무엇일까! 며느리 다말을 간음한 사건으로 인해 하나님 앞에서 철저히 자신의 위선과 죄악을 깨달았기 때문이지 않을까!(cf. 창38:24~25)

하신 책에서 내 이름을 지워 버려 주옵소서."(출32:32) 다윗 역시 그러하였다. 다윗이 인구 조사를 할 때였다. 다윗은 자신의 죄악으로 이스라엘 백성 중 칠만 명이 온역 재앙으로 죽어갈 때, 깨어진 질그릇의 심령으로 간절히 하나님의 긍휼을 구하며 기도하였다. **"나는 범죄하였고 악을 행하였거니와 이 양 무리는 무엇을 행하였나이까 청하건대 주의 손으로 나와 내 아버지의 집을 치소서."**(삼하24:17) 하나님은 깨어진 질그릇 다윗의 고백을 통해, 장차 십자가에서 깨어져 죽으심으로 인류의 구원을 이루실 참 성전 되신 예수님의 모형인 예루살렘 성전의 터를 예비해 주셨다. **"너희가 이 성전을 헐라 내가 사흘 동안에 일으키리라."**(요2:19)

학사 에스라도 깨어진 질그릇이었다. 에스라는 하나님의 율법을 연구하여 준행하며 그 율례와 규례를 이스라엘에게 가르치기를 결심하였다. 하나님은 에스라의 소원을 열납하시고, 아닥사스다 왕의 마음을 주장하셔서 그에게 예루살렘으로 가는 길을 열어 주셨다. 에스라는 예루살렘에 도착하여 먼저 이스라엘 백성과 아닥사스다 왕과 방백들이 드린 은과 금과 그릇들을 하나님께 봉헌하였다. 그리고 바벨론에서 돌아온 유다 백성을 위해 하나님께 속죄제와 번제를 드렸다. 그 후 어느 날이었다. 방백들이 에스라에게 나아와 이스라엘 백성이 이방인의 딸을 자기들의 아내와 며느리로 삼는다고 알려 주었다. 방백들과 고관들이 이 죄에 더욱 으뜸이 되었다고 말하였다. 에스라는 이 말을 듣고는 그의 속옷과 겉옷을 찢고, 머리털과 수염을 뜯으며 한동안 기가 막혀 앉아 있었다. 저녁 제사 드릴 즈음, 에스라는 깨어진 질그릇으로 근심 중에 일어나 그의 무릎을 꿇고 하나님께 죄를 자복하며 통곡하며 기도하였다. **"이스라엘의 하나님 여호와여 주는 의로우시니 우리가 남아 피한 것이 오늘날과 같사옵거늘 도리어 주께 범죄하였사오니 이로 말미암아 주 앞에 한 사람도 감히 서지 못하겠나이다."**(스9:15)

느헤미야와 에스더도 그러하였다. 느헤미야가 바사 왕 아닥사스다의 술 관원으로 수산 궁에 머물고 있을 때였다. 그 무렵 느헤미야는 유다에서 온 그의 친족 하나니로부터 소식을 듣게 되었다. 예루살렘 성벽이 무너지고 성문이 불탔다는 소식이었다. 이때 느헤미야는 울며 금식하며 하나님께 간절히 기도하였다. **"주는 귀를 기울이시며 눈을 여시사 종의 기도를 들으시옵소서 나와 내 아버지의 집이 범죄하여 주를 향하여 크게 악을 행하여 주께서 주의 종 모세에게 명령하신 계명과 율례와 규례를 지키지 아니하였나이다."**(느1:6~7) 그리하여 느헤미야는 하나님의 도우심을 받아 예루살렘의 무너진 성벽과 불 탄 성문을 새롭게 회복할 수 있었다. **"다시는 강포한 일이 네 땅에 들리지 않을 것이요 황폐와 파멸이 네 국경 안에 다시 없을 것이며 네가 네 성벽을 구원이라 네 성문을 찬송이라 부를 것이라."**(사60:18) 하나님은 깨어진 질그릇 느헤미야의 기도를 통해, 깨어진 하나님의 도성의 성벽과 성문을 재건할 수 있는 은혜를 베풀어 주셨다. 바사 아하수에로 왕의 때였다. 당시 유다인은 아각 사람 하만의 계략에 의해 진멸 당할 위기 가운데 있었다. 에스더는 모르드개의 권유를 듣고는 수산에 있는 유다인에게 자신을 위해 사흘 동안 금식하며 기도하기를 부탁하였다. 그리고 에스더는 깨어진 질그릇으로, 자기 시녀와 함께 밤낮 삼 일을 먹지도 마시지도 않고 금식하며 하나님께 구원을 간구하였다. 금식 기도를 마친 후, 에스더는 규례를 어기고 죽음을 각오하며 왕에게 나아갔다. 하만의 계략을 무너뜨리고, 오히려 원수 하만의 손에서 멸망 직전의 유다인을 구원할 수 있었다. **"자기 목숨을 얻는 자는 잃을 것이요 나를 위하여 자기 목숨을 잃는 자는 얻으리라."**(마10:39)

베드로는 갈릴리 호숫가에서 고기를 잡던 중 예수님의 부르심을 받았다. 그는 즉시 배와 그물을 버려두고 예수님을 뒤따랐다. 어느 날 예수님이 자신이 예루살렘에 올라가 장로들과 대제사장들과 서기관들에게 많은 고난을 받고, 죽임을 당하고, 제삼 일에 살아나야 할 것을 비로소 제자들에게 가르치셨다. 이때 베드로는 무례하리만치 예수님을 붙들고 항변하며 예수님의 죽음을 극구 만류하였다. (마16:21~22) 예수님은 베드로를 꾸짖으신 뒤, 이어 모든 제자들이 예수님을 부인할 것을 예언하셨다. 베드로는 예수님에게 **"모두 주를 버릴지라도 나는 결코 버리지 않겠나이다"**(마26:33)라고 담대히 고백하였다. 하지만 예수님은 베드로가 오늘 밤 닭 울기 전에 세 번을 부인할 것이라고 말씀하셨다. 베드로는 예수님이 잡히셔서 대제사장의 뜰에서 심문 당하실 때, 결국 예수님의 말씀대로 닭 두 번 울기 전에 예수님을 세 번이나 저주하며 부인하고 말았다. 베드로는 그를 바라보시는 예수님의 눈과 마주치자, 예수님의 말씀이 생각나서 급히 밖으로 뛰쳐나가 심히 통곡하였다. **"그러나 죄가 더한 곳에 은혜가 더욱 넘쳤나니."**(롬5:20)

　제자들이 갈릴리 바다에서 고기를 잡고 있을 때였다. 부활하신 예수님이 그들을 찾아오셨다. 베드로는 예수님이 오셨다는 다른 제자들의 말에 황급히 벗어 두었던 겉옷을 입고 바다로 뛰어들었다. 예수님은 제자들이 뭍으로 올라오자 미리 준비한 생선과 떡으로 그들을 먹이신 후 베드로에게 말씀하셨다. **"요한의 아들 시몬아 네가 나를 사랑하느냐."**(요21:16) 예수님은 자신을 부인한 횟수만큼 베드로에게 세 번을 거듭 질문하시며, 그를 죄책감에서 회복시키시고 자신의 양들을 그에게 맡기셨다. 이어 베드로에게 말씀하셨다. **"네가 젊어서는 띠 띠고 원하는 곳으로 다녔거니와 늙어서는 네 팔을 벌리리니 남이 네게 띠 띠우고 원하지 아니하는 곳으로 데려가리라."**(요21:18) 예수님은 이처럼 상하고 깨어진 질그릇 베드로를 통해 초대 교회의 기초를 놓으시고, 그를 순교의 제물로 열납하셨다. (시51:17) 세상의 관점으로 보면, 두 팔을 벌린 채 원하지 않는 곳으로 끌려가는 베드로의 삶은 지극히 무력하고 가련해 보이는 삶이다. 하지만 그러한 베드로의 삶이야말로, 어떤 사탄의 권세도 가로막거나 해칠 수 없는 가장 능력 있고 영광스러운 삶이었다. 토기장이이신 성령님의 권능과 영광의 팔이 상하고 깨어진 질그릇 베드로가 로마의 십자가 위에서 두 팔을 벌릴 때까지 그를 품에 안고 함께하셨기 때문이다. **"너희가 노년에 이르기까지 내가 그리하겠고 백발이 되기까지 내가 너희를 품을 것이라 내가 지었은즉 내가 업을 것이요 내가 품고 구하여 내리라."**(사46:4)

　사도 바울도 깨어진 질그릇이었다. 바울은 자신이 예수님을 핍박한 자였기 때문에, 그의 온 마음으로 자기 스스로 사도로 부름 받을 자격이 없는 사람이라 여겼다. **"미쁘다 모든 사람이 받을 만한 이 말이여 그리스도 예수께서 죄인을 구원하시려고 세상에 임하셨다 하였도다 죄인 중에 내가 괴수니라."**(딤전1:15) 바울은 알지 못할 때에 행한 죄악을 긍휼히 여기셔서 자신을 사도로 부르신 예수님의 은혜 앞에 참으로 깨어진 질그릇이었다. 바울은 그 은혜를 에베소 성도들에게 편지하면서 이렇게 고백하고 있다. **"모든 성도 중에 지극히 작은 자보다 더 작은 나에게 이 은혜를 주신 것은 측량할 수 없는 그리스도의 풍성함을 이방인에게 전하게 하시고."**(엡3:8) 바울은 이 깨어진 질그릇의 능력으로, 숱한 고난과 핍박과 모욕 가운데서도 하나님이 맡기신 전도자의 사명을 묵묵히 감당하며 끝까지 자신의 믿음의 경주를 마칠 수 있었다. 흑암의 권세에 종노릇하는 수많은 영혼들을 하나님의 아들의 빛의 나라로 들어가게 할 수 있었다. **"바로 이 시각까지 우리가 주리고 목마르며 헐벗고 매맞으며 정처가 없고 또 수고하여 친히 손으로 일을 하며 모욕을 당한즉 축복하고 박해를 받은즉 참고 비방을 받은즉 권면하니 우리가 지금까지 세상의 더러운 것과 만물의 찌꺼기같이 되었도다."**(고전4:11~13)

나팔에 대해 알아보자. 하나님은 시내 산에 강림하실 때 우레와 번개와 나팔 소리[67]와 함께 임하셨다. (출19:13,16,19) 나팔에 대한 규례는 민수기 10장에도 나온다. 이스라엘 백성이 광야를 행진할 때였다. 하나님은 모세에게 은 나팔[68] 둘을 두들겨 만들도록 명령하셨다. (민10:1~10) 그리고 아론의 자손인 제사장들이 그것으로 회중을 소집하거나 진영을 출발하는 신호로 사용하게 하셨다. 이스라엘 백성의 희락의 날이나 절기와 초하루에도 번제물과 화목제물을 드릴 때 그 나팔을 불게 하셨다. 특히 대적을 치러 나갈 때나 진영이 출발할 때에는 나팔을 크게 울려 불게 하셨다. 그리하면 하나님이 그들을 기억하시고 그들을 대적의 손에서 구원하실 것을 약속하셨다. 하나님은 희년의 속죄일, 곧 오십 년째 해 일곱째 달 열흘날에도 이스라엘 전국에 뿔나팔[69]을 크게 불어 모든 백성에게 자유를 선포하게 하셨다. 이스라엘 모든 백성이 각각 자기의 기업과 각각 자기의 가족에게로 돌아가게 하셨다. (레25:9~10) 여호수아와 이스라엘 백성이 여리고와 싸울 때였다. 하나님은 이때에도 일곱 제사장이 언약궤 앞서 일곱 양각 나팔을 불며 백성 앞에서 여리고 성을 돌게 하셨다. 아무 소리도 내지 말고 하루에 한 바퀴씩, 일곱째 날에는 일곱 바퀴를 돌게 하셨다. 이스라엘 백성이 마지막 일곱째 날 새벽에 나팔 소리가 길게 울리는 소리를 듣고 크게 소리칠 때 그 성이 무너지게 하셨다. 기드온이 삼백 용사와 함께 미디안과 싸울 때에도, 그들이 들고 있던 횃불을 감춘 항아리를 부수고 나팔을 불게 하여 그 싸움에서 크게 승리하게 하셨다. 다윗이 왕이 된 후 하나님의 언약궤를 아비나답의 집에서 예루살렘으로 모셔 올 때에도 나팔을 불며 즐거워하였

---

67) '나팔'을 13절은 יֹבֵל(요벨)'로, 16절과 19절은 'שׁוֹפָר(쇼파르)'라는 단어를 사용함.

68) 'חֲצֹצְרָה(하초츠라)'로 되어 있음.

69) 이때에는 '쇼파르-שׁוֹפָר'라는 단어를 사용함. 특히 레25:11 '희년'은 '요벨-יֹבֵל'로 되어 있음.

고, (삼하6:15) 솔로몬이 성전을 건축한 후에도 제사장들이 나팔을 불며 하나님을 찬양하였다. (대하7:6) 나중에 유다 백성이 스룹바벨과 함께 바벨론 포로 생활에서 돌아와 예루살렘 성전을 재건하기 위해 성전의 기초를 놓을 때에도 그러하였다. (스3:10)

하나님은 이사야 선지자를 통해, 장차 메시아를 세상에 보내서서 여호와의 은혜의 해와 하나님의 보복의 날을 선포하실 것을 말씀하셨다. 메시아가 오셔서 가난한 자에게 아름다운 소식을 전하시고, 마음이 상한 자를 고치시고, 포로 된 자에게는 자유를, 갇힌 자에게는 놓임을 선포하실 것을 예언하셨다. (사61:1~3) 본문의 여호와의 '은혜의 해'는 곧 뿔나팔을 불며 자유를 선포하는 구약의 '희년'을 의미한다.[70] 예수님이 광야에서 마귀의 모든 시험을 이기시고 갈릴리 나사렛 회당에 들어가셨을 때에도 이 말씀을 인용하시면서 모인 무리들에게 복음을 전하셨다. **"이 글이 오늘 너희 귀에 응하였느니라."**(눅4:21) 바울 사도가 고린도와 데살로니가 성도들에게 예수님의 재림과 부활을 가르칠 때에도 나팔 소리와 함께 예수님의 재림과 죽은 자들의 부활이 있을 것을 가르쳤다. **"주께서 호령과 천사장의 소리와 하나님의 나팔 소리로 친히 하늘로부터 강림하시리니 그리스도 안에서 죽은 자들이 먼저 일어나고 그 후에 우리 살아남은 자들도 그들과 함께 구름 속으로 끌어 올려 공중에서 주를 영접하게 하시리니 그리하여 우리가 항상 주와 함께 있으리라."**(살전4:16~17) 사도 요한도 밧모섬에서 큰 나팔 소리와 함께 말씀하시는 부활하신 예수님의 계시를 받아 요한 계시록을 기록하였다. 하나님이 일곱 재앙으로 이 세상을 심판하실 때에도 천사

---

70) '은혜의 해 ἐνιαυτὸν δεκτόν(에니아우톤 데크톤)'은 '환대의 해'라는 의미이며, '희년 יוֹבֵל(요벨)'은 '속죄의 해'라는 의미임. (cf. 레25:11; 눅4:19)

들이 부는 일곱 나팔 소리와 함께 그 재앙들이 땅에 임하게 하셨다. [71)]

　오늘날 나팔 소리는 하나님이 우리의 예배와 함께하시고, 예배 후 하늘의 군사들로 세상 가운데 흩어져 죄악과 전투하며 살아가는 우리의 삶에 함께하시겠다는 약속의 말씀과도 같다. 우리 앞서 우리의 원수와 싸우셔서 우리에게 승리를 주시겠다는 하나님의 약속의 말씀이요, 큰 위로의 말씀과도 같다. **"궤가 떠날 때에는 모세가 말하되 여호와여 일어나사 주의 대적들을 흩으시고 주를 미워하는 자가 주 앞에서 도망하게 하소서 하였고 궤가 쉴 때에는 말하되 여호와여 이스라엘 종족들에게로 돌아오소서 하였더라."**(민10:35~36) 그리고 마침내, 예수님이 호령과 천사장의 소리와 하나님의 나팔 소리로 이 땅에 임하실 때, 우리는 홀연히 부활의 몸으로 변화되어 새 하늘과 새 땅에서 부활하신 예수님과 영원히 함께 살게 될 것이다. 하나님은 오늘도 이 약속과 소망을 소유한 하나님의 백성들이 여리고성 같은 죄악 세상 가운데에서도 하나님의 거룩한 나팔수들로 살아가기를 소원하신다. **"너희 여호와로 기억하시게 하는 자들아 너희는 쉬지 말며 또 여호와께서 예루살렘을 세워 세상에서 찬송을 받게 하시기까지 그로 쉬지 못하시게 하라."**(사62:6~7)

　깨어진 질그릇과 하나님의 나팔수의 은혜를 구하자. 깨어질 때에는 고통이 따른다. 가난과 질병, 수치와 모욕, 핍박과 죽음의 위험이 늘 따라다닌다. (고후4:11) 하지만 가시에 찔린 장미일수록 진한 향기를 토하듯, 깨어진 질그릇일수록 그리스도의 영생의 향기를 진하게 토하여 낼 수 있음을 기억하자. **"나는 사론의 수선화요 골짜기의 백합화로다 여자들 중에 내 사랑**

---

71)　신약의 '나팔'은 모두 'σάλπιγξ(살핑스)'로 되어 있음. LXX에서는 '나팔'을 'σάλπιγγας(살핑가스)'(민10:2)로 번역하고 있음.

은 가시나무 가운데 백합화 같도다."(아2:1~2) 깨어진 나팔수일수록 예수님의 영광스러운 십자가의 소식을 크고 청명하게, 넓고 깊게 울려 퍼지게할 수 있음을 잊지 말자.[72] **"크게 외치라 목소리를 아끼지 말라 네 목소리를 나팔같이 높여 내 백성에게 그들의 허물을 야곱의 집에 그들의 죄를알리라."**(사58:1) 이유를 알 수 없는 고난 중에도 불평하거나 낙심하지 말고 선하신 하나님의 손길 아래에서 인내하자. 나팔을 불며 자기 영광만을구하며 살아가는 바리새인이 아닌, 깨어진 질그릇 세리의 마음으로 충만하자. 고난을 통해 우리의 부패함과 연약함을 알게 하시고, 우리를 깨뜨리셔서 기드온의 나팔수들로 살아가게 하시는 하나님의 은혜를 앙망하자. (시90:11~12) 자신만만한 베드로를 깨뜨리시고, 첫사랑의 갈릴리 바닷가에서새 은혜를 부으셔서 순교의 제물이 되게 하신 영광의 예수님을 뒤따르자.우리를 깨어진 질그릇으로 빚어 마침내 하나님 나라의 의와 영광의 나팔수로 사용하시는 하나님께 모든 감사와 영광을 돌려 드리자. (욥23:8~10) 우리의 원수 사탄은, 깨어진 질그릇의 손 안에 든 철장 앞에는 산산히 부서져흩어지고 말 티끌 같은 존재에 불과함을 항상 기억하자. **"나의 대적이 이것을 보고 부끄러워하리니 그는 전에 내게 말하기를 네 하나님 여호와가어디 있느냐 하던 자라 그가 거리의 진흙같이 밟히리니 그것을 내가 보리로다."**(미7:10) 우리의 원수 사탄은, 깨어진 질그릇의 나팔 소리 앞에는다윗 앞에 꼬꾸라진 한갓 골리앗에 불과한 가련한 존재임을 항상 잊지 말자. **"내게 구하라 내가 이방 나라를 네 유업으로 주리니 네 소유가 땅 끝까지 이르리로다 네가 철장으로 그들을 깨뜨림이여 질그릇같이 부수리라 하시도다."**(시2:8~9)

---

72) 히1:3에서 '예수님은 하나님의 본체의 형상이시라'는 말씀이 나오는데, 이때 '형상'으로번역된 'καρακτἠρ(카라크테르)'는 '판박이'라는 의미임. 예수님이 성부 '하나님의 판박이'의삶을 사셨듯, 우리 역시 이 세상에서 성자 '예수님의 판박이'로 사는 자들임을 가르치고 있음.

12. 목자의 제구

"주의 종이 사자와 곰도 쳤은즉 살아 계시는 하나님의 군대를 모욕한 이 할례 받지 않은 블레셋 사람이리이까 그가 그 짐승의 하나와 같이 되리이다."(삼상17:36)

다윗이 아버지 이새의 집과 왕궁을 오가며 아버지의 양을 칠 때였다. 블레셋 사람들이 군대를 모으고 싸우고자 하여 유다 땅 에베스담임에 진을 쳤다. 사울과 이스라엘 사람들은 엘라 골짜기에 진을 치고 그들과 대진하고 있었다. 블레셋 사람의 진영에는 싸움 돋우는 골리앗이 있었다. 그의 키는 여섯 규빗 한 뼘이요, 머리에는 놋 투구를 썼고 몸에는 비늘 갑옷을 입고 있었다. 그의 다리에는 놋 각반을 찼고 어깨에는 놋 단창을 메고 있었다. 창의 자루는 베틀 채 같고, 창 날은 철 육백 세겔이며, 방패 든 자가 그 앞서 행하였다. 골리앗이 하나님의 이스라엘 군대를 향하여 외쳤다. **"너희는 한 사람을 택하여 내게로 내려보내라 그가 나와 싸워서 나를 죽이면 우리가 너희의 종이 되겠고 내가 이겨 그를 죽이면 너희가 우리에게 종이 되어 우리를 섬길 것이니라."**(삼상17:8~9) 골리앗은 이스라엘의 하나님을 조롱하며 조석으로 사십 일 동안 나와서 그의 몸을 나타내었다.

이 무렵, 다윗이 아버지 이새의 심부름으로 형들의 안부를 묻기 위해 음식을 가지고 진영으로 나아갔다. 이스라엘 백성이 골리앗을 심히 두려워하고, 그 앞에서 도망하며 블레셋과 전쟁할 엄두도 내지 못하고 있을 때였다. 다윗이 곁에 서 있는 사람들에게 말하였다. **"이 블레셋 사람을 죽여 이스라엘의 치욕을 제거하는 사람에게는 어떠한 대우를 하겠느냐 이 할례 받**

지 않은 블레셋 사람이 누구이기에 살아 계시는 하나님의 군대를 모욕하겠느냐."(삼상17:26) 사울 왕이 이 말을 듣게 되었다. 사울 왕은 다윗이 골리앗을 이길 수 없을 것이라며 싸우기를 만류하였다. 하지만 다윗은 승리를 확신하며 골리앗과 싸우게 해 달라고 사울에게 간청하였다. **"주의 종이 아버지의 양을 지킬 때에 사자나 곰이 와서 양 떼에서 새끼를 물어가면 내가 따라가서 그것을 치고 그 입에서 새끼를 건져 내었고 …… 주의 종이 사자와 곰도 쳤은즉 살아 계시는 하나님의 군대를 모욕한 이 할례 받지 않은 블레셋 사람이리이까 그가 그 짐승의 하나와 같이 되리이다."**(삼상17:34~36) 사울은 이 말을 듣고 자기의 군복을 다윗에게 입혔다. 놋 투구를 그의 머리에 씌우고 또 갑옷을 그에게 입혔다. 하지만 다윗이 칼을 군복 위에 차고는 시험적으로 걸어 보다가 익숙치 못하여 사울에게 그것들을 도로 건네주었다. 그리고 손에 막대기를 가지고, 시내에서 고른 매끄러운 돌 다섯을 목자의 제구에 넣고, 손에 물매를 가지고는 블레셋 사람에게로 나아갔다. 다윗은 그를 업신여기는 골리앗을 향해 크게 소리쳤다. **"오늘 여호와께서 너를 내 손에 넘기시리니 내가 너를 쳐서 네 목을 베고 블레셋 군대의 시체를 오늘 공중의 새와 땅의 들짐승에게 주어 온 땅으로 이스라엘에 하나님이 계신 줄 알게 하겠고 또 여호와의 구원하심이 칼과 창에 있지 아니함을 이 무리에게 알게 하리라."**(삼상17:46~47) 골리앗이 다윗을 업신여기며 일어나 다윗에게로 가까이 올 때였다. 다윗은 골리앗을 향하여 빨리 달리며, 손을 주머니에 넣어 돌을 가지고 물매로 그 돌을 힘차게 던졌다. 그 돌이 쏜살같이 날아가 골리앗을 치며 이마에 박히자, 골리앗은 다곤 신당의 우상 다곤처럼 얼굴을 땅에 대고 꼬꾸라졌다. 다윗은 달려가서 골리앗을 발로 밟고, 골리앗의 칼을 그의 칼 집에서 빼내어 그 칼로 골리앗을 죽이고 그의 머리를 베었다. (마26:52) 블레셋 사람들은 자기 용사의 죽음을 보고는 혼비백산 도망하였다. 이때 이스라엘 사람들이 블레셋 군대를 좇아가서 그들의 진영을 노략하여 이스라엘은 그날 큰 승리를 거두게 된다. **"손대지 아니한 돌이 나와서 신상의 쇠와 진흙의 발을 쳐서 부서뜨리매 그때에 쇠와 진흙과 놋과 은과 금이 다 부서져 여름 타작 마당의 겨같이 되어 바람에 불려 간 곳이 없었고 우상을 친 돌은 태산을 이루어 온 세계에 가득하였나이다."**(단2:34~35)

'지려느냐! 이길 수 있다!'의 영적 전쟁은 '우리의 싸움이 아니라 하나님이 친히 우리 앞서 싸우시는 하나님의 전쟁이다. 그러므로 우리에게 요구되는 것은 순종하는 믿음이다. **"내가 왕벌을 너희 앞에 보내어 그 아모리 족속의 두 왕을 너희 앞에서 쫓아내게 하였나니 너희의 칼이나 너희의 활로써 이같이 한 것이 아니며."**(수24:12) 하나님은 이를 위해 우리를 먼저 연단을 통해 정금 같은 믿음의 사람으로 준비되게 하신다. 우리를 훈련하신 우리의 믿음의 도구들을 통해, 우리 앞서 우리와 함께 싸우셔서 우리로 하여금 원수를 이기게 하신다. (엡6:10~12) 사울 왕의 갑옷과 놋 투구와 칼이 아무리 훌륭한 무기라 할지라도 그것은 다윗에게 익숙한 무기는 될 수 없었다. 다윗의 무기는 오직, 그가 평소에 사자와 곰의 입과 싸워 양들을 건질 때 하나님이 사용하신 목자의 제구들이었다. 다윗은 사울의 무기가 아닌, 하나님이 구비하신 그의 막대기와 물매와 돌을 가지고 골리앗을 이길 수 있었기 때문이다. 영적 전쟁은 우리의 능력이나 무기가 아닌, 오직 하나님이 구비하신 하나님의 무기로만 이길 수 있는 전쟁이기 때문이다. **"나의 반석이신 여호와를 찬송하리로다 그가 내 손을 가르쳐 싸우게 하시며 손가락을 가르쳐 전쟁하게 하시는도다."**(시144:1) 사람이 만든 칼이나 창이 아닌, 오직 성령의 검, 곧 하나님의 말씀으로 싸우는 전쟁이기 때문이다. 이는, 골리앗의 강하고 견고한 놋 투구와 비늘 갑옷과 방패가 지극히도 무력해 보이는 다윗의 물매의 돌을 결코 이기지 못한 사실을 통해서도 잘 알 수 있다. "내가 에브라임의 병거와 예루살렘의 말을 끊겠고 전쟁하는 활도 끊으리니 그가 이방 사람에게 화평을 전할 것이요 그의 통치는 바다에서 바다까지 이르고 유브라데 강에서 땅 끝까지 이르리라."(슥9:10)

다윗이 네피림의 후손 골리앗을 이긴 사건은 골리앗 같은 강한 원수 사탄의 권세를 이기신 예수님의 승리를 예표하고 있다. 또한 자기 아들을 죄 있는 육신의 모양으로 보내서, 육신에 죄를 정하사 육신을 따르지 않고 영을 따라 살아가는 하나님의 백성으로 우리를 세우실 예수님의 구원 사역을 예표하고 있다. (롬8:3~4) 우리의 구원을 위해 말씀이 육신이 되어 오신 예수님이 친히 십자가에서 성령의 검, 하나님의 말씀에 찔려 죽기까지 순종하심으로 원수 사탄의 머리를 깨뜨리시고 승리하셨기 때문이다. "그중 한 군인이 창으로 옆구리를 찌르니 곧 피와 물이 나오더라."(요19:34) 이는, 다윗이 골리앗의 머리를 예루살렘으로 가져올 때 골리앗의 이마에 박힌 돌을 통해서도 잘 깨달을 수 있다. 골리앗의 육신은 예수님과 함께 죽어야만 다시 사는 우리의 교만하고 부패한 육신이요, 골리앗의 이마에 박힌 다윗의 돌은 우리의 육신의 죄와 함께 십자가에서 죽으신 신령한 돌 되시는 예수님을 예표하고 있기 때문이다. "보라 한 돌에 일곱 눈이 있느니라 내가 거기에 새길 것을 새기며 이 땅의 죄악을 하루에 제거하리라."(슥3:9) 그러므로, 우리를 승리의 삶으로 인도하는 우리의 목자의 제구는 하나님의 말씀으로 길들여져 순종의 믿음으로 단장된 우리의 마음이다. 다윗이 원수 골리앗을 향해 의분의 마음으로 달려가듯, 우리 또한 우리의 원수인 죄와 사탄의 진(陣)을 향해 하나님의 의분으로 달려가는 삶을 살아가는 자들이기 때문이다. 육신의 칼이나 창이 아닌, 양날 가진 하나님의 말씀, 성령의 검의 능력에 사로잡혀 살아가는 자들이기 때문이다. "무리가 그 칼을 쳐서 보습을 만들고 창을 쳐서 낫을 만들 것이며 이 나라와 저 나라가

다시는 칼을 들고 서로 치지 아니하며 다시는 전쟁을 연습하지 아니하고."(미4:3)

모세는 사십 세 때에 자신의 지혜와 능력으로 히브리 동족을 구원하려 하였다. 하지만 모세의 앞길을 손짓하고 있는 것은 미디안의 광야일 뿐이었다. 모세는 사십 년간 장인 이드로의 양 떼를 목축하며 소망 없는 하루하루의 삶을 살아갔다. 인간적으로는 그지없이 의미 없어 보이는 미디안 광야의 사십 년이 모세에게는 반드시 요구되는 하나님의 시간들이었다. 마침내 하나님의 카이로스가 되자, 모세는 하나님이 그동안 그를 구비하신 목자의 지팡이 하나만을 들고 이스라엘의 구원을 위해 애굽으로 내려갈 수 있었다. 하나님이 함께하시는 보잘것없는 목자의 제구 하나로 바로와 애굽을 하나님 앞에 무릎 꿇리고 이스라엘의 출애굽의 새 역사를 써 나갈 수 있었다. **"모세가 하나님의 지팡이를 손에 잡았더라 여호와께서 모세에게 이르시되 네가 애굽으로 돌아가거든 내가 네 손에 준 이적을 바로 앞에서 다 행하라."**(출4:20~21)

엘리사가 엘리야 선지자로부터 하나님의 부르심을 받을 때였다. 그는 열두 겨릿 소를 앞세우고 밭을 갈고 있을 때였다. 엘리야가 그의 겉옷을 벗어 엘리사 위에 던지자, 엘리사는 곧 소를 버리고 엘리야에게로 달려갔다. **"청하건대 나를 내 부모와 입맞추게 하소서 그리한 후에 내가 당신을 따르리이다."**(왕상19:20) 엘리사는 돌아가서 한 겨릿 소를 가져다가 잡고 소의 기구를 불살랐다. 그 고기를 삶아 백성에게 주어 먹게 하고, 일어나 엘리야를 따르며 엘리야의 하나님을 수종 들었다. 엘리사가 하나님의 부르심을 받을 때, 그는 그의 소의 기구를 불살랐다. 이제 더 이상 자신의 생업의 수단에 매이지 않고 전적으로 하나님을 따르겠다는 그의 결연한 의지의 표현이었다. **"거기서 더 가시다가 다른 두 형제 곧 세베대의 아들 야고보와 그의 형제 요한이 그의 아버지의 세베대와 함께 배에서 그물 깁는 것을 보시고 부르시니 그들이 곧 배와 아버지를 버려두고 예수를 따르니라."**(마 4:21~22) 하지만 하나님은 그동안 엘리사가 '농부의 제구'들로 구비한 그의 능력을 버리지 않으셨다. 그 후 엘리사는 하나님이 그에게 맡기신 이스라엘의 '포도원의 파수꾼'으로서의 사명을 많은 핍박과 고난 중에서도 죽는 날까지 묵묵히 감당할 수 있었기 때문이다. **"이 성읍의 위치는 좋으나 물이 나쁘므로 토산이 익지 못하고 떨어지나이다 …… 엘리사가 물 근원으로 나아가서 소금을 그 가운데에 던지며 이르되 여호와의 말씀이 내가 이 물을 고쳤으니 이로부터 다시는 죽음이나 열매 맺지 못함이 없을지니라 하셨느니라."**(왕하2:19~21)

어느 날 시몬 베드로가 게네사렛 호수에서 고기를 잡고 있을 때였다. 베드로는 이른 아침 배에서 나와 그물을 씻고 있었다. 이때 예수님이 시몬의 배에 오르셔서 호숫가에 서 있는 무리들에게 말씀을 가르치셨다. 말씀을 마치신 후, 예수님이 시몬에게 말씀하셨다. **"깊은 데로 가서 그물을 내려 고기를 잡으라."**(눅5:4) 시몬이 예수님께 대답하였다. **"선생님 우리들이 밤이 새도록 수고하였으되 잡은 것이 없지마는 말씀에 의지하여 내가 그물을 내리리이다."**(눅5:5) 베드로는 예수님이 목수 출신이요, 고기잡이에는 비전문가인 줄 알고 있었지만 예수님의 말씀을 무시하지 않았다. 물 깊이가 적당한 곳과, 밝은 아침이 아닌 어두운 밤이 고기 잡는 적기임을 아는 자신의 지식도 의지하지 않았다. 베드로는 예수님의 말씀에 순종하여 깊은 데로 가서 그물을 내렸다. 그리고 그물이 찢어질 정도로 심히 많은 고기를 잡을 수 있었다. 다른 배에 있는 동무들의 도움을 받아 두 배에 채우고, 잡은 고기로 인해 배들이 바다에 가라앉을 정도였다. 이때 베드로는 예수님의 무릎 아래에 엎드려 고백하였다. **"주여 나를 떠나소서 나는 죄인이로소이다."**(눅5:8) 예수님이 베드로에게 말씀하셨다. **"무서워하지 말라 이제 후로는 네가 사람을 취하리라."**(눅:10)

예수님이 부활하신 후의 어느 날이었다. 베드로는 다른 제자들과 함께 갈릴리에서 고기를 잡고 있었다. 제자들은 그날 밤에도 한 마리의 고기도 잡지 못하였다. 날이 새어갈 무렵, 부활하신 예수님이 바닷가에 서 계셨으나 제자들은 예수님이 계신 줄을 알지 못하였다. 예수님이 그들에게 말씀하셨다. **"그물을 배 오른편에 던지라 그리하면 잡으리라."**(요21:6) 이에 제자들이 예수님의 말씀을 따라 그물을 배 오른편에 던졌더니 잡은 물고기가 많아 그물을 들 수 없을 정도였다. 베드로가 그물을 육지에 끌어 올리자, 가득히 찬 물고기가 백쉰세 마리나 되었지만 그물이 찢어지지 아니하였다. 예수님이 처음 베드로를 제자로 부르실 때에는 베드로에게 '깊은 곳'으로 가서 그물을 던지라고 말씀하셨다. 그러나 부활하신 예수님은 베드로에게 '배 오른편[73]'에 그물을 내려 고기를 잡으라고 말씀하셨다. 예수님이 베드로에게 이렇게 말씀하신 이유는 무엇일까? 처음에는 베드로가 하나님의 깊은 은혜의 바다에서 그의 믿음이 자라기를 원하셨고, 그 후 연단 받은 베드로에게는 그동안 그가 구비한 '어부의 제구'들이 하늘의 능력으로 덧입혀져서 많은 사람을 낚는 어부로서의 사명을 감당하기를 원하셨기 때문이 아닐까! **"내 입을 날카로운 칼같이 만드시고 나를 그의 손 그늘에 숨기시며 나를 갈고 닦은 화살로 만드사 그의 화살통에 감추시고 내게 이르시되 너는 나의 종이요 내 영광을 네 속에 나타낼 이스라엘이라 하셨느니라."**(사49:2~3) 그 결과, 처음 예수님을 만났을 때에는 베드로의 그물이 잡은 고기들로 인해 찢어졌으나, 부활하신 예수님을 만난 후에는 많은 고기

---

73) 성경의 '오른편'은 '권세와 능력의 자리'를 의미함. (cf. 시121:5; 전10:2; 마25:33; 눅22:69; 롬8:34)

들을 잡았음에도 불구하고 그의 그물이 찢어지지 않는 은혜를 받은 것이 아닐까!

사도 바울을 보자. 바울은 바리새파 사람으로서 천막 만드는 일을 하는 사람이었다. 그가 복음을 전하기 위해 고린도에 이르렀을 때였다. 바울은 마침 이달리야로부터 온 아굴라와 브리스길라 부부를 만나 그들과 함께 천막 만드는 일을 하면서 복음을 전하였다. 하나님은 바울로 하여금 천막 만드는 일을 그의 목자의 제구로 삼으셔서 이방 선교를 위한 사도로서의 사명을 감당하게 하셨다. **"내게 주신 하나님의 은혜를 따라 내가 지혜로운 건축자와 같이 터를 닦아 두매 다른 이가 그 위에 세우나 그러나 각각 어떻게 그 위에 세울까를 조심할지니라 이 닦아 둔 것 외에 능히 다른 터를 닦아 둘 자가 없으니 이 터는 곧 예수 그리스도라."**(고전3:10~11) **"만일 땅에 있는 우리의 장막 집이 무너지면 하나님께서 지으신 집 곧 손으로 지은 것이 아니요 하늘에 있는 영원한 집이 우리에게 있는 줄 아느니라 참으로 우리가 여기 있어 탄식하며 하늘로부터 오는 우리 처소로 덧입기를 간절히 사모하노라."**(고후5:1~2) **"너희는 사도들과 선지자들의 터 위에 세우심을 입은 자라 그리스도 예수께서 친히 모퉁잇돌이 되셨느니라 그의 안에서 건물마다 서로 연결하여 주 안에서 성전이 되어 가고 너희도 성령 안에서 하나님이 거하실 처소가 되기 위하여 그리스도 예수 안에서 함께 지어져 가느니라."**(엡2:20~22) 성령님의 영감을 따라 교회에 주신 이 모든 말씀들은 건축가 바울의 목자의 제구들에서 탄생한 영원한 하나님의 말씀들이었기 때문이다.

우리가 때때로 당하는 환난은 우리를 온전히 구비하여 하나님의 도구로 쓰시려는 하나님의 은혜의 손길이다. **"내 형제들아 너희가 여러 가지**

시험을 당하거든 온전히 기쁘게 여기라 이는 너희 믿음의 시련이 인내를 만들어 내는 줄 너희가 앎이라 인내를 온전히 이루라 이는 너희로 온전하고 구비하여 조금도 부족함이 없게 하려 함이라."(약1:2~4) 하나님은 사울에 의해 핍박받는 다윗을 아히멜렉 제사장이 건네준 '골리앗의 칼'로 위로하시듯, 때때로 환난 중에 있는 우리를 이전에 하나님이 우리와 함께하신 은혜의 증거들을 통해 위로하신다. (삼상21:9) **"그리스도의 고난이 우리에게 넘친 것같이 우리가 받는 위로도 그리스도로 말미암아 넘치는 도다."**(고후1:5) 때로는 요나단 같은 위로의 사람을 붙이셔서 우리를 온전한 하나님의 사람으로 구비되게 하신다. 그리고 하나님은 때때로 우리에게 사자와 곰의 발톱을 허용하시지만, 마침내 우리를 골리앗 같은 강한 사탄의 권세를 능히 이길 수 있는 하나님의 능력으로 무장되게 하신다. (시23:4~5) 우리의 손에는 다윗의 막대기처럼, 약한 것 같으나 가장 강력한 전능한 목자 되신 '예수님의 제구'들로 채워져 있기 때문이다. 우리의 마음에는 육신의 칼을 든 골리앗의 분노가 아닌, 죄의 원흉 사탄을 향해 달려간 성령의 검을 든 참 다윗, 예수님의 의분으로 충만하기 때문이다. **"노끈으로 채찍을 만드사 양이나 소를 다 성전에서 내쫓으시고 돈 바꾸는 사람들의 돈을 쏟으시며 상을 엎으시고 비둘기 파는 사람들에게 이르시되 이것을 여기서 가져가라 내 아버지의 집으로 장사하는 집을 만들지 말라 하시니."**(요2:15~16) 헬라의 아덴 성에 기득한 우상을 바라보고 마음에 격분이 일어나, 만나는 사람마다 천지 만물의 주인이신 하나님과 심판장 되신 예수님의 부활을 증거한 바울의 의분으로 충만하기 때문이다. **"내가 기뻐하는 자의 모임 가운데 앉지 아니하며 즐거워하지도 아니하고 주의 손에 붙들려 홀로 앉았사오니 이는 주께서 분노로 내게 채우셨음이니이다."**(렘15:17)

13. 매사를 하나님께 물으라

"그일라 사람들이 나를 그의 손에 넘기겠나이까 주의 종이 들은 대로 사울이 내려 오겠나이까 이스라엘의 하나님 여호와여 원하건대 주의 종에게 일러 주옵소서 하니 여호와께서 이르시되 그가 내려 오리라 하신지라 다윗이 이르되 그일라 사람들이 나와 내 사람들을 사울의 손에 넘기겠나이까 하니 여호와께서 이르시되 그들이 너를 넘기리라 하신지라."(삼상23:11~12)

어느 아버지와 아들의 관계를 생각해 보자. 아들이 어릴 적에는 아버지가 하루 일을 마치고 집으로 돌아올 때면, 하루 동안의 일들을 자초지종 다정스럽게 아버지와 이야기를 나누었다. 하지만 점점 나이가 들어갈수록 아들과 아버지와의 대화의 시간은 적어졌다. 그러던 어느 날 자기 스스로는 해결할 수 없는 큰 문제가 아들에게 발생하였다. 아들은 급히 아버지를 찾아와 도움을 구하였다. 아버지는 아들을 사랑하여 당연히 그 어려움을 해결해 주었다. 하지만 아버지의 마음 한편 아들에 대한 서운한 감정은 숨길 수 없는 사실일 것이다. 아버지는 비록 아들 스스로 문제를 해결할 수 있는 작은 일이라 할지라도, 아들이 그 문제를 아버지와 의논할 때 마음으로 흡족해하며 기뻐할 것이다. 아들로부터 아버지로 인정받고 있다는 마음에서일 것이다. 하나님과 우리의 관계도 그러하리라 여겨진다.

전도서에는 **"지혜자의 마음은 때와 판단을 분변하나니 무슨 일에든지 때와 판단이 있으므로 사람에게 임하는 화가 심함이니라"**(전8:6)는 말씀이 있다. 우리는 지혜가 부족하여 현재의 일마저도 그것을 하나님의 뜻 안에서 분별하며 대처하는 일도 어려울 때가 많이 있다. 미래의 일은 두말할 나위도 없을 것이다. 설사 그것을 안다 할지라도, 우리의 능력의 한계로 인해 그 일을 지혜롭게 대처하는 일은 더욱 역부족일 것이다. 사탄은 주로 이런 틈을 타고 우리를 미혹하여 자신의 악한 뜻을 이루려 한다. 이러한 사탄의 미혹을 이기는 길은 일마다 때마다 완전한 지혜의 하나님을 의지하고, 그 하나님의 능력을 구하는 일일 것이다. **"그들이 날마다 나를 찾아 나의 길 알기를 즐거워함이 마치 공의를 행하여 그의 하나님의 규례를 저버리지 아니하는 나라 같아서 의로운 판단을 내게 구하며 하나님과 가까이 하기를 즐거워하는도다."**(사58:2) 하나님은 사람과 달리, 자신을 의지할수록 더 기뻐하시고 은혜 베풀기를 원하시는 사랑의 아버지 하나님이시기 때문이다. **"너희 중에 누구든지 지혜가 부족하거든 모든 사람에게 후히 주시고 꾸짖지 아니하시는 하나님께 구하라 그리하면 주시리라."**(약1:5)

다윗이 그일라에 머물 때였다. 어떤 사람이 다윗이 그일라에 온 것을 사울에게 일렀다. 사울은 군사를 불러 모으고 그일라로 내려갔다. 다윗과 그의 사람들을 잡으려고 그들을 에워쌌다. 당시에는 제사장 아비아달이 에봇을 가지고 도망하여 다윗과 함께 있었다. 사울이 제사장 아히멜렉이 다윗을 도운 일로 제사장 팔십오 명을 죽이고 놉 성읍의 사람들과 가축들을 모두 칼로 죽였기 때문이었다. 다윗은 아비아달에게 에봇을 가져오라 하여 하나님께 기도하였다. **"그일라 사람들이 나를 그의 손에 넘기겠나이까 주의 종이 들은 대로 사울이 내려오겠나이까 이스라엘의 하나님 여호와여 원하건대 주의 종에게 일러 주옵소서."**(삼상23:11) 하나님은 다윗에게 사울이 그에게로 내려올 것을 말씀하셨다. 다윗은 다시 하나님께 기도하였다. **"그일라 사람들이 나와 내 사람들을 사울의 손에 넘기겠나이까."**(삼상23:12) 하나님은 다윗에게 그일라 사람들이 그를 사울에게 넘길 것이라고 말씀하셨다. 이처럼 다윗은 매사를 하나님께 기도하며 구체적으로 하나님의 뜻을 구하였다. **"너는 마음을 다하여 여호와를 신뢰하고 네 명철을 의지하지 말라 너는 범사에 그를 인정하라 그리하면 네 길을 지도하시리라."**(잠3:5~6)

그 후, 다윗이 사울 왕의 계속적인 핍박 가운데 있을 때였다. 그는 사울의 핍박을 견디다 못해 결국 하나님께 묻지 않고 자기 생각대로 블레셋으로 도망하고 말았다. **"다윗이 그 마음에 생각하기를 내가 후일에는 사울의 손에 붙잡히리니 블레셋 사람들의 땅으로 피하여 들어가는 것이 좋으리로다 사울이 이스라엘 온 영토 내에서 다시 나를 찾다가 단념하리니 내가 그의 손에서 벗어나리라."**(삼상27:1) 하지만, 다윗은 나중에 시글락으로 돌아왔을 때 울 기력이 없도록 울 수밖에 없는 큰 고통을 겪어야만 했다. 환난의 때일수록 하나님을 의지하고 하나님께 묻지 않은 그의 불순종 때문이었다. 하나님은 그러한 고통을 통해 다윗을 더욱 하나님과 의논하는 사람으로 변화시켜 주셨다. 사울 왕이 블레셋과의 전쟁에서 죽은 후였다. 다윗은 이때 유다 한 성읍으로 올라가기 위해 먼저 하나님께 기도하였다. **"내가 유다 한 성읍으로 올라가리이까."**(삼하2:1) 하나님은 다윗에게 올라가라고 말씀하셨다. 다윗은 다시 하나님께 물었다. **"어디로 가리이까."**(삼하2:2) 하나님이 다윗에게 말씀하셨다. **"헤브론으로 갈지니라."**(삼하2:1) 다윗은 그간의 연단을 통해, 철저히 하나님의 인도를 따르는 일이야말로 평안과 복된 삶의 지름길임을 깊이 깨닫고 있었다. 그리하여 '유다로 올라가라'는 하나님의 말씀을 듣고서도 거기서 그치지 않고, 유다 성읍 중 '어느 성읍'으로 올라가야 하는지에 대해 구체적으로 하나님께 물을 수 있었다.

다윗이 왕이 된 후 블레셋과의 전쟁에서도 그러하였다. 블레셋이 이스라엘이 다윗을 기름 부어 왕으로 삼았다는 소식을 듣고 다윗을 치러 르바임 골짜기에 진을 쳤다. 다윗은 요새로 나가 그들과 싸우기 전에 먼저 하나님께 기도하였다. **"내가 블레셋 사람에게로 올라가리이까 여호와께서 그들을 내 손에 넘기시겠나이까."**(삼하5:19) 하나님이 다윗에게 말씀하셨다. **"올라가라 내가 반드시 블레셋 사람을 네 손에 넘기리라."**(삼하5:19) 다윗은 하나님의 말씀대로 블레셋과 싸워 큰 승리를 거둘 수 있었다. 그 후 블레셋 사람들이 다시 전열을 정비하여 동일한 장소인 르바임에 진을 치고 싸우려 하였다. 다윗은 이때에도 다시 하나님께 기도하였다. 하나님이 이번에는 다윗에게 이렇게 말씀하셨다. **"올라가지 말고 그들 뒤로 돌아서 뽕나무 수풀 맞은편에서 그들을 기습하되 뽕나무 꼭대기에서 걸음 걷는 소리가 들리거든 곧 공격하라 그때에 여호와가 너보다 앞서 나아가서 블레셋 군대를 치리라."**(삼하5:23~24) 만일 이때, 다윗이 블레셋이 이전과 동일한 장소에서 진을 친 것을 보고 하나님께 묻지도 않고 싸웠다면 그 결과는 어떻게 되었을까? 물론 하나님의 도우심으로 패배하지는 않았을 것이다. 하지만 다윗은 그의 앞서, 그를 위해 싸우시는 하나님의 세밀한 도우심을 받지는 못했을 것이다. 공격 방법과 장소는 물론, 공격 시점까지 말씀하시는 하나님의 도우심을 받지 못함으로 인해 쉽게 승리를 거두지는 못했을 것이다. **"여호와의 친밀하심이 그를 경외하는 자들에게 있음이여 그의 언약을 그들에게 보이시리로다."**(시25:14) 매사에 하나님과 의논하며 하나님의 인도하심을 따르는 일이 우리의 영적 전쟁의 삶에서 얼마나 중요한지를 이를 통해 배울 수 있다. **"아침에 나로 하여금 주의 인자한 말씀을 듣게 하소서 내가 주를 의뢰함이니이다 내가 다닐 길을 알게 하소서 내가 내 영혼을 주께 드림이니이다."**(시143:8)

아브라함의 종도 그러하였다. 아브라함이 나이 많아 늙고 사라가 죽은 어느 날이었다. 아브라함은 아들 이삭을 위해 아내를 데려오도록 자기 집

소유를 맡은 늙은 종을 메소포타미아로 보냈다. 종이 낙타 열 필에 많은 선물을 싣고 메소포타미아 나홀의 성에 이르렀을 때였다. 종은 하나님의 은혜를 구하며 기도하였다. **"내가 우물 곁에 서 있다가 한 소녀에게 이르기를 청하건대 너는 물동이를 기울여 나로 마시게 하라 하리니 그의 대답이 마시라 내가 당신의 낙타에게도 마시게 하리라 하면 그는 주께서 주의 종 이삭을 위하여 정하신 자라 이로 말미암아 주께서 내 주인에게 은혜 베푸심을 내가 알겠나이다."**(창24:13~14) 종이 마음속으로 이 말을 마치기도 전에 리브가가 물동이를 어깨에 메고 그에게로 나아왔다. 리브가는 늙은 종이 기도한 대로 그에게 행하였다. 그리하여 아브라함의 종은 순적히 리브가를 가나안으로 데려와 주인 이삭이 그의 아내로 맞이할 수 있게 하였다. **"그들이 부르기 전에 내가 응답하겠고 그들이 말을 마치기 전에 내가 들을 것이며."**(사65:24)

모세도 매사를 하나님과 의논한 믿음의 사람이었다. 모세는 광야 사십 년의 긴 여정 가운데, 어려운 일이 있을 때마다 먼저 하나님께 그 일을 의논하며 이스라엘 백성을 인도하였다. 이스라엘 자손이 애굽 땅에서 나온 다음 해 첫째 달이었다. 하나님은 이스라엘 백성에게 유월절을 지킬 것을 명령하셨다. 그때 사람의 시체로 말미암아 부정하게 되어서 유월절을 지킬 수 없는 사람들이 모세에게 나아와 말하였다. **"우리가 사람의 시체로 말미암아 부정하게 되었거니와 우리를 금지하여 이스라엘 자손과 함께 정한 기일에 여호와께 헌물을 드리지 못하게 하심은 어찌함이니이까."**(민9:7) 이때 모세가 그들에게 말하였다. **"기다리라 여호와께서 너희에 대하여 어떻게 명령하시는지 내가 들으리라."**(민9:8) 하나님이 모세에게 말씀하셨다. **"너희나 너희 후손 중에 시체로 말미암아 부정하게 되든지 먼 여행 중에 있다 할지라도 다 여호와 앞에 마땅히 유월절을 지키되 둘째 달 열**

지려느냐! 이길 수 있다!

넷째 날 해 질 때에 그것을 지켜서 어린 양에 무교병과 쓴 나물을 먹을 것이요.**"**(민9:10~11) 하나님은 이어서, 정결하기도 하고 여행 중에 있지도 않으면서 유월절을 지키지 않는 사람은 이스라엘 백성 중에 끊어질 것이라고 말씀하셨다.

하루는 이스라엘 자손 중에 그의 어머니는 이스라엘 여인이요, 아버지는 애굽 사람인 어떤 사람이 한 이스라엘 사람과 싸우다가 하나님의 이름을 모독하며 저주하였다. 이스라엘 백성이 그를 끌고 모세에게로 왔을 때였다. 모세는 우선 그를 가두게 한 후에 하나님의 뜻을 구하며 하나님의 명령을 기다렸다. 하나님이 모세에게 말씀하셨다. **"그 저주한 사람을 진영 밖으로 끌어내어 그것을 들은 모든 사람이 그들의 손을 그의 머리에 얹게 하고 온 회중이 돌로 그를 칠지니라."**(레24:14) 또 하루는 안식일에 어떤 사람이 나무를 하다가 발견된 일이 있었다. 그 나무하는 자를 발견한 자들이 그를 모세와 회중 앞으로 끌고 왔다. 모세는 그때 이 일을 어떻게 처리해야 할지에 대해 아직 하나님의 지시를 받지 못한 상태였다. 모세는 이번에도 우선 그를 가두어두고 하나님의 뜻을 구하였다. 하나님이 모세에게 말씀하셨다. **"그 사람을 반드시 죽일지니 온 회중이 진영 밖에서 돌로 그를 칠지니라."**(민15:35) 그리하여 온 회중은 그를 진영 밖으로 끌어내고 돌로 그를 쳐서 하나님의 명령하신 대로 행하였다.

이스라엘 백성이 여리고 맞은편 요단 가 모압 평지에 이른 때도 그러하였다. 슬로브핫의 딸들이 회막 문에서 모세와 제사장 엘르아살과 지휘관들과 온 회중 앞에 서서 말하였다. **"우리 아버지가 광야에서 죽었으나 여호와를 거슬러 모인 고라의 무리에 들지 아니하고 자기 죄로 죽었고 아들이 없나이다 어찌하여 아들이 없다고 우리 아버지의 이름이 그의 종족 중에서 삭제되리이까 우리 아버지의 형제 중에서 우리에게 기업을 주소**

서."(민27:3~4) 모세는 이때에도 그 사연을 하나님과 의논하였다. **"모세가 그 사연을 여호와께 아뢰니라."**[74](민27:5) 그리고 하나님의 지시대로 슬로브핫의 딸들에게 기업을 주어 이스라엘 백성 중에 그들의 아버지의 기업을 잇게 하였다.(민27:7) 그 후 길르앗 자손 종족들의 수령들이 모세에게 나아와, 슬로브핫의 딸들이 다른 지파의 남자들의 아내가 되면 희년을 당하여 그들의 기업이 다른 지파에게 속하게 되는 문제를 질문하였을 때였다. 이때에도 모세는 하나님의 지시를 따라 하나님의 말씀으로 그들을 권면하였다. **"슬로브핫의 딸들은 마음대로 시집가려니와 오직 그 조상 지파의 종족에게로만 시집갈지니 그리하면 이스라엘 자손의 기업이 이 지파에서 저 지파로 옮기지 않고 이스라엘 자손이 다 각기 조상 지파의 기업을 지킬 것이니라."**(민36:6~7) 영적으로 깨어 있는 사람은 모세와 같이 먼저 매사를 하나님께 묻고 하나님과 의논하는 사람이다. **"여호와여 주의 도를 내게 가르치소서 내가 주의 진리에 행하오리니 일심으로 주의 이름을 경외하게 하소서."**(시86:11)

기드온을 보자. 하루는 하나님이 이스라엘이 미디안에 의해 고난받는 것을 보시고 기드온을 찾아오셨다. **"너는 가서 이 너의 힘으로 이스라엘을 미디안의 손에서 구원하라 내가 너를 보낸 것이 아니냐."**(삿6:14) 그날 밤, 기드온은 하나님의 말씀대로 그의 아버지 요아스에게 있는 바알의 제단을 헐고 그 곁의 아세라 상을 찍어 훼파하였다. 산성 꼭대기에 올라가서 규례대로 하나님을 위하여 한 제단을 쌓고, 칠 년 된 둘째 수소를 잡아 찍은 아세라 나무로 하나님께 번제를 드렸다. 기드온은 아버지의 가문과 성읍 사람들을 두려워하여 이 일을 종 열 사람을 데리고 밤중에 은밀히 행하였

---

74) '아뢰니라'로 번역된 'קָרַב(카라브)'는 '가까이 가져가다'라는 의미임.

다. 그즈음, 미디안과 아말렉과 동방 사람들이 요단 강을 건너와서 이스르엘 골짜기에 진을 치고 이스라엘과 싸우려 하였다. 기드온이 나팔을 불자 아비에셀이 그를 따르고, 아셀과 스불론과 납달리 사람들도 그와 합하여 전열을 갖추었다. 이때 기드온은 하나님이 자기의 손으로 이스라엘을 구원하시는 여부를 알고자 하여 하나님께 표적을 구하였다. **"보소서 내가 양털 한 뭉치를 타작 마당에 두리니 만일 이슬이 양털에만 있고 주변 땅은 마르면 주께서 이미 말씀하심같이 내 손으로 이스라엘을 구원하실 줄을 내가 알겠나이다."**(삿6:37) 이튿날 기드온이 일어나서 양털을 가져다가 그 양털에서 이슬을 짜자 물이 그릇에 가득하였다. 기드온은 또다시 하나님께 표적을 구하였다. **"주여 내게 노하지 마옵소서 내가 이번만 말하리이다 구하옵나니 내게 이번만 양털로 시험하게 하소서 원하건대 양털만 마르고 그 주변 땅에는 다 이슬이 있게 하옵소서."**(삿6:39) 하나님은 그 밤에도 기드온의 간구대로 행하셨다. 양털만 마르고 그 주변 땅에는 다 이슬이 내리게 하셨다. 기드온이 하나님이 응답하신 두 번의 표적에도 여전히 주저하고 있을 때였다. 하나님은 기드온에게 그의 부하 부라와 함께 미디안 진영으로 내려가 보라고 말씀하셨다. 기드온은 하나님의 말씀을 듣고 미디안 진영으로 내려갔다가 그곳에서 우연히 미디안 병사들의 해몽하는 말을 엿듣게 된다. 기드온은 그들의 해몽하는 말을 듣고서야 하나님의 승리를 확신할 수 있었다. 그리하여, 횃불이 든 항아리와 나팔 가진 삼백 명의 군사들과 함께 미디안과 전쟁하여 큰 승리를 거둘 수 있었다.

우리는 우리의 지나친 열정이나 만용을 믿음으로 오해하며 하나님을 앞설 때가 많다. 사울 왕이 그 대표적인 예일 것이다. 사울은 블레셋과 전쟁할 때 자신의 성급한 맹세로 인해 허기진 백성들이 탈취한 짐승을 피째 먹는 불순종의 원인을 제공하였다. 또 사울은 자신의 지나친 열심으로 여호수아를 통해 맹세한 하나님의 언약을 어기고 기브온 족속을 학살하는 죄악을 저질렀다. 이로 인해, 그의 딸 메랍의 다섯 아들과 그의 첩 리스바의 두 아들의 불행한 죽음을 초래하고 말았다. (삼하21:8) 반면, 기드온은 자신의 불신앙의 소치로 여겨질 만큼, 두 번이나 하나님께 거듭 표적을 구하며 전심으로 하나님의 뜻을 구하였다. 이처럼 기드온이 하나님의 표적을 구한 것은 그의 불신앙이라기보다 하나님의 뜻을 확신 가운데 순종하고자 하는 겸손한 그의 믿음의 마음에서 비롯되었을 것이다. 하나님의 뜻을 이루기 위해, 하나님의 분명한 표적을 구하며 주저하는 믿음이 만용의 믿음보다 하나님을 더 기쁘시게 하는 순종의 제사이기 때문이다. **"지식 없는 소원은 선하지 못하고 발이 급한 사람은 잘못 가느니라 사람이 미련하므로 자기 길을 굽게 하고 마음으로 하나님을 원망하느니라."**(잠19:2~3)

요나단도 표적을 구하며 하나님의 뜻을 순종한 믿음의 사람이었다. 이스라엘 백성은 베냐민 게바에 있고 블레셋은 믹마스에 진을 치고 있을 때였다. 요나단은 자기의 무기를 든 소년과 함께 블레셋 진영을 공격하고자 하였다. **"우리가 이 할례 받지 않은 자들에게로 건너가자 여호와께서 우리를 위하여 일하실까 하노라 여호와의 구원은 사람의 많고 적음에 달리지 아니하였느니라."**(삼상14:6) 요나단과 블레셋 진영 양쪽에는 험한 바위가 있는 지역이었다. 요나단은 블레셋 진영으로 올라가기 전에 먼저 하나님께 표적을 구하였다. **"우리가 그 사람들에게로 건너가서 그들에게 보이리니 그들이 만일 우리에게 이르기를 우리가 너희에게로 가기를 기다리라 하면 우리는 우리가 있는 곳에 가만히 서서 그들에게로 올라가지 말 것이요 그들이 만일 말하기를 우리에게로 올라오라 하면 우리가 올라갈 것은 여호와께서 그들을 우리 손에 넘기셨음이니 이것이 우리에게 표징이 되리라."**(삼상14:8~10) 요나단과 그의 무기 든 소년이 그들의 몸을 보일 때였다. 블레셋 사람들이 요나단과 무기 든 소년을 향해 말하였다. **"우리에게로 올라오라 너희에게 보여줄 것이 있느니라."**(삼상14:12) 요나단은 하나님의 뜻을 확신하고는 그의 손발로 절벽을 기어 올라갔고, 뒤따라가던 무기를 든 소년은 요나단 앞에 엎드러진 블레셋 사람 이십 명가량을 쳐 죽였다. 이어 하나님이 큰 지진을 일으키시자, 블레셋 진영에는 자중지란이 일어나 크게 혼란하였다. 이때 블레셋 사람들과 함께 전쟁에 나온 히브리 사람들이 돌이켜 이스라엘과 합세하였다. 에브라임 산지에 숨었던 이스라엘 사람들도 블레셋과 싸우러 나와서 이스라엘은 그날 전쟁에서 큰 승리를 거두었다. 하나님의 표징을 구하며 하나님과 의논한 요나단과 그의 무기 든 소년의 순종의 열매였다.

인류의 불행과 사망에 종노릇함은 하나님께 묻지 않은 한 사람 아담의 불순종 때문이었다. 하나님은 여섯째 날 아담과 하와를 하나님의 형상대로 창조하셨다. 동방의 에덴에 한 동산을 창설하시고[75] 그곳에서 하나님과 함께 영생의 복락을 누리며 살게 하셨다. 하나님이 아담에게 말씀하셨다. **"동산 각종 나무의 열매는 네가 임의로 먹되 선악을 알게 하는 나무의 열매는 먹지 말라 네가 먹는 날에는 반드시 죽으리라."**(창2:16~17) 하나님이 아담에게 이 말씀을 하실 때에는 아직 하와를 창조하시기 전의 일이었다. 그 후, 하루는 간교한 사탄이 뱀을 통해 하와를 시험하였다. **"하나님이 참으로 너희에게 동산 모든 나무의 열매를 먹지 말라 하시더냐 ······ 너희가 결코 죽지 아니하리라 너희가 그것을 먹는 날에는 너희 눈이 밝아**

---

75) '창설하다 נטע(나타)'는 '심었다'라는 의미임. 땅에 심겨진 씨가 자라나듯 하나님의 나라의 '자라남'을 의미함. 적용하면, 하나님은 아담과 하와의 순종을 통해 온 세상에 에덴동산, 즉 하나님의 생명과 복이 충만한 하나님의 나라가 이루어지기를 원하셨음을 알 수 있음. (cf. 출15:17; 렘32:41; 암9:15)

져 하나님과 같이 되어 선악을 알 줄 하나님이 아심이니라."(창3:1~5) 하와가 이 말을 듣고 그 나무를 본즉, 이전과는 달리 그 나무 열매가 먹음직도 하고 보암직도 하고 지혜롭게 할 만큼 탐스럽게 보였다. 하와는 하나님의 말씀을 불순종하여 그 열매를 따먹고 그의 남편 아담에게도 주었다. 아담도 아내 하와가 주는 그 열매를 덥석 받아 먹음으로 하나님의 말씀을 거역하고 말았다. 이러한 아담의 불순종은 하나님의 말씀보다 아내 하와의 말을 듣고 하나님이 먹지 말라 하신 선악과를 먹은 그의 불신앙 때문이었다. 만일 아담이 하와가 그에게 선악과를 먹으라고 건네줄 때, 그것을 먹기 전에 먼저 하나님께 물었다면 인류의 역사는 어떻게 되었을까? 물론 아담의 불순종은 온 인류의 구원과 하나님 나라를 위한 하나님의 섭리 안에서 일어난 사건이었다. **"한 사람의 범죄로 말미암아 사망이 그 한 사람을 통하여 왕 노릇 하였은즉 더욱 은혜와 의의 선물을 넘치게 받는 자들은 한 분 예수 그리스도를 통하여 생명 안에서 왕 노릇 하리로다."**(롬5:17) 하지만, 아담이 하나님께 묻지 않은 그의 불순종으로 인해 인류는 지금까지 수많은 죄악과 사망의 고통 가운데 살아가고 있다. 흙으로 돌아갈 때까지 가시덤불과 엉겅퀴 가득한 저주받은 이 땅에서 얼굴에 땀을 흘려야 먹을 것을 먹으며 살아갈 수밖에 없는 수고와 고통을 겪게 되었다. (창3:18)

성경에는 아담 외에도 하나님께 묻지 않은 많은 사람들이 나온다. 하나님은 그들을 기뻐하지 않으셨다. 아브람이 그돌라오멜 연합군에 의해 잡혀간 그의 조카 롯을 구한 후였다. 하나님이 환상 중에 아브람에게 말씀하셨다. **"아브람아 두려워하지 말라 나는 네 방패요 너의 지극히 큰 상급이니라."**(창15:1) 이때 아브람은 하나님이 자기에게 씨를 주시지 않으므로 자기 집에서 길린 자가 자기의 상속자가 되리라고 하나님께 말씀드렸다. 그러나 하나님은 아브람에게 그의 몸에서 날 자가 그의 상속자가 될 것이라고 말씀하셨다. 아브람을 이끌고 밖으로 나가, 그에게 하늘의 뭇별을 보여 주시며 그의 자손이 이와 같을 것이라고 말씀하셨다. 그리고 아브람에게 삼 년 된 암소와 암염소와, 숫양과 산비둘기와 집비둘기를 가져오게 하셨다. 그 모든 것을 둘로 쪼개고, 그 쪼갠 것을 마주 대하여 놓게 하셨다. 해 질 무렵 아브람에게 깊은 잠이 임하고 큰 흑암과 두려움이 임할 때였다. 하나님은 아브람에게 그의 후손이 애굽에서 객이 되어 애굽인들을 섬길 것과, 사백 년 후 그의 후손이 큰 민족을 이루어 애굽에서 나와 가나안 땅을 차지하게 될 것을 언약하셨다. 그리고 하나님은 어두울 때에 타는 횃불과 함께 쪼갠 고기 사이로 지나가셨다. 장차 하나님이 자신의 언약을 친히 이루실 것을 아브람에게 표징으로 보여 주시기 위함이었다.[76]

그 후 아브람과 사래가 가나안 땅에 거한지 십 년 즈음이었다. 아브람의 아내 사래가 자신의 여종 하갈을 남편 아브람과 동침하도록 하였다. **"여호와께서 내 출산을 허락하지 아니하셨으니 원하건대 내 여종에게 들어가라 내가 혹 그로 말미암아 자녀를 얻을까 하노라 하매 아브람이 사래의 말을 들으니라."**(창16:2) 하갈이 아브람과 동침한 후 임신하자, 그녀는 여주인 사래를 멸시하였다. 사래가 이 일로 아브람을 원망하였다. **"내가 받는 모욕은 당신이 받아야 옳도다 내가 나의 여종을 당신의 품에 두었거늘 그가 자기의 임신함을 알고 나를 멸시하니 당신과 나 사이에 여호와께서 판단하시기를 원하노라."**(창16:5) 그리고 여종 하갈은 사래의 핍박을 피해 여주인 사래 앞에서 도망하였다. 하지만 하나님이 들에서 방황하는 하갈을 만나 그녀를 주인의 집으로 다시 돌려보내셨다. 그가 낳을 아들의 이름을 이스마엘이라 지으시고 그의 씨를 번성하게 하실 것을 약속하셨

---

76) cf. 렘34:18

다. 아브람은 하갈을 취한 일로 인해 많은 고통을 겪었다. 이 일뿐만 아니라, 아브람은 나중에 사라가 이삭을 낳았을 때 결국 하갈과 이스마엘을 집에서 내쫓을 수밖에 없는 고통을 겪었기 때문이다. 하나님의 말씀보다 아내 사래의 말을 듣고 하갈을 취한 그의 불순종의 열매였다. 아브람이 사래가 그에게 하갈을 취하라고 할 때, 먼저 하나님께 그 일을 의논하였다면 어떻게 되었을까! 물론 하갈이 낳은 아들도 아브람의 몸에서 낳은 그의 자식임에는 틀림없다. 하지만 아브람을 향하신 하나님의 계획은 사람의 생각과는 달랐다. 하나님은 여종 하갈의 아들이 아닌, 사래가 낳을 약속의 자녀 이삭을 통해 온 인류의 구원을 위한 섭리를 계획하고 계셨기 때문이다. **"그러나 성경이 무엇을 말하느냐 여종과 그 아들을 내쫓으라 여종의 아들이 자유 있는 여자의 아들과 더불어 유업을 얻지 못하리라 하였느니라."**(갈 4:30) 아브람이 먼저 하나님께 묻지 않고 하갈을 취하여 이스마엘을 낳은 일로 인해, 인류는 오늘날까지 겪지 않아도 될 많은 분쟁과 고통의 열매를 거두고 있다.

야곱도 많은 환난을 겪은 노년이 되어서야 비로소 하나님과 의논하는 사람으로 변화될 수 있었다. 야곱은 그의 형 에서의 장자권을 속여 취한 일로 인해 밧단아람으로 도망가 이십 년간 많은 고난을 겪었다. 그 후 야곱은 가나안으로 돌아왔을 때에도 하나님과의 언약의 장소 벧엘로 올라가지 않고 세겜에서 장막을 짓고 살았다. 그곳에서 딸 디나가 하몰의 아들 세겜에 의해 강간을 당하는 어려움을 또 겪게 되었다. 야곱은 그제서야 벧엘로 올라가기 전에 하나님께 서원하였던 돌 기둥 위에 전제물을 붓고 하나님의 이름을 불렀다. 그 후 오랜 세월이 지난 후였다. 야곱은 짐승에게 찢겨 죽은 줄로만 알았던 총애하는 아들 요셉이 애굽의 총리가 되었다는 소식을 듣게 된다. 야곱이 아들 요셉의 초청으로 애굽으로 내려갈 즈음이었다. 야곱은 먼저 브엘세바로 올라가 하나님께 희생 제사를 드리며 하나님의 뜻을 구하였다. 야곱의 삶이 비로소 하나님과 의논하는 삶으로 변화된 영광의 카이로스였다. 그 밤에 하나님이 이상 중에 나타나 야곱에게 말씀하셨다. **"나는 하나님이라 네 아버지의 하나님이니 애굽으로 내려가기를 두려워하지 말라 내가 거기서 너로 큰 민족을 이루게 하리라 내가 너와 함께 애굽으로 내려가겠고 반드시 너를 인도하여 다시 올라올 것이며 요셉이 그의 손으로 네 눈을 감기리라."** (창46:3)

여호수아는 하나님을 경외하며 늘 하나님의 지시를 따라 순종한 믿음의 사람이었다. 그리하여 여호수아는 하나님의 지시를 따라 여리고와 아이 성과의 전쟁에서 크게 승리할 수 있었다. 비록 아간의 범죄로 인해 처음 아이 성 전투에서는 백성 중에 삼십육 명쯤 죽임을 당하는 패배를 겪었지만, 아간을 징벌한 이후 다시 전쟁할 때에는 그 성을 쉽게 정복할 수 있었다. **"너는 그에게 기도하겠고 그는 들으실 것이며 너의 서원을 네가 갚으리라 네가 무엇을 경영하면 이루어질 것이요 네 길에 빛이 비치리라."** (욥22:27~28) 기브온 족속이 이 소식을 듣고는 큰 두려움에 빠졌다. 그리하여 이스라엘과 화친 조약을 맺기 위해 여호수아와 이스라엘 진영으로 찾아왔다. 멀리서 온 사신으로 꾸미고, 해어진 전대와 해어지고 찢어져서 기운 가죽 포도주 부대를 가지고 왔다. 발에는 낡아서 기운 신을 신고, 낡은 옷을 입고, 다 마르고 곰팡이가 난 떡을 준비하고 길갈에 머문 이스라엘 진영으로 나아왔다. **"우리는 먼 나라에서 왔나이다 이제 우리와 조약을 맺읍시다."** (수9:6) 하지만, 이때 여호수아와 이스라엘 족장들은 그들의 양식을 취하고는 어떻게 할지를 하나님께 묻지 않았다. 곧 그들과 화친하여 그들을 살리리라는 조약을 맺고 회중 족장들은 그들에게 맹세하였다.

기브온 족속과 조약을 맺은 지 사흘이 지난 때였다. 여호수아는 그제서야 그들이 인근에 거주하는 진멸해야 할 히위 족속임을 알게 되었다. 하지만 여호수아와 이스라엘 족장들은 하나님의 이름으로 그들에게 맹세하였으므로 그들을 살려 주었다. 하나님의 제단과 회중을 위해 물 긷는 자와 나무 패는 자들로 삼았다. **"주의 궁정에서의 한 날이 다른 곳에서의 천 날보다 나은즉 악인의 장막에 사는 것보다 내 하나님의 성전 문지기로 있는 것이 좋사오니."**(시84:10) 하나님은 이처럼 멸망 직전에 두려움으로 나아오는 자도 구원하시는 사랑의 하나님이시다. 하나님의 제단에서 하나님을 섬기는 큰 은혜를 베푸시는 긍휼의 하나님이시다. 이처럼, 비록 여호수아와 이스라엘 족장들이 하나님의 섭리 안에서 기브온 족속의 구원의 도구로 사용되기는 했지만, 하나님께 묻지 않은 일로 일어난 이스라엘 회중과 족장들 사이의 불화는 피할 수 없었다. **"이스라엘 자손이 그들을 치지 못한지라 그러므로 회중이 다 족장들을 원망하매."**(수9:18) 우리는 기브온 족속의 사건을 통해서도, 매사를 하나님께 묻고 하나님의 뜻을 구하는 삶의 복됨을 다시 한번 깨달을 수 있다. **"그들이 바로의 세력 안에서 스스로 강하려 하며 애굽의 그늘에 피하려 하여 애굽으로 내려갔으되 나의 입에 묻지 아니하였도다 그러므로 바로의 세력이 너희의 수치가 되며 애굽의 그늘에 피함이 너희의 수욕이 될 것이라."**(사30:2~3)

사울과 이스라엘 백성이 블레셋과 전쟁할 무렵이었다. 하나님은 요나단과 그의 병기 든 자를 통해 이스라엘에게 큰 승리를 주셨다. 이때 사울은 아히야 제사장이 모시고 있는 언약궤의 하나님을 무시하였다. 언약궤의 하나님과 의논하지 않고, 하나님의 언약궤를 우상처럼 자신의 필요에 따라 의지하기도 하고 버리기도 하였다. **"하나님의 궤를 이리로 가져오라."**(삼상14:18) **"네 손을 거두라."**(삼상14:19) 사울은 그 이후에도 여러 전쟁이나 사건 가운데서 먼저 하나님의 뜻을 구해야 할 상황임에도 불구하고 하나님게 묻지 않았다. 하나님은 하나님을 의지하지 않고 자기의 뜻대로 행하는 사울을 기뻐하지 않으셨다. 사울의 통치 말기에 블레셋이 이스라엘을 공격할 때였다. 하나님은 사울에게 꿈으로도, 우림으로도, 선지자로도 대답하지 않으셨다. 결국, 사울은 엔돌에 사는 한 신접한 여인을 찾아가 사무엘로 가장한 사탄의 입을 통해 자신의 죽음에 대한 예언을 듣게 된다. "**자주 책망을 받으면서도 목이 곧은 사람은 갑자기 패망을 당하고 피하지 못하리라.**"(잠29:1) 예수님을 배반한 가룟 유다와 같이 죽음을 향해 칠흑같이 어두운 밤길을 나서고 말았다. "**그가 여호와의 말씀을 지키지 아니하고 또 신접한 자에게 가르치기를 청하고 여호와께 묻지 아니하였으므로 여호와께서 그를 죽이시고 그 나라를 이새의 아들 다윗에게 넘겨주셨더라.**"(대상10:13~14)

북 이스라엘의 아하시야 왕도 그러하였다. 그가 다락 난간에서 떨어져 병이 들었을 때였다. 아하시야는 그의 사신을 에그론의 신 바알세붑에게로 보내며 그의 병이 낫겠나 물어보라 하였다. 이때 하나님이 한 사자(使者)를 엘리야에게 보내서서 그에게 말씀하셨다. "**너는 일어나 올라가서 사마리아 왕의 사자를 만나 그에게 이르기를 이스라엘에 하나님이 없어서 너희가 에그론의 신 바알세붑에게 물으러 가느냐 그러므로 여호와의 말씀이 네가 올라간 침상에서 내려오지 못할지라 네가 반드시 죽으리라 하셨다 하라.**"(왕하1:3~4) 아하시야는 왕궁으로 돌아온 그의 사신을 통해 엘리야의 말을 듣고도 회개하기는커녕 오히려 엘리야를 핍박하였다. 엘리야를 잡으려고 그의 오십부장과 오십 명의 군사들을 세 번이나 엘리야에게 보내며 하나님의 말씀을 대적하였다. 아하시야는 하나님께 묻지 않은 죄와, 하나님을 대적한 일로 인해 결국 왕위를 물러 줄 아들 하나 없이 하나님의 말씀대로 죽고 말았다.

예수님의 한 비유에서도 그러한 예가 나온다. 하루는 어떤 사람이 유산을 나누는 문제로 예수님을 찾아왔다. 예수님은 그에게 자기를 위하여 재물을 쌓아 두고 하나님께 대하여 부요하지 못한 한 어리석은 부자의 비유를 말씀하셨다. 부자는 그의 밭의 소출이 풍성하여 큰 부자가 되자 마음속으로 '내가 곡식 쌓아 둘 곳이 없으니 어찌할까' 하고 염려하였다. 그러다가 부자는 스스로 결심하였다. **"내가 이렇게 하리라 내 곳간을 헐고 더 크게 짓고 내 모든 곡식과 물건을 거기 쌓아 두리라 또 내 영혼에게 이르되 영혼아 여러 해 쓸 물건을 많이 쌓아 두었으니 평안히 쉬고 먹고 마시고 즐거워하자."**(눅12:18~19) 하나님은 부자에게 말씀하셨다. **"어리석은 자여 오늘 밤에 네 영혼을 도로 찾으리니 그러면 네 준비한 것이 누구의 것이 되겠느냐."**(눅12:20) 어리석은 부자는 육신의 부요를 즐거워하며 그의 영혼과 의논하기는 하였지만, 그의 영혼의 주인이신 하나님께는 한 마디 말도 묻지 않았다. 부자의 영혼이 멸망한 이유는 오직 이 세상 육신의 행복만을 갈구하며, 하나님을 그의 생명의 주인으로 인정하지 않고 하나님과 의논하지 않은 그의 영혼의 불신앙 때문이었다. **"백성들아 시시로 그를 의지하고 그의 앞에 마음을 토하라 하나님은 우리의 피난처시로다."**(시62:8)

야고보서에도 그러한 예가 나온다. 성도들 중에 어떤 사람들이 언제, 어느 도시에 가서, 거기서 일 년을 머물며 장사하여 이익을 보리라 하는 사람들이 있었던 것 같다. 야고보 사도는 그런 성도들에게 권면하였다. **"내일 일을 너희가 알지 못하는도다 너희 생명이 무엇이냐 너희는 잠깐 보이다가 없어지는 안개니라 너희가 도리어 말하기를 주의 뜻이면 우리가 살기도 하고 이것이나 저것을 하리라 할 것이거늘 이제도 너희가 허탄한 자랑을 하니 그러한 자랑은 다 헛된 것이라."**(약4:15~16) 그들은 언제, 어디서, 얼마 동안, 어떤 장사를, 무슨 목적으로 하여야 할지를 하나님께 묻지 않았다. 자신들의 생명이 하나님의 손에 쥐어진 잠깐 보이다가 없어지는 안개임을 알지 못하였다. 그들의 인생의 주인이신 하나님의 뜻을 구하지도 않고, 오직 이 세상 욕망의 포로가 되어 살아갈 뿐이었다. **"부자 되기에 애 쓰지 말고 네 사사로운 지혜를 버릴지어다 네가 어찌 허무한 것에 주목 하겠느냐 정녕히 재물은 스스로 날개를 내어 하늘을 나는 독수리처럼 날 아가리라."**(잠23:4~5) 이러한 삶의 발길마다 사탄의 올무와 덫이 기다리고 있음은 당연한 일일 것이다. 돈을 사랑함이 일만 악의 뿌리가 되며, 속히 잡은 산업은 결코 복이 되지 못하기 때문이다.(잠20:21) 사탄의 미혹을 받아 믿음에서 떠나 많은 근심으로써 자기를 찌르는 고통을 당할 수밖에 없는 삶이기 때문이다.(딤전6:10) **"분명히 사람은 자기의 시기도 알지 못하 나니 물고기들이 재난의 그물에 걸리고 새들이 올무에 걸림같이 인생들 도 재앙의 날이 그들에게 홀연히 임하면 거기에 걸리느니라."**(전9:12)

성경에는 하나님께 묻기는 하였지만 하나님을 순종하지 않은 예가 나온다. 유다의 아하스 왕이 그러하였다. 하나님은 끊임없이 불순종하는 아하스를 징계하시기 위해 아람의 르신과 이스라엘의 베가를 그에게로 보내셨다. 르신은 유다의 엘랏을 빼앗고, 베가는 하루 동안에 유다 용사 십이만 명을 죽이기도 하였다. 아하스 왕은 이러한 환난 중에도 하나님을 찾지 않고 오히려 앗수르 왕을 의지하였다. 그가 앗수르 왕을 만나기 위해 다메섹으로 갔을 때였다. 아하스는 다메섹에 있는 우상의 제단을 보고는, 그 제단의 구조와 양식을 그려 제사장 우리야에게 보내며 그것과 같이 새 제단을 만들도록 명령하였다. 아하스는 다메섹에서 돌아와 성전 앞에 있던 놋제단을 우리야가 만든 새 제단과 여호와의 성전 사이에서 옮겨다가 그 제단 북쪽에 두었다. 물두멍 받침의 옆판을 떼내고, 물두멍을 그 자리에서 옮기고, 또 놋바다를 놋소 위에서 내려다가 돌판 위에 두었다. 그리고는 제사장에게 명령하였다. **"아침 번제물과 저녁 소제물과 왕의 번제물과 저녁 소제물과 왕의 번제물과 그 소제물과 모든 국민의 번제물과 그 소제물과 전제물을 다 이 큰 제단에 위에 불사르고 또 번제물의 피와 다른 제물의 피를 다 그 위에 뿌리라 오직 놋제단은 내가 주께 여쭐 일에만 쓰게 하라."**(왕하16:15)

　또 시드기야 왕 때의 일이다. 바벨론 느부갓네살 왕은 반역한 시드기야 왕과 유다 백성을 모두 바벨론으로 포로로 끌고 갔다. 그다랴를 유다 총독으로 임명하고, 아무 소유가 없는 빈민에게 포도원과 밭을 주며 유다 땅에 남겨 두어 살게 하였다. 각처에 흩어진 유다 백성이 이 소식을 듣고 유다 땅 그다랴에게로 돌아왔다. 이 무렵, 왕족 느다냐의 아들 이스마엘이 미스바에 있던 그다랴와 유다 사람과 갈대아 군사를 죽이고, 남아 있는 왕의 딸들과 모든 백성을 데리고 암몬으로 가려 하였다. 이때 가레아의 아들 요하난과 그와 함께 있던 군 지휘관들이 기브온에서 그들을 이스마엘의 손에서 구하였다. 그리고 그들은 애굽으로 떠나려고 게룻김함에 잠시 머물러 있었다. 이스마엘이 바벨론 왕이 임명한 그다랴를 죽이고 갈대아 군사를 죽였으므로 갈대아 사람을 두려워하였기 때문이었다. 이에 가레아의 아들 요하난과 모든 군대의 지휘관들과 백성이 예레미야 선지자에게 나아와 말하였다. **"여호와께서는 우리 가운데에 진실하고 성실한 증인이 되시옵소서 우리가 당신을 우리 하나님 여호와께 보냄은 그의 목소리가 우리에게 좋든지 좋지 않든지를 막론하고 순종하려 함이라 우리가 우리 하나님 여호와의 목소리를 순종하면 우리에게 복이 있으리이다."**(렘42:5~6) 십 일 후에 예레미야가 그들에게 하나님의 말씀을 전하였다. **"너희는 너희가 두려워하는 바벨론의 왕을 겁내지 말라 내가 너희와 함께 있어 너희를 구원하며 그의 손에서 너희를 건지리니 두려워하지 말라 …… 또 너희가 말하기를 아니라 우리는 전쟁도 보이지 아니하며 나팔 소리도 들리지 아**

니하며 양식의 궁핍도 당하지 아니하는 애굽 땅으로 들어가 살리라 하면 잘못되리라."(렘42:11~14) 하지만 가레아의 아들 요하난과 모든 오만한 자들이 이 말씀을 듣고 예레미야에게 말하였다. **"네가 거짓을 말하는도다 …… 이는 네리야의 아들 바룩이 너를 부추겨서 우리를 대적하여 갈대아 사람의 손에 넘겨 죽이며 바벨론으로 붙잡아가게 하려 함이라."**(렘43:2~3) 그들이 하나님의 말씀을 거역하며 애굽 땅에 들어가 다바네스에 이르렀을 때였다. 하나님이 예레미야 선지자의 입을 통해 그들에게 말씀하셨다. **"내가 예루살렘을 벌한 것같이 애굽 땅에 사는 자들을 칼과 기근과 전염병으로 벌하리니 애굽 땅에 들어가서 거기에 머물러 살려는 유다의 남은 자 중에 피하거나 살아남아 소원대로 돌아와서 살고자 하여 유다 땅에 돌아올 자가 없을 것이라 도망치는 자들 외에는 돌아올 자가 없으리라."**(렘44:13~14)

여기에서 부득이 필자의 한 경험을 이야기하고자 한다. 이는 필자의 목회에 있어 하나님과 의논하는 일의 중요성을 깊이 깨닫게 하는 계기가 된 사건이기 때문이다. 한 남자 집사님이 서울로 이사를 가게 되었다. 평소에 주일 예배를 거의 빠진 적이 없고 전도에도 열심하던 신실한 집사님이었다. 어느 주일 예배 시간에 집사님의 얼굴이 보이지 않았다. 전화도 받지 않고 만날 수도 없었다. 그 후 한 달 남짓 지난 어느 날이었다. 집사님 가정은 연락도 없이 홀연히 서울로 이사를 떠나고 말았다. 일 년 여 시간이 지난 어느 날이었다. 교회 인근에 살고 있던 집사님의 친척으로부터 소식을 듣게 되었다. 지금 생각해도 가슴 답답한 안타까운 소식이었다. 집사님이 아침 출근길에 중앙선을 침범한 덤프트럭과 정면으로 충돌하여 경추를 다쳐 목 아래로는 전혀 움직일 수 없는 중상을 당하였다는 소식이었다. 기억만 떠올려도 답답하기 그지없는 불행한 교통사고였다. 필자는 참담한 그 사건을 통해, 우리의 신앙생활에 하나님의 인도를 받는 일이 얼마나 중요한지를 뼈저리게 돌아보는 계기가 되었다. '만일 집사님이 이사에 대한 하나님의 뜻을 구체적으로 하나님께 물었다면 어떠했을까!' 하나님의 오묘한 섭리를 다 알 수는 없겠지만, 지금도 집사님을 위해 기도할 때마다 때 늦은 회한(悔恨)의 마음이 드는 것은 어쩔 수 없는 현실인 것 같다.

하나님은 때때로 이방인의 입을 통해서도 우리에게 말씀하신다는 사실을 기억하자. **"요시야가 몸을 돌이켜 떠나기를 싫어하고 오히려 변장하고 그와 싸우고자 하여 하나님의 입에서 나온 느고의 말을 듣지 아니하고."**(대하35:22) 때로는 나귀의 입을 통해,(민22:28) 때로는 환경을 통해,(창31:2) 때로는 다른 사람과의 교제를 통해서도 말씀하신다는 사실을 기억하며, 우리의 영혼의 안테나를 켜고 매사를 하나님께 묻고 하나님과 의논하자. (출18:19~23) **"하나님은 한 번 말씀하시고 다시 말씀하시되 사람은 관심이 없도다 사람이 침상에서 졸며 깊이 잠들 때에나 꿈에나 밤에 환상을 볼 때에 그가 사람의 귀를 여시고 경고로써 두렵게 하시니 이는 사람에게 그의 행실을 버리게 하려 하심이며 사람의 교만을 막으려 하심이라."**(욥33:14~17) 하나님은 우리가 매사에 하나님께 묻고 의논할수록 우리를 더욱 기뻐하신다는 사실을 잊지 말자. 하나님께 묻지 않을수록 우리를 기뻐하지 않으시고, 우리 또한 어려움을 당할 수밖에 없다는 사실을 항상 기억하자. (잠19:3) 어려움을 당한 뒤 하나님을 원망하는 어리석은 삶이 아니라, 매사에 먼저 하나님과 의논하여 언제나 감사로 충만한 삶을 살아가자. **"그러나 그들은 그가 행하신 일을 곧 잊어버리며 그의 가르침을 기다리지 아니하고."**(시106:13)

우리의 만용이나 성급함을 내려놓고, 주저하는 믿음 가운데서도 우리를 붙드시고 평강의 길로 인도하시는 기드온의 하나님을 구하자. **"그는 너희**

보다 먼저 그 길을 가시며 장막 칠 곳을 찾으시고 밤에는 불로 낮에는 구름으로 너희가 갈 길을 지시하신 자이시니라."(신1:33) 우리의 원수보다 더 지혜롭고 강하신 하나님의 인도를 받아, 사탄의 모든 계략을 무너뜨리고 승리하여 하나님께 영광을 돌려 드리는 삶을 살아가자. (민10:35) 위기의 때일수록 우리의 지혜를 내려놓고, 하나님의 지혜와 능력을 구하며 하나님과 의논하자. 환난이 올수록 더욱 하나님을 신뢰하며, 믿음으로 순종하여 하나님께 영광을 돌려 드리자. **"네가 만일 환난 날에 낙담하면 네 힘의 미약함을 보임이니라."**(잠24:10) 비록 하나님의 뜻이 우리에게 손해가 된다 여겨질지라도, 겸손함으로 우리의 뜻을 내려놓고 하나님의 뜻을 믿음으로 받아들이자. 하나님께 묻지 않는 불순종의 일시적 형통보다, 하나님과 의논하는 순종의 환난을 더욱 기뻐하며 하나님을 섬기는 삶을 살아가자. 이 순종의 삶이야말로 원수 사탄의 모든 대적과 미혹을 이기는 지름길이요, 영원한 하늘 도성의 영광의 개선문으로 입성하는 첩경임을 잊지 말자.

'성령님!
우리의 눈과 귀, 입과 몸이
성령님의 온전한 소유가 되게 하소서!
모든 일을 성령님과 의논하며
우리의 감정과 생각과 의지가
성령님의 뜻을 거스르지 않게 하소서!
티끌 중에 띠끌 같은 죄인을 구원하신
하나님의 은혜의 복음 증거하는
성령님의 손에 쥐어진 모세의 지팡이 되게 하소서!'

14. 하나님의 전리품

> "다윗이 이르되 나의 형제들아 여호와께서 우리를 보호하시고 우리를 치
> 러 온 그들을 우리 손에 넘기셨은즉 그가 우리에게 주신 것을 너희가 이
> 같이 못하리라 이 일에 누가 너희에게 듣겠느냐 전장에 내려갔던 자의
> 분깃이나 소유물 곁에 머물렀던 자의 분깃이 동일할지니 같이 분배할
> 것이니라."(삼상30:23~24)

다윗이 사울의 핍박을 피해 블레셋에 망명한 후 일 년 사 개월이 지난 때
였다. 어느 날 블레셋이 이스라엘과 전쟁을 벌였다. 다윗은 어쩔 수 없이
동족과 전쟁을 해야 할 위기에 직면하였다. 하지만 하나님이 블레셋 방백
들의 마음을 주장하셔서 다윗을 그 위기에서 구해 주셨다. 그리하여 다윗
은 그와 그의 군사들의 가족들이 거류하고 있던 시글락으로 돌아오게 된
다. **"나를 기가 막힐 웅덩이와 수렁에서 끌어올리시고 내 발을 반석 위
에 두사 내 걸음을 견고하게 하셨도다."**(시40:2) 다윗과 그의 군사들이 시
글락에 다다랐을 때였다. 성읍은 불탔고, 모든 사람들과 소유물이 아말렉
에 의해 노획물로 잡혀가고 없었다. 다윗은 울 기력이 없도록 울며 하나님
께 간구하였다. 다윗은 하나님을 힘입고 다시 용기를 얻고는, 에봇을 통해
하나님의 뜻을 물은 뒤 급히 아말렉을 추격하였다. 다윗은 이때 피곤하여
미처 아말렉을 추격하지 못하는 이백 명의 군사들을 브솔 시내에 머물도
록 하였다. 그 무렵 다윗의 군사들이 마침 들에서 방황하는 한 애굽 사람을
만나게 되었다. 사흘 전에 그가 병이 들므로 그의 주인 아말렉 사람이 그를
버렸기 때문이었다. 다윗은 아멜렉 진영에서 도망 나온 그 애굽인을 통해
아말렉의 정황을 알고, 그들을 공격하여 모든 가족들과 소유물을 하나도

잃어버리지 않고 되찾아올 수 있었다.

　다윗이 모든 가족들과 양 떼와 소 떼를 되찾아 돌아올 때였다. 무리가 그 가축들을 앞에 몰고 가며 이는 '다윗의 전리품'이라 하며 기뻐하였다. 다윗이 자기를 따르지 못하여 브솔 시내에 머물게 한 이백 명에게 왔을 때였다. 그들이 다윗과 함께 전쟁에 나간 군사들을 영접하러 나오므로 다윗도 그들에게 문안하였다. 그때에 다윗과 함께 전쟁에 나갔던 군사들 가운데 악한 자들이 다윗에게 말하였다. **"그들이 우리와 함께 가지 아니하였은즉 우리가 도로 찾은 물건은 무엇이든지 그들에게 주지 말고 각자의 처자만 데리고 떠나가게 하라."**(삼상30:22) 다윗이 이 말을 듣고 그들에게 대답하였다. **"여호와께서 우리를 보호하시고 우리를 치러 온 그 군대를 우리 손에 넘기셨은즉 그가 우리에게 주신 것을 너희가 이같이 못하리라 이 일에 누가 너희에게 듣겠느냐 전장에 내려갔던 자의 분깃이나 소유물 곁에 머물렀던 자의 분깃이나 동일할지니 같이 분배할 것이니라."**(삼상30:23) 다윗은 그날부터 이것으로 이스라엘의 율례와 규례를 삼아 지키도록 하였다. 다윗이 아둘람 굴에 머물고 있을 때에도 그러한 일이 있었다. 그때 다윗은 산성에 있고 블레셋 사람의 요새는 베들레헴에 있었다. 다윗은 베들레헴 성문 곁 우물물을 마시기를 소원하였다. 다윗의 세 용사가 이를 알고는, 블레셋 사람의 진영을 돌파하고 지나가서 베들레헴 성문 곁 우물물을 길어 다윗에게로 가져왔다. 하지만 다윗은 그 물을 마시기를 기뻐하지 않고 하나님께 부어 드렸다. 그 물은 자기의 목숨을 걸고 갔던 사람들의 피, 곧 '하나님의 전리품'이었기 때문이었다.[77](레17:11) **"여호와여 내가 나를 위하여 결단코 이런 일을 하지 아니하리이다 이는 목숨을 걸고 갔던 사람들**

---

77)　본문의 '전리품'이라는 표현은 '온전히 바친 물건-חֵרֶם(헤렘)'이라는 의미로 사용함.

의 피가 아니니이까."(삼하23:17)

이러한 예는 모세의 때에도 있었다. 이스라엘 백성이 출애굽 하여 시내 산에 이르렀을 때였다. 모세는 십계명을 받기 위해 시내 산에 있고 이스라엘 백성은 산 아래에 머물고 있을 때였다. 이스라엘 백성이 모세가 더디 내려오자 아론에게 자기들을 위해 신을 만들라고 부추겼다. 아론은 그들에게 그들의 아내와 자녀의 귀에서 금 고리를 빼어 가져오라고 말하였다. 아론은 그것으로 송아지 형상의 한 우상을 새겨 만들었다. **"이스라엘아 이는 너희를 애굽 땅에서 인도하여 낸 너희의 신이로다."**(출32:4) 그 우상 앞에 제단을 쌓고, 여호와의 절일(節日)을 선포하며 번제와 화목제를 드렸다. 하나님이 이를 보시고 진노하셔서 이스라엘 백성을 멸하려고 하셨으나 모세의 간절한 기도로 화를 거두셨다. 모세는 산에서 내려와 그들이 만든 금송아지 우상을 불살라 부수어 가루로 만들었다. 그 가루를 물에 뿌려 이스라엘 자손에게 마시게 하였다. 그리고 그날 우상을 섬긴 죄에 빠진 사람 삼천 명가량이 레위 자손에 의해 죽임을 당하였다. 이 일 후에 하나님이 모세에게 말씀하셨다. **"너희를 젖과 꿀이 흐르는 땅에 이르게 하려니와 나는 너희와 함께 올라가지 아니하리니 너희는 목이 곧은 백성인즉 내가 길에서 너희를 진멸할까 염려함이라."**(출33:3)

이스라엘 백성은 이 말씀을 듣고는 슬퍼하며 한 사람도 자기의 몸을 단장하지 아니하였다. 이때 하나님이 모세를 통해 그들에게 말씀하셨다. **"너희는 장신구를 떼어 내라 그리하면 내가 너희에게 어떻게 할 것인지 정하겠노라."**(출33:5) 사실 이스라엘 백성이 소유한 장신구들은 출애굽 때에 애굽 사람으로부터 취하게 하신 '하나님의 전리품'이었다. **"이스라엘 자손이 모세의 말대로 하여 애굽 사람에게 은금 패물과 의복을 구하매 여호와께서 애굽 사람들에게 이스라엘 백성에게 은혜를 입히게 하사 그들이**

지려느냐! 이길 수 있다!

구하는 대로 주게 하시므로 그들이 애굽 사람의 물품을 취하였더라."(출 12:35~36) 이스라엘 백성 삼천 명이 죽임을 당한 것은 하나님의 전리품으로 금송아지 우상을 만들고, 그것을 섬긴 심히 배은망덕한 그들의 죄악 때문이었다. 이스라엘 백성은 이 고통을 겪은 뒤에야 하나님의 전리품을 하나님의 성막 짓는 일에 온전히 드릴 수 있었다. **"마음이 감동된 모든 자와 자원하는 모든 자가 와서 회막을 짓기 위하여 그 속에서 쓸 모든 것을 위하여 …… 팔찌와 귀고리와 가락지와 목걸이와 여러 가지 금품을 가져다가 사람마다 여호와께 금 예물을 드렸으며."**(출35:21~22)

이스라엘 백성이 미디안 여인들과 음행하는 죄에 빠졌을 때였다. 하나님이 음행에 빠진 이스라엘 백성을 징계하신 후 모세에게 미디안에게 원수를 갚으라고 말씀하셨다. (민31:2) 모세는 각 지파에서 천 명씩 이스라엘 중에서 만 이천 명을 택하여 전쟁을 시작하였다. 미디안을 쳐서 그들 중 모든 남자와 미디안 다섯 왕을 죽이고 브올의 아들 발람도 칼로 죽였다. 이스라엘이 전쟁에서 이기고 돌아올 때였다. 하나님이 모세에게 말씀하셨다. **"너는 제사장 엘르아살과 회중의 수령들과 더불어 이 사로잡은 짐승들을 계수하고 그 얻은 물건을 반분하여 그 절반은 전쟁에 나갔던 군인들에게 주고 절반은 회중에게 주고 전쟁에 나갔던 군인들은 사람이나 소나 나귀나 양 떼의 오백분의 일을 여호와께 드릴지니라 곧 이를 그들의 절반에서 가져다가 여호와의 거제로 제사장 엘르아살에게 주고 또 이스라엘 자손이 받은 절반에서는 사람이나 소나 나귀나 양 떼나 각종 짐승 오십분의 일을 가져다가 하나님의 성막을 맡은 레위인에게 주라."**(민31:25~30) 그때 군대의 지휘관들이 그들 중 한 사람도 죽지 아니하였음을 보고 모세에게로 나아왔다. 각기 자기를 위하여 탈취한 금 패물 만 육천칠백오십 세 겔을 하나님께 거제로 드렸다. 하나님이 전쟁의 승리자이심을 인정한 그들의 믿음과 감사의 고백의 제물이었다. 그리고 그들은 하나님의 말씀대로 전쟁에 나간 자나 진에 머문 자나 동일하게 '하나님의 전리품'을 나누어 가졌다. 이때 하나님은 전쟁에 나간 자는 그들이 얻은 것 중 오백분의 일을 엘르아살에게 주게 하시고, 진영에 머문 자는 오십분의 일을 레위인에게 주게 하셨다. 그리하여 전쟁에 나간 자들이 진영에 머문 자들에 비해 조금은 더 많은 하나님의 전리품을 소유하는 '공의의 은혜' 또한 잊지 않으셨다. (시68:18)

아브람도 그러하였다. 아브람의 조카 롯이 전쟁에서 소돔 백성과 함께 엘람 연합군에 의해 포로로 잡혀갔을 때였다. 아브람은 집에서 길리고 훈련된 자 삼백십팔 명을 거느리고 단까지 그들을 좇아갔다. 모든 빼앗겼던 재물과 그의 조카 롯과 또 부녀와 친척을 다 찾아왔다. 이때 소돔 왕이 아브람에게 사람은 자기에게 보내고 물품은 모두 아브람이 가지라고 말하였다. 하지만 아브람은 소돔 왕의 제안을 거절하였다. 단지 젊은 이들의 먹은 것과 그와 동맹하여 함께 전쟁에 나간 사람들의 분깃을 그들에게 줄 것을 요청하였다. 아브람은 자신이 하나님의 전리품을 취함으로써, 하나님을 알지 못하는 이방 왕 앞에서 승리하신 하나님의 영광에 띠끌만큼도 손상을 끼칠 수는 없었기 때문이었다. **"천지의 주재이시요 지극히 높으신 하나님 여호와께 내가 손을 들어 맹세하노니 네 말이 내가 아브람으로 치부하게 하였다 할까 하여 네게 속한 것은 실 한 오라기나 들메끈 한 가닥도 내가 가지지 아니하리라."**(창14:22~23)

기드온이 삼백 명의 군사와 함께 전쟁에 나가 미디안 대군을 이기고 돌아왔을 때였다. 이스라엘 백성이 기드온에게 나아와 그와 그의 아들과 손자들이 이스라엘의 왕으로 다스려 줄 것을 요청하였다. 기드온은 이를 단호히 거절하였다. 하나님이 이스라엘의 왕이시며, 그날 전쟁의 승리 또한 하나님의 은혜임을 너무나 잘 알고 있었기 때문이다. **"싸울 날을 위하여 마병을 예비하거니와 이김은 여호와께 있느니라."**(잠21:31) 하지만 기드온은 미디안의 세바와 살문나를 죽이고 그들의 낙타 목에 있는 초승달 장식을 떼어서 가졌다. 또한 백성에게 그들이 탈취한 금 귀고리들을 달라 하여 그것으로 에봇 하나를 만들어 자기 성읍 오브라에 두었다. 그리하여 이스라엘 백성이 기드온이 만든 에봇을 음란하게 위하므로 그것이 결국 기드온과 그의 집에 올무가 되고 말았다. 하나님의 전리품을 취한 일에 더하여, 하나님의 전리품으로 만들어서는 안 될 에봇을 만들어 그것을 우상처럼 섬긴 그의 불순종 때문이었다. **"악은 어떤 모양이라도 버리라."**(살전5:22)

북 이스라엘의 아합 왕과 구약의 몇몇 인물들을 보자. 아합 왕 말년쯤이었다. 하나님은 비록 이스라엘 백성은 죄악 가운데 있었지만 자신의 영광을 나타내시기 위해 아람을 크게 치셨다. 아람 백성이 이스라엘의 하나님은 산의 신이요 골짜기의 신은 아니라고 조롱하였기 때문이다. 아합 왕은 전쟁에서 승리하자, 마치 자신의 의로움과 능력으로 승리한 양 하나님의 전리품인 아람 왕 벤하닷을 살려 주었다. 아람 왕 벤하닷이 아합을 위해 다메섹에 '아합의 거리'를 만들어 주겠다는 약속 때문이었다. 그 후 아합 왕은 아람과의 전쟁에서, 결국 그가 진멸하지 않은 '하나님의 전리품' 아람 왕에 의해 죽임을 당하고 말았다. 아간도 하나님이 진멸하라 하신 여리고 성의 시날 산 외투 한 벌과 은과 금덩이를 탐내어 자기의 장막 땅속에 감추어 둔 죄로 하나님의 심판을 받아 죽고 말았다. 아간 역시 '하나님의 전리품'을 도둑질한 죄로 그것들을 한 번도 사용해보지도 못한 채 자신의 온 가족과 가축들과 함께 멸망하여 돌무더기가 되고 말았다. (수6:18) 엘리 제사장 때에 블레셋 다섯 도성 사람들도 자신들이 취하여 간 언약궤를 전리품 삼아 자기들의 신 다곤 신전에 두었다가 '하나님의 전리품'이 되어 독종 재앙으로 큰 고통을 겪을 수밖에 없었다. (삼상5:12) 사울 왕도 아말렉과의 전쟁에서 아각 왕을 살려 주고 기름진 가축을 진멸하지 않은 죄로 하나님께로부터 버림받고 말았다. 사울 역시 '하나님의 전리품'을 갈멜에 세운 '자기 기념비'의 재료로 사용한 그의 교만과 불순종으로 인해, 악령에 시달리며 고통받다가 결국 블레셋과의 전쟁에서 스스로 자기 칼 위에 엎드러져 죽고 말았다. (삼상15:21) 엘리사의 종 게하시도 엘리사 선지자가 돌려보낸 '하나님의 전리품'인 나아만 장군의 예물을 거짓말로 취하였다가 문둥병이 들고 말았다. (왕하5:27) 이방 아람 나라에 하나님의 살아 계심을 증거하기는커녕, 이방 사람들이 구하는 이 세상 것을 탐하여 하나님의 영광을 땅에 떨어뜨린 그의 죄악으로 인해, 결국 게하시는 나아만 장군에게서 떠난 문둥병을 그의 몸으로 불러들이는 불행을 맞고 말았다. 다윗은 골리앗과의 싸움에서 이긴 후 골리앗의 머리를 예루살렘으로 가져올 때 골리앗의 갑주는 자기 장막에 두었다. (삼상17:54) 하지만 다윗은 골리앗을 죽일 때 자신이 사용한 하나님의 원수 골리앗의 칼을 하나님께 봉헌하였다. (삼상17:50) 다윗이 봉헌한 골리앗의 칼은 하나님의 성막에서 보자기에 싸여 '하나님의 전리품'으로 에봇 뒤에 보관되어 있었기 때문이다. (삼상21:9) 아각 사람 하만도 자기에게 절하지 않는 모르드개와 유다인을 자신의 전리품 삼아 죽이려다, 모르드개를 매달아 죽이려고 한 그 나무에서 자신이 '하나님의 전리품'이 되어 죽고 말았다. (에7:10) 하만과 동조하여 유다인을 대적한 바사 제국의 모든 원수들도 모르드개에 의해 그들의 처자들과 함께 진멸당하고, 하만의 열 아들도 '하나님의 전리품'이 되어 죽임 당한 후 그들의 시체가 나무에 매달리고 말았다. (에9:14)

히스기야가 병 들어 죽게 되었을 때 선지자 아사야가 나아와서 그에게 하나님의 말씀을 전하였다. **"여호와의 말씀이 너는 집을 정리하라 네가 죽고 살지 못하리라 하셨나이다."**(왕하20:1) 히스기야는 이 말씀을 듣고 는 그의 얼굴을 벽으로 향하고 심히 통곡하며 하나님께 기도하였다. 하나 님은 이를 보시고 즉시 이사야를 돌려보내시며 히스기야에게 말씀하셨다. **"내가 너를 낫게 하리니 네가 삼 일 만에 여호와의 성전에 올라가겠고 내 가 네 날에 십오 년을 더할 것이며 내가 너와 이 성을 앗수르 왕의 손에서 구원하고 내가 나를 위하고 또 내 종 다윗을 위하므로 이 성을 보호하리 라."**(왕하20:6) 이때 히스기야가 하나님의 징표를 구하자, 하나님은 아하스 의 해시계에 나아갔던 해 그림자를 십도 뒤로 물러가게 하셨다. 그 무렵 바 벨론 왕이 히스기야가 병 들었다가 나았다 함을 듣고 그의 사신들을 히스 기야에게로 보내었다. 히스기야에게 글과 예물을 보내며 그에게 일어난 이 적을 물어보았다. 이때, 히스기야는 그의 마음이 교만하여져서 그들에게 유다의 보물 창고에 있는 은금과 향료와 보배로운 기름과 모든 무기고에 있는 것을 다 보여 주었다. 궁중의 소유와 유다 전국의 소유를 그들에게 보 이지 아니한 것이 하나도 없었다. 이때 하나님이 이사야 선지자를 보내셔 서 히스기야에게 말씀하셨다. **"보라 날이 이르리니 네 집에 있는 모든 소 유와 네 조상들이 오늘까지 쌓아 둔 것이 모두 바벨론으로 옮긴 바 되고 남을 것이 없으리라."**(사39:6) 하나님이 히스기야의 죽을 병을 이적을 통 해 고쳐 주신 것은 다윗과 맺은 자신의 언약을 신실하게 이루어 가시기 위 함이었다. 히스기야가 십오 년의 생명을 연장받지 못했다면, 비록 악하기 는 했지만 그의 아들 므낫세가 태어날 수도 없었기 때문이다. **"므낫세가 왕 위에 오를 때에 나이가 십이 세라."**(대하33:1) 히스기야가 바벨론 사신들 에게 보여 준 모든 궁중과 나라의 보물과 소유물들도 하나님이 앗수르의 침탈로부터 지켜 주신 '하나님의 전리품'들이었다. 히스기야가 바벨론 사신 들에게 보여준 보물들이 바벨론으로 옮겨지게 된 불행은 '하나님의 전리품'

을 자기의 부와 영광의 자랑거리로 사용한 히스기야의 교만함 때문이었다. **"히스기야가 마음이 교만하여 그 받은 은혜를 보답하지 아니하므로 진노가 그와 유다와 예루살렘에 내리게 되었더니."**(대하32:25)

바벨론의 벨사살 왕이 그의 귀족 천 명과 함께 궁중에서 잔치를 즐길 때였다. 벨사살은 그의 부친 느부갓네살이 예루살렘 성전에서 탈취해 온 금, 은 그릇을 가져오라 하여 그것으로 술을 부어 마셨다. 주흥이 일어나자 그금, 은, 구리, 쇠, 나무, 돌들로 만든 신들을 찬양하였다. 그때에 사람의 손가락들이 나타나서 왕궁 촛대 맞은편 석회 벽에 글자를 쓰고 있었다. 왕은 즐기던 그의 얼굴 빛이 변하고, 넓적다리 마디가 녹는 듯하고, 그의 두 무릎이 부딪칠 정도로 심히 번민하였다. 왕이 크게 소리 질러 바벨론 술사들을 불렀다. 그 글자를 읽고 해석하는 자를 나라의 셋째 통치자로 삼을 것을 그들에게 약속하고 그 글자를 해석하라고 말하였다. 하지만 바벨론 술사들 중에 아무도 벽에 쓰여진 글자를 읽고 그 해석을 왕에게 보일 수 있는 사람이 없었다. 벨사살 왕이 왕비의 권면을 듣고 급히 다니엘을 왕궁으로 불렀다. 다니엘은 왕이 약속하는 예물이나 상급을 정중히 사절하고 그 글을 왕에게 해석해 주었다. **"그 글을 해석하건대 메네는 하나님이 이미 왕의 나라의 시대를 세어서 그것을 끝나게 하셨다 함이요 데겔은 왕을 저울에 달아 보니 부족함이 보였다 함이요 베레스는 왕의 나라가 나뉘어서 메대와 바사 사람에게 준 바 되었다 함이니이다."**(단5:26~28) 그리고 벨사살은 다니엘의 해석대로 그날 밤 죽임을 당하고, 그의 나라는 메대 사람 다리오 왕의 손으로 넘어가고 말았다. 그의 아버지가 취하여 간 전리품을 자신의 육신의 쾌락의 도구로 사용하다 하나님의 심판을 받아 영원한 '하나님의 전리품'이 되고 말았다.

신약에도 그러한 예가 나온다. 세리장 삭개오는 예수님을 만난 후 자신의 소유의 절반을 가난한 자들에게 나누어 주겠다고 예수님께 아뢰었다. 그동안 세리장의 신분을 이용하여 다른 사람의 것을 속여 빼앗은 재물에 대해서는 네 갑절이나 갚겠다고 말씀드렸다. 삭개오의 고백은 예수님의 구원의 은혜를 받은 한 영혼의 하나님을 향한 완전한 돌이킴이요, 이웃을 향한 새 생명의 삶의 돌이킴이었다. 삭개오는 하나님이 모세를 통해 명령하신 율법의 경계를 초월하는, 갚을 길 없는 대속의 은혜에 빚진 마음으로 이웃을 사랑하는 삶의 첫걸음을 내딛고 있었다. 모세의 율법은 착취한 물건에 대해서는 주인에게 그 본래 물건에 오분의 일만 더하여 배상하면 속죄함을 받을 수 있었기 때문이다. (레6:2~5) 또한 삭개오는 예수님을 만난 후 자신의 모든 소유가 '하나님의 전리품'이며, 더러운 사탄의 권세를 이기신 거룩하신 하나님의 전리품 안에는 부정한 것은 티끌만큼도 혼합될 수 없다는 사실을 깨달았기 때문이었다. **"강한 자가 무장을 하고 자기 집을 지킬 때에는 그 소유가 안전하되 더 강한 자가 와서 그를 굴복시킬 때에는 그가 믿던 무장을 빼앗고 그의 재물[78]을 나누느니라."**(눅11:21~22) 베다니의 마리아도 예수님의 구원의 은혜를 받은 후, 그의 영혼이 예수님이 베푸신 속죄의 크신 은혜에 대해 갚을 길 없는 감사로 충만하였다. 그리하여 몰래 예수님에게로 나아와 눈물로 예수님의 발을 적시고, 자기 머리털로 닦고 예수님의 발에 입을 맞추었다. 제자들의 책망을 들으면서도 자신의 향유 옥합을 깨뜨려 예수님의 발에 부어 드렸다. 장차 사망의 권세를 이기고 다시 살아나실 예수님의 장례를 미리 준비하기 위함이었다. 마리아는 그

---

78) '재물–σκυλον(스쿨론)'으로 번역된 단어는 '전리품(booty, spoil)'이라는 의미임. 적용하면, 사탄이 지금까지 자기 것으로 주장하며 다스리던 이 세상의 모든 것이 승리하신 예수님의 구원으로 말미암아, 이제는 오직 하나님의 영광을 위해 하나님을 섬기는 '하나님의 전리품'이 되었음을 가르치고 있음.

혼한 감람유도 예수님에게 부어 드리지 않은 바리새 시몬과 달리, 자신의 생명과도 같은 향유 옥합이 예수님이 받으셔야 할 '하나님의 전리품'임을 그녀의 온 영혼으로 깨닫고 있었기 때문이었다. (눅 7:46)

아나니아와 삽비라는 삭개오와 마리아의 영혼과는 먼 거리에 있었다. 오순절 성령님의 역사로 세워진 예루살렘 교회의 성도들은 핍박 중에서도 믿음 안에서 든든히 세워져 갔다. 사도들이 큰 권능으로 예수님의 부활을 증언하자 성도들은 큰 은혜를 받았다. 밭과 집 있는 자는 팔아 그 판 것의 값을 가져다가 사도들의 발 앞에 두고, 사도들은 각 사람의 필요를 따라 나누어 주어 그들 중 가난한 사람이 아무도 없었다. **"많이 거둔 자도 남음이 없고 적게 거둔 자도 부족함이 없이 각 사람은 먹을 만큼만 거두었더라."**(출16:18) 아나니아와 삽비라도 하나님의 은혜를 받고 그들의 소유를 팔았다. 하지만 그 판 값의 얼마를 감추고 나머지 값만 가져다가 사도들의 발 앞에 두었다. 이때 베드로가 아나니아에게 말하였다. **"아나니아야 어찌하여 사탄이 네 마음에 가득하여 네가 성령을 속이고 땅 값 얼마를 감추었느냐."**(행5:3) 아나니아는 이 말을 듣고 곧 엎드러져 죽고 말았다. 젊은 사람들이 아나니아를 메고 나가 장사한 지 세 시간쯤 지난 때였다. 그의 아내 삽비라도 그 땅 판 값에 대해 거짓말하다가 베드로의 발 앞에 엎드러져 죽고 말았다. 아나니아와 삽비라는 그들의 온 영혼으로 봉헌한 '하나님의 전리품'을 속이고 취한 그들의 불순종 때문에 하나님의 징계를 받아 모두 죽고 말았다.

바울 사도는 때때로 성도들의 오해를 받으면서도 이방 교회들이 드린 헌물을 예루살렘 교회에 드리기를 소원하였다. **"만일 이방인들이 그들의 영적인 것을 나눠 가졌으면 육적인 것으로 그들을 섬기는 것이 마땅하니**

라 그러므로 내가 이 일을 마치고 이 열매를 그들에게 확증한 후에 너희에게 들렀다가 서바나로 가리라."(롬15:27~28) 사도 바울에게 있어 이방 성도들의 헌물은 하나님이 흠향하실 자신의 선교 사역의 한 열매요,(빌4:18~19) 하나님이 친히 영광 가운데 취하실 '하나님의 전리품'이었기 때문이다. "때가 이르면 뭇 나라와 언어가 다른 민족들을 모으리니 그들이 와서 나의 영광을 볼 것이며 …… 이스라엘 자손이 예물을 깨끗한 그릇에 담아 여호와의 집에 드림같이 그들이 너희 모든 형제를 뭇 나라에서 나의 성산 예루살렘으로 말과 수레와 교자와 노새와 낙타에 태워다가 여호와께 예물로 드릴 것이요."(사66:18~20) 바울은 성령님의 이러한 감동을 따라 예루살렘 교회를 섬기는 일을 마친 후, 유대인들로부터 많은 고난을 받은 뒤 로마로 압송되어 갔다. 그리고 바울은 얼마 지나지 않아 '하나님의 전리품'이 되어 그의 육신과 영혼을 온전한 순교의 제물로 하나님께 드릴 수 있었다. 영원히 살아 계신 거룩하신 '성부 하나님의 유일하고 완전한 전리품'인 속죄의 주 '예수 그리스도'를 만날 산 소망으로 마침내 영광의 하늘 도성에 입성할 수 있었다. "전제와 같이 내가 벌써 부어지고 나의 떠날 시각이 가까웠도다 나는 선한 싸움을 싸우고 나의 달려갈 길을 마치고 믿음을 지켰으니 이제 후로는 나를 위하여 의의 면류관이 예비되었으므로 주 곧 의로우신 재판장이 그날에 내게 주실 것이며 내게만 아니라 주의 나타나심을 사모하는 모든 자에게도니라."(딤후4:6~8)

하나님은 십자가 저주의 죽음을 당하신 그의 아들을 자신의 유일하고 완전한 전리품 삼으시고 우리에게 값없이 영원한 생명을 선물로 주셨다. 믿음으로 쳐다보기만 해도 죄인을 구원하시는 놋뱀 되시는 예수님을 '하나님의 전리품'으로 삼으시고 우리에게 영생의 선물을 허락하셨다. 우리를 예수님 안에서 '하나님의 전리품' 삼으셔서 사탄이 결코 우리의 구원받은 영혼을 만지지도, 자신의 것이라 주장할 수도 없는 하나님의 완전한 소유로 삼아 주셨다. **"너희도 그들 중에서 예수 그리스도의 것으로 부르심을 받은 자니라."**(롬1:6) 하나님의 이 은혜를 아는 사람은, 아브라함처럼 하나님이 그를 통해 이루신 하나님의 전리품 중에 작은 들메끈 하나라도 결단코 자기 자신의 유익이나 영광을 위하여 취하지 않는다. 모든 영광을 전적으로 하나님께 돌리며, 이 세상에서도 사탄의 미혹을 능히 대적하며 이긴 자의 삶을 살아갈 수 있다. (계4:10) 하나님의 전리품을 범하는 순간, 아간이나 아합처럼 사망의 왕 사탄의 노예가 된다는 사실을 그의 온 영혼으로 알고 있기 때문이다. 사도 야고보와 나라의 양식을 자신의 전리품으로 여기며 야고보를 칼로 죽이고, 백성 앞에 교만히 연설하다 벌레에 의해 죽임 당한 헤롯의 비참한 종말을 깊이 깨닫고 있기 때문이다. (사9:3~4) 예수님의 전리품인 돈궤의 돈을 도둑질하며 예수님을 은 삼십에 팔다가, 결국 몸이 곤두박질하고 배가 터져 창자가 흘러 나와 비참한 죽음을 맞은 가룻 유다의 종말을 너무나 잘 알고 있기 때문이다. 사탄은 예수님 안에 감추인 '하나님의 전리품'인 하나님의 백성을 참소하거나 대적할 수 없고, 거듭난 하나님의 백성의 생명을 결코 해할 수도 없다는 사실을 누구보다 잘 알고 있기 때문이다. **"만군의 여호와께서 이같이 말씀하시되 영광을 위하여 나를 너희를 노략한 여러 나라로 보내셨나니 너희를 범하는 자는 그의 눈동자를 범하는 것이라 내가 손을 그들 위에 움직인즉 그들이 자기를 섬기던 자들에게 노략거리가 되리라 하셨나니 너희가 만군의 여호와께서 나를 보내신 줄 알리라."**(슥2:8~9)

"엘리사가 자기 사환에게 이르되 너는 그에게 이르라 네가 이같이 우리를 위하여 세심한 배려를 하는도다 내가 너를 위하여 무엇을 하랴 왕에게나 사령관에게 무슨 구할 것이 있느냐 하니 여인이 이르되 나는 내 백성 중에 거주하나이다 하니라."(왕하4:13)

사람은 중요한 약속마저도 가끔씩 깜박 잊을 때가 있다. 하지만 하나님은 자신의 약속을 반드시 기억하시고 그 약속을 지키는 신실한 분이시다. 설사 우리가 그 약속을 소홀이 여기거나 잊을지라도, 하나님은 결코 자신의 언약하신 말씀을 잊지 않으신다. **"하나님은 사람이 아니시니 거짓말을 하지 않으시고 인생이 아니시니 후회가 없으시도다 어찌 그 말씀하신 바를 행하지 않으시며 하신 말씀을 실행하지 않으시랴."**(민23:19) 하나님의 때에, 하나님 자신의 능력으로, 그 약속을 친히 이루셔서 하나님 자신의 신실하심과 영광을 우리에게 나타내 보이신다. **"나는 나를 위하여 이를 이룰 것이라 어찌 내 이름을 욕되게 하리요 내 영광을 다른 자에게 주지 아니하리라."**(사48:11)

엘리사 선지자 때의 일이다. 하루는 엘리사가 수넴 지방을 지날 때였다. 그곳에 살고 있던 한 여인이 엘리사가 지나갈 때마다 간권하여 엘리사에게 음식을 공궤하였다. 또한 여인은 그의 남편과 의논하여 엘리사를 위해 작은 방을 담 위에 만들었다. 침상과 책상과 의자와 촛대를 그 방에 두고, 엘리사 선지자가 지날 때마다 그곳에 머물도록 하였다. **"선지자의 이름으로 선지자를 영접하는 자는 선지자의 상을 받을 것이요."**(마10:41) 하루는 엘리사가 그 방에 들어가 쉴 때였다. 엘리사는 그의 사환 게하시에게 여인을 불러오라 하여 그녀에게 말하였다. **"네가 이같이 우리를 위하여 세심한 배려를 하는도다 내가 너를 위하여 무엇을 하랴 왕에게나 사령관에게 무슨 구할 것이 있느냐."**(왕하4:13) 여인은 자기 백성 중에 거주하므로 별다른 어려움이 없다고 엘리사에게 대답하였다. 엘리사는 여인에게 아들이 없고 그녀의 남편은 늙은 사실을 알고는 여인을 다시 불러 그녀에게 말하였다. **"한 해가 지나 이때쯤에 네가 아들을 안으리라."**(왕하4:16) 한 해가 지나 때가 되자, 수넴 여인은 하나님의 말씀대로 아들을 품에 안을 수 있었다. 아이가 자라난 어느 날이었다. 하루는 아이가 추수하는 아버지와 함께 들에 있다가 그의 머리에 통증을 느꼈다. 아이는 들에서 집으로 돌아와 어머니의 무릎에 앉아 있다가 그만 죽고 말았다. 여인은 죽은 아들을 엘리사의 침상 위에 두고 급히 엘리사를 만나러 길을 나섰다. 그리고 엘리사는 여인의 간청을 듣고는 여인의 집으로 가서 방문을 닫고 하나님께 간절히 기도하였다. 아이 위에 엎드려 자기 입을 그의 입에, 자기 눈을 그의 눈에, 자기 손을 그의 손에 대고 그의 몸에 엎드렸다. 그러자 아이의 살이 차차 따뜻해졌다. 엘리사는 집 안에서 한 번 이리저리 다니다가 다시 아이 위에 올라 엎드리자, 아이가 일곱 번 재채기를 하고 눈을 뜨며 살아났다. **"여자들은 자기의 죽은 자들을 부활로 받아들이기도 하며."**(히11:35)

그 일이 있은 후 어느 날이었다. 엘리사는 여인에게 곧 땅에 임할 기근을 피해 가족과 함께 거주할 만한 곳으로 가라고 권하였다. 여인은 엘리사의 말대로 행하여 그의 가족과 함께 블레셋 사람들의 땅으로 가서 거기서 칠 년을 우거하였다. 칠 년 후, 여인은 블레셋에서 돌아와 자기 집과 전토를 위하여 호소하려고 왕에게 나아갔다. 그때는 마침 엘리사의 종 게하시가 왕에게 엘리사가 죽은 자를 살린 일을 이야기하고 있을 때였다. 여인이

지려느냐! 이길 수 있다!

자신의 전토를 위하여 왕에게 호소할 때 게하시가 왕에게 말하였다. "**내 주 왕이여 이는 그 여인이요 저는 그의 아들이라 곧 엘리사가 다시 살린 자 니이다.**"(왕하8:5) 왕은 즉시 한 관리를 임명하였다. 여인에게 속한 모든 것과, 이 땅에서 떠날 때부터 이제까지 그의 밭의 모든 소출을 여인에게 돌려줄 것을 명령하였다.

여인은 처음에 엘리사가 '왕에게나 사령관에게 무슨 구할 것이 있느냐'고 물었을 때에는 그 말을 그렇게 중요하게 여기지 않았다. 하지만 바람에 스쳐 가는 의미 없어 보이는 엘리사의 말은 신실하신 하나님의 언약의 말씀이었다. "**언어도 없고 말씀도 없으며 들리는 소리도 없으나 그의 소리가 온 땅에 통하고 그의 말씀이 세상 끝까지 이르도다.**"(시19:3~4) 때가 되자, 하나님은 게하시를 왕에게 보내서서 왕과 함께 여인에 관해 이야기 하는 상황으로 이끄셨다. 그리고 그때, 여인을 왕의 도움을 구하도록 인도하셔서 여인이 별 어려움 없이 그의 밭과 전토를 되찾을 수 있도록 은혜를 베푸셨다. 이를 통해, 우리는 우리의 온 영혼으로 하나님의 말씀을 귀 기울여 듣고, 그 말씀을 보배처럼 우리 마음에 담아 두어야 한다는 사실을 깨달을 수 있다. "**여호와께서 백성을 사랑하시나니 모든 성도가 그의 수중에 있으며 주의 발 아래에 앉아서 주의 말씀을 받는도다.**"(신33:3) 비록 당시에는 하나님의 말씀이 우리에게 의미 없어 보이는 말로 여겨질지라도, 그 말씀은 반드시 하나님의 때에 우리를 향하신 하나님의 뜻을 이루는 신실하신 하나님의 능력의 말씀이기 때문이다. "**내 입에서 나가는 말도 이와 같이 헛되이 내게로 되돌아오지 아니하고 나의 기뻐하는 뜻을 이루며 내가 보낸 일에 형통함이니라.**"(사55:11)

야곱은 그의 노년에 라헬이 낳은 아들 요셉을 특별히 사랑하였다. 다른 아들들과는 달리 요셉에게는 채색옷을 지어 입힐 정도였다. 어느 날 요셉이 한 꿈을 꾸고 아버지와 형제들에게 그 꿈을 이야기하였다. **"우리가 밭에서 곡식 단을 묶더니 내 단은 일어서고 당신들의 단은 내 단을 둘러서서 절하더이다."**(창37:7) 형들은 요셉의 꿈과 그의 말로 인하여 더욱 요셉을 미워하였다. 요셉은 어느 날 또 꿈을 꾸고 야곱과 그의 형제들에게 이야기하였다. **"내가 또 꿈을 꾼즉 해와 달과 열한 별이 내게 절하더이다."**(창37:9) 요셉의 형들은 이 말을 듣고는 심히 요셉을 시기하며 미워하였지만, 야곱은 아들 요셉의 말을 그의 마음에 간직해 두었다. (신6:5~6) 그 후 요셉의 삶은 그의 꿈과는 정반대로 흘러갔다. 요셉은 애굽으로 종으로 팔려 가고, 야곱은 아들 요셉이 동물에 의해 찢겨 죽은 줄로만 알고 있었기 때문이다. 하지만 하나님의 말씀은 영원히 변함없는 살아 계신 말씀이었다. 비록 당시에는 하나님의 말씀이 거짓인 것 같고 죽은 듯 여겨졌지만, 야곱의 마음 안에 담겨 있던 하나님의 말씀은 마침내 노예 요셉을 애굽의 총리로 세워 주셨다. 요셉 역시 십삼 년간의 고난 중에 인내할 수 있었던 이유도, 그의 마음 안에 숨겨져 있는 하나님의 말씀의 은혜와 능력 때문이었다. 또한 요셉이 나중에 애굽으로 내려온 아버지 야곱과 그의 가족들을 고센 땅에서 번성하도록 섬길 수 있었던 것도, 요셉의 마음에 담겨 있는 하나님의 말씀이 하나님 자신의 언약을 위해 친히 일하고 계셨기 때문이었다. **"나는 당신들의 아우 요셉이니 당신들이 애굽에 판 자라 당신들이 나를 이곳에 팔았다고 해서 근심하지 마소서 한탄하지 마소서 하나님이 생명을 구원하시려고 나를 당신들보다 먼저 보내셨나이다."**(창45:4~5)

모세도 그러하였다. 모세는 시내 산에서 하나님의 부르심을 받았을 때 입이 뻣뻣하고 혀가 둔한 자라 하며 하나님의 부르심에 주저하였다. 하나님은 모세에게 그의 형 아론을 그의 입으로 사용할 것을 말씀하시며 모세에게 순종을 강권하셨다. 그리하여 모세는 그의 손에 목자의 지팡이를 들고 애굽으로 향하게 된다. 하나님이 모세가 애굽으로 떠날 즈음 그에게 말씀하셨다. **"너는 바로에게 이르기를 여호와의 말씀에 이스라엘은 내 아들 내 장자라 내가 네게 이르기를 내 아들을 보내 주어 나를 섬기게 하라 하여도 네가 보내 주기를 거절하니 내가 네 아들 네 장자를 죽이리라 하셨다 하라."**(출4:22~23) 모세는 애굽에 도착하자 아론과 함께 바로에게 가서 하나님의 말씀을 전하였다. 하지만 바로 왕은 그의 마음이 강퍅하여 하나님의 말씀을 듣지 않았다. 오히려 이스라엘 자손의 노역을 이전보다 더 무겁게 할 뿐이었다. 이에 이스라엘 백성의 기록원들이 모세와 아론을 원망하였다. **"너희가 우리를 바로의 눈과 그의 신하의 눈에 미운 것이 되게 하고 그들의 손에 칼을 주어 우리를 죽이게 하는도다."**(출5:21) 그 후에도, 바로 왕은 하나님이 행하시는 열 번의 이적에도 불구하고 완강하게 거역하며 이스라엘을 보내 주지 않았다. 이처럼, 모세가 완강히 거역하는 바로와의 영적 싸움에서 끝까지 인내할 수 있었던 이유도 그의 마음에 담겨 있는 하나님의 말씀 때문이었다. **"내가 네 아들 네 장자를 죽이리라 하셨다 하라."** 모세는 하나님이 애굽의 모든 장자를 죽이는 재앙을 내리실 때, 그제서야 바로가 이스라엘 자손을 보내 줄 것을 이미 알고 있었기 때문이다.

신약에도 그러한 예들이 나온다. 먼저 마리아를 보자. 가이사 아구스도가 영을 내려 천하로 다 호적을 할 때였다. 요셉도 호적하기 위해 약혼한 마리아와 함께 다윗의 동네 베들레헴으로 올라갔다. 마침 해산할 날이 차자, 마리아는 여관에 있을 곳이 없어 첫아들을 낳아 강보로 싸서 구유에 뉘어 두었다. 그 무렵, 주의 천사가 밤에 밖에서 양 떼를 치던 목자들에게 나타났다. **"오늘 다윗의 동네에 너희를 위하여 구주가 나셨으니 곧 그리스도 주시니라 너희가 가서 강보에 싸여 구유에 뉘어 있는 아기를 보리니 이것이 너희에게 표적이니라."**(눅2:11~12) 목자들은 천사들이 떠난 후 이루어진 일을 보기 위해 급히 베들레헴으로 갔다. 목자들은 마리아와 요셉과 구유에 누인 아기를 찾아서 보고 천사가 자기들에게 이른 말을 그들에게 전하였다. 마리아는 모든 듣는 자들이 목자들의 말을 기이히 여길 때 그 모든 말을 그녀의 마음에 새기어 생각하였다. 마리아가 메시아의 육신의 어머니로서 아들의 처참한 십자가 죽음의 고통을 감내할 수 있었던 이유도, 그의 마음 안에 새겨 둔 하나님의 말씀의 은혜와 능력 때문이었다. **"성령이 네게 임하시고 지극히 높으신 이의 능력이 너를 덮으시리니 이러므로 나실 바 거룩한 이는 하나님의 아들이라 일컬어지리라 …… 마리아가 이르되 주의 여종이오니 말씀대로 내게 이루어지이다 하매 천사가 떠나가니라."**(눅1:35~38)

사도 바울은 가말리엘 문하생으로 율법의 의로는 흠이 없는 철저한 바리새인이었다. 스데반을 죽이는 일에도 찬성하여 스데반을 죽이는 사람들의 옷을 곁에서 지키기도 하였다. 많은 성도들을 결박하여 옥에 넘기고, 모든 회당에서 여러 번 형벌하여 강제로 모독하는 말을 하게 하였다. 어느 날 바울은 성도들을 결박하여 예루살렘으로 잡아오기 위해 대제사장으로부터 받은 공문을 가지고 다메섹으로 향하였다. 사울이 다메섹에 가까이 이를 때였다. 홀연히 하늘로부터 해보다 더 밝은 빛이 둘러 비추며 하늘로부터 소리가 들려왔다. **"사울아 사울아 네가 어찌하여 나를 박해하느냐 가시채를 뒷발질하기가 네게 고생이니라."**(행26:14) 바울은 부활하신 예수님의 영광의 빛을 보고는 즉시 그의 눈이 멀어 버렸다. 눈은 떴으나 아무것도 볼 수 없었다. 바울은 사람들의 손에 끌려 다메섹 유다의 집으로 들어가 사흘 동안 먹지도, 보지도 못하고 기도에 열중하였다. 그 무렵, 예수님이 그곳에 사는 제자 아나니아에게 나타나셔서 바울에게 가서 전할 말씀을 일러 주셨다. **"이 사람은 내 이름을 이방인과 임금들과 이스라엘 자손들에게 전하기 위하여 택한 나의 그릇이라 그가 내 이름을 위하여 얼마나 고난을 받**

지려느냐! 이길 수 있다!

아야 할 것을 내가 그에게 보이리라."(행9:15~16) 그리고 예수님은 아나니아의 안수로 사울의 눈을 보게 하시고 성령으로 충만한 은혜를 베푸셨다. 그 후, 사도 바울이 그 숱한 고난과 핍박 가운데서도 그의 믿음을 지키고 순교하기까지 그의 달려갈 길을 마칠 수 있었던 것도, 그의 마음 안에 새겨진 다메섹 도상(途上)의 예수님의 말씀 때문이었다. **"내가 네게 나타난 것은 곧 네가 나를 본 일과 장차 내가 네게 나타날 일에 너로 종과 증인을 삼으려 함이니 이스라엘과 이방인들에게서 내가 너를 구원하여 그들에게 보내어 그 눈을 뜨게 하여 어둠에서 빛으로 사탄의 권세에서 하나님께로 돌아오게 하고 죄 사함과 나를 믿어 거룩하게 된 무리 가운데서 기업을 얻게 하리라."**(행26:16~18)

반면, 다윗을 보자. 다윗은 하나님의 도우심으로 골리앗과의 싸움에서 큰 승리를 거두었다. 사울 왕은 이를 시기하여 끊임없이 다윗을 죽이려 하였다. 하루는 다윗이 사울 왕의 핍박을 피해 급히 아히멜렉 제사장에게로 갔을 때였다. 아히멜렉은 다윗에게 안식일에 물려 낸 진설병과 보자기에 쌓여 있던 골리앗의 칼을 주었다. 그 후 다윗은 사울을 두려워하여 가드 왕 아기스에게로 도망을 갔다. 이때 아기스의 신하들이 다윗을 보고 아기스 왕에게 말하였다. **"이는 그 땅의 왕 다윗이 아니니이까 무리가 춤추며 이 사람의 일을 노래하여 이르되 사울이 죽인 자는 천천이요 다윗이 죽인 자는 만만이로다 하지 아니하였나이까."**(삼상21:11) 다윗은 그들의 말을 듣고는 아기스 왕을 심히 두려워하였다. 아기스 사람들 앞에서 대문짝에 그적거리며 침을 수염에 흘리며 그의 행동을 미친 체하였다. 그리하여 다윗은 가까스로 아기스 왕으로부터 도망쳐 나올 수 있었다. 이처럼 다윗이 자신의 행동을 미친 체할 만큼 극심한 환난을 당한 이유는, 그를 왕으로 기름 부어 세우신 하나님의 약속의 말씀보다 자신을 핍박하는 사울 왕의 말을 더 두려워한 그의 불신앙 때문이었다. **"사람을 두려워하면 올무에 걸리게 되거니와 여호와를 의지하는 자는 안전하리라."**(잠29:24) 또한, 신실하신 하나님의 말씀보다 황급히 도망간 가드 땅에서 듣게 된 아기스 신하들의 말을 그의 마음에 담아 두고 그 말을 두려워하였기 때문이었다.

북 이스라엘 여로보암 왕 때의 일이다. 여로보암은 왕이 되자, 곧장 하나님을 버리고 두 금송아지 우상을 만드는 죄를 범하였다. 하나는 단에 하나는 벧엘에 두고, 이스라엘 백성으로 하여금 그것들을 섬기도록 하였다. 또 산당들을 짓고, 레위 자손이 아닌 보통 백성을 제사장으로 삼았다. 여덟째 달 열다섯째 날을 절기로 정하여 자신이 만든 금송아지 우상에게 분향하고 제사를 드리게 하였다. 이때 하나님이 유다의 한 선지자를 보내셔서 그를 책망하셨다. 여로보암이 제단 곁에 서서 분향하고 있을 무렵이었다. **"제단아 제단아 여호와께서 이와 같이 말씀하시기를 다윗의 집에 요시야라 이름하는 아들을 낳으리니 그가 네 위에 분향하는 산당 제사장을 네 위에서 제물로 바칠 것이요 또 사람의 뼈를 네 위에서 사르리라 하셨느니라."**(왕상13:2) 그때, 선지자가 하나님의 말씀으로 보인 징조대로 제단이 갈라지고 그 위에 있는 재가 제단에서 쏟아졌다. 여로보암이 손을 펴며 선지자를 잡으라고 말할 때 그의 편 손이 말라 다시 거두지 못하였다. 이에 선지자가 여로보암의 간청을 듣고 하나님께 은혜를 구하여 왕의 손은 다시 전과 같이 회복될 수 있었다. 여로보암 왕은 선지자에게 예물을 줄 것을 약속하며 자기와 함께 왕궁으로 가서 쉬었다 가라고 말하였다. 하지만 선지자는 왕과 함께 들어가지도 않고, 그곳에서는 떡도 먹지 않고 물도 마시지 않았다. 하나님이 그에게 떡도 먹지 말고, 물도 마시지 말고, 왔던 길로 되돌아가지도 말라고 명령하셨기 때문이었다.

이 무렵, 벧엘에 살고 있던 한 늙은 선지자가 자기 아들들로부터 벧엘에서 일어난 소식을 듣게 된다. 늙은 선지자는 급히 그의 나귀를 타고 유다에서 온 선지자를 만나기 위해 길을 나섰다. 늙은 선지자는 유다의 선지자가 한 상수리나무 아래에 앉아 있는 것을 보고는 그에게 자기 집으로 가서 떡을 먹자고 권하였다. 유다의 선지자는 여로보암 왕에게 말할 때처럼 이를 거절하였다. 이때 늙은 선지자가 그에게 말하였다. **"나도 그대와 같은 선지자라 천사가 여호와의 말씀으로 내게 이르기를 그를 네 집으로 데리고 돌아가서 그에게 떡을 먹이고 물을 마시게 하라 하였느니라."**(왕상13:18) 사실, 이 말은 유다의 선지자를 속이기 위함이었다. 유다의 선지자는 이 말을 듣고는, 늙은 선지자의 집에 들어가 떡을 먹고 물을 마신 후 돌아가는 길에 결국 사자에 의해 찢겨 죽고 말았다. 유다 선지자의 불행한 죽음은 전적으로 자신의 불순종 때문이었다. 늙은 선지자의 말이 자기 마음에 담아 둔 하나님의 말씀과 어긋남에도, 그 하나님의 말씀을 버리고 늙은 선지자의 말을 따랐기 때문이었다. (마5:18) 하나님은 이 불행한 사건을 통해, 당시 불순종하는 여로보암과 이스라엘 백성을 신실하신 하나님의 말씀으로 돌이키기를 원하셨기 때문이다.[79] **"여로보암이 이 일 후에도 그의 악한 길에서 돌이키지 아니하고 다시 일반 백성을 산당의 제사장으로 삼되 누구든지 자원하면 그 사람을 산당의 제사장으로 삼았으므로."**(왕상13:33)

하나님은 거짓말하지도 않으시고 식언하지도 않으신다. 하나님이 하신 말씀은 반드시 때가 되면 하나님이 친히 그 말씀을 이루신다. **"여호와께서 말씀하신 대로 사라를 돌보셨고 여호와께서 말씀하신 대로 사라에게 행하셨으므로 사라가 임신하고 하나님이 말씀하신 시기가 되어 노년의 아브라함에게 아들을 낳으니."**(창21:1~2) 하나님의 말씀을 우리 마음에 보

---

79) cf. 왕상16:34; 왕하23:16~18.

배처럼 담아 두고, 그 말씀을 믿고 그 말씀만을 순종하자. **"그러나 그날 후에 내가 이스라엘 집과 맺을 언약은 이러하니 곧 내가 나의 법을 그들의 속에 두며 그들의 마음에 기록하여 나는 그들의 하나님이 되고 그들은 내 백성이 될 것이라 여호와의 말씀이니라."**(렘31:33) 다윗처럼 사람의 말을 마음에 담아 두고 두려워하거나, 겉으로 보이는 환난을 눈에 넣고 놀라지 말고 변치 않는 하나님의 말씀만을 두려워하자. [80] 이유를 알 수 없는 환난 중에도 영원한 소망의 말씀을 등불 삼아 인내하며, 때가 되면 반드시 자신의 말씀을 이루시는 하나님을 신뢰하며 참 평강을 누리는 삶을 살아가자. 당시에는 스쳐 지나가는 의미 없어 보이는 말씀일지라도, 때가 되면 반드시 열매 맺는 하나님의 말씀에 우리의 온 영혼의 귀를 기울이자. 범죄한 인류의 조상 아담에게 여자의 씨를 통해 구원을 약속하시고, 아브라함을 모든 민족의 믿음의 조상으로 언약하신 하나님이 마침내 자신의 아들을 보내셔서 우리의 구원을 이루신 하나님의 변치 않는 말씀을 잊지 말자. 아합 왕 때 오백여 년 전 여호수아를 통해 경계하신 하나님의 말씀을 업신여기며 여리고 성을 건축하다, 장자와 막내를 잃은 히엘의 비참한 삶을 결코 잊지 말자. 죽은 시체가 무덤에 있는 엘리사의 뼈에 닿자 곧 살아난 것처럼, 엘리사는 죽었으나 엘리사가 전한 말씀은 영원히 살아계신 하나님의 말씀이라는 사실을 결코 잊지 말자. (왕하13:21) 그리하여 사람의 말이나 환경을 통해 역사하는 간교한 사탄의 미혹을 밝히 분별하며, 담대한 믿음으로 하나님의 말씀 안에서 날마다 승리하는 삶을 살아가자. **"세상에서는 너희가 환난을 당하나 담대하라 내가 세상을 이기었노라."**(요16:33)

---

80) 창21:12에서 아브라함이 그의 여종 하갈과 아들 이스마엘을 집에서 내쫓아야 할 상황을 보고 근심할 때, 하나님이 아브라함에게 하신 '네 아이나 네 여종으로 말미암아 근심하지 말고'라는 말씀 중 '근심하지 말고'로 번역된 문장은 '너의 눈들 안에서(בְּעֵינֶיךָ-브에네카) 근심하지 말고'라는 의미이기 때문임.

"그 노래와 찬송이 시작될 때에 여호와께서 복병을 두어 유다를 치러 온 암몬 자손과 모압과 세일 산 주민들을 치게 하시므로 그들이 패하였으니 곧 암몬과 모압 자손이 일어나 세일 산 주민들을 쳐서 진멸하고 세일 주민들을 멸한 후에는 그들이 서로 쳐 죽였더라 …… 그러므로 오늘날까지 그곳을 브라가 골짜기라 일컫더라."(대하20:22~26)

모압과 암몬 자손들이 마온 사람들과 함께 여호사밧의 유다를 공격할 때였다. 여호사밧 왕은 온 백성과 함께 하나님께 간구하였다. **"우리를 치러 오는 이 큰 무리를 우리가 대적할 능력이 없고 어떻게 할 줄도 알지 못하옵고 오직 주만 바라보나이다."**(대하20:12) 하나님의 영이 야하시엘에게 임하셔서 하나님의 얼굴을 구하는 그들에게 말씀하셨다. **"이 전쟁에는 너희가 싸울 것이 없나니 대열을 이루고 서서 너희와 함께 한 여호와가 구원하는 것을 보라 유다와 예루살렘아 너희는 두려워하지 말며 놀라지 말고 내일 그들을 맞서 나가라 여호와가 너희와 함께하리라."**(대하20:17) 여호사밧은 몸을 굽혀 얼굴을 땅에 대고, 유다 백성들도 하나님 앞에 엎드려 하나님께 경배하였다. 그리고 여호사밧은 백성과 의논한 후 노래하는 자들을 택하였다. 그들에게 거룩한 예복을 입히고 그들로 군대 앞에서 행진하게 하였다. **"여호와께 감사하세 그의 인자하심이 영원하도다"**(대하20:21) 하며 하나님을 찬송하게 하였다. 하나님은 그 노래와 찬송이 시작될 때 유다를 치러 온 모압과 암몬과 세일 산 사람들을 치셨다. 암몬과 모압 자손이 일어나 세일 산 주민들을 쳐서 진멸하고, 세일 주민들을 멸한 후에는 그들이 서로 쳐 죽였다. 이처럼, 찬송은 우리 앞서 싸우시는 하나님을 믿는 하나님의 백성들이 마땅히 하나님께 올려 드려야 할 감사의 고백이다. **"그러므로 우리는 예수로 말미암아 항상 찬송의 제사를 하나님께 드리자 이는 그 이름을 증언하는 입술의 열매니라."**(히13:15) 하나님은 우리가 드리는 감사의 찬양을 통해, 원수 사탄의 진영에 자중지란을 일으키시고 우리에게 승리를 주시기 때문이다. **"내가 만국을 모아 데리고 여호사밧 골짜기에 내려가서 내 백성 곧 내 기업인 이스라엘을 위하여 거기에서 그들을 심문하리니."**(욜3:2)

여호사밧 왕이 이스라엘 왕 여호람에게 갔을 때였다. 아합의 아들 여호람이 여호사밧에게 사신을 보내어 함께 모압 치기를 권하였다. 당시 모압은 새끼 양 십만 마리의 털과 숫양 십만 마리의 털을 이스라엘 왕에게 조공으로 바치다가 아합이 죽은 후에 이스라엘을 배반하였기 때문이다. 그들이 모압을 치기 위해 길을 둘러 간 지 칠 일쯤이었다. 그들은 전쟁에 나온 군사들과 따르는 가축들을 먹일 물이 없어 심한 곤경에 빠지게 되었다. 이때 그들은 여호사밧의 권유로 엘리사의 하나님을 찾아갔다. 엘리사는 이스라엘 왕에게 유다의 왕 여호사밧의 얼굴을 봄이 아니면 그를 향하지도 아니하고 보지도 아니하였을 것이라고 말한 뒤 거문고 탈 자를 불러오라고 말하였다. 거문고 타는 자가 거문고를 탈 때였다. 하나님의 손이 엘리사 위에 임하셔서 말씀하셨다. **"여호와의 말씀이 이 골짜기에 개천을 많이 파라 하셨나이다 여호와께서 이르시기를 너희가 바람도 보지 못하고 비도 보지 못하되 이 골짜기에 물이 가득하여 너희와 너희 가축과 짐승이 마시리라 하셨나이다 이것은 여호와께서 보시기에 작은 일이라 여호와께서 모압 사람도 당신의 손에 넘기시리니 당신들이 모든 견고한 성읍과 모든 아름다운 성읍을 치고 모든 좋은 나무를 베고 모든 샘을 메우고 돌로 모든 좋은 밭을 헐리이다."**(왕하3:16~17) 아침이 되어 소제 드릴 때에 물이 에돔 쪽에서부터 흘러와 그 땅에 가득하게 되었다. 모압 왕은 이를 보고는 왕들이 서로 싸워 죽인 것으로 오해하여 서둘러 공격을 시작하였다. 해가 물에 비치어 맞은편 물이 붉어 피처럼 보였기 때문이었다. 이때 이스라엘 사람이 일어나 엘리사의 하나님의 말씀대로 모압 성읍들을 쳐서 큰 승리를 거두게 된다. **"여호와의 목소리에 앗수르가 낙담할 것이며 주께서는 막대기로 치실 것이라 여호와께서 예정하신 몽둥이를 앗수르 위에 더하실 때마다 소고를 치며 수금을 탈 것이며 그는 전쟁 때에 팔을 들어 그들을 치시리라."**(사60:18) 엘리사의 경우에서처럼, 찬송은 하나님의 감동을 받아 하나님의 뜻을 알고, 하나님의 인도하심을 받는 일에 있어 매우 중요한 은혜의 방편이다. 우리의 영혼이 새 힘을 얻고, 영적 전쟁에서 승리하여 하나님께 영광 돌려 드리는 일에 매우 강력한 하나님의 은혜의 통로이다. (사43:21)

이스라엘 백성이 하나님이 베푸신 이적을 통해 홍해를 마른 땅으로 건넌 후였다. 하나님은 이스라엘 백성을 추격하는 바로와 애굽 군대를 모조리 바다에 수장시키셨다. 모세와 이스라엘 백성은 하나님의 구원의 크신 능력과 영광을 보고는 하나님을 찬송하며 크게 기뻐하였다. **"내가 여호와를 찬송하리니 그는 높고 영화로우심이요 말과 그 탄 자를 바다에 던지셨음이로다 여호와는 나의 힘이요 노래시며 나의 구원이시로다 그는 나의 하나님이시니 내가 그를 찬송할 것이요 내 아버지의 하나님이시니 내가 그를 높이리로다."**(출15:1~2) 미리암과 모든 여인들도 소고를 잡고 춤추며 기쁨으로 하나님을 찬양하였다. 사사 시대 드보라와 바락도 가나안 왕 야빈과 그의 군장 시스라와의 전쟁에서 승리한 후 하나님을 찬양하였다. (사5:2~3) 다윗이 골리앗을 죽인 후 이스라엘 백성이 블레셋을 크게 이기고 돌아올 때였다. 이때에도 여인들이 이스라엘 모든 성읍에서 나와서 노래하며 춤추며, 소고와 경쇠를 가지고 사울과 다윗을 환영하였다. 다윗이 왕이 된 후에는, 아삽과 헤만과 여두둔과 그의 아들들을 택하여 제금과 비파와 수금으로 하나님의 전에서 늘 하나님을 찬양하게 하였다. (대상25:1~6) 솔로몬도 하나님의 성전을 건축한 후 하나님께 감사의 기도를 드리고 헌신을 결단하며 하나님을 기쁨으로 찬송하였다. **"여호와를 찬송할지로다 그가 말씀하신 대로 그의 백성 이스라엘에게 태평을 주셨으니 그 종 모세를 통하여 무릇 말씀하신 그 모든 좋은 약속이 하나도 이루어지지 아니함이 없도다."**(왕상8:56) 이세벨의 딸 악한 여왕 아달랴가 유다 백성에 의해 죽임 당한 후였다. 아하시야의 어린 아들 요아스가 유다 왕위에 오를 때 유다 온 백성이 즐거워하며 나팔을 불며 주악하며 하나님을 찬송하였다. 또 히스기야는 유다 왕이 되자 아하스 왕이 더럽힌 성전의 모든 그릇들을 성결하게 하고, 하나님의 성전 안에 있는 모든 더러운 것을 내버리고, 버린 그릇들도 다시 성결하게 하여 하나님의 전에 도로 갖추어 놓았다. 그 후 온 회중이 제단에 번제를 드릴 때, 노래하는 자들은 노래하고 나팔 부는 자들은 나팔을 불며 즐거움으로 하나님을 찬송하고 몸을 굽혀 하나님께 경배를 드렸다.

유다 백성이 바벨론 포로에서 돌아온 후였다. 총독 스룹바벨과 제사장 예수아와 레위인들과 모든 백성들이 하나님의 성전의 기초를 놓을 때였다. 제사장들은 거룩한 예복을 입고 나팔을 들고, 아삽 자손들은 제금을 들고 기쁨으로 하나님을 찬양하였다. (스4:8~10) 그 후 느헤미야가 무너진 예루살렘 성벽을 재건하고, 불탄 성 문짝을 단 후 백성이 각기 성읍에서 거주할 때였다. 모든 백성이 일곱째 달에 일제히 수문 앞 광장에 모여 학사 에스라에게 모세의 율법책을 가져오기를 청하였다. 에스라는 초하루에 율법책을 가지고 알아들을 만한 모든 사람 앞에서 새벽부터 정오까지 그 율법책을 읽었다. 그리고 에스라는 위대하신 하나님 여호와를 송축하였다. 모든 백성은 손을 들고 아멘 아멘 응답하고, 몸을 굽혀 얼굴을 땅에 대고 하나님을 경배하였다. 레위인들이 백성에게 율법을 낭독하고 해석하여 깨닫게 하자, 백성들이 율법의 말씀을 들을 때에 다 울었다. **"오늘은 너희 하나님 여호와의 성일이니 슬퍼하지 말며 울지 말라."**(느8:9) 그 이튿날, 족장들과 제사장들과 레위 사람들이 율법의 말씀을 밝히 알고자 하여 학사 에스라에게 모였다. 이때 그들은 율법을 통해 칠월에 초막절을 지켜야 한다는 사실을 깨달았다. 그리하여 이레 동안 온 백성과 함께 절기를 지키고 여덟째 날에는 규례를 따라 성회를 열었다. 금식하며, 굵은 베 옷을 입고 티끌을 무릅쓰며, 모든 이방 사람들과 절교하고 서서 자기와 자기 조상들의 죄악을 하나님께 자복하였다. 낮 사분의 일은 제자리에 서서 율법책을 낭독하고, 낮 사분의 일은 죄를 자복하며 하나님을 송축하였다. **"너희 무리는 마땅히 일어나 영원부터 영원까지 계신 너희 하나님 여호와를 송축할지어다 주여 주의 영화로우신 이름을 송축하올 것은 주의 이름이 존귀하여 모든 송축이나 찬양에서 뛰어남이니이다."**(느9:5) 그들은 그날 견고한 언약을 세워 기록하고 하나님의 말씀을 순종하기로 결단하였다. 그 후 느헤미야가 예루살렘 성벽을 봉헌할 때에도 유다 백성은 두 무리로 나뉘어 성벽 위를 걸으며 하나님께 감사하며 노래하였다. 제금을 치며, 비파와 수금을 타며 즐거이 하나님을 찬양하며 성벽의 봉헌식을 행하였다.

신약에도 찬양을 통해 일하신 하나님의 역사들이 많이 나온다. 예수님이 베들레헴 구유에서 태어나실 때였다. 홀연히 수많은 천군이 그 천사들과 함께 하나님을 찬송하였다. **"지극히 높은 곳에서는 하나님께 영광이요 땅에서는 기뻐하신 사람들 중에 평화로다."**(눅2:14) 예수님이 잡히시기 전 예루살렘으로 들어가실 때에도 많은 무리들이 자기들이 본 바 모든 능한 일로 인하여 기뻐하며 큰 소리로 하나님을 찬양하였다. **"찬송하리로다 주의 이름으로 오시는 왕이여 하늘에는 평화요 가장 높은 곳에서는 영광이**

로다."(눅19:38) 오순절 날 성령으로 충만함을 받은 예루살렘 성도들도 날마다 마음을 같이 하여 성전에 모이기를 힘쓰고, 집에서 떡을 떼며 기쁨과 순전한 마음으로 음식을 먹고 또 하나님을 찬미하였다. 하나님은 성도들로 하여금 온 백성에게 칭송을 받게 하시고 날마다 구원받는 사람을 교회에 더하여 주셨다. 바울과 바나바가 비시디아 안디옥에서 복음을 전할 때에도 이방인들이 듣고 기뻐하여 하나님의 말씀을 찬송하였다. 그리하여 영생을 주시기로 작정된 자는 다 구원을 받는 역사가 일어났다. (행13:48) 바울과 실라가 빌립보에서 복음을 전할 때였다. 그들은 기도하는 곳에 가다가 만난 한 귀신 들린 여종을 고쳐 주었다. 이때 여종의 주인들이 자기 수익의 소망이 끊어진 것을 보고는 바울과 실라를 관리들에게 고소하였다. 바울과 실라는 관리들에 의해 그들의 옷이 벗겨지고, 많은 매를 맞은 뒤 깊은 옥에 가두어졌다. 발은 차꼬에 든든히 채워져 있었다. 하지만 바울과 실라는 한밤중에 하나님께 기도하며 기쁨이 충만하여 하나님을 찬송하였다. **"지금은 너희가 근심하나 내가 다시 너희를 보리니 너희 마음이 기쁠 것이요 너희 기쁨을 빼앗을 자가 없으리라."**(요16:22) 이때 하나님이 큰 지진을 보내서서 옥터가 움직이고 옥문이 다 열렸다. 모든 사람의 매인 것이 다 벗어지는 이적이 일어났다. 그리하여 바울과 실라는 옥에 갇힌 죄수들에게 하나님의 영광을 선포하고, 간수의 집 사람들에게 예수님을 증거하여 세례를 베풀고 그들을 하나님께로 인도할 수 있었다. **"너희 여호와로 기억하시게 하는 자들아 너희는 쉬지 말며 또 여호와께서 예루살렘을 세워 세상에서 찬송을 받게 하시기까지 그로 쉬지 못하시게 하라."**(사62:6~7) 바울과 실라는 환난 중에도 그들의 순종과 감사의 찬송으로 견고한 흑암의 옥문을 열 수 있었다. 사탄의 깊은 옥에 갇힌 불쌍한 영혼들에게 하나님의 생명의 빛과 영원한 참 자유를 선포할 수 있었다. **"나는 세상의 빛이니 나를 따르는 자는 어둠에 다니지 아니하고 생명의 빛을 얻으리라."**(요8:12) **"그러므**

로 아들이 너희를 자유롭게 하면 너희가 참으로 자유로우리라."(요8:36)

찬송은 우리의 영적 전쟁에 있어 하나님이 우리에게 베푸신 큰 은혜의 통로이다. 하나님은 찬송을 통해 원수 사탄의 공격에서 우리를 지켜 주시고, 우리에게 원수를 이기는 능력을 주신다. 우리 앞서 싸우셔서 우리의 원수 사탄의 진영을 무너뜨리시고 우리에게 많은 승리의 열매들을 거두게 하신다. 우리에게 새 은혜를 부으셔서, 다시금 하나님을 즐거움으로 경외하는 자리로 우리를 인도하시고 모든 영광을 하나님께 돌리며 살아가게 하신다. 찬송은 언제나 우리의 영혼을 하나님을 향한 자복과 감사와 온전한 돌이킴으로 이끌어 가기 때문이다. **"이날에 낮 사분의 일은 그 제자리에 서서 그들의 하나님 여호와의 율법책을 낭독하고 낮 사분의 일은 죄를 자복하며 그들의 하나님 여호와께 경배하는데."**(느9:3) 하나님은 다윗이 이스라엘 백성과 함께 온갖 악기와 노래로 아비나답 집에서 언약궤를 모셔올 때, 그들의 찬송보다 하나님을 즐거움으로 사랑하는 그들의 마음을 더 기뻐하셨기 때문이다. **"내가 내 자녀들이 진리 안에서 행한다 함을 듣는 것보다 더 기쁜 일이 없도다."**(요삼1:4) 그러므로, 찬송은 구원받은 하나님의 백성들이 마땅히 하나님께 올려 드려야 할 우리 입술의 열매이다. **"우리가 수송아지를 대신하여 입술의 열매를 주께 드리리이다."**(호14:2)

또한, 찬송은 바울과 실라처럼 환난 중에도 변함없이 하나님을 사랑하며, 감사로 하나님을 찾게 하는 큰 은혜의 통로가 된다. **"내가 노래로 하나님의 이름을 찬송하며 감사함으로 하나님을 위대하시다 하리니 이것이 소 곧 뿔과 굽이 있는 황소를 드림보다 여호와를 더욱 기쁘시게 함이 될 것이라."**(시69:30~31) 우리도 엘리사처럼 하나님께 찬송 드릴 때 하나님의 임재하심으로 하나님의 인도하심을 받을 수 있다. 다윗이 수금을 탈 때 사울이 상쾌하여 낫고 악령이 떠나간 것처럼, 우리도 찬송을 통해 하나님의 임재를 누리고 우리를 묶고 있는 악한 영의 결박에서 자유를 누릴 수 있다. **"우리의 영혼이 사냥꾼의 올무에서 벗어난 새같이 되었나니 올무가 끊어지므로 우리가 벗어났도다."**(시124:7) 무엇보다, 찬송은 에스라의 하나님의 율법을 사모한 유다 백성처럼, 언제나 하나님의 말씀에 대한 새로운 사모함과 즐거운 순종의 자리로 우리를 이끌어 간다. 찬송은 사탄과 짐승의 이름을 이기고 벗어나, 순종으로 단장한 하나님의 백성들의 영원한 승리의 노래이기 때문이다. **"짐승과 그의 우상과 그의 이름의 수를 이기고 벗어난 자들이 유리 바닷가에 서서 하나님의 거문고를 가지고 하나님의 종 모세의 노래, 어린 양의 노래를 불러 이르되 주 하나님 곧 전능하신 이시여 하시는 일이 크고 놀라우시도다 만국의 왕이시여 주의 길이 의롭고 참되시도다."**(계15:2~3)

17. 수치를 당하지 말자

> "우리가 당한 곤경은 너희도 보고 있는 바라 예루살렘이 황폐하고 성문
> 이 불탔으니 자 예루살렘 성을 건축하여 다시 수치를 당하지 말자."(느
> 2:17)

느헤미야가 바사 왕 아닥사스다의 술 관원으로 있을 때였다. 하루는 그
의 형제 하나니가 두어 사람과 함께 유다로부터 그에게로 내려왔다. 느헤
미야는 그들에게 남아 있는 유다와 예루살렘 사람들의 형편을 물었다. 그
들은 느헤미야에게 유다에 남아 있는 자들이 큰 환난을 당하고, 능욕을 받
으며, 예루살렘 성은 허물어지고 성문들은 불탔다는 소식을 전하였다. 느
헤미야는 이 말을 듣고 앉아서 울고 수일 동안 슬퍼하였다. 하늘의 하나님
앞에 금식하며 기도하며, 자기와 이스라엘 자손의 죄악을 자복하며 하나님
의 긍휼을 간구하였다. **"하늘의 하나님 여호와 크고 두려우신 하나님이여
주를 사랑하고 주의 계명을 지키는 자에게 언약을 지키시며 긍휼을 베푸
시는 주여 간구하나이다 이제 종이 주의 종들인 이스라엘 자손을 위하
여 주야로 기도하오며 우리 이스라엘 자손이 주께 범죄한 죄들을 자복하
오니 주는 귀를 기울이시며 눈을 여시사 종의 기도를 들으시옵소서."**(느
1:5~6) 그 후, 느헤미야는 하나님의 도우심으로 아닥사스다 왕의 허락을 받
아 왕의 조서를 가지고 예루살렘에 도착하였다. **"주권자에게 은혜를 구하
는 자가 많으나 사람의 일의 작정은 여호와께로 말미암느니라."**(잠29:26)
이 소식을 들은 호론 사람 산발랏과 암몬 사람 도비야가 이스라엘 자손을
흥왕하게 하려는 사람이 왔다 함을 듣고 심히 근심하였다.

느헤미야가 예루살렘에 머문 지 사흘 만이었다. 느헤미야는 하나님이 예루살렘을 위해 무엇을 하실 것인지 그의 마음에 주신 것을 아무에게도 말하지 않았다. 느헤미야는 몇몇 사람과 함께 몰래 밤에 일어나 예루살렘의 무너진 성벽과 성문들을 둘러보았다. 그 후 느헤미야가 유다 백성에게 말하였다. **"우리가 당한 곤경은 너희도 보고 있는 바라 예루살렘이 황폐하고 성문이 불탔으니 자 예루살렘 성을 건축하고 다시 수치를 받지 말자."**(느2:17) 그리고 그들에게 그동안 하나님의 선한 손이 그를 도우신 일과 바사 왕이 그에게 이른 말을 전하였다. 우리는 느헤미야를 통해 지도자가 하나님의 공동체를 섬기는 일에 있어 중요한 교훈을 배울 수 있다. 먼저 지도자는 하나님의 분명한 소명과 함께 하나님이 그에게 맡기신 일을 확신하여야 한다는 점이다. 또한 잠잠히 침묵하며 현재의 상황을 하나님의 지혜로 정확하게 분별하고, 하나님이 맡기신 일을 어떻게 이루어갈 것인지를 먼저 기도로 하나님과 의논하여야 한다는 점이다. **"주 여호와께서는 자기의 비밀을 그 종 선지자들에게 보이지 아니하시고는 결코 행하심이 없으시리라."**(암3:7) 다음으로, 그동안 인도하신 하나님의 은혜의 증거들을 공동체와 나눔으로써, 지금 하려는 일이 하나님이 이루기를 원하시는 일이라는 사실을 모든 백성으로 하여금 확신하게 해야 한다는 점이다. **"스알디엘의 아들 스룹바벨과 여호사닥의 아들 대제사장 여호수아와 남은 모든 백성이 그들의 하나님 여호와의 목소리와 선지자 학개의 말을 들었으니 이는 그들의 하나님 여호와께서 그를 보내셨음이라 …… 그들이 와서 만군의 여호와 그들의 하나님의 전 공사를 하였으니."**(학1:12~14)

유다 백성은 느헤미야의 말을 듣고 모두 힘을 내어 일어나 성벽 건축하기를 시작하였다. 산발랏과 도비야와 아라비아 사람 게셈이 이 소식을 듣고는 유다 백성을 업신여기고 조롱하였다. 하지만 유다 백성과 고관들과 제사장들은 이에 아랑곳하지 않고 각기 맡은 분량을 따라 힘써 성벽을 쌓아 갔다. 산발랏은 크게 분노하며 그들을 더욱 비웃었다. **"이 미약한 유다 사람들이 하는 일이 무엇인가 스스로 견고하게 하려는가 제사를 드리려는가 하루에 일을 마치려는가 불탄 흙무더기에서 다시 일으키려는가."**(느4:2) 암몬 사람 도비야도 유다 백성이 건축하는 성벽은 여우가 올라가도 무너질 것이라며 조롱하였다. 그리고 그들이 다 함께 모여 예루살렘으로 가서 치고 그곳을 요란하게 하자고 말하였다. **"그들은 악한 목적으로 서로 격려하며 남몰래 올무 놓기를 함께 의논하고 하는 말이 누가 우리를 보리요 하며 그들은 죄악을 꾸미며 이르기를 우리가 묘책을 찾았다 하나니 각 사람의 속뜻과 마음이 깊도다."**(시64:5~6) 느헤미야는 이를 알아차리고 하나님께 기도하며 파수꾼을 두어 주야로 지키게 하였다. 그 무렵, 유다 사람들이 자신들이 옮겨야 할 흙무더기는 많고 힘은 다 빠졌다며 하소연하고, 원수들은 유다 사람들을 살육하여 역사를 그치게 하려고 호시탐탐 기회를 노리고 있었다. 이때 느헤미야는 성벽 뒤의 낮고 넓은 곳에 백성이 그들의 종족을 따라 칼과 활과 창을 가지고 방비하게 하였다. 이에 원수들이 유다 백성이 그들의 의도를 눈치챈 것을 알고 잠잠하자, 유다 백성은 다시 성으로 돌아와서 각기 일을 계속하였다. 이때부터 백성 중 절반은 일하고, 절반은 갑옷을 입고 창과 방패와 활을 가지고 있었다. 성을 건축하는 자와 짐을 나르는 자도 각각 한 손으로 일을 하며 한 손으로는 병기를 잡고 있었다. 유다 백성은 모두 옷을 벗지 아니하였고 물을 길으러 갈 때에도 각각 병기를 잡고 있었다. **"너는 그리스도 예수의 좋은 병사로 나와 함께 고난을 받으라 병사로 복무하는 자는 자기 생활에 얽매이는 자가 하나도 없나니 이는 병사로 모집한 자를 기쁘게 하려 함이라."**(딤후2:3~4)

어느 날 산발랏과 도비야가 유다 백성이 성벽을 건축하여 허물어진 틈을 남기지 아니하였다는 말을 듣고는 느헤미야에게 사람을 보내어 말하였다.

"오라 우리가 오노 평지 한 촌에서 서로 만나자."(느6:2) 그들은 느헤미야에게 네 번이나 이같이 하였다. 다섯 번째는 그들의 종자의 손에 봉하지 않은 편지를 들려 보내며 유다 사람들이 모반하려 하여 성벽을 건축한다고 모함하였다. 실상은 느헤미야를 모함하고 살해하기 위함이었다. 이후에도 들라야의 아들 스마야가 두문불출하여 느헤미야가 그에게로 갔을 때였다. 스마야가 느헤미야에게 말하였다. **"그들이 너를 죽이러 올 터이니 우리가 하나님의 전으로 가서 외소 안에 머물고 그 문을 닫자 저들이 반드시 밤에 와서 너를 죽이리라."**(느6:10) 하지만 이 또한 스마야가 산발랏과 도비야로부터 뇌물을 받고 느헤미야를 두렵게 하고 범죄하게 하여 악한 말로 비방하고자 함이었다. **"주의 집을 위하는 열성이 나를 삼키고 주를 비방하는 비방이 내게 미쳤나이다."**(시69:9)

이러한 원수들의 끈질긴 훼방과 대적에도 불구하고 마침내 성벽 역사는 오십이 일 만인 엘룰월 이십오 일에 끝이 났다. 대적들과 주위에 있는 이방 족속들이 이를 듣고 다 크게 두려워하며 낙담하였다. **"여호와께서 나라들의 계획을 폐하시며 민족들의 사상을 무효하게 하시도다 여호와의 계획은 영원히 서고 그의 생각은 대대에 이르리로다."**(시33:10~11) 느헤미야는 예루살렘 성벽을 봉헌하기 위해 제사장들과 레위 사람들의 몸을 성결하게 하고 또 백성과 성문과 성벽을 정결하게 하였다. 그리고 방백들과 백성을 두 무리로 나누어 성벽 위로 올라가 행진하며 하나님께 감사 찬송하게 하였다. 이날에 유다 백성은 하나님께 큰 제사를 드리고, 하나님이 즐거워하게 하시므로 크게 즐거워하여 그 소리가 먼 지방에까지 들릴 정도였다. **"예루살렘을 사랑하는 자들이여 다 그 성읍과 함께 기뻐하라 다 그 성읍과 함께 즐거워하라 그 성을 위하여 슬퍼하는 자들이여 다 그 성의 기쁨으로 말미암아 그 성과 함께 기뻐하라."**(사66:10)

성경은 하나님의 구원과 구원받은 하나님의 백성들의 삶을 가르치는 하나님의 말씀이다. (딤후3:16~17) 또한 성경에는 이를 방해하고 무너뜨리려는 사탄의 교묘하고 악한 술수들이 들어 있다. 느헤미야가 무너진 예루살렘 성벽을 재건하고 불탄 성문의 문짝을 단 일은, 오늘 우리에게는 우리의 구원의 은혜를 새롭게 하고 구원받은 백성으로서의 새로운 삶의 결단을 의미한다. 예수님은 마지막 날 재림하셔서 새 하늘과 새 땅을 이루실 때 그의 구원을 성벽과 외벽으로 삼으시고, 신의를 지키는 의로운 나라가 문들을 열고 그곳으로 들어오게 될 것이라고 이사야 선지자를 통해 예언하고 계시기 때문이다. (사26:1~2; 계21:12~14) 반면에 하나님을 대적하는 세상 왕국 바벨론의 성벽은 훼파되고, 그 높은 문들은 불에 타 멸망하게 될 것이라고 예레미야 선지자를 통해 말씀하고 계시기 때문이다. (렘51:58) 사탄의 세력이 끊임없이 산발랏과 도비야와 거짓 선지자 스마야 등을 통해 느헤미야와 유다 백성의 성벽 건축을 방해한 이유도 여기에 있었다. 그러므로, 우리는 성경을 통해 사탄의 모든 궤계를 현미경으로 보듯 밝히 보고, 그들의 간계를 미리 대비할 때 그들과의 싸움에서 승리할 수 있을 것이다. 느헤미야서는 이러한 사탄의 악한 역사들 중에 특히 하나님의 공동체를 향한 그들의 궤계에 대하여 잘 배울 수 있는 말씀이다. **"용이 여자에게 분노하여 돌아가서 그 여자의 남은 자손 곧 하나님의 계명을 지키며 예수의 증거를 가진 자들과 더불어 싸우려고 바다 모래 위에 서 있더라."**(계12:17)

우리가 앞에서 간단히 살펴본 대로, 사탄은 하나님의 공동체를 무너뜨리기 위해 먼저 하나님의 일을 업신여기고 조롱한다는 사실을 알 수 있다. **"나다나엘이 이르되 나사렛에서 무슨 선한 것이 날 수 있느냐."**(요1:46) 또한 지도자에게 두려움을 주어 하나님의 일을 끊임없이 방해한다는 사실을 알 수 있다. **"대제사장과 그와 함께 있는 사람 즉 사두개인의 당파가**

다 마음에 시기가 가득하여 일어나서 사도들을 잡아다가 옥에 가두었더니."(행5:17~18) 이는 산발랏과 도비야가 느헤미야에게 그들의 종들을 거듭 보내어 느헤미야를 모함하며 두렵게 한 일에 잘 나타나 있다. 특히 거짓 선지자 스마야를 통해서는 느헤미야를 위하는 척하면서 실상은 해하려는 음모까지 꾸몄다. (행16:17) 사탄은 하나님의 일이 진척되어 갈수록 더욱 분노하며 적극적으로 대적하는 일을 계속한다는 사실도 알 수 있다. "예루살렘으로 가서 치고 그곳을 요란하게 하자."(느4:8) 이러한 사탄의 대적은 느헤미야처럼 원수의 의도를 미리 알고, 무기를 들고 방비하듯 하나님의 말씀과 기도로 잘 대처하면 이길 수 있다.

하지만 하나님의 공동체가 더욱 경계해야 할 일은 내부의 분열을 꾀하는 사탄의 훼방임을 알 수 있다. 유다 사람들이 자신들이 옮겨야 할 흙무더기가 많고 힘이 빠졌다며 불평하는 일이 그것이었다. 더군다나 유다 백성이 그들 중 가난한 형제들에게 높은 이자를 받는 죄악을 행하여 공동체의 화평을 깨뜨린 탐욕의 죄가 그것이었다. 누가 크냐 하는 문제로 서로 다툰 사도들이나, 구제하는 문제로 예루살렘 교회의 헬라파와 히브리파 성도들 사이에 일어난 다툼 역시 그러하였다. "너희의 소행이 좋지 못하도다 우리의 대적 이방 사람의 비방을 생각하고 우리 하나님을 경외하는 가운데 행할 것이 아니냐."(느5:9) 내부의 분열을 꾀하는 사탄의 훼방은 모세의 출애굽 때에도 있었다. 모세와 아론이 바로에게 가서 이스라엘 백성이 광야에서 하나님의 절기를 지킬 수 있도록 그들을 보내 줄 것을 말할 때였다. 바로는 이 말을 듣고 백성의 감독들과 기록원들에게 명령하였다. "너희는 백성에게 다시는 벽돌에 쓸 짚을 전과 같이 주지 말고 그들이 가서 스스로 짚을 줍게 하라."(출5:7) 이때 기록하는 일을 맡은 이스라엘 자손이 화가 그들에게 미친 줄 알고 모세와 아론을 원망한 일이 그러하였다. "너희가 우리를 바로의 눈과 그의 신하의 눈에 미운 것이 되게 하고[81] 그들의 손에 칼을 주어 우리를 죽이게 하는도다 여호와는 너희를 살피시고 판단하시기를 원하노라."(출5:21) 사사 입다가 암몬 자손과의 전쟁에서 큰 승리를 거두었지만, 소외감을 가진 에브라임 사람들과의 내분으로 인해 서로 싸워 에브라임 사람 사만 이천 명이 죽임을 당한 사건이 또한 그러하였다.(삿12:6) 고린도 교회에도 이러한 사탄의 훼방들이 있었다. 고린도 성도들 중 어떤 이는 자기가 바울이나 혹은 아볼로에게, 또 어떤 이는 게바나 혹은 그리스도께 속한 자라 하여 분파를 이룬 일이 그것이었다.(고전1:12) 또 성만찬 때에 음식 먹는 문제로 인한 분쟁과,(고전11:22) 무질서하고 덕을 세우지 않는 무분별한 은사 사용으로 인한 불화가 그러하였다.(고전14:39~40)

특히 우리는 지도자들 중 몇몇이 사탄의 하수인으로 일할 수도 있다는 사실을 항상 염두에 두어야 한다. 느헤미야의 가중된 어려움은 바로 그런 종류의 어려움이었다. **"내 친한 벗도 다 내가 실족하기를 기다리며 그가 혹시 유혹을 받게 되면 우리가 그를 이기어 우리 원수를 갚자 하나이다."**(렘20:10) 느헤미야의 원수들은 수시로 도비야의 선행을 느헤미야에게 말하고, 느헤미야의 말도 도비야에게 전하여 느헤미야를 흠잡을 기

---

81) '우리를 바로의 눈과 그의 신하의 눈에 미운 것이 되게 하고'라는 말씀 중에 '우리'로 번역된 단어는 '우리의 향기-רֵיחֵנוּ(레헤누)'라는 의미이며, '미운 것이 되게 하고'는 '악취를 풍기게 하다-בָּאַשׁ(바아스)'라는 의미임. 이스라엘 백성이 모세를 통해 전하시는 하나님의 말씀을 순종하는 것이 애굽인들 앞에 하나님의 백성의 향기를 풍기는 일임에도 불구하고, 육신의 고난으로 인해 모세를 불평하는 일로 인해 오히려 애굽인들 앞에서 악취를 풍기게 된 이스라엘 백성의 불신앙을 엿볼 수 있음. LXX는 '향기-רֵיחַ(레아흐)'를 ὀσμὴν(오스멘)'으로 번역하고 있는데, 이 단어는 고후2:14의 '우리로 말미암아 각처에서 그리스도를 아는 냄새를 나타내시는 하나님께 감사하노라'의 '냄새'에도 동일하게 사용됨.

회를 호시탐탐 노리고 있었기 때문이다. **"내가 말하기를 나의 행위를 조심하여 내 혀로 범죄하지 아니하리니 악인이 내 앞에 있을 때에 내가 내 입에 재갈을 먹이리라 하였도다."**(시39:1) 또한 느헤미야의 대적 도비야가 유다 사람 스가냐의 사위가 되었고, 도비야의 아들 여호하난도 므술람의 딸을 아내로 맞이하여 유다에서 원수들과 동맹한 자들이 많았기 때문이다. (느6:18) 그들 중에는 대제사장 엘리아십의 손자 요야다의 한 아들마저 산발랏의 사위가 된 상황이었기 때문이다. **"여호와의 희생의 날에 내가 방백들과 왕자들과 이방인의 옷을 입은 자들을 벌할 것이며."**(습1:8) 구약 시대 예레미야 선지자의 어려움도 주로 당시 지도자들의 핍박 때문이었다. (렘20:1~2) 신약 시대 예수님의 사도들의 어려움도 동일하였다. 특히 바울은 그의 선교 사역에서 많은 거짓 사도들의 끊임없는 훼방을 받았다. **"그런 사람들은 거짓 사도요 속이는 일꾼이니 자기를 그리스도의 사도로 가장하는 자들이니라 이것이 이상한 일이 아니니라 사탄도 자기를 광명의 천사로 가장하나니."**(고후11:13~14) 바울은 이러한 거짓 사도들의 가르침을 따라 사탄의 미혹에 빠진 성도들로 인해 많은 오해를 받고 고난을 겪을 수밖에 없었다. 그들을 위해 해산의 고통을 치르며 끊임없는 애통의 간구를 하나님께 드려야만 하였다. **"그러므로 여러분이 일깨어 내가 삼 년이나 밤낮 쉬지 않고 눈물로 각 사람을 훈계하던 것을 기억하라."**(행20:31)

우리의 싸움은 혈과 육이 아닌 공중 권세 잡은 악한 영들과의 싸움이다. 안팎으로 역사하는 악한 영들과의 싸움에서 이기는 길은 먼저 우리 안에 화평함과 거룩함을 이루는 일이 무엇보다 중요하다. **"모든 사람과 화평함과 거룩함을 따르라 이것이 없이는 아무도 주를 보지 못하리라."**(히12:14) 사탄은 이러한 하나님의 공동체에는 아예 한 발짝도 자신의 미혹의 발을 들여놓을 수 없기 때문이다. 이를 위해, 우리는 무엇보다 공동체가 화

지려느냐! 이길 수 있다!

평으로 하나 될 수 있도록 서로 덕을 세우기를 힘써야 한다. 서로 비판하지 말고, 도리어 부딪힐 것이나 거칠 것을 다른 형제 앞에 두지 아니하도록 조심하여야 한다. (롬14:13) 잘못을 깨달았을 때에는 서로 고백하고,[82] 그리스도께서 허물 많은 우리를 받아 하나님께 영광을 돌리심과 같이 우리도 기꺼이 서로의 허물을 불쌍히 여기며 서로 용납하여야 한다. **"그러므로 그리스도께서 우리를 받아 하나님께 영광을 돌리심과 같이 너희도 서로 받으라."**(롬15:7) 비록 의로운 수치는 받을지언정, 원수에게 훼방거리를 주는 공동체 내에서의 서로 불화하는 죄를 범하지는 않아야 한다. (삼하12:14)

우리는 또한 공동체의 지도자를 위하여 기도해야 한다. 지도자를 향한 사탄의 공격은 더 교묘하고 치열하다는 사실을 잘 알고 있기 때문이다. 우리는 때때로 우리의 지도자가 구스 여인을 취한 모세처럼 인간의 연약함으로 범죄할 때 더욱 사탄의 궤계를 조심해서 대처해야 한다. 이때야말로, 사탄에게는 하나님의 공동체를 무너뜨리는 절호의 기회이기 때문이다. 그런 때일수록, 우리는 정죄의 입술을 다물고, 모든 일을 하나님의 주권에 온전히 맡겨 드려야 한다. **"또 그들은 게으름을 익혀 집집으로 돌아다니고 게으를 뿐 아니라 쓸데없는 말을 하며 일을 만들며 마땅히 아니할 말을 하나니."**(딤전5:13) 지도자의 징계와 회복은 모두 우리의 손이 아닌 하나님의 손에 있기 때문이다. (민20:28; 행13:2) **"우리가 누구냐 너희의 원망은 우리를 향하여 함이 아니요 여호와를 향하여 함이로다."**(출16:8) 우리는 또한 사람의 말이나 상황을 보지 말고, 사람의 말과 상황을 통해 역사하는 간교한 '사탄의 입술'과 '사탄의 몸짓'을 바라보아야 한다. 우리의 원수는 사람이나 상황이 아닌, 사람이나 사건을 통해 역사하고 있는 어둠의

---

82) 하나님이 받으시는 진정한 회개는 하나님께 속죄의 예물을 드리는 것과 함께, 반드시 사람에게도 잘못을 고백해야 함. (민5:6~8; 마5:23~24)

권세 사탄이기 때문이다. 특히, 우리는 공동체의 지도자 중에 일부가 사탄의 하수인으로 일할 수 있다는 경각심을 항상 잊지 않아야 한다. 우리는 이를 위해 지도자의 행실의 결말을 주의하여 살펴보고 그들의 믿음을 본받아야 한다. (히13:7) **"그러므로 사탄의 일꾼들도 자기를 의의 일꾼으로 가장하는 것이 또한 대단한 일이 아니니라 그들의 마지막은 그 행위대로 되리라."**(고후11:14) 그리고 우리는 어떤 상황 가운데서도, 예루살렘 성전 재건을 훼방한 하나님 나라의 원수들을 오히려 성전의 일꾼으로 세우신 전능하신 스룹바벨의 하나님을 항상 앙망하여야 한다. **"다리오 왕의 조서가 내리매 유브라데 강 건너편 총독 닷드내와 스달보스내와 그들의 동관들이 신속히 준행하니라 …… 유다 사람의 장로들이 선지자 학개와 잇도의 손자 스가랴의 권면을 따랐으므로 성전 건축하는 일이 형통한지라."**(스6:13~14)

3부   예수님이 이기셨다

"그가 이르되 네 이름을 다시는 야곱이라 부를 것이 아니요 이스라엘이
라 부를 것이니 이는 네가 하나님과 및 사람들과 겨루어 이겼음이니
라."(창32:28)

이 세상 만물에는 영원하신 하나님의 능력과 신성이 들어 있다. (롬1:20)
하나님이 창조하신 만물 중에 최고의 걸작품을 든다면 그것은 바로 우리
인간의 영혼일 것이다. 우리의 영혼은 하나님이 우리를 자신의 형상으로
창조하실 때, 흙으로 지은 우리의 육신에 불어넣으신 하나님의 최후의 창
조물이기 때문이다. 우리의 영혼은 지금도 우리 몸의 주인으로서 하나님
이 창조하신 만물을 다스리며 지키는 거룩한 사명을 감당하고 있기 때문이
다. 하지만 아담의 후손인 모든 인간은 아담의 범죄로 인하여 하나님의 형
상을 잃어버렸다. **"아담은 백삼십 세에 자기의 모양 곧 자기의 형상과 같
은 아들을 낳아 이름을 셋이라 하였고."**(창5:3) 노아 시대에, 하나님은 사
람들의 죄악이 세상에 가득하고 그들의 마음으로 생각하는 모든 계획이 항
상 악할 뿐임을 보시고 온 세상을 홍수로 심판하셨다. 하나님이 우리의 육
신을 흙으로 지으셨듯이, 우리의 영혼의 생각도 매사에 하나님의 생각을
따라 살아가도록 지으셨으나 사람들의 마음이 항상 악한 일들만 생각하며
살아가고 있었기 때문이었다.[83] 이때 하나님은 인류의 죄악을 바라보시고

---

83) 창6:5의 '사람의 모든 계획이 항상 악할 뿐임으로 보시고'의 '계획'이라는 단어는 '형
상-ֵצֶר(예체르)'라는 단어임. 창2:7에 '사람을 흙으로 지으시고'의 '지으시다-ַצֶר(야차르)'의 명
사형임. 특히 '야차르'라는 단어는 '토기장이가 토기를 빚다'의 '빚다'에도 동일하게 사용되는
단어임.(cf. 렘1:5) 적용하면, 하나님은 구원받은 하나님의 자녀들의 마음을 성형 수술하시

심히 탄식하시며 말씀하셨다. **"나의 영이 영원히 사람과 함께하지 아니하리니 이는 그들이 육신이 됨이라 그러나 그들의 날은 백이십 년이 되리라."**(창6:3)

이 말씀대로, 하나님은 육신으로는 살아 있으나 고깃덩어리에 불과한 노아 시대의 온 인류를 홍수로 심판하셨다. 그리고 하나님의 은혜로 택하신 살아 있는 영혼들인 노아와 그의 가족을 방주를 통해 구원하셨다. 하나님이 홍수 심판 이후 노아에게 말씀하셨다. **"내가 너희와 언약을 세우리니 다시는 모든 생물을 홍수로 멸하지 아니할 것이라 땅을 멸할 홍수가 다시 있지 아니하리라 …… 내가 내 무지개를 구름 속에 두었나니 이것이 나와 세상 사이의 언약의 증거니라."**(창9:11~13) 하나님은 오늘날까지, 육체로는 살아 있으나 하나님의 생명에서 떠나 있는 죽은 영혼들을 하나님의 영으로 살리는 구원의 역사를 자신의 언약대로 이루어가고 계신다. **"살리는 것은 영이니 육은 무익하니라 내가 너희에게 이른 말은 영이요 생명이라."**(요6:63) 하나님의 은혜로 구원받은 하나님의 백성들이 자신의 아들의 온전한 형상을 닮아가도록, 이 세상 사는 동안 그들의 영혼을 성형 수술하시듯 새롭게 빚어 가고 계신다. **"우리가 다 하나님의 아들을 믿는 것과 아는 일에 하나가 되어 온전한 사람을 이루어 그리스도의 장성한 분량이 충만한 데까지 이르리니."**(엡4:13) 하나님은 우리의 토기장이시요 아버지이시며, 우리는 진흙이며 그의 손으로 지으신 질그릇이기 때문이다. (사64:8)

야곱이 형 에서를 피해 밧단아람에 있는 외삼촌 라반의 집으로 도망을 갔을 때였다. 야곱은 그곳에서 이십 년간 많은 고난을 겪으며 라반의 양 떼

듯이 예수님의 형상으로 새롭게 빚어 가고 계심을 알 수 있음. (cf. 갈4:19)

들을 돌보며 살아갔다. 야곱은 하나님의 은혜로, 때가 되어 많은 가축 떼와 네 명의 아내, 열한 명의 자식들을 데리고 가나안 땅으로 돌아오게 된다. 야곱이 마하나임에 이르렀을 때 하나님의 사자들이 그에게 나타났다. 야곱으로 하여금 하나님이 그와 동행하고 계심을 믿게 하기 위함이었다. 그 후 야곱은 세일에 사는 에서에게 자신의 소식을 알리고 은혜를 구하기 위해 형에게로 자기 앞서 사자들을 보내었다. 야곱의 사자들이 돌아와 야곱에게 말하였다. **"우리가 주인의 형 에서에게 이른즉 그가 사백 명을 거느리고 주인을 만나려고 오더이다."**(창32:6) 야곱은 심히 두렵고 답답하여 형 에서를 위해 그의 소유 중에서 예물을 택하였다. 그의 앞서가는 예물로 에서의 감정을 푼 후에 대면하면 혹시 형이 그를 받아 주리라는 생각에서였다. 그리고 그의 가축과 처자들을 네 떼로 나누어 그의 앞서 얍복 강을 건너가게 하였다. 야곱이 홀로 남아 있을 때였다. 어떤 사람이 야곱에게 와서 날이 새도록 그와 씨름하였다. 여호와의 사자가 야곱을 이기지 못함을 보고 야곱의 허벅지 관절을 칠 때에 야곱의 허벅지 관절이 어긋났다. 날이 샐 무렵, 하나님의 사자가 떠나려 할 때 야곱은 간절히 기도하였다. **"당신이 내게 축복하지 아니하면 가게 하지 아니하겠나이다."**(창32:26)

하나님은 야곱의 이름을 '이스라엘'이라 고쳐 부르시고 그에게 은혜를 베풀어 주셨다. 야곱은 자기를 축복하시며 은혜로 져 주시는 하나님과 대면하여 보았으나 그의 생명이 보존되었음을 그제서야 깨닫게 되었다. 그리하여 그곳 이름을 '브니엘'이라 이름하였다. **"야곱은 모태에서 그의 형의 발뒤꿈치를 잡았고 또 힘으로는 하나님과 겨루되 천사와 겨루어 이기고 울며 그에게 간구하였으며 하나님은 벧엘에서 그를 만나셨고 거기에서 우리에게 말씀하셨나니."**(호12:3~4) 하나님은 우리 앞서 우리의 구원을 이루어가시는 전능하신 하나님이다. 하지만 하나님은 또한 자신을 낮추시는 겸비의 하나님이시다. 야곱 같은 우리와 씨름하시며 우리에게 져 주시

지려느냐! 이길 수 있다!

는 은혜를 베푸셔서, 우리를 영원히 이긴 자로 살아가게 하시는 은혜의 하나님이시다. **"그는 근본 하나님의 본체시나 하나님과 동등됨을 취할 것으로 여기지 아니하시고 오히려 자기를 비워 종의 형체를 가지사 사람들과 같이 되셨고 사람의 모양으로 나타나사 자기를 낮추시고 죽기까지 복종하셨으니 곧 십자가에 죽으심이라."**(빌2:6~8) 이러한 하나님의 전적인 은혜와 능력에 의한 구원에 대한 가르침은 성경의 면면에 일관되게 나타나 있다. **"우리가 앗수르의 구원을 의지하지 아니하며 말을 타지 아니하며 다시는 우리의 손으로 만든 것을 향하여 너희는 우리의 신이라 하지 아니하오리니 이는 고아가 주로 말미암아 긍휼을 얻음이니이다 할지니라."**(호14:3)

성경의 예를 몇 가지만 살펴보기로 하자. 출애굽 사건이 그러하였다. 하나님은 바로에게 열 가지 재앙을 내리셨지만 바로는 끝까지 하나님을 거역하였다. 바로 왕의 완고함과 탐욕은 하나님이 애굽의 모든 장자와 가축의 첫 새끼를 진멸하실 때까지 계속되었다. **"내가 이 백성을 보내리니 그들이 여호와께 제사를 드릴 것이니라."**(출8:8) **"너희는 가서 이 땅에서 너희 하나님께 제사를 드리라."**(출8:25) **"너희는 너희의 하나님 여호와께 광야에서 제사를 드릴 것이나 너무 멀리 가지는 말라."**(출8:28) **"그렇게 하지 말고 너희 장정만 가서 여호와를 섬기라."**(출10:11) **"너희는 가서 여호와를 섬기되 너희의 양과 소는 머물러 두고 너희 어린 것들은 너희와 함께 갈지니라."**(출10:24) **"너희가 말한 대로 너희 양과 너희 소도 몰아가고 나를 위하여 축복하라."**(출12:32) 바로는 애굽의 온 땅이 전무후무한 통곡의 소리로 가득할 때에야 마침내 이스라엘 백성을 광야로 떠나도록 허락하였다. 바로 왕이 이처럼 완강히 하나님을 대적한 것은 하나님의 능력이 부족해서가 아니었다. 하나님은 이를 통해 하나님 자신의 능력과 영광을 온 세상에 드러내기를 원하셨다. 이스라엘 백성에게 하나님의 구원과 능력을 알게 하시고, 이를 그들의 자녀들에게 가르쳐서 그들로 하여금 평생 하나님을 경외하는 복된 삶을 살게 하기 위함이었다. 하나님은 바로와 그의 군대가 광야로 나간 이스라엘 백성을 추격할 때 홍해 앞에서 모세를 통해 이스라엘 백성에게 말씀하셨다. **"너희는 두려워하지 말고 가만히 서서 여호와께서 오늘 너희를 위하여 행하시는 구원을 보라**[84]**너희가 오늘 본 애굽 사람을 영원히 다시 보지 아니하리라 여호와께서 너희를 위하여 싸우시리니 너희는 가만히 있을지니라."**(출14:13~14) 이처럼 이스라엘 백성이 죽음의 바다 홍해를 건너 생명의 저편 언덕으로 살아 올라간 것은 오직 모세의 지팡이와 함께하신 하나님의 은혜와 능력에 의해서였다. **"우리 조상들이 다 구름 아래에 있고 바다 가운데로 지나며 모세에게 속하여 다 구름과 바다에서 세례를 받고."**(고전10:1~2)

이스라엘 백성이 광야 여정 중 르비딤에서 아말렉과 싸울 때도 그러하였다. 모세는 아론과 훌과 함께 산꼭대기로 올라가고, 여호수아는 산 아래에서 아말렉 군대와 싸울 때였다. 모세가 손을 올리면 이스라엘이 이기고, 모세가 피곤하여 손을 내리면 이스라엘이 싸움에서 졌다. 이때 아론과 훌이 한 돌을 가져다가 모세를 그 위에 앉히고 그들은 모세의 손을 양쪽에서 붙들어 올렸다. 이에 모세의 손이 해가 지도록 내려오지 않자 여호수아는 아말렉과의 싸움에서 그들을 크게 무찌를 수 있었다. **"모세가 제단을 쌓고 그 이름을 여호와 닛시**[85]**라 하고 이르되 여호와께서 맹세하시기를 여호**

---

84) '보라'는 הֵאָר(라아)'의 명령형임. 구원은 놋뱀을 쳐다보듯, 십자가의 예수님을 믿음으로 '바라봄'에 있음을 가르치고 있음. (cf. 사52:15; 마25:6)

85) 본문의 '닛시-יֵסִּ'는 '나의 깃발'이라는 의미임. 민21:9의 놋뱀이 매달린 '장대'와 사11:10 '그날에 이새의 뿌리에서 한 싹이 나서 만민의 기치로 설 것이요'의 '기치'에도 동일한 '깃

와가 아말렉과 더불어 대대로 싸우리라 하셨다 하였더라."(출17:15~16)
아말렉과의 전쟁에서의 승리 역시 모세의 손도 여호수아의 칼도 아닌, 오
직 이스라엘의 승리를 위해 아말렉과 앞서 싸우신 전능하신 하나님의 은혜
와 능력 때문이었다. **"그러므로 자기를 힘입어 하나님께 나아가는 자들을
온전히 구원하실 수 있으니 이는 그가 항상 살아 계셔서 그들을 위하여
간구하심이라."**(히7:25)

　이스라엘 백성이 요단 강을 건널 무렵이었다. 하나님이 여호수아에게 말
씀하셨다. **"너는 언약궤를 멘 제사장들에게 명령하여 이르기를 너희가
요단 물가에 이르거든 요단에 들어서라 하라 …… 온 땅의 주 여호와의
언약궤를 멘 제사장들의 발바닥이 요단 물을 밟고 멈추면 요단 물 곧 위
에서부터 흘러내리던 물이 끊어지고 한 곳에 쌓여 서리라."**(수3:8~13) 하
나님은 말씀하신 대로 언약궤를 멘 제사장들의 발바닥이 요단 물가에 잠길
때 위에서부터 흘러내리던 요단 물을 그치게 하셨다. 이스라엘 백성이 홍
해를 건널 때와 같이 마른 땅을 밟으며 요단 강을 건너가게 하셨다. 그리고
언약궤를 멘 제사장들이 요단 가운데에서 나와 그 발바닥으로 육지를 밟는
동시에 요단 물이 본 곳으로 도로 흘러서 전과 같이 언덕에 넘쳐나게 하셨
다. **"여호수아가 요단에서 가져온 그 열두 돌을 길갈에 세우고 이스라엘
자손들에게 말하여 이르되 …… 너희는 너희 자손들에게 알게 하여 이르
기를 이스라엘이 마른 땅을 밟고 이 요단을 건넜음이라 이는 땅의 모든
백성에게 여호와의 손이 강하신 것을 알게 하며 너희가 너희 하나님 여
호와를 항상 경외하게 하려 하심이라."**(수4:20~24) 그 후 여호수아가 예
루살렘 왕 아도니세덱의 연합군과 싸울 때였다. 하나님은 여호수아의 기도

발-닛(네스)'라는 단어가 사용됨. (cf. 사62:10) 적용하면, 놋뱀 되신 예수님이 매달리신 십자
가가 곧 온 인류의 '구원의 장대'요 '승리의 깃발'임을 알 수 있음. (cf. 요3:14~15)

를 응답하셔서 하늘에서 큰 우박 덩이를 내려 아도니세덱의 군사들을 크게 치셨다. 이때 이스라엘 백성의 칼에 죽은 자보다 우박에 죽은 자가 더 많았다. 태양이 머물고 달이 멈추기를 이스라엘 백성이 대적에게 원수를 갚기까지 그리하였다. (수10:11~13) **"여호수아가 여호와께 아뢰어 이스라엘의 목전에서 이르되 태양아 너는 기브온 위에 머무르라 달아 너도 아얄론 골짜기에서 그리할지어다 하매 …… 여호와께서 사람의 목소리를 들으신 이같은 날은 전에도 없었고 후에도 없었나니 이는 여호와께서 이스라엘을 위하여 싸우셨음이니라."**(수10:12~14)

이러한 하나님의 능력과 은혜에 의한 구원의 사건들은 오실 예수님의 구원 사역의 그림자에 불과하였다. 때가 차매 모세와 여호수아를 통해 역사하신 예수님이 애굽과 광야 같은 이 세상을 찾아오셨기 때문이다. 예수님은 공생애 사역 동안 많은 귀신들을 쫓아내시고, 병든 자들을 고치시고 죽은 자들을 살리셨다. 우리의 불순종으로 사망과 마귀의 포로 된 우리를 구원하시기 위해 마침내 사망의 세력을 잡은 자 마귀를 자신의 십자가 죽음을 통해 멸하시고 승리하셨다. **"자녀들은 혈과 육에 속하였으매 그도 또한 같은 모양으로 혈과 육을 함께 지니심은 죽음을 통하여 죽음의 세력을 잡은 자 곧 마귀를 멸하시며 또 죽기를 무서워하므로 한평생 매여 종노릇하는 모든 자들을 놓아주려 하심이라."**(히2:14) 우리가 보기에 가장 무능하고 수치스럽고 어리석고 약한 십자가의 죽음의 고통을 당하셨지만, 부활의 능력으로 살아나셔서 친히 영광과 지혜와 권능의 참 구원의 하나님이심을 증거하셨다. (고후13:4) 그리하여 하늘에 있는 자들과 땅에 있는 자들과 땅 아래 있는 자들로 모든 무릎을 예수의 이름 앞에 꿇게 하셨다. 모든 입으로 예수 그리스도를 주라 시인하여 하나님 아버지께 영광을 돌리게 하셨다. (빌2:10~11) 아담의 범죄로 잃어버린 하나님의 형상을 회복해 주시기 위해, 우리 마음에 성령을 보내서서 '하나님의 형상'이신 예수 그리스도의 얼굴에 있는 하나님의 영광을 아는 빛을 우리 마음에 비추어 주셨다. **"그중에 이 세상의 신이 믿지 아니하는 자들의 마음을 혼미하게 하여 그리스도의 영광의 복음의 광채가 비치지 못하게 함이니 그리스도는 하나님의 형상이니라."**(고후4:4)

　브니엘은 야곱이 하나님의 온전한 형상이신 예수 그리스도의 얼굴을 만난 장소이다. 지렁이 같은 죄인 '야곱'이 영광의 하나님의 자녀인 '이스라엘'로 변화된 장소이다. 야곱은 비록 브니엘에서 육신적으로는 허벅지[86]의 관절로 인하여 절뚝거렸지만, 그의 앞길에는 흑암의 밤이 지나가고 찬란한 새벽 해가 떠오르고 있었다. 비록, 깨어짐의 장소 얍복 강은 칠흑 같은 어두움이었지만, 이스라엘의 앞길에는 또 다른 브니엘 에서가 그를 마주하며 달려오고 있었기 때문이다. (마18:19) 자신을 죽이려고 달려오는 원수를 향해 일곱 번 절하며 나아간 이스라엘 앞에는, 목을 어긋맞추어 입 맞추고 우는 탕자의 하나님이 기다리고 계셨기 때문이다. **"내가 형님의 얼굴을 뵈온즉 하나님의 얼굴을 본 것 같사오며."**(창33:10) 하나님이 우리를 향하신 궁극적인 뜻은 우리 안에 아담의 불순종으로 잃어버린 온전한 브니엘의 형상을 이루는 것이다. (창1:26) **"나의 자녀들아 너희 속에 그리스도의 형상을 이루기까지 다시 너희를 위하여 해산하는 수고를 하노니."**(갈4:19) 하

---

86) 창32:25에서 야곱이 하나님의 사자와 씨름할 때 위골된 그의 '허벅지'는 'ירך-야렉'이라는 단어임. LXX는 이를 'μηρος(메로스)'로 번역하고 있음. 이 'μηρος(메로스)'는 계19:16에 '그 옷과 그 다리에 이름을 쓴 것이 있으니 만왕의 왕이요'라는 말씀 중 '다리'에도 동일하게 사용되고 있는 단어임. 적용하면, 야곱의 완고한 허벅지가 회개함으로 예수님의 이름이 적힌, 즉 온유한 예수님의 은혜로 변화된 허벅지가 되어야 하나님의 얼굴, 참 브니엘 되신 예수님을 닮은 삶을 살아갈 수 있음을 가르치고 있음. 참고로, 렘31:19에 '내가 교훈을 받은 후에 내 볼기를 쳤사오니'의 '볼기'도 '허벅지-ירך(야렉)'라는 단어가 사용됨.

나님은 우리로 하여금, 야곱을 통해 우리의 간교함과 불의함을 깨닫고, 지렁이같이 부패한 우리 자신의 죄인됨을 알아가기를 원하신다. 바로를 통해 우리의 완고함을 깊이 깨닫고, (신9:7) 우리의 부패한 죄성을 보는 깊이만큼 브니엘 되신 예수님을 닮고 예수님만을 자랑하는 삶을 살아가기를 소원하신다. **"그러나 내게는 우리 주 예수 그리스도의 십자가 외에 결코 자랑할 것이 없으니 그리스도로 말미암아 세상이 나를 대하여 십자가에 못 박히고 내가 또한 세상을 대하여 그러하니라."** (갈6:14)

우리의 전쟁은 강함으로 약함을 이기는 혈과 육의 전쟁이 아니다. '야곱의 전쟁'이 아니라 브니엘을 만난 '이스라엘의 전쟁'이다. 원수 에서와 맞서 싸우는 '야곱의 싸움'이 아니라, 에서 앞에 일곱 번 몸 굽히며 나아간 '이스라엘의 싸움'이다. 창과 검으로 블레셋과 싸운 '사울의 싸움'이 아니라, 막대기와 물매의 돌을 들고 원수 골리앗을 향해 달려나간 '다윗의 싸움'이다. '빌라도와의 싸움'이 아니라, 죄인을 위해 자신의 몸을 내어 주신 예수님의 골고다의 '십자가의 싸움'이다. 하나님은 십자가의 불의와 무능과 어리석음으로 모든 인간의 의로움과 지혜와 능력을 부끄럽게 하시고, 세상 가운데 하나님 자신의 의와 능력과 지혜를 나타내시고 택한 백성을 구원하기를 기뻐하셨기 때문이다. **"우리는 십자가에 못 박힌 그리스도를 전하니 유대인에게는 거리끼는 것이요 이방인에게는 미련한 것이로되 오직 부르심을 받은 자들에게는 유대인이나 헬라인이나 그리스도는 하나님의 능력이요 하나님의 지혜니라."** (고전1:23~24) 그리하여, 우리로 하여금 참 브니엘 되신 하나님의 아들을 보고 듣고, 만지고 믿는 '하나님의 이스라엘들'이 되게 하셨기 때문이다. (요일1:1; 요2:47) **"무릇 이 규례를 행하는 자에게와 하나님의 이스라엘에게 평강과 긍휼이 있을지어다."** (갈6:16)

그러므로, 참 브니엘 예수님을 만난 우리의 자랑은 우리의 육신의 강함이 아니라 우리의 약함이다. **"내 은혜가 네게 족하도다 이는 내 능력이 약한 데서 온전하여짐이라 하신지라 그러므로 도리어 크게 기뻐함으로 나의 여러 약한 것들에 대하여 자랑하리니 이는 그리스도의 능력이 내게 머물게 하려 함이라 ······ 그러므로 내가 그리스도를 위하여 약한 것들과 능욕과 궁핍과 박해와 곤고를 기뻐하노니 이는 내가 약한 그때에 강함이라."**(고후12:9~10) 홍해의 바닷가에 떠다니는 애굽인의 시체가 바로 죄로 부패한 우리 육신의 실존의 모습이며,(출14:30) 삼십팔 년 동안 광야에 엎드러진 이스라엘 백성의 시체들이 곧 죽어야만 살 수 있는, 약하고 천한 우리 육신의 실존의 모습이기 때문이다. 에서나 골리앗과는 비교할 수도 없는 강한 원수라 할지라도, 그 원수는 '참 이스라엘' 앞에는 하나님의 은혜의 선물인 '사탄의 가시'에 불과한 존재임을 알기 때문이다. **"내 육체에 가시 곧 사탄의 사자를 주셨으니 이는 나를 쳐서 너무 자만하지 않게 하려 하심이라."**(고후12:7) 또한 브니엘 앞에는, 하늘로부터 심판의 불이 던져지기를 구한 '사마리아의 요한'이 아닌, 다시 오실 예수님 사모하여 불가마에 몸 던져진 '밧모섬의 요한'이 저만치서 목을 안고 입 맞추기 위해 걸어오고 있기 때문이다. 살기 등등한 '다메섹의 사울'이 아닌, 죄인 중에 괴수라 고백하며 자신의 목을 단두대에 얹은 '로마의 바울'이 일곱 번 몸 굽히며 저만치서 잰걸음으로 걸어오고 있기 때문이다. (롬1:14)

02. 가나안 전쟁

"여호와께서 가나안의 모든 전쟁들을 알지 못한 이스라엘을 시험하려 하
시며 이스라엘 자손의 세대 중에 아직 전쟁을 알지 못하는 자들에게 그
것을 가르쳐 알게 하려 하사 남겨 두신 이방 민족들은."(삿3:1~2)

이 세상 나라 간의 전쟁에는 승리하는 나라와 패배하는 나라가 있다. 전
쟁의 과정과 기간에는 다소 차이가 있을지라도 언젠가는 승리와 패배로 나
누어진다. 우리나라의 경우처럼 아직도 칠십여 년간 휴전 중인 나라도 있
긴 하지만, 언젠가는 이 또한 끝날 날이 오게 될 것이다. 오늘날 전쟁과도
같은 무한 경쟁에 내몰린 기업 간의 경쟁도, 성장하여 이기는 기업과 패배
하여 도태되고 마는 기업이 있다. 세계의 시장을 주름잡던 기업이 한순간
사라지고 마는 것이 오늘의 현실이기 때문이다. 스포츠의 경우에도 그러하
다. 모든 스포츠에는 간혹 비기는 경기도 있지만, 대부분 경기가 끝나는 순
간 반드시 승리한 개인이나 팀과 패배한 개인이나 팀으로 나누어진다. 때
때로 대적하는 두 나라가 한 국가로 통일되기도 하고, 경쟁하는 기업 간에
도 합병이 되어 하나의 새로운 기업으로 재탄생하기도 하지만, 영적 전쟁
의 당사자 간에는 합병이나 하나 됨은 애당초 존재하지 않는다. 우리가 이
세상에서 치르고 있는 영적 전쟁인 가나안 전쟁은 비기거나 휴전이 없는
끝없는 전쟁이며, 반드시 승리 아니면 패배로 갈리게 되는 전쟁이기 때문
이다. 마침내 우리의 육신의 생명이 끝나는 날, 영원히 승리한 자와 영원히
패배한 자로 나누어지는 전쟁이기 때문이다. 이 세상의 전쟁과 차이가 있
다면 그것은 다름 아닌, 우리는 때때로 패배할지라도 영원히 승리하신 예
수님과 함께 이미 이긴 전쟁을 수행하고 있다는 점일 것이다. **"이것을 너희**

에게 이르는 것은 너희로 내 안에서 평안을 누리게 하려 함이라 세상에
서는 너희가 환난을 당하나 담대하라 내가 세상을 이기었노라."(요16:33)

이 세상에서의 우리의 삶은 매 순간이 '지려느냐! 이길 수 있다!'의 영적
전쟁이다. 그러므로 항상 우리의 영혼이 깨어 있어야 한다. 마귀는 지금도
구원받은 하나님의 백성들을 쉼 없이 미혹하고 넘어뜨리기 위해 몸부림하
고 있기 때문이다. 우리는 이러한 영적 전쟁의 승리를 위한 중요한 교훈들
을 성경의 가나안 전쟁에서 배울 수 있다. 이스라엘 백성이 하나님의 이적
으로 요단 강을 마른 땅으로 건널 때였다. 하나님이 여호수아에게 명령하
셨다. **"이제 이스라엘 지파 중에서 각 지파에 한 사람씩 열두 명을 택하
라 온 땅의 주 여호와의 궤를 멘 제사장들의 발바닥이 요단 물을 밟고 멈
추면 요단 물 곧 위로부터 흘러내리던 물이 끊어지고 한 곳에 쌓여 서리
라."**(수3:13) 하나님은 출애굽 때에는 모세를 통해 친히 큰 동풍으로 홍해
를 가르시고 이스라엘 백성이 마른 땅으로 건너가게 하셨다. 하지만 요단
강에서는 여호수아를 통해 제사장들이 먼저 요단 강 물가에 발을 들여놓으
라고 명령하셨다. 그리고 하나님은 이스라엘 백성이 하나님의 말씀을 순종
했을 때, 위로부터 흘러내리던 물을 그치시고 그들이 요단 강을 마른 땅으
로 건너가게 하셨다. 요단 강 너머 가나안의 전쟁은, 우리가 하나님의 말씀
을 좇아 순종의 걸음을 옮길 때 우리 앞에 승리의 길이 열리는 땅임을 가르
치시기 위함이었다.

이스라엘 백성이 요단 강을 건너 가나안 땅에 이르렀을 때였다. 이스라
엘 백성은 하나님의 능력으로 견고한 가나안의 첫 성 여리고를 쉽게 정복
할 수 있었다. 하지만 여리고 성에 비해 비교되지 않을 만큼 작은 성 아이
와의 전쟁에서는 여지없이 패하고 말았다. 그 패배의 원인은 여리고 성의

은과 금덩이와 시날 산 외투를 탐한 아간의 범죄 때문이었다. 하나님은 불순종한 아간을 심판하신 후 아이 성과의 두 번째 전투에서는 이스라엘에게 승리를 허락하셨다. 그리고 이스라엘 지파들을 에발 산과 그리심 산에 각각 세우고 축복과 저주의 말씀을 낭독하도록 하셨다. 하나님의 말씀에 순종하면 승리와 복이, 불순종하면 저주와 패배가 있을 것을 선포하게 하셨다. 이를 통해, 우리는 가나안 전쟁의 승패는 오직 하나님의 말씀을 순종하는 여부에 달려 있음을 깨달을 수 있다. 아무리 죄의 유혹과 사탄의 핍박이 몰려와도, 우리는 우리의 영혼이 하나님의 말씀에 붙들려 그 말씀을 순종하기만 하면 승리의 삶을 살아갈 수 있기 때문이다. 하나님의 말씀 밖은 곧 악한 자의 영역에 속한 곳이요, 가나안 전쟁에는 비무장지대가 없기 때문이다. **"하나님께로부터 난 자는 다 범죄하지 아니하는 줄을 우리가 아노라 하나님께로부터 나신 자가 그를 지키시매 악한 자가 그를 만지지도 못하느니라 또 아는 것은 우리는 하나님께 속하고 온 세상은 악한 자 안에 처한 것이라."**(요일5:18~19) 이런 관점에서, 천국에 들어가기 전 오늘날 우리가 살아가고 있는 이 세상의 가나안 땅은 우리 영혼의 '논산 훈련소'인 동시에, 매 순간 우리의 원수인 죄와 사탄의 권세와 치열하게 전쟁을 치러야 하는 '최전선'과도 같은 곳이라 할 수 있다.

하나님이 가나안 족속을 단번에 쫓아내지 않으신 이유도 그것이었다. 하나님은 모세에게 그 이유에 대해 이렇게 말씀하셨다. **"그러나 그 땅이 황폐하게 됨으로 들짐승이 번성하여 너희를 해할까 하여 일 년 안에는 그들을 네 앞에서 쫓아내지 아니하고 네가 번성하여 그 땅을 기업으로 얻을 때까지 내가 그들을 네 앞에서 조금씩 쫓아내리라."**(출23:29~30) 하나님은 이스라엘 백성이 단번에 가나안을 정복하면 그들이 곧장 교만해질 것을 염려하셨다. 오직 하나님의 은혜와 능력을 신뢰하며 하나님의 말씀을 순종할 때, 그들이 가나안 땅을 정복하고 소유할 수 있다는 사실을 가르치기를 원하셨다. **"나도 여호수아가 죽을 때에 남겨 둔 이방 민족들을 다시는 그들 앞에서 하나도 쫓아내지 아니하리니 이는 이스라엘이 그들의 조상들이 지킨 것같이 나 여호와의 도를 지켜 행하나 아니하나 그들을 시험하려 함이라."**(삿2:21~22) 육신의 눈에 보이고 육신으로 누리는 가나안 땅 자체의 행복보다, 그 모든 것을 누리게 하시는 하나님을 경외하는 삶을 살기를 원하셨다. 순종과 불순종을 통해 경험적으로 사탄의 궤계를 알고, 하나님을 온 마음으로 경외하는 삶의 지혜에서 자라가기를 원하셨다. **"여호와께서 가나안의 모든 전쟁을 알지 못한 이스라엘을 시험하려 하시며 이스라엘의 자손의 세대 중에 아직 전쟁을 알지 못하는 자들에게 그것을 가르쳐 알게 하려 하사 남겨 두신 이방 민족들은."**(삿3:1~2) 이런 연유로, 하나님은 이스라엘 백성이 순종할 때에는 그들 앞서 원수의 세력을 무찌르시고, 불순종할 때에는 이스라엘 백성이 원수의 핍박과 지배를 받게 하셨다. 그들을 죄악에서 돌이키시기 위해 가나안 족속들을 때로는 올무와 덫으로, 때로는 찌르는 가시와 채찍으로 사용하셨다. (수23:13) 남겨 두신 가나안 족속의 가시와 채찍을 통해 하나님을 순종하는 길이 복임을 깨닫게 하시고, 징계와 회복의 은혜를 거듭 베푸셔서 하나님의 말씀에 순종하는 믿음으로 훈련시켜 가셨다. **"너희가 나를 버렸으므로 나도 너희를 버려 시삭의 손에 넘겼노라 …… 그러나 그들이 시삭의 종이 되어 나를 섬기는 것과 세상 나라들을 섬기는 것이 어떠한지 알게 되리라."**(대하12:5~8) 출애굽 때에, 하나님이 이스라엘 백성을 가까운 블레셋 사람의 땅으로 인도하지 않고 홍해의 광야 길로 인도하신 이유도 그것이었다. 하나님은 아직 훈련되지 못한 이스라엘 백성이 전쟁을 보면 마음을 돌이켜 애굽으로 돌아갈까 염려하셨기 때문이었다. (출13:17)

이스라엘 백성이 쫓아내지 못한 가나안 원주민들은 이스라엘의 종이 되기도 했지만 결국에는 이스라엘을 반역하였다. 특히 그들 중 소수는 견고한 진으로 숨어 들어가, 그곳에서 거주하며 호시탐탐 이스라엘을 반역할 기회를 노리고 있었다. **"여호수아와 이스라엘 자손이 그들을 크게 살륙하여 거의 멸하였고 그 남은 몇 사람은 견고한 성들로 들어간 고로."**(수 10:20) 이와 같이, 천국이 임한 우리의 거듭난 마음 안에도 좀처럼 쫓겨나지 않고 완강히 버티며 숨어 있는 뿌리 깊은 우리의 죄성이 자리 잡고 있다. 물론 이러한 사탄의 견고한 진을 무너뜨리고 승리하는 길도 우리의 순종의 여부에 달려 있다. 순종의 능력과 복됨이 바로 여기에 있다. **"네 하나님 여호와께서 또 왕벌을 그들 중에 보내어 그들의 남은 자와 너를 피하여 숨은 자를 멸하시리니 너는 그들을 두려워하지 말라 너희의 하나님 여호와 곧 크고 두려운 하나님이 너희 중에 계심이니라."**(신7:20~21) 우리는 지금도 우리 안에 뿌리내린 견고한 진을 교두보 삼아, 우리를 자신의 포로 삼기 위해 몸부림하고 있는 사탄의 역사를 항상 잊지 않아야 한다. 그러므로 우리가 자주 죄에 넘어지고 패배하는 부분이 있다면, 우리는 그것을 통해 우리 안에 숨어 있는 견고한 가나안의 원주민을 분별하여야 한다. 예수님의 이름의 권세와 보혈의 능력으로 이러한 사탄의 발판을 철저히 깨뜨려 버려야 한다. **"네가 철장으로 그들을 깨뜨림이여 질그릇같이 부수리라 하시도다."**(시2:9) 사탄은 우리를 넘어뜨리려 하지만, 은혜의 하나님은 우리의 넘어짐을 통해 우리의 부패함과 연약함을 알게 하시고, 우리로 하여금 하나님의 거룩함과 능력으로 무장하도록 우리를 도우시기 때문이다. **"우리의 싸우는 무기는 육신에 속한 것이 아니요 오직 어떤 견고한 진도 무너뜨리는 하나님의 능력이라 모든 이론을 무너뜨리며 하나님 아는 것을 대적하여 높아진 것을 다 무너뜨리고 모든 생각을 사로잡아 그리스도에게 복종하게 하니."**(고후10:4~5) 그리하여, 우리 마음이 하나님이 온전

지려느냐! 이길 수 있다!

히 통치하시는 견고한 하나님의 도성이 되어 어떤 환난 가운데서도 담대함과 평강 가운데 하나님을 섬기며 살아가는 능력과 은혜를 베푸시기 때문이다. **"여호와를 찬송할지어다 견고한 성에서 그의 놀라운 사랑을 내게 보이셨음이로다."**(시31:21)

하나님은 우리의 패배를 통해, 우리로 하여금 끝까지 하나님을 거역하는 우리 마음에 숨어 있는 견고한 가나안 원주민을 경험적으로 알아가게 하신다. 이를 통해 우리의 죄성과 연약함을 깊이 들여다보게 하신다. **"나는 내가 맹세한 땅으로 그들을 인도하여 들이기 전 오늘 나는 그들이 생각하는 바를 아노라."**(신31:21) 우리 자신의 불의함과 무능과 무지를 깊이 깨닫게 하시고, 하나님의 의와 지혜와 능력만을 의지하고 자랑하는 삶을 살아가게 하신다. **"내가 눈 녹은 물로 몸을 씻고 잿물로 손을 깨끗하게 할지라도 주께서 나를 개천에 빠지게 하시리니 내 옷이라도 나를 싫어하리이다."**(욥9:30~31) 우리 자신이 죄인 중에 괴수임을 깨닫게 하시고, 모든 사람들을 자기보다 낮게 여기며, 환난 중에도 천국의 산 소망으로 감사하는 삶을 살아가게 하신다. 어떤 상황 속에서도 의롭고 지혜롭고 능력 있는 하나님의 말씀만을 의지하고 순종하는 삶을 살아가도록 우리를 훈련하신다. 하나님은 우리 마음이 하나님의 말씀에 포로 될수록 원주민 사탄이 더 이상 우리에게 주인 노릇할 수 없다는 사실을 너무나 잘 알고 계시기 때문이다. **"그들이 뱀처럼 티끌을 핥으며 땅에 기는 벌레처럼 떨며 그 좁은 구멍에서 나와서 두려워하며 우리 하나님 여호와께로 돌아와서 주로 말미암아 두려워하리이다."**(미7:17) 하나님이 여호수아의 고별 설교를 통해 이스라엘 백성의 마음이 항상 하나님을 향하도록 권면하신 이유도 여기에 있다. **"그러면 이제 너희 중에 있는 이방 신들을 치워 버리고 너희의 마음을 이스라엘의 하나님 여호와께로 향하라."**(수24:23)

오늘날 가나안 원주민이 살고 있는 가나안 땅은 어디일까? 그곳은 다름 아닌, 예수님이 오심으로 이미 하나님의 나라가 이루어졌지만 아직은 사탄이 여전히 왕 노릇 하고 있는 이 세상이다. **"그러나 내가 하나님의 성령을 힘입어 귀신을 쫓아내는 것이면 하나님의 나라가 이미 너희에게 임하였느니라."**(마12:28) **"우리가 여기에는 영구한 도성이 없으므로 장차 올 것을 찾나니."**(히13:14) 특히, 예수님이 친히 왕으로 좌정하셔서 다스리시는 성령으로 거듭난 우리의 영혼의 좌소(座所)인 우리의 마음이다. 그러므로 가나안 전쟁에서 우리의 마음을 지키는 일은 무엇보다 중요하다. **"모든 지킬 만한 것 중에 더욱 네 마음을 지키라 생명의 근원이 이에서 남이니라."**(잠4:23) 가룟 유다의 멸망도 사탄의 미혹으로부터 그의 마음을 지키지 못했기 때문이었다. 예수님을 배반하도록 유혹하는 마귀의 생각을 품고 그 생각을 따라 사망의 열매를 맺었기 때문이다. **"마귀가 벌써 시몬의 아들 가룟 유다의 마음에 예수를 팔려는 생각을 넣었더라."**(요13:2) 아간과 아나니아의 죽음 역시 마찬가지였다. 탐욕을 부리게 하는 마귀의 생각을 품고, 그 생각을 버리지 않고 완고함으로 죄의 열매를 맺었기 때문이었다. **"아나니아야 어찌하여 사탄이 네 마음에 가득하여 네가 성령을 속이고 땅 값 얼마를 감추었느냐."**(행5:3)

우리는 가나안 전쟁의 승리를 위해 다른 사람의 말이나 행동을 잘 분별해야 한다. 모든 사람의 말이나 일의 배후에서 역사하는 악한 영적 세력을 볼 수 있는 영적 눈이 열려 있어야 한다. 우리 주위에 일어나는 사건이나 상황을 통해 미혹하는 사탄의 역사를 분별하는 지혜가 매우 필요하다. 어느 날, 예수님이 잠시 후면 예루살렘으로 올라가 장로들과 대제사장들과 서기관들에게 많은 고난을 받고, 죽임을 당하고, 제삼 일에 살아나야 할 것을 비로소 제자들에게 말씀하셨다. 베드로는 예수님의 말씀을 듣고는 이를 극구 만류하였다. 이때 예수님은 베드로를 통해 역사하는 사탄의 궤계를 밝히 보시고 그를 크게 꾸짖으셨다. **"사탄아 내 뒤로 물러가라 너는 나를 넘어지게 하는 자로다."**(마16:23) 또 하루는 바리새인들이 예수님을 말의 올무에 걸리게 하기 위해 자기 제자들을 예수님에게 보내었다. 가이사에게 세금 바치는 문제로 예수님을 시험하기 위함이었다. 예수님은 이때에도 그들을 통해 역사하는 사탄의 궤계를 밝히 보시고 지혜의 말씀으로 그들을 물리치셨다. **"그런즉 가이사의 것은 가이사에게 하나님의 것은 하나님께 바치라."**(마22:21) 예수님처럼, 매사를 영적으로 바라보고 사탄의 궤계를 분별하는 영적 지혜는 오직 하나님의 말씀과 기도로써만 가능하다. **"여호와의 교훈은 정직하여 마음을 기쁘게 하고 여호와의 계명은 순결하여 눈을 밝게 하도다."**(시19:8) 오늘날 하나님의 공동체들이 하나님의 이 영적 지혜로 충만하여 살아간다면, 영적 전쟁의 패배로 인해 세상 가운데에서 하나님의 영광을 가리는 많은 안타까운 사건들은 곧장 사라지고 말 것이라 확신한다. **"형제들아 지혜에는 아이가 되지 말고 악에는 어린아이가 되라 지혜에는 장성한 사람이 되라."**(고전14:20)

우리는 가나안 전쟁의 승리를 위해 무엇보다 모든 상황 가운데서 하나님을 최고로 사랑하고, 하나님의 뜻을 온 마음과 정성을 다해 기쁨으로 순종해야 한다. 우리가 두려워할 대상은 원수 사탄이 아니라 우리를 불순종으로 이끌어가는 우리의 죄악 때문이요, 하나님은 우리가 하나님 앞에 신발 벗은 자로서 하나님의 말씀에 순종하기만 하면, 항상 우리 편이 되셔서 우리 앞서, 우리를 위해 싸우시는 전능하신 군대 대장 되신 분이시기 때문이다. (수5:13~16) 예수님은 자신을 체포하려고 오는 대제사장의 무리들을 두려워하거나 놀라지 않으셨다. **"예수께서 그들에게 내가 그니라 하실 때에 그들이 물러가서 땅에 엎드러지는지라."**(요18:6) 오직 성부 하나님의 기뻐하시는 뜻을 순종하고 계셨기 때문이다. **"나를 보내신 이가 나와 함께하시도다 나는 항상 그가 기뻐하시는 일을 행하므로 나를 혼자 두지 아니하셨느니라."**(요8:29) 그러나 이 땅의 임금 사탄은 위에 계신 하나님을 사랑하고 하늘을 향하는 우리의 영혼을 끊임없이 이 땅으로 끌어당긴다. 썩어질 이 세상을 향한 육신의 소욕을 통해 쉬지 않고 우리의 영혼을 미혹한다. 이때 우리의 육신은 자신의 고향이 흙에 속한 이 땅이기 때문에 그러한 사탄의 미혹을 별다른 경각심 없이 대수롭게 여기거나 좇으며 살아갈 수밖에 없다. **"썩을 양식을 위하여 일하지 말고 영생하도록 있는 양식을 위하여 하라 이 양식은 인자가 너희에게 주리니 인자는 아버지 하나님께서 인치신 자니라."**(요6:27)

하지만, 하나님은 자기 아들의 피로 대속하신 우리의 영혼을 이미 예수님과 함께 하늘나라에 앉히셨다. (엡2:6) 우리 마음에 성령을 보내셔서, 비록 우리의 육신은 이 세상에서 살고 있지만 이 땅에서도 하늘의 삶을 살아갈 수 있도록 이미 우리에게 하늘의 능력을 부어 주셨다. **"그는 진리의 영이라 세상은 능히 그를 받지 못하나니 이는 그를 보지도 못하고 알지도 못함이라 그러나 너희는 그를 아나니 그는 너희와 함께 거하심이요 또 너희 속에 계시겠음이라 내가 너희를 고아와 같이 버려두지 아니하고 너희에게로 오리라."**(요14:17~18) 아래로 끌어당기는 사탄의 중력(重力)을 거슬러 위의 것을 구하며 살아가는 힘은, 오직 우리의 영혼을 하늘로 끌어당기시는 성령님의 능력으로만 가능하기 때문이다. (슥4:6) 땅을 향한 우리의 육신의 소욕이 죽는 만큼 가벼워진 우리의 영혼이 하늘을 향해 힘차게 비상할 수 있기 때문이다. **"오직 여호와를 앙망하는 자는 새 힘을 얻으리니 독수리가 날개치며 올라감 같을 것이요 달음박질하여도 곤비하지 아니하겠고 걸어가도 피곤하지 아니하리로다."**(사40:31) 하나님은 우리를 이 영광스러운 하늘의 삶을 살아가는 하나님의 자녀로 빚으시기 위해, 우리에게 잠시 사는 광야와도 같은 이 세상 나그네의 여정 가운데서 가나안 전쟁을 허락하셨다.[87] **"위의 것을 생각하고 땅의 것을 생각하지 말라 이는 너희가 죽었고 너희 생명이 그리스도와 함께 하나님 안에 감추어졌음이 라 …… 그러므로 땅에 있는 지체를 죽이라 곧 음란과 부정과 사욕과 악 한 정욕과 탐심이니 탐심은 우상 숭배니라."**(골3:2~5) 비록 우리의 육신 은 이 세상에 속하여 살고 있지만, 하늘에 속한 우리의 영혼이 땅의 소욕을 죽이고 하늘의 본향을 사모하는 삶을 살아가기를 원하시기 때문이다. (히 11:15~16) **"내가 그 둘 사이에 끼었으니 차라리 세상을 떠나서 그리스도 와 함께 있는 것이 훨씬 더 좋은 일이라 그렇게 하고 싶으나 내가 육신으 로 있는 것이 너희를 위하여 더 유익하리라."**(빌1:23~24)

하나님이 우리에게 성령을 보내 주신 것은, 우리로 하여금 우리에게 주 신 하나님의 은혜와 사랑과 천국의 영광을 알게 하시기 위함이다. (고전 2:12) 어떤 환난이나 박해도, 사망이나 생명도, 천사들이나 권세자들이나 어떤 피조물도 끊을 수 없는 그리스도 예수 안에 있는 하나님의 사랑을 알 게 하시기 위함이다. (롬8:38~39) 우리 마음이 하나님의 사랑으로 가득하 여 죄를 미워하며, 천국의 산 소망 가운데 환난 중에도 기쁨으로 하나님의 말씀을 순종하게 하시기 위함이다. **"그런즉 우리도 그의 치욕을 짊어지 고 영문 밖으로 그에게 나아가자 우리가 여기에는 영구한 도성이 없으므 로 장차 올 것을 찾나니."**(히13:13~14) 그리하여, 모든 사람을 하나님의 사

---

87)   하나님이 모세를 통해 바로에게 이스라엘 백성을 보내라고 명령하실 때 '내 백성을 보 내라 그러면 그들이 내 앞에서 광야에서 절기를 지킬 것이니라'(출5:1)라고 말씀하셨다. 이때 '절기를 지키다ㅡגגֶח(하가그)'는 '나그네의 축제를 지키다(keep a pilgrim-feast)'라는 의미임. 적 용하면, 구원받은 하나님의 자녀들의 최고의 기쁨은 광야 같은 이 세상에서는 나그네로서, 천국에서는 하늘 가나안의 주인으로서 하나님을 영원한 즐거움으로 예배드리는 것이라!

랑으로 사랑하고, 원수조차도 사랑할 수 있는 하나님의 능력을 부어 주시기 위함이다. 더 이상 죄와 사망, 어둠과 미움의 왕 사탄에게 종노릇하지 아니하고, 사랑으로 서로 종노릇하며, 생명 안에서 왕 노릇 하는 참 자유를 주시기 위함이다. **"그의 형제를 사랑하는 자는 빛 가운데 거하여 자기 속에 거리낌이 없으나 그의 형제를 미워하는 자는 어둠에 있고 또 어둠에 행하며 갈 곳을 알지 못하나니 이는 그 어둠이 그의 눈을 멀게 하였음이라."**(요일2:10~11) 하나님의 나라는 하나님의 의와 빛과 생명과 사랑만이 충만한 나라이기 때문이다. 우리가 하나님을 신뢰함으로 환난 중에도 감사하고 인내하며, 이 세상 정욕을 버리고 모든 사람을 사랑하기로 결단하고 순종하기만 하면, 어둠의 왕 사탄은 우리 앞에 한 길로 왔다 일곱 길로 도망가고 마는 무력한 존재에 불과하기 때문이다. **"사랑은 이웃에게 악을 행하지 아니하나니 그러므로 사랑은 율법의 완성이니라."**(롬13:10)

고난을 통해 우리 마음에 숨은 사탄의 견고한 진을 보게 하시고, 우리를 순종의 자녀로 훈련하시는 하나님을 신뢰하며 승리하는 삶을 살아가자.(벧전2:21) 모든 사건과 상황을 통해 미혹하는 사탄의 궤계를 밝히 분별하며, 환난 중에도 우리의 마음을 하나님의 사랑으로 지키도록 하자. 얽매이기 쉬운 죄를 벗어 버리고, 위로부터 부르시는 하늘의 영광을 사모하며 하늘 처소 향해 달려 나아가자. 하늘을 향하도록 힘 주시는 성령님의 능력 안에서 원수조차 사랑하며, 우리의 영혼을 땅으로 이끄는 '사탄의 중력'을 떨치고 독수리처럼 솟구쳐 올라 하늘의 참 자유를 누리는 삶을 살아가자. **"형제들아 나는 아직 내가 잡은 줄로 여기지 아니하고 …… 푯대를 향하여 그리스도 예수 안에서 하나님이 위에서 부르신 부름의 상을 위하여 달려가노라"**(빌3:13~14) 마침내 가나안 전쟁 끝나는 날, 비록 우리는 '패잔병'일지라도, 우리를 그의 아들 안에서 '개선장군'으로 환영하시며 하늘 잔치 베푸시는 탕자의 하나님을 영원히 즐거워하며 살아가자. 해와 같이 빛나는 부활의 몸으로 갈아입고 세세토록 하늘나라의 영광을 누리며 살아가자. (마13:43) 이겨야 할 죄도 이기지 못한 무익한 종이라 고백하며,(눅 17:10) 우리의 면류관 벗고 엎드려 모든 영광을 하나님과 어린 양 예수님께 돌려 드리자. **"그 생물들이 보좌에 앉으사 세세토록 살아 계시는 이에게 영광과 존귀와 감사를 돌릴 때에 이십사 장로들이 보좌에 앉으신 이 앞에 엎드려 세세토록 살아 계시는 이에게 경배하고 자기의 관을 보좌 앞에 드리며 이르되 우리 주 하나님이여 영광과 존귀와 권능을 받으시는 것이 합당하오니 주께서 만물을 지으신지라 만물이 주의 뜻대로 있었고 또 지으심을 받았나이다 하더라."**(계4:9~11)

"이에 미귀가 예수를 거룩한 성으로 데려다가 성전 꼭대기에 세우고 이르되 네가 만일 하나님의 아들이거든 뛰어내리라 기록되었으되 그가 너를 위하여 그의 사자들을 명하시리니 그들이 손으로 너를 받들어 발이 돌에 부딪치지 않게 하리로다 하였느니라 예수께서 이르시되 또 기록되었으되 주 너의 하나님을 시험하지 말라 하였느니라 하시니."(마4:6~7)

마귀는 예수님이 태어나실 때부터 혜롯을 통해 예수님을 죽이려 하였다.(마2:13) 그 후, 예수님은 공생애를 시작하실 때 먼저 세례 요한에게 세례를 받으시고 곧 광야로 들어가셨다. 성령에 이끌리어 마귀에 의해 사십일 동안 시험을 받으셨다. 마귀의 시험에 패배한 아담에 의해 인류에게 임한 사망과 죄의 권세를 이기시기 위함이었다. 하나님의 언약의 백성 이스라엘의 범죄로, 실패한 광야 사십 년의 시험과 율법의 저주를 친히 담당하여 택한 백성을 위한 구원의 언약을 성취하시기 위함이었다. **"그가 아들이시면서도 받으신 고난으로 순종함을 배워 온전하게 되셨은즉 자기에게 순종하는 모든 자에게 영원한 구원의 근원이 되시고 하나님께 멜기세덱의 반차를 따른 대제사장이라 칭하심을 받으셨느니라."**(히5:8~10) 이는 예수님이 부활하신 후 사십 일 동안, 이 세상에 계시면서 많은 증거들로 친히 자신의 살아 계심을 증거하신 다음 승천하신 사건을 통해서도 잘 알 수 있다.(행1:1)

마귀는 먼저 예수님에게 육신의 배고픔을 해결하도록 시험하였다. **"하나님이 참으로 너희에게 동산 모든 나무의 열매를 먹지 말라 하시더냐."**(창

3:1) 하지만 예수님은 하나님의 기록된 말씀으로 마귀의 시험을 뿌리치셨다. **"기록되었으되 사람이 떡으로만 살 것이 아니요 하나님의 입으로부터 나오는 모든 말씀으로 살 것이라 하였느니라."**(마4:4) 예수님은 돌들로도 아브라함의 자손이 되게 하실 수 있었지만 하나님의 말씀으로 마귀의 시험을 이기셨다.(마3:9) 이어서, 마귀는 예수님을 거룩한 성전 꼭대기에 세우고는 아래로 뛰어내리라고 시험하였다. 성전 꼭대기에서 뛰어내릴 때, 천사들의 보호를 받는 이적을 통해 십자가 고난 없는 이 세상 유대 민족의 메시아가 되라는 유혹이었다.(시91:11~12) 예수님은 이때에도 **"기록되었으되 주 너의 하나님을 시험하지 말라 하였느니라"**(마4:7) 하시며 마귀의 시험을 이기셨다. 그러자 마귀는 예수님을 지극히 높은 산으로 데리고 가서 천하만국과 그 영광을 보여 주며, 만일 자기에게 엎드려 경배하면 이 모든 것을 주리라 약속하며 예수님을 시험하였다. 예수님은 이때에도 하나님의 말씀으로 단호히 마귀의 시험을 물리치셨다. **"사탄아 물러가라 기록되었으되 주 너의 하나님께 경배하고 다만 그를 섬기라 하였느니라."**(마4:10)

우리는 예수님이 시험 당하신 사건에서 중요한 영적 교훈을 배울 수 있다. 먼저 예수님은 말씀이 육신으로 오신 하나님이셨지만 항상 '기록된 말씀'으로 마귀의 모든 시험을 이기셨다는 점이다. 예수님을 향한 마귀의 시험은 광야의 시험 후 잠시 휴전하는 듯 보였지만, 실은 그 후에도 예수님이 십자가에서 죽으실 때까지 쉬지 않고 계속되었다. **"마귀가 모든 시험을 다 한 후에 얼마 동안[88] 떠나니라."**(눅4:13) 하지만 예수님은 자신의 인성의 연약함에서 나오는 지혜나 감정이 아닌, 오직 기록된 하나님의 말씀으로 이러한 마귀의 모든 시험을 이기셨기 때문이다. **"예수께서 대답하여 이르시**

---

88) '얼마 동안'으로 번역된 ἄχρι καιροῦ-아크리 카이루'는 '시간의 때까지'라는 의미임. 이때 '카이로스'라는 단어를 보아, 모든 시험은 하나님의 섭리 안에서 일어나는 사건임을 알 수 있음.

되 기록되었으되."(마4:4) 우리가 배울 수 있는 또 하나의 교훈은, 마귀는 가장 우선적으로 우리의 육신의 생명을 위한 양식 문제로 우리를 시험한다는 점이다. 우리의 육신의 떡이나 옷, 거주하는 집 등과 관련한 이 세상 욕심과 향락과 염려 등으로 우리를 시험한다는 사실이다. **"여자가 그 나무를 본즉 먹음직도 하고 보암직도 하고 지혜롭게 할 만큼 탐스럽기도 한 나무인지라 여자가 그 열매를 따먹고 자기와 함께 있는 남편에게도 주매 그도 먹은지라."**(창3:6) 이러한 마귀의 시험을 이기는 길은 모든 염려를 하나님께 맡기고, 세상을 향한 정과 욕심을 십자가에 못 박고, 이 세상보다 천국의 부요를 소망하며 하나님의 말씀을 순종하는 일일 것이다. (마6:31~32) 또한, 마귀는 잠시 있다 없어질 이 세상의 영광이나 교만함으로 우리를 시험한다는 사실을 알 수 있다. (눅4:5) 이는, 마귀가 자기에게 절하면 천하만국 영광을 줄 수 있다며 예수님을 시험한 사건이나, 하와에게 선악과를 먹으면 하나님과 같이 될 수 있다고 시험한 사건에서 잘 나타나 있다. 마지막으로, 마귀는 우리의 신앙생활에서 고난 없는 만사형통의 삶이나 이 세상의 안락한 행복의 길을 선택하며 살라고 우리를 시험한다는 사실이다. 이는, 마귀가 예수님이 성전 꼭대기에서 뛰어내릴 때 천사들이 지켜 줄 것이라며 예수님을 시험한 사건을 통해 잘 깨달을 수 있다. 이러한 시험들 또한, 우리는 천국의 영광을 사모하며, 모든 일에 하나님의 주권을 인정하고, 하나님의 영원한 심판을 의식하며, 고난 중에도 우리의 유익이 아닌 하나님의 뜻을 먼저 순종하고자 하는 결단으로 대처하면 능히 이길 수 있을 것이다. **"믿음으로 모세는 장성하여 바로의 공주의 아들이라 칭함 받기를 거절하고 도리어 하나님의 백성과 함께 고난받기를 잠시 죄악의 낙을 누리는 것보다 더 좋아하고 그리스도를 위하여 받는 수모를 애굽의 모든 보화보다 더 큰 재물로 여겼으니 이는 상 주심을 바라봄이라."**(히 11:24~26)

우리는 마귀가 예수님을 시험할 때와 같이 기록된 '하나님의 말씀'으로 우리를 시험한다는 사실도 명심하여야 한다. **"그가 너를 위하여 그의 천사들을 명령하사 네 모든 길에서 너를 지키게 하심이라 그들이 그들의 손으로 너를 붙들어 발이 돌에 부딪히지 아니하게 하리로다."**(시91:11~12) 이러한 마귀의 시험을 이기는 길은 무엇일까? 이 또한, 우리는 예수님이 마귀의 시험을 이기신 말씀에서 그 해답을 찾을 수 있다. 먼저, 예수님이 마귀의 모든 시험을 이기신 이유는, 예수님은 육신의 양식이나 이 세상 영광보다 영혼의 양식인 하나님의 말씀과 영원한 하늘나라의 영광을 더 사랑하셨기 때문이었다. 잠시 있다 썩어지고 없어질 이 세상 유다 왕국의 왕이 아닌, 고난과 수치와 죽음의 메시아의 길을 통해 영원한 하늘나라를 이루기 위해 이 세상에 오셨기 때문이었다. **"이제 내 나라는 여기에 속한 것이 아니니라."**(요18:36) 예수님의 십자가의 죽으심은 마귀에게는 찰나의 승전(勝戰)의 나팔 소리인 동시에 영원한 멸망의 조종(弔鐘) 소리였기 때문이다. **"여자의 후손은 네 머리를 상하게 할 것이요 너는 그의 발꿈치를 상하게 할 것이니라."**(창3:15) 또한 예수님이 시험을 이기신 이유는, 예수님은 마귀의 시험하는 말이 아무리 하나님의 말씀일지라도, 그 말씀이 예수님 자신을 향한 성부 하나님의 뜻에 어긋날 때에는 단호히 그것을 물리치셨기 때문이었다. 예수님은 성자 예수님 자신의 뜻이 아니라 성부 하나님의 뜻을 이루기 위해 이 세상에 오셨기 때문이다. 이를 위해, 예수님은 십자가 죽음의 고통 앞에서도 자신의 뜻을 내려놓고, 성부 하나님의 뜻을 이루시기 위해 겟세마네 동산에서 땀이 핏방울이 되도록 간절히 기도하셨다. **"아버지여 만일 아버지의 뜻이거든 이 잔을 내게서 옮기시옵소서 그러나 내 원대로 마시옵고 아버지의 원대로 되기를 원하나이다."**(눅22:42)

그러므로, 우리 역시 우리를 미혹하는 마귀의 말이 비록 하나님의 말씀일지라도, 그 말이 '나를 향하신 하나님의 뜻'에 어긋날 때에는 결코 그 말을 따르지 않아야 한다. 이런 관점에서, 우리는 매사에 '하나님의 뜻'과 '나의 뜻'을 분별하는 영적인 지혜와 분별력으로 무장하여야 한다. (사55:8~9) 하나님의 뜻은 대체로 나의 뜻과는 반대될 때가 더 많기 때문이다. **"너희는 이 세대를 본받지 말고 오직 마음을 새롭게 함으로 변화를 받아 하나님의 선하시고 기뻐하시고 온전하신 뜻이 무엇인지 분별하도록 하라."**(롬 12:2) 특히, 우리는 '나를 향하신 하나님의 뜻'과 반대되는 말씀을 듣거나 감동이 일어날 때, 그 말씀이나 우리의 마음을 하나님의 말씀과 성령님의 빛 앞에서 세밀히 살펴보아야 한다. 비록 그 길이 고난의 길이라 할지라도 '나의 뜻'을 '하나님의 뜻'에 복종시키며, 나의 뜻을 내려놓고 하나님의 뜻을 좇아 순종의 길을 선택해야 한다. **"우리가 그 말을 듣고 그곳 사람들과 더불어 바울에게 예루살렘으로 올라가지 말라 권하니 바울이 대답하되 여러분이 어찌하여 울어 내 마음을 상하게 하느냐 나는 주 예수의 이름을 위하여 결박 당할 뿐 아니라 예루살렘에서 죽을 것도 각오하였노라 하니."**(행21:12~13)

성경은 인류의 구원은 오직 마귀의 권세를 이기신 예수님의 대속의 은혜에 의해서만 이루어질 수 있다는 사실을 면면이 가르치고 있다.[89] 아브라함이 하나님의 약속을 믿지 못하고 여종 하갈을 취한 일이 그러하였고,(창 16:3) 내년에 아들을 주실 하나님의 약속의 말씀을 듣고서도 아비멜렉에게

---

89) 창2:23에 하나님이 아담의 갈빗대로 이브를 만드신 후 그녀를 아담에게로 데려오셨을 때, 아담은 그녀를 보고 여자라 이름을 '불렀다'. 창3:9에 하나님은 그 후 아담이 타락하여 에덴동산 숲에 숨었을 때 그에게 먼저 찾아오셔서 아담의 이름을 '부르셨다'. 그리고 때가 차매, 예수님이 이 세상에 오셔서 사도 세베대와 요한의 이름을 '부르셨다'. (마4:21) 이때 '부르다'에는 'קָרָא(카라)-κάλεω(칼레오)'라는 동일한 동사가 사용되고 있음. 신랑 아담이 그의 아내의 이름을 부르듯, 하나님이 타락한 아담을 부르시듯, 둘째 아담이신 예수님이 타락한 신부인 우리의 이름을 각각 부르셔서 구원의 은혜를 베풀어 주신 사실을 알 수 있음. (cf. LXX)

아내 사라를 누이라고 속여 하나님의 언약을 그르칠 뻔한 일이 그러하였다. (창20:9) 모세가 마귀의 미혹으로 하나님의 자리에 올라 혈기 부리는 죄를 지어 가나안 땅에 들어가지 못한 일 또한 그러하였다. 하나님은 이를 통해, 구원은 율법을 행함으로써가 아니라 오직 율법의 저주를 당하신 속죄주 예수님의 은혜에 의해서만 가능함을 가르치고 계시기 때문이다. 예수님의 십자가 죽으심은 율법의 저주에 대한 완전한 대속의 죽으심이요, 예수님의 부활은 마귀의 무장 해제를 선언하는 구원의 주 예수님의 승전가였기 때문이다.[90] **"너희 민족들아 주의 백성과 즐거워하라 주께서 그 종들의 피를 갚으사 그 대적들에게 복수하시고 자기 땅과 자기 백성을 위하여 속죄하시리로다."**(신32:43) 사사 시대 삼손의 비참한 종말도 그러하였다. 삼손은 블레셋에 의해 그의 두 눈이 뽑히고, 그의 몸이 놋 줄에 묶인 채 원수의 옥에 갇혀 맷돌을 돌리는 고통을 겪었다. (삿16:21) 자기들의 신을 찬양하는 원수 블레셋 사람들 앞에 끌려 나와 그들 앞에서 재주를 부리는 비참한 수치를 겪어야만 하였다. (삿16:25) 삼손이 옥중에 있을 때, 그의 머리에는 들릴라에 의해 밀린 그의 머리털이 다시 자라나기 시작했지만 그 머리털은 더 이상 나실인의 머리털이 될 수 없었다. 이 또한, 우리의 구원을 위해서는 오직 참 나실인이요, 참 사사와 만왕의 왕 되시는 예수 그리스도를 요청하고 있음을 가르치고 있기 때문이다. **"그때에 이스라엘에 왕이 없으므로 사람이 각기 자기의 소견에 옳은 대로 행하였더라."**(삿21:25) 삼손이 살았을 때보다 죽을 때 더 많은 블레셋 사람을 죽인 사건 역시, 공생애

---

90) 구약의 오순절은 돌판에 새긴 율법을 주신 날이지만, 신약의 오순절은 예수님의 십자가 죽으심과 부활의 승리로 인해 우리의 마음판에 율법을 새겨 순종할 수 있도록 성령님을 보내 주신 날이기 때문임. (cf. 출19:16; 행2:4) 이는, 돌판을 받은 구약의 오순절에는 이스라엘 백성 중 삼천 명이 금송아지 사건으로 죽임을 당하였지만, 성령을 받은 오순절에는 베드로의 설교를 통해 삼천 명이 구원받은 역사가 증거하고 있음. (cf. 출32:28; 행2:41)

때 행하신 구원 사역보다 더 큰, 십자가의 죽으심으로 온 인류의 구원을 이루실 예수님의 구원 사역을 예표하고 있기 때문이다. **"나를 믿는 자는 내가 하는 일을 그도 할 것이요 또한 그보다 큰 일도 하리니 이는 내가 아버지께로 감이라."**(요14:21)

그 후 왕정 시대에도 마찬가지였다. 이전에, 하나님은 다윗에게 그의 자손을 통해 영원한 하나님의 나라를 이루실 것을 언약하셨다. 하지만 육신의 다윗의 자손이 다스리는 유다 왕국은 그들의 불순종으로 인해 결국 바벨론 포로로 종말을 맞고 말았다. **"시드기야의 두 눈을 빼고 놋 사슬로 그를 결박하여 바벨론으로 끌고 갔더라."**(왕하25:7) 하지만 하나님은 자기 백성의 끊임없는 불순종에도 불구하고 자신의 언약을 신실하게 이루어 가셨다. 이는, 하나님이 바벨론 왕을 통해 포로 생활 중에서도 다윗의 자손 여호야긴 왕에게 특별히 은혜를 베푸신 사건에 잘 나타나 있다. **"그 죄수의 의복을 벗게 하고 그의 일평생에 항상 왕의 앞에서 양식을 먹게 하였고 그가 쓸 것은 날마다 왕에게서 받는 양이 있어서 종신토록 끊이지 아니하였더라."**(왕하25:29~30) 북 이스라엘의 멸망 전후와, 남 유다의 포로기 전후와, 포로 귀환 후의 많은 선지자들의 예언도 그러하였다. 그들의 예언은 모두 일관되게 참 다윗의 자손 예수 그리스도를 통해 북 이스라엘과 남 유다 백성과 이방인 가운데 있는 남은 자들이 구원받게 될 것을 가르치고 있기 때문이다. **"내 종 다윗이 그들의 왕이 되리니 그들 모두에게 한 목자가 있을 것이라 …… 내가 내 종 야곱에게 준 땅 곧 그의 조상들이 거주하던 땅에 그들이 거주하되 그들과 그들의 자자손손이 영원히 거기에 거주할 것이요 내 종 다윗이 영원히 그들의 왕이 되리라."**(겔37:24~25) **"보라 내가 내 사자를 보내리니 그가 내 앞에서 길을 준비할 것이요 또 너희가 구하는 바 주가 갑자기 그의 성전에 임하시리니 곧 너희가 사모하는 바**

언약의 사자가 임하실 것이라."(말3:1) 하나님은 이 예언의 말씀대로, 마침내 인류의 구원을 위해 이새의 아들 '다윗의 자손'을 통해 하나님의 아들 '참 다윗의 자손 예수 그리스도'를 이 세상에 보내 주셨다. **"바벨론으로 사로잡혀 간 후에 여고냐[91]는 스알디엘을 낳고 스알디엘은 스룹바벨을 낳고 …… 야곱은 마리아의 남편 요셉을 낳았으니 마리에게서 그리스도라 칭하는 예수가 나시니라.**"(마1:12~16)

이 세상은 영적으로 보면 흑암이 깊음 위에 있는 지옥과도 같다.[92] **"땅은 어두워서 흑암 같고 죽음의 그늘이 져서 아무 구별이 없고 광명도 흑암 같으니이다.**"(욥10:22) 이 세상은 빛의 나라 하늘에서 쫓겨난 어둠의 왕 마귀가 지배하고 있는 땅이기 때문이다. (창1:2) 하지만 태초에 흑암의 수면 위를 운행하신 성령 하나님이 첫째 날 빛을 만드신 참 빛의 하나님이시다. 요셉이 사망과 절망의 땅 애굽에서 노예 생활할 때에도 그와 늘 함께하셨던 생명과 소망의 하나님이시다. 출애굽 때에는 애굽 전국에는 죽음 같은 짙은 흑암을, 자기 백성 이스라엘이 거하는 고센 땅에는 생명의 빛을 비추어 주셨던 참 빛의 하나님이시다. **"보라 어둠이 땅을 덮을 것이며 캄캄함이 만민을 가리려니와 오직 여호와께서 네 위에 임하실 것이며 그의 영광이 네 위에 나타나리니 나라들은 네 빛으로 왕들은 비치는 네 광명으로 나아오리라.**"(사60:2~3) 때가 차매, 하나님은 선지자들의 예언대로 마

---

91) 여호야긴과 동일 인물임.

92) 계9:1의 '무저갱'으로 번역된 'φρεατος τῆς αβύσσου(프레아토스 테스 아부수)'를 직역하면 '깊은 곳의 구덩이'란 의미임. 이때 사용된 'αβύσσος(아부소스)'는 창1:2의 '흑암이 깊음 위에 있고'의 '깊음'이란 단어와 동일함.(cf. LXX) 또한 계18:2 '큰 성 바벨론이여 귀신의 처소와 각종 더러운 영이 모이는 곳과 각종 더럽고 가증한 새들이 모이는 곳이 되었도다'의 '곳'은 '감옥-φυλακή(퓔라케)'라는 의미임. 적용하면, 사탄이 왕 노릇 하는 이 세상은 영적으로 볼 때 '사탄이 갇혀 있는 깊은 흑암의 땅이요, 그의 감옥'이라 볼 수 있음.

침내 흑암의 이 세상에 참 빛 되신 자신의 아들을 보내 주셨다. **"흑암에 행하던 백성이 큰 빛을 보고 사망의 그늘진 땅에 거주하던 자에게 빛이 비치도다."**(사9:2) 하나님의 아들 예수 그리스도의 얼굴에 있는 하나님의 영광을 아는 빛을 우리 마음에 비추어 주셨다. 우리의 원수 마귀의 머리를 자신의 십자가 죽으심으로 깨뜨리시고 부활로 승리하셔서, 우리를 하나님의 영원한 생명과 빛의 나라로 출애굽하게 하셨다. 흑암의 권세에 종노릇하는 우리를 구원하셔서 마침내 영원한 하나님의 빛과 사랑의 아들의 나라로 옮겨 주셨다. (골1:13) 이는, 예수님이 영광의 하나님의 아들의 형상으로 변화되신 변화산 사건을 통해서도 잘 알 수 있다. **"기도하실 때에 용모가 변화되고 그 옷이 희어져 광채가 나더라 …… 문득 두 사람이 예수와 함께 말하니 이는 모세와 엘리야라 영광중에 나타나서 장차 예수께서 예루살렘에서 별세하실**[93]**것을 말할새."**(눅9:30~31)

이 세상 임금 마귀는 예수님의 십자가 죽으심과 부활로 이미 머리에 치명상을 입은 패잔병이요, 이미 영원한 지옥 형벌의 선고를 받은 사형수이다. **"우리를 거스르고 불리하게 하는 법조문으로 쓴 증서를 지우시고 제하여 버리사 십자가에 못 박으시고 통치자들과 권세들을 무력화하여 드러내어 구경거리로 삼으시고 십자가로 그들을 이기셨느니라."**(골2:14~15) 이제 마귀는 하늘에서 흑암의 이 땅으로 쫓겨나 더 이상 어린 양의 피를 믿는 우리를 참소할 수 없다. (계12:9) 하늘에서 쫓겨난 사탄은 여전히 이 땅에서 우리를 미혹하고 핍박은 하겠지만, 참 하나님의 백성들은 어린 양의 피와 자기들이 증언하는 말씀으로써 능히 사탄을 이기는 삶을 살아갈 수 있기 때문이다. (계12:11) **"사탄이 하늘로부터 번개같이 떨어**

---

93) 본문의 '별세'는 '출애굽-ἔξοδος(엑소도스)'라는 의미이기 때문임.

지는 것을 내가 보았노라 내가 너희에게 뱀과 전갈을 밟으며 원수의 모든 능력을 제어할 권능을 주었으니 너희를 해할 자가 결코 없으리라."(눅 10:17~19) 하나님의 백성들은 사탄이 왕 노릇 하는 광야 같은 이 세상에서도 하나님의 양육을 받으며, 하나님의 지키시는 날개 아래에서 살아가고 있기 때문이다.(계12:14) 또한 사탄은 우리의 발꿈치, 곧 우리의 육신의 목숨은 해할 수는 있어도 구원받은 우리의 속사람, 영혼만큼은 결코 빼앗을 수 없다. **"몸은 죽여도 영혼은 죽이지 못하는 자들을 두려워하지 말고 오직 몸과 영혼을 능히 지옥에 멸하실 수 있는 이를 두려워하라."**(마10:28) 만물보다 크신 하나님 아버지의 손에서 아무도 구원받은 우리의 영혼을 빼앗을 수는 없기 때문이다.(요10:29) 그리고 예수님 재림하시는 날, 마침내 사탄은 땅의 임금들과 거짓 선지자들과 그를 따르는 자들과 함께 불과 유황 못에 던져져 세세토록 밤낮 괴로움을 받게 될 것이기 때문이다.(마 25:30) **"또 그들을 미혹하는 마귀가 불과 유황 못에 던져지니 거기는 그 짐승과 거짓 선지자도 있어 세세토록 밤낮 괴로움을 받으리라."**(계20:10)

이 세상에서 여전히 활동하고 있는 사탄의 역사는 승리하신 예수님을 증거하는 불쏘시개에 불과한 것임을 잊지 말자. 우리의 영혼이 하나님의 사랑과 대속하신 예수님의 피의 은혜 안에서 살아가기만 하면, 사탄은 종이로 만든 사자(獅子)에 불과한 존재이기 때문이다. 우리의 거듭난 영혼이 천국의 산 소망으로 빛의 삶을 살기만 하면, 하나님은 우리 편이시며 승리는 언제나 우리의 몫이기 때문이다. 때때로 우리가 연약하여 믿음이 흔들릴지라도, 하늘 보좌에서 우리의 믿음이 떨어지지 않도록 기도하고 계시는 예수님을 믿고 있기 때문이다.[94] **"누가 정죄하리요 죽으실 뿐 아니라 다시**

---

94) cf. 눅22:31~32.

살아나신 이는 그리스도 예수시니 그는 하나님 우편에 계신 자요 우리를 위하여 간구하시는 자시니라."(롬8:34) 이러한 산 믿음을 소유한 우리는, 바로가 모세를 향해 '애굽에서 떠나라' 황급히 부르짖듯, 사탄이 두려워 떠는 하나님의 사자(使者)들이라는 사실을 잊지 말자. **"그들이 떠날 때에 애굽이 기뻐하였으니 그들이 그들을 두려워함이로다."**(시105:38) 우리의 발걸음 닿는 곳마다 사탄의 진영은 여리고 백성처럼 우리 앞에서 두려워 떨고 있음을 항상 기억하자. 비록 원수 사탄이 큰 군대의 무리로 우리를 대적한다 할지라도, 그들은 단지 두려워 떨며 예수님 앞에 달려와 절하며 무저갱으로 보내지는 말라 간구한 거라사의 귀신들에 불과한 존재임을 잊지 말자. (사30:32) 그리하여 사탄의 모든 미혹과 핍박을 기록된 사랑의 하나님의 말씀으로 능히 이기고, 이미 승리를 주신 참 빛 되신 예수님 안에서 날마다 이긴 자의 삶을 살아가자. **"항상 우리를 그리스도 안에서 이기게 하시고 우리로 말미암아 각처에서 그리스도를 아는 냄새를 나타내시는 하나님께 감사하노라 우리는 구원받는 자들에게나 망하는 자들에게나 하나님 앞에서 그리스도의 향기니 이 사람에게는 사망으로부터 사망에 이르는 냄새요 저 사람에게는 생명으로부터 생명에 이르는 냄새라 누가 이 일을 감당하리요."**(고후2:14~16)

나가면서

사탄은 에덴동산에서부터 지금까지 쉼 없이 이 세상의 공중 권세 잡은 자로서 역사하고 있다. 비록 예수님이 오셔서 십자가의 죽으심과 부활로 사탄과 죄와 사망의 권세를 무장해제 시키고 승리하셨지만, 사탄은 여전히 죄악 세상 가운데서 일하고 있다. **"평강의 하나님께서 속히 사탄을 너희 발 아래에서 상하게 하시리라."**(롬16:20) 이처럼 하나님이 이 세상에서 사탄의 역사를 여전히 허용하시는 이유는 하나님 자신의 영광을 위해서이다. 하나님의 말씀에 순종하지 않는 세상에게는 심판의 근거로 삼으시고, 하나님을 경외하는 하나님의 백성에게는 순종의 연단을 통해 그들을 하나님의 거룩한 형상으로 빚으시기 위함이다. 우리의 무지와 무능과 불의함을 철저히 깨닫고, 하나님의 지혜와 의와 능력 되시는 예수님과 그의 말씀을 믿고 순종하는 길만이 우리의 구원과 승리하는 삶의 지름길임을 깨닫게 하시기 위함이다. 하나님의 온전한 의와 빛과 사랑이 거하는 천국을 날마다 소망하며, 환난 중에도 살아 있는 순종의 믿음으로 세상 가운데 하나님의 영광을 나타내는 삶을 살아가게 하시기 위함이다. (히11:36~40)

오늘날 에덴동산은 어디일까? 아담이 범죄하기 전 에덴동산은, 왕 되신 하나님이 자신의 말씀으로 창조하신 이 세상을 친히 다스리시던 하나님의 완전한 생명과 은혜와 복락의 처소였다. 온 세상에 생명과 복을 흘러 보내는 네 강물이 발원한 곳이 에덴동산이었기 때문이다. (창2:10) 그러나 아담이 범죄한 후 에덴동산에서 쫓겨났을 때, 하나님은 두루 도는 불 칼과 그룹들로 생명 나무로 가는 에덴동산을 지키게 하셨다. (눅12:49) 불 칼은 불같은 성령님의 검 곧 하나님의 말씀을 의미한다. **"여호와의 말씀이니라 내 말이 불같지 아니하냐 바위를 쳐서 부스러뜨리는 방망이 같지 아니하냐."**(렘23:29) **"구원의 투구와 성령의 검 곧 하나님의 말씀을 가지라."**(엡6:17) 따라서 오늘의 에덴동산은 만왕의 왕 대신 하나님의 말씀을 즐거움으로 순종하는 우리의 마음이며,(요4:14) 하나님의 말씀 안에서 살아가는 우리의 모든 삶의 처소이다. **"이 땅이 황폐하더니 이제는 에덴동산같이 되었고 황량하고 적막하고 무너진 성읍들에 성벽과 주민이 있다 하리니 너희 사방에 남은 이방 사람이 나 여호와가 무너진 곳을 건축하며 황폐한 자리에 심은 줄을 알리라."**(겔36:35~36) **"내가 주는 물을 마시는 자는 영원히 목마르지 아니하리니 내가 주는 물은 그 속에서 영생하도록 솟아나는 샘물이 되리라."**(요4:14) 그러므로, 우리는 사탄을 두려워할 것이 아니라 하나님을 불순종하는 우리의 죄를 더욱 두려워하여야 한다. 우리의 영원한 의가 되시는 예수님의 대속의 은혜를 믿고, 성령의 인도하심과 도우심을 받으며, 오직 하나님의 말씀에 순종하는 삶을 살아가야 한다. 그 길만이 생명과 평강의 길이요, 죄와 사탄의 권세를 이기신 예수님의 승리를 누리며 사는 지름길이기 때문이다.(계12:11) 비록 사탄이 왕 노릇 하는 이 세상에서는 환난과 죽임을 당할지라도, 사탄은 순종의 사람에게는 영원히 입 봉한 채 무력하게 서 있는 다니엘 앞의 사자에 불과한 존재이기 때문이다.(계2:26~27)

'지려느냐! 이길 수 있다!'의 사탄과의 영적 전쟁은 죄와 의(고후6:14~15), 빛과 어두움(출10:22~23), 사랑과 미움(요일2:9), 육신의 소욕과 성령의 소욕과의 싸움이다.(갈5:17~18) 사탄은 에덴동산에서부터 지금까지, 우리의 관심을 오직 이 땅의 소욕과 육신의 행복에 두도록 미혹하여 우리를 죄와 영원한 사망으로 이끌어가고 있다. 하지만 하나님은 자신의 형상으로 창조하신 하나님의 자녀들이 영원한 천국에서 영생의 복락과 기쁨을 누리기를 소원하신다. 그리고 예수님이 재림하시는 날, 우리의 영혼이 부활의 몸을 입고 온 피조물이 썩어짐에서 해방된 새 하늘과 새 땅에서 영생의 영광을 누리기를 소원하신다. 이러한 영적 전쟁의 승리는, 죄로 이끄는 우리의 육신의 소욕을 죽이고 성령의 소욕을 따라 살아가는 삶에 달려 있다. 예수님이 그러하셨듯, 우리의 삶이 전적으로 하나님의 말씀에 순종하며 살아가는 여부에 달려 있다. (히5:8~9) 이를 위해, 우리는 우리의 모든 삶의 순간순간이 영적인 전쟁임을 항상 의식하며 깨어 있는 삶을 살아야 한다. (계12:11) 하나님을 최고로 사랑하고, 하나님의 심판을 항상 의식하며, 천국의 영광과 부활의 산 소망 가운데 환난 중에도 하나님의 말씀을 변함없이 순종하는 삶을 살아가야 한다. **"그가 나타나시면 우리가 그와 같을 줄을 아는 것은 그의 참모습 그대로 볼 것이기 때문이라 주를 향하여 이 소망을 가진 자마다 그의 깨끗하심과 같이 자기를 깨끗하게 하느니라."**(요일3:2~3)

우리는 이미 예수님 안에서 이긴 자들이요, 또한 이기는 삶을 살아가는 자들이다. **"우리가 종일 주를 위하여 죽임을 당하게 되며 도살 당할 양같이 여김을 받았나이다 함과 같으니라 그러나 이 모든 일에 우리를 사랑하시는 이로 말미암아 우리가 넉넉히 이기느니라."**(롬8:36~37) 마침내 예수님이 호령과 천사장의 소리와 하나님의 큰 나팔 소리로 재림하실 때, 우리는 더 이상 마귀의 미혹이나 핍박, 사망이나 눈물이 없는 거룩한 천국에서 영원한 안식을 누리며 살게 될 것이다. 하나님의 의와 빛과 사랑이 거하는 새 하늘과 새 땅에서 영광의 하나님을 기쁨으로 예배하며, 영광스러운 부활의 몸으로 예수님과 함께 세세토록 왕 노릇 하며 살게 될 것이다. (계22:5) 그날, 우리는 썩지 않고 쇠하지 않고 더러워지지 않는, 다시는 저주와 선악과 없는 새 에덴동산에서 생명수와 생명 나무 열매를 마음껏 먹고 마시며, 하나님과 어린 양 예수님과 함께 영생의 복락을 누리게 될 것이다. (계22:2~3) 우리의 원수 사탄과 그의 하수인인 귀신들은 마침내 영원한 불못에 들어가 영원한 형벌에 처하게 될 것이기 때문이다. (계20:10)

이 책은 이러한 관점에서, 영적 전쟁인 우리의 신앙생활에 교훈을 주는 성경 본문들을 개략적으로 살펴보았다. 이러한 미약한 노력을 통해 조금이나마 독자들에게 도움을 드리고자 하였다. 부디 모든 일에 사탄의 궤계를 분별하고, 하나님의 말씀과 성령님께 복종하여 이 땅에서도 하나님의 사랑 안에서 승리하는 복된 삶을 살아가기를 소원한다. 아울러, 지금도 사탄의 포로 되어 신음하며, 멸망의 길로 달려가는 불쌍한 영혼들을 복음의 능력으로 구원하여 하나님의 기뻐하시는 뜻을 이루어 드리기를 소원한다. **"내가 비옵는 것은 이 사람들만 위함이 아니요 또 그들의 말로 말미암아 나를 믿는 사람들도 위함이니."** (요17:20) 마지막 예수님 재림하시는 날, 해나 달의 비침이 쓸 데 없는 거룩한 새 예루살렘 성에서 영원한 감사와 기쁨으로 어린 양 혼인 잔치에 참여하기를 소원한다. 사모하는 신랑 예수님의 영광의 얼굴을 얼굴과 얼굴을 대하여 보며, 영원히 하나님의 영광을 찬양하는 천국의 복락을 누리기를 소원하다. **"다시 저주가 없으며 하나님과 그 어린 양의 보좌가 그 가운데에 있으리니 그의 종들이 그를 섬기며 그의 얼굴을 볼 터이요 그의 이름도 그들의 이마에 있으리라 다시 밤이 없겠고 등불과 햇빛이 쓸 데 없으니 이는 주 하나님이 그들에게 비치심이라 그들이 세세토록 왕 노릇 하리로다."** (계21:2~4)

- 삼위 하나님께 모든 영광을 올려 드립니다!